普通高等教育"十一五"国家级规划教材
普通高等教育国际经济与贸易专业系列教材

国际经济合作

第3版

崔日明 李 兵 包 艳 等编

机械工业出版社

本书共有十四章，主要内容有：国际经济合作概论、国际经济合作理论、国际直接投资、国际间接投资、国际资本合作新形式、国际劳务合作与国际工程承包、国际租赁、国际技术转让、国际信息合作、国际发展援助、国际经济合作组织、国际经济协调、我国对外经济合作、"一带一路"与我国对外经济合作。

本书可供高校国际经济与贸易及相关专业师生采用，也可供社会读者选用。

图书在版编目（CIP）数据

国际经济合作/崔日明等编．—3版．—北京：机械工业出版社，2019.7
（2025.1重印）

普通高等教育"十一五"国家级规划教材　普通高等教育国际经济与贸易专业系列教材

ISBN 978-7-111-62597-1

Ⅰ.①国…　Ⅱ.①崔…　Ⅲ.①国际合作－经济合作－高等学校－教材　Ⅳ.①F114.4

中国版本图书馆CIP数据核字（2019）第079087号

机械工业出版社（北京市百万庄大街22号　邮政编码100037）
策划编辑：常爱艳　　　责任编辑：常爱艳　孙司宇
责任校对：王　欣　李　杉　封面设计：鞠　杨
责任印制：刘　媛
涿州市般润文化传播有限公司印刷
2025年1月第3版第4次印刷
184mm×260mm・19.25印张・473千字
标准书号：ISBN 978-7-111-62597-1
定价：49.80元

电话服务　　　　　　　　　　网络服务
客服电话：010-88361066　　　机　工　官　网：www.cmpbook.com
　　　　　010-88379833　　　机　工　官　博：weibo.com/cmp1952
　　　　　010-68326294　　　金　书　网：www.golden-book.com
封底无防伪标均为盗版　　　　机工教育服务网：www.cmpedu.com

前　言

目前，随着经济全球化和世界经济一体化的趋势不断增强，各个国家在国际分工基础上所形成的相互联系、相互依赖、共同发展，已构成当今世界经济体系。任何国家都不能脱离这个体系独立地存在于世界。所有国家都必须遵循世界经济发展规律，参加国际分工，发展同别的国家长期而稳定的经济贸易合作关系。只有这样，这些国家才能够在未来的国际经济竞争中立于不败之地，世界经济才能够得到发展，这是世界生产力发展的客观要求与结果。如果有哪个国家仍然实行闭关锁国政策，或因惧怕经济全球化会带来"陷阱"而拒绝实行开放政策和进行改革，那么，该国家不仅现在经济得不到发展，甚至会出现经济倒退，而且在以后的经济发展中将会付出更多的成本和代价。因此，在坚持对外开放的同时，积极发展对外经济合作，符合世界经济发展的历史潮流。

开展国际经济合作对各国和世界经济都具有重大的意义。随着国际分工越来越向广度和深度发展，各国通过开展国际经济合作，可以解决资源、资金、技术设备的困难，获得先进的管理方法以及扩大产品出口等；通过国际经济合作，还可以促进生产要素在国际上的流动，推动整个世界经济的发展。

正是基于如上原因，国际经济合作中的国际直接投资、国际间接投资、国际技术转让、国际信息合作等也一直是理论界研究的热点。因此我们认为，编写一部能够反映当前国际经济合作的全新发展趋势，在理论上和实践上都具有一定参考价值，并能够给学生以一定启迪和引导作用的国际经济合作教程十分迫切。在这个写作目的的引导下，我们在写作过程中，除了参考国际上以及国内国际经济合作教程的研究成果外，更力求借鉴最新的研究成果和案例研究，以期使本书更具有实用价值。

本书大纲设计、写作和审定都由辽宁大学经济学院崔日明教授，山东财经大学国际经贸学院李兵教授、辽宁大学经济学院包艳副教授和浙江工商大学刘文革教授完成。在写作过程中我们吸取了国内外专家学者的许多研究成果，在此表示诚挚的谢意。

我们力求将本书的观点和论证建立在准确的资料、可靠的论据和科学的理论基础之上，全面介绍目前国际经济合作的发展状况和基本理论知识，以使其更具实用价值。但是，由于主客观条件限制，加上时间仓促，本书难免还有不足甚至错误之处，恳请专家同仁以及热心读者批评指正。

我们为选择本书作为授课教材的教师免费提供教学电子课件（PPT）、教学大纲、课后习题答案。请发邮件索取：changay@126.com。

编　者

目 录 CONTENTS

前 言

第一章 国际经济合作概论 ... 1
第一节 国际经济合作的内涵 ... 1
第二节 国际经济合作的研究对象 ... 3
第三节 国际经济合作的类型和方式 ... 3
第四节 国际经济合作的产生和发展 ... 5
第五节 当代国际经济合作发展的新特点 ... 8
思考题 ... 10
【案例分析】 ... 10

第二章 国际经济合作理论 ... 13
第一节 传统国际经济合作理论 ... 13
第二节 经济一体化理论 ... 15
第三节 生产要素国际移动理论 ... 19
思考题 ... 22
【案例分析】 ... 22

第三章 国际直接投资 ... 24
第一节 国际直接投资概述 ... 24
第二节 当代国际直接投资的特点 ... 30
第三节 国际直接投资环境评估与决策 ... 36
第四节 跨国公司与国际直接投资 ... 39
第五节 我国直接利用外资与对外直接投资 ... 48
思考题 ... 55
【案例分析1】 ... 55
【案例分析2】 ... 59

第四章　国际间接投资ㅤㅤㅤㅤㅤㅤㅤㅤㅤㅤㅤㅤㅤㅤㅤㅤㅤㅤ64

第一节　国际间接投资概述ㅤㅤㅤㅤㅤㅤㅤㅤㅤㅤㅤㅤ64
第二节　国际股票投资ㅤㅤㅤㅤㅤㅤㅤㅤㅤㅤㅤㅤㅤㅤ66
第三节　国际债券投资ㅤㅤㅤㅤㅤㅤㅤㅤㅤㅤㅤㅤㅤㅤ70
第四节　国际基金投资ㅤㅤㅤㅤㅤㅤㅤㅤㅤㅤㅤㅤㅤㅤ74
第五节　国际信贷ㅤㅤㅤㅤㅤㅤㅤㅤㅤㅤㅤㅤㅤㅤㅤㅤ78
思考题ㅤㅤㅤㅤㅤㅤㅤㅤㅤㅤㅤㅤㅤㅤㅤㅤㅤㅤㅤㅤ81
【案例分析1】ㅤㅤㅤㅤㅤㅤㅤㅤㅤㅤㅤㅤㅤㅤㅤㅤ81
【案例分析2】ㅤㅤㅤㅤㅤㅤㅤㅤㅤㅤㅤㅤㅤㅤㅤㅤ83

第五章　国际资本合作新形式ㅤㅤㅤㅤㅤㅤㅤㅤㅤㅤㅤㅤ85

第一节　国际风险投资ㅤㅤㅤㅤㅤㅤㅤㅤㅤㅤㅤㅤㅤㅤ85
第二节　国际 BOT 投资ㅤㅤㅤㅤㅤㅤㅤㅤㅤㅤㅤㅤㅤ92
思考题ㅤㅤㅤㅤㅤㅤㅤㅤㅤㅤㅤㅤㅤㅤㅤㅤㅤㅤㅤㅤ97
【案例分析1】ㅤㅤㅤㅤㅤㅤㅤㅤㅤㅤㅤㅤㅤㅤㅤㅤ97
【案例分析2】ㅤㅤㅤㅤㅤㅤㅤㅤㅤㅤㅤㅤㅤㅤㅤㅤ98

第六章　国际劳务合作与国际工程承包ㅤㅤㅤㅤㅤㅤㅤ101

第一节　国际劳务合作ㅤㅤㅤㅤㅤㅤㅤㅤㅤㅤㅤㅤㅤ101
第二节　国际工程承包ㅤㅤㅤㅤㅤㅤㅤㅤㅤㅤㅤㅤㅤ106
第三节　我国的国际劳务合作与国际工程承包ㅤㅤㅤ113
思考题ㅤㅤㅤㅤㅤㅤㅤㅤㅤㅤㅤㅤㅤㅤㅤㅤㅤㅤㅤ120
【案例分析1】ㅤㅤㅤㅤㅤㅤㅤㅤㅤㅤㅤㅤㅤㅤㅤ121
【案例分析2】ㅤㅤㅤㅤㅤㅤㅤㅤㅤㅤㅤㅤㅤㅤㅤ122

第七章　国际租赁ㅤㅤㅤㅤㅤㅤㅤㅤㅤㅤㅤㅤㅤㅤㅤㅤ126

第一节　国际租赁概述ㅤㅤㅤㅤㅤㅤㅤㅤㅤㅤㅤㅤㅤ126
第二节　国际租赁的种类ㅤㅤㅤㅤㅤㅤㅤㅤㅤㅤㅤㅤ128
第三节　国际租赁的运作ㅤㅤㅤㅤㅤㅤㅤㅤㅤㅤㅤㅤ131
思考题ㅤㅤㅤㅤㅤㅤㅤㅤㅤㅤㅤㅤㅤㅤㅤㅤㅤㅤㅤ137
【案例分析1】ㅤㅤㅤㅤㅤㅤㅤㅤㅤㅤㅤㅤㅤㅤㅤ137
【案例分析2】ㅤㅤㅤㅤㅤㅤㅤㅤㅤㅤㅤㅤㅤㅤㅤ139

第八章　国际技术转让ㅤㅤㅤㅤㅤㅤㅤㅤㅤㅤㅤㅤㅤㅤ141

第一节　国际技术转让概述ㅤㅤㅤㅤㅤㅤㅤㅤㅤㅤㅤ141
第二节　国际技术转让的内容ㅤㅤㅤㅤㅤㅤㅤㅤㅤㅤ143
第三节　国际技术转让的方式ㅤㅤㅤㅤㅤㅤㅤㅤㅤㅤ147
第四节　知识产权ㅤㅤㅤㅤㅤㅤㅤㅤㅤㅤㅤㅤㅤㅤㅤ151

思考题	155
【案例分析1】	155
【案例分析2】	157

第九章　国际信息合作

第一节　国际信息合作概述	160
第二节　WTO《基础电信协议》与《信息技术协议》	163
第三节　国际信息合作的经济影响	167
第四节　国际信息安全合作	171
思考题	174
【案例分析】	174

第十章　国际发展援助

第一节　国际发展援助概述	177
第二节　联合国发展系统	185
第三节　世界银行贷款	188
第四节　主要发达国家的对外发展援助	191
第五节　我国与国际发展援助	198
思考题	205
【案例分析1】	206
【案例分析2】	207

第十一章　国际经济合作组织

第一节　国际经济合作组织概述	210
第二节　国际性会议与政府首脑峰会	212
第三节　全球性经济合作组织	216
第四节　区域性经济合作组织	223
思考题	226
【案例分析1】	226
【案例分析2】	230

第十二章　国际经济协调

第一节　国际贸易协调	233
第二节　国际金融协调	235
第三节　国际投资协调	236
第四节　国际税收协调	239
思考题	244
【案例分析1】	245

【案例分析2】 …… 246

第十三章 我国对外经济合作 …… 250
第一节 我国对外经济合作概况 …… 250
第二节 中美经济合作 …… 256
第三节 中日经济合作 …… 259
第四节 中欧经济合作 …… 264
第五节 中俄经济合作 …… 267
思考题 …… 270
【案例分析1】 …… 270
【案例分析2】 …… 271

第十四章 "一带一路"与我国对外经济合作 …… 275
第一节 "一带一路"的主要内容与时代特征 …… 275
第二节 "一带一路"与我国对外经济合作的新发展 …… 279
第三节 "一带一路"与我国对外经济合作的新挑战 …… 285
第四节 "一带一路"与我国对外经济合作的新模式 …… 288
思考题 …… 291
【案例分析1】 …… 291
【案例分析2】 …… 292

参考文献 …… 296

第一章

国际经济合作概论

20世纪80年代以来，国际形势因"冷战"结束而趋向缓和，世界经济全球化和区域经济一体化的趋势渐成潮流。但是，在技术水平不断提高的前提下，传统贸易方式受到冲击，商品贸易摩擦日趋严重。作为一种新的经济交往方式——国际经济合作，正日益成为国家间、国家与国际组织间经济交往的主要方式之一，并在国际经济生活中发挥着越来越重要的作用。

第一节 国际经济合作的内涵

在经济全球化迅速发展的今天，国际经济合作越来越受到广泛重视。在国际经济合作的实践中，从双边合作到多边次区域合作乃至全球规模的多边经济合作，不但形式繁多，规模逐渐扩大，而且合作内容日益深化。国际经济合作已经成为国际经济关系和经济发展不可或缺的内容。

关于国际经济合作的内涵有很多种表述，如"国际经济合作是指世界上不同国家（地区）政府、国际经济组织和超越国家界限的自然人与法人为了共同利益，在生产领域和流通领域（侧重生产领域）所进行的以生产要素的国际移动和重新合理配置为重要内容的较长期的经济协作活动"。㊀

"国际经济合作是超越国界的经济主体根据协商确定的方式，在侧重生产领域或生产与交换、分配、消费等相结合的领域进行的经济合作活动和政策协调活动。"㊁

"国际经济合作是指世界上各个主权国家、国际经济组织和超越国家界限的自然人与法人，基于平等互利的原则，在生产领域内，通过各种生产要素的相互转移而展开的较长期的经济协作活动，包括资本、技术、劳动力、土地资源等各种要素在国际上转移与重新配置的经济活动。"㊂

据此可知，国际经济合作（International Economic Cooperation）具有以下几个方面的含义：

1. 国际经济合作的主体是不同国家（地区）政府、国际经济组织和各国企业和个人

不同国家（地区）政府、国际经济组织和各国的企业与个人之间，其合作超越国界，不同于国内各地区间的自然人、法人（企业或经济组织）和各级政府的经济协作。国际经济合作所涉及的政治风险、文化背景、国家法律、管理条件等都远比国内地区间经济协作

㊀ 参见卢进勇、杜奇华著的《国际经济合作》，对外经济贸易大学出版社，2000。
㊁ 参见陈建主编的《国际经济合作教程》，中国人民大学出版社，1998。
㊂ 参见吴声功著的《国际经济合作的理论与实践》，人民出版社，2000。

复杂。

2. 发展国际经济合作的基本原则是平等互利

在国际经济合作过程中，不论国家大小强弱，企业规模如何，它们的地位都是平等的，都有权利享有合作的权益。因此，国际经济合作不同于历史上宗主国对殖民地附属国的掠夺、侵略与剥削，也有别于在不平等条约下国与国之间的经济活动，它是随着殖民体系全面崩溃而发展起来的新的经济范畴。

3. 国际经济合作的范围主要是生产领域，还包括国际经济、政策协调方面的内容

广义的国际经济合作是指除国际贸易以外的国际经济协作活动；狭义的国际经济合作则仅指国际工程承包与劳务合作和对外经济援助。本课程着重研究的是广义的国际经济合作。随着科学技术和生产力的发展，国家间的经济联系不断加强，整个世界经济日趋一体化，过去那种仅仅发生在流通领域的国际经济联系方式已经不能适应科技进步和生产力发展的需要了，现代化的大生产要求在全球范围内实现生产资源和要素的最优配置，以取得最佳的经济效益。国际经济合作就是这种要求在经济领域中的反映。

不同国家集团和国际经济组织通过协商和会议，以及建立经济一体化组织和行业组织等形式对国家经济关系进行联合调节，这本身就属于国际经济合作的内容。这样的联合协调活动有利于世界经济持续稳定的发展，为具体经济合作方式的进行创造了一个良好的世界经济环境。同时，国际经济协调加速了经济生活国际化和一体化的进程，为具体合作的开展提供了更广阔的天地。国际经济合作与国际经济协调互为因果，相辅相成，密不可分。国际经济合作离不开国际经济协调，国际经济协调促进国际经济合作的深入。通过国际经济协调，可以促进不同国家优势生产要素的优化组合和合理配置，可以解决国际经济合作过程中出现的各种利益矛盾和纠纷；国际经济信息的交流与分享实质上就是信息要素在国家间的转移，既属于具体国家经济合作的范围，也是国际经济协调的主要内容之一。因此，国际经济合作事业的发展离不开国际经济协调，国际经济协调本身就是国际经济合作的重要内容。

4. 国际经济合作的主要内容是不同国家生产要素的优化组合与配置

由于各国的自然条件和经济发展水平不同，各国所拥有的生产要素存在着一定的差异，包括质量上和数量上的差异，只有将不同国家占有优势的生产要素结合起来，才能更快地发展经济。通过国际经济合作，各国可以输入自己经济发展所必需而又稀缺的各种生产要素，输出自己具有优势的或者丰裕的生产要素，从而达到生产要素的优化组合，使各国的生产要素充分发挥作用，优势互补，推动各国生产力的发展。

5. 国际经济合作是较长期的经济协作活动

国际经济合作要求合作各方建立一种长期、稳定的协作关系，共同开展某些经济活动，因此，国际经济合作活动的周期一般比较长，有些项目的合作周期可能长达数十年，所以一般来讲其风险也比较大。而且，国际经济合作的方式也比国际贸易更为灵活多样。

总之，国际经济合作是指世界上各个主权国家、国际经济组织和超越国家界限的自然人与法人，基于平等互利的原则，在生产领域内，通过各种生产要素的相互转移而展开的较长期的经济协作活动，包括资本、技术、劳动力、土地等各种要素在国际上转移与重新配置的经济活动。

第二节　国际经济合作的研究对象

国际经济合作研究的实质是国际上各种生产要素的移动和重新组合配置的规律以及各国的经济协调机制，下面具体介绍。

一、研究国际经济合作形成与发展的理论基础

早在100多年前，马克思在《政治经济学批判》导言中，曾提到应当研究"生产的国际关系、国际交换、输出和输入、汇率等问题"。当时马克思设想过国际经济关系的许多问题，但由于受到客观条件的限制，他没有完成这些研究。在当时的时代背景下，马克思的设想可以说具有相当的远见。如今，随着国际分工的深入发展和经济生活的日益国际化，国际经济关系的发展中出现了很多需要研究和探索的理论问题，如生产要素的国际流动及其表现形式，如各国在国际经济交往中表现出来的相互依赖、相互竞争与合作的关系，如区域经济合作的发展前景等，这些问题都与国际经济合作的形成与发展紧密相连。国际经济合作是伴随着国际分工的广泛和深入而发展起来的，其内容主要是围绕着生产要素的组合配置展开的，国际经济相互依赖、相互作用是它的重要特征之一，经济全球化、一体化是国际经济合作乃至世界经济的发展趋势。研究这些理论，需要运用马克思主义的立场、观点和方法进行分析，解释国际经济合作形成与发展的规律。

二、研究国际经济合作中各国的政策调节和国际经济协调机制

从宏观角度看，国际经济合作主要研究各国为鼓励或限制资本、技术、劳动力等生产要素的国际移动而采取的宏观调控政策和经济措施；研究为了解决国际经济交往中出现的矛盾、减少贸易摩擦而建立起来的国际经济协调制度和法律保护措施；研究当前世界经济发展中区域经济一体化趋势等问题；探讨不同经济制度、不同经济发展水平国家之间在平等互利基础上开展国际经济合作的必要性及发展趋势。

三、研究国际经济合作的具体方式和内容

从微观角度看，国际经济合作主要研究合作的范围领域、合作的具体内容、合作的方式及合作的环境；研究合作各方如何通过一定形式在生产、投资、科技、劳动力、信息管理等领域进行合作、获取经济利益的过程；研究相关的国际市场、国际经济合作环境和有关的国际惯例。

第三节　国际经济合作的类型和方式

根据国际经济合作的定义以及生产要素发生国际转移时的特点，可以对国际经济合作的类型和方式进行分类。

一、国际经济合作的类型

国际经济合作的内容十分丰富，从不同的角度着眼可以把国际经济合作划分成不同的类

型。目前，一般认为国际经济合作应包括以下几种类型：

（1）宏观国际经济合作与微观国际经济合作。宏观国际经济合作是指不同国家政府之间以及不同国家政府与国际经济组织之间通过一定的方式开展的经济合作活动。微观国际经济合作是指不同国籍的自然人和法人之间通过一定方式开展的经济活动，主要是指不同国家的企业或公司间的经济合作活动。宏观国际经济合作对微观国际经济合作的主体、范围规模和性质有较大的影响，但宏观国际经济合作服务于微观国际经济合作，多数宏观国际经济合作最终都要落实到微观国际经济合作上来，微观国际经济合作是宏观国际经济合作的基础。

（2）多边国际经济合作与双边国际经济合作。多边国际经济合作是两个以上的国家政府之间以及一国政府与国际经济组织之间所进行的经济合作活动。多边国际经济合作又可分为全球多边国际经济合作与区域多边国际经济合作两种具体类型。双边国际经济合作是指两国政府之间进行的经济合作活动。多边国际经济合作与双边国际经济合作一般都属于宏观国际经济合作的范围。

（3）垂直型国际经济合作与水平型国际经济合作。垂直型国际经济合作是指经济发展水平差距较大的国家之间所开展的经济合作活动。水平型国际经济合作则是指经济发展水平较接近的国家之间所开展的经济合作活动。垂直型国际经济合作与水平型国际经济合作一般都包括宏观与微观的国际经济合作。

二、国际经济合作的方式

当代国际经济合作主要包括以下几种方式：

（1）国际直接投资合作。国际直接投资合作包括一个国家引进的其他国家的直接投资和在其他国家进行的直接投资，其具体方式有合资经营、合作经营和独资经营等。

（2）国际间接投资合作。国际间接投资合作主要包括国际信贷投资和国际证券投资两种方式，具体形式包括外国政府贷款、国际金融组织贷款、国际商业银行贷款、出口信贷、混合贷款、吸收外国存款、发行国际债券和股票以及国际租赁信贷等。

（3）国际科技合作。国际科技合作包括有偿转让和无偿转让两个方面。有偿转让主要是指国际技术贸易，所采取的方式有：带有技术转让性质的设备硬件的交易和专利、专有技术或商标使用许可贸易等。无偿转让一般以科技交流和技术援助的形式出现，其具体方式有：交换科技情报、资料、仪器样品；召开科技专题讨论会；专家互换与专家技术传授；共同研究、设计和试验攻关；建立联合科研机构和提供某些方面的技术援助等。

（4）国际劳务合作。国际劳务合作主要包括直接境外形式的劳务合作和间接境内形式的劳务合作，具体形式有国际工程承包、劳动力直接输出和输入、国际旅游、国际咨询以及"三来一补"业务等。

（5）国际土地合作。国际土地合作包括对外土地出售、土地出租、土地有偿定期转让、土地入股、土地合作开发等具体内容。

（6）国际经济信息与国际经济管理合作。国际经济信息合作主要是指不同国家之间经济信息的交流与交换。国际经济管理合作的具体方式有：对外签订管理合同、聘请国外管理集团和管理专家、开展国际管理咨询、联合管理合营企业、交流管理资料与经验、举办国际性管理讲习班等。

（7）国际发展援助。国际发展援助主要有资金援助、物资援助、人力（智力）援助和技术援助等方式。

（8）国际经济政策的协调与合作。国际经济政策的协调与合作包括联合国系统国际经济组织进行的协调、区域性经济组织进行的协调、政府首脑会议及互访进行的协调以及国际行业组织和其他有关国际经济组织进行的协调。

第四节　国际经济合作的产生和发展

国际经济合作已成为当代经济生活国际化发展的必然趋势，是各国发展经济的客观需要。为了解现代国际经济合作的性质和特点，更好地参与国际经济合作，有必要对国际经济合作产生和发展的历史背景和经济政治条件加以探讨。

一、国际经济合作的产生和初期阶段

国际经济合作是一个历史范畴。严格地说，只有在国家出现之后，才有可能存在国际经济合作。但是在原始社会后期，相邻的部落和氏族之间存在的物质交换行为，可以被看作后来国际经济合作的胚胎形态。

从人类社会发展的历史来看，有社会分工就有社会合作。人类为了生存和发展，各国之间为了在经济上达到一个共同的目标或取得某种效果，跨国界的经济合作不可避免。

原始社会末期出现了阶级和国家，原始的、不发达的社会分工也出现在相邻的国家之间。随着时间推移，经过三次社会大分工之后，社会生产力已有长足的发展，商品交换的范围大为扩大，远距离贸易、海外贸易已有所发展。相邻的国家之间在关卡的通行、货物的运输等方面开始进行一定的合作，这就是原始的国际经济合作。

早期的国际经济合作主要是围绕着早期的国际贸易而出现的。在公元前5世纪的古希腊时代，由于地中海贸易的开展，希腊与地中海沿岸各国的贸易往来相当频繁。在这种贸易往来中，逐渐出现了国与国之间为了保证贸易的顺利进行而约定互为对方的船只提供方便、在关税上互为对方提供优惠等属于国际经济合作范畴的行为。

在公元前4世纪前后，我国的春秋时期，各诸侯国之间的商业往来已很兴旺，当时的楚、晋两国之间曾在函门订约，规定要有利于两国运输的进行。齐桓公建立霸权后，曾邀集鲁、宋、郑、魏、许、曹等国在葵丘订盟㊀，规定各国要加强合作，不得修筑有碍邻国的水利设施，不许妨碍粮食的流通。

在封建社会时期，欧洲出现过"汉萨同盟"式的国际经济合作。14世纪中叶，以德国北部地区吕贝克城为中心，包括英国的伦敦、挪威的卑尔根、俄国的诺夫哥罗德等在内的近200个商业城市结成同盟，统一商法，抵制封建法庭的干预，保护商队的安全，以合作的方式来保障盟员的经济利益。"汉萨同盟"为了保证它的成员在其贸易区享有特

㊀《春秋》中一段记载：公元前651年，周王力不能及，齐侯乃召集有关诸侯互相盟誓，不得修筑有碍邻国的水利，不在天灾时阻碍谷米的流通。这就是历史上著名的"葵丘之盟"。"葵丘之盟"也许可以称得上中国环境权利正式诉诸谈判与合约的开端，对2000多年后的今天仍具有启发和警示意义。

权,也采取了一些具体措施,如:对同盟成员实施抢劫者,不许在汉萨贸易区贸易;同盟成员受到侵害,其他城市有义务援助;非同盟的商人不能在同盟市场上直接贸易,必须由同盟作为中介等。另外还规定了保护海上航行安全的措施,如建立灯塔、配置领港人员引船进港、疏通河道、修建联结吕贝克和汉堡的运河等。这些措施的实行,使同盟形成一股很大的政治力量。

由于在奴隶社会和封建社会时期,社会生产力和商品生产尚不发达,自给自足的自然经济占统治地位,加上交通工具落后等因素,国际经济合作处于很低级的阶段,往往是一种偶然的、局部地区发生的、暂时性的合作。

在商品生产占统治地位的资本主义社会,国际经济合作有了较迅速的发展。在自由资本主义时期,殖民主义国家在进行争夺殖民地的残酷斗争的同时,在海运业务上也建立起"共同海损"方式的航运合作,以分担风险。到了垄断资本主义阶段,资本主义国家之间签订了某些公约、协定和规则,在经济技术方面有了比较广泛的合作,如19世纪60年代和70年代制定了《约克—安特卫普规则》,1883年签订了《保护工业产权巴黎公约》,1891年签订了《商标注册国际马德里协定》等。在这个时期,对外直接投资逐渐成为国际经济合作的主要方式。

另外,随着俄国"十月革命"的胜利和第一个社会主义国家苏联的诞生,出现了社会主义国家与资本主义国家之间这样一种新型的经济合作关系。20世纪20年代苏联采用"租让制"形式与资本主义国家的投资者合作开办合资企业,就是社会主义国家与资本主义国家经济合作的最初形式。

二、第二次世界大战后国际经济合作的发展

第二次世界大战结束以来,出现了新的科学技术革命,出现了经济全球化和经济知识化的趋势,社会生产力有了很大的发展。随着苏联的解体,世界政治形势也发生了重大的变化。而经济方面的变化是显著地扩大了国际经济合作的范围,当代的国际经济合作发展成为一种涉及一切国家,遍及各个社会经济生活领域,多形式、多层次的国际经济关系体系。"二战"后各国经济生活的国际化趋势已把世界上不同社会制度和不同发展水平国家的经济活动紧密地联系在一起,国家之间在经济上的相互依赖和合作已成为不以人们主观意志为转移的普遍现象。

众所周知的"马歇尔计划"就是战后初期资本主义国家之间的一次重大的国际经济合作行动。针对欧洲各国战后初期经济均处于崩溃局面的情况,当时的美国国务卿马歇尔提出在三四年时间内对欧洲国家提供巨款资金和技术,以帮助欧洲国家恢复和发展经济。从1948年4月"马歇尔计划"开始实施到1952年6月,美国通过"马歇尔计划"向欧洲提供了131.5亿美元的援助。而接受援助的欧洲国家则成立了欧洲经济合作委员会。

欧洲经济共同体的建立和发展是发达资本主义国家之间广泛开展经济合作的又一实例。从1993年1月1日开始,在欧共体成员国之间实现了商品、劳务和资本的完全自由流动。1993年11月1日《欧洲联盟条约》生效,欧盟正式成立。欧盟于1999年组成欧元区,统一货币,从2002年起使用欧元作为单一货币,这就把发达国家之间的经济合作推向一个更

高的层次。除了在贸易和金融领域的合作，欧洲还在科技方面实施了"尤里卡计划"⊖。"尤里卡计划"于 1985 年 3 月开始酝酿，4 月 17 日由法国总统密特朗正式提出。"尤里卡计划"建议西欧各国加强在尖端技术领域的合作，逐步成立"欧洲技术共同体"。具体合作内容最初包括五个方面：①计算机——建立欧洲软件工程中心，发展高级微型信息处理机等；②自动装置——研制民用安全自动装置和全部自动化工厂等；③通信联络——发展为科研服务的信息网，研制大型数据交换机等；④生物工程——研究人造种子、控制工程等；⑤新材料——研究新型材料结构，发展高效涡轮机等。项目达 300 多个，其中有 24 个重点攻关项目。

"二战"后，东西方、南北方之间的经济合作也是广泛存在的。国际金融市场上存在大量的国际资本，这些资本以盈利为目的，在世界各地游动，一旦哪里出现机会，就会迅速向该市场聚集。而苏联、东欧国家和广大发展中国家期望加速经济发展的步伐，又常常苦于缺乏设备、资金和技术。于是，西方发达国家和苏联、东欧及广大发展中国家之间开展经济技术合作成为时代的要求。20 世纪 60 年代中期，苏联和东欧国家利用西方国家的贷款购入这些国家的设备和技术，用来开发石油、天然气、煤炭、木材等资源和发展化学、造纸、纺织、机械等工业，并用这些产业部门的产品来偿还贷款，使双方都获得了好处。1980 年，欧洲经济共同体与东盟国家在吉隆坡签订了双边经济合作协定；与东非 11 国举行合作会议，通过了促进双方经济合作的建议；与《安第斯条约》5 国在布鲁塞尔举行部长级会议，讨论共同体援助的地区开发项目，包括能源、原料方面的合作和技术转让。这些活动都有力地促进了发达国家与发展中国家的经济合作。

在第二次世界大战后取得政治独立的广大发展中国家，为了摆脱西方国家的控制与掠夺，彼此之间建立起以互相尊重主权、平等互利为基础的团结互助、合作发展的新型国家经济关系，并把发展中国家间的经济合作同建立国际经济新秩序联系起来，走集体自力更生的道路，发展民族经济。发展中国家之间的经济合作范围相当广泛，涉及工业、农业、贸易、金融、海运、技术等领域。如在生产合作方面，西非国家经济共同体在塞内加尔建立化工企业，利用塞内加尔丰富的磷矿石资源生产化肥，满足其成员国需要。东南亚国家联盟共同兴办印度尼西亚尿素厂、马来西亚尿素厂、菲律宾铜制品厂、新加坡柴油厂和泰国纯碱厂。发展中国家之间的直接投资在战后也有一定的发展，如沙特阿拉伯、韩国等对其他发展中国家的直接投资。总之，发展中国家正在加强彼此间的合作，以促进各国经济的共同发展。

为了适应战后国际经济合作发展的新趋势，世界各国都调整了对外经济贸易的方针和政策，扩大对外开放的程度，积极地参与国际分工。一些发达国家制定了一系列促进资金、设备、技术输出的政策，而一些发展中国家则制定了有利于利用外资、引进技术、输出劳务的政策。联合国等国际机构也调整了政策，相继建立了有关组织机构，通过或修订了一些国际公约，1960 年成立了以向欠发达国家提供优惠贷款为主的国际开发协会，1966 年成立了以

⊖ "尤里卡计划"是西欧在面临巨大挑战和压力的情况下"自我觉醒"的产物。20 世纪 70 年代中期，西欧在科技，尤其是高科技方面渐渐落后于美国和日本，进入 20 世纪 80 年代后，差距进一步扩大。西欧如果不采取措施奋起直追，到 20 世纪末就有可能成为技术上的"不发达大陆"。同时，西欧各国也意识到，在这场决定未来命运的高科技竞赛中，只有一个把"人力、物力和财力都集中起来的欧洲，才能卓有成效地保持自己在将来世界上的经济地位"。

向发展中国家提供技术援助为主的联合国开发计划署，1965 年在华盛顿签订了《关于解决各国与其他国家的国民之间投资争端的公约》，1967 年在瑞典斯德哥尔摩签订了《建立世界知识产权组织公约》，这些都大大地推动了国际经济合作。

第五节　当代国际经济合作发展的新特点

20 世纪 90 年代至今，经济全球化的发展和高科技革命的浪潮对传统的国际经济合作产生了深刻的影响，这种影响至今仍在继续。当代国际经济合作的发展具有以下的特点：

一、当代国际经济合作的发展与当代世界经济的发展变化相适应

第二次世界大战后世界经济的发展呈现出一些新的特点：科技进步，尤其是信息技术的发展，成为推动世界经济发展的主导力量；国际分工在深度和广度上都有了巨大的推进；国际资本的流动对世界经济的发展产生着越来越重要的作用；世界经济贸易区域化、集团化大为加强；经济走向全球化、知识化等。为了与这种变化了的世界经济形势相适应，各国必须采取扩大与其他国家、国家集团、区域性经济组织、国际经济机构联系的政策，必须把引进国外先进技术置于十分重要的地位，必须采取鼓励吸收国外资金的政策。可以说，国际经济合作的发展是各国适应已经发展变化了的世界经济形式的产物，同时，国际经济合作的发展又成为推动世界经济发展的强大动力。

二、当代国际经济合作的发展以现代科学技术和现代化大工业生产为基础

第三次科技革命一方面大大推动了社会生产力的发展，另一方面刺激了各国对科技投资的增加。由于各国经济的发展需要大量先进、复杂的技术和设备，导致任何一个国家都不可能完全依靠自己的力量单独完成众多耗资巨大、依靠各种新技术的研究和发展项目。与此同时，企业认识到分工可以提高生产效率。这就迫使各国在科学研究、大型生产项目投资等方面进行广泛的经济合作。美国的波音 747 飞机共有 450 万个零件，它是由 6 个国家、1.1 万家大企业协作生产的。西欧参加"尤里卡计划"的有 19 个国家、2000 多家企业，共拨款 800 亿法国法郎，用于 500 个研究项目。奔驰汽车的海外零部件供应商有 5 万多家，IBM 公司的零部件有 70% 来自海外。现代化的大工业生产要求最佳规模以降低成本和提高劳动生产率。例如汽车制造流水线的最佳规模为年产 120 万辆，合成氨或乙烯生产的最佳规模为年产 30 万吨。这对于一个小国来说，无论从资金、技术、劳动力各方面来看都不是力所能及的，更不用说其市场容量了。因此，一些国家必须同其他国家进行经济合作以实现规模经济效益。所以说，现代科学技术的发展和现代化大工业生产要求世界各国进行经济技术领域的广泛合作。

三、国际经济合作的方式日益多样化

第二次世界大战后，随着经济生活国际化的不断加深，各种新的国际经济合作方式纷纷被创造出来，如 BOT 投资方式、有组织的集体性质的国际劳动力转移、承接国外的加工和装配业务、以产品偿还机器设备的补偿贸易、向外国客户出租仪器设备、购买外国发明的专利技术的使用权、联合研究与开发新技术或新产品、对外进行国际咨询业务、合作开发资

源、特许权经营、对外发行债券和设立基金、购买外国股票、设立科学园区（经济技术开发区、出口加工区、经济特区、自由贸易区）等。而且，各种合作方式往往互相交织在一起，你中有我，我中有你。

四、国际经济合作的范围日益扩大，全球范围的多边经济合作体系已经形成

如前所述，现在不但发达国家与发达国家之间进行经济合作，而且发达国家与发展中国家、发展中国家相互之间、沿海国家与内陆国家之间、大国与小国之间，均有着广泛的经济合作关系。目前，开展区域性经济合作的组织更是数不胜数。2001年，中国、俄罗斯、哈萨克斯坦、吉尔吉斯斯坦、塔吉克斯坦和乌兹别克斯坦六国在上海正式成立了上海合作组织，以加强六国之间的全方位合作。上海合作组织自成立之日起，成员国在文化、经贸、军事、司法、安全等各领域和各层次的合作相继展开，成员国之间的经济和人文交流不断加强。如今该组织已经引起周边国家的广泛兴趣，2004年蒙古获得观察员地位，2005年7月巴基斯坦、伊朗、印度获得观察员地位。2017年6月，印度和巴基斯坦被正式接纳为上海合作组织成员，使得该组织正式成员国达到8个。除此之外，上海合作组织还有4个观察员国：阿富汗、白俄罗斯、伊朗、蒙古。6个对话伙伴：阿塞拜疆、亚美尼亚、柬埔寨、尼泊尔、土耳其和斯里兰卡。2018年6月上海合作组织峰会在中国青岛举行，成为在世界上具有重要影响力的综合性地区组织。我国的对外经贸合作不断取得深入，规模不断扩大，中国—东盟自由贸易区建设进程进一步加快，2005年7月启动了中国—东盟自由贸易区降税计划，中国—东盟自由贸易区进入全面实质性的实施阶段。2010年1月1日中国—东盟自由贸易区正式全面启动。目前来看，中国—东盟的贸易占到世界贸易的13%，涵盖11个国家、19亿人口、GDP达6万亿美元的巨大经济体，是目前世界人口最多的自贸区，也是发展中国家间最大的自贸区。各个国家集团和区域性经济组织在大力发展集团内部国家之间的经济合作关系的同时，也注意发展集团间的经济合作，如东盟和中国、日本、韩国的"10+3"合作，如参加亚欧会议的亚洲和欧洲国家之间的合作。另外，各个国家都十分积极地参与各个国际经济组织（如世界贸易组织、国际货币基金组织、世界银行等）的活动，努力发展多边的国际经济合作关系。因此，一个全世界范围的多边经济合作体系已经形成。

五、国际性经济组织在国际经济合作中发挥越来越重要的作用

"二战"后建立或完善的一些重要国际经济机构在国际经济合作方面起着十分重要的桥梁作用和协调作用，如国际货币基金组织、世界银行、世界贸易组织（前身是关税与贸易总协定）、联合国工业发展组织、联合国贸易和发展会议、世界知识产权组织等。它们为多边国际经济合作提供资金、技术和技术服务，制定有关国际经济合作的规章制度，讨论和解决有关的争端，为发展中国家提供经济技术帮助，承担研究和审议有关国家工业发展的计划和政策等，有力地推进了全球化的国际经济合作。

六、跨国公司成为国际经济合作中的主体

富可敌国的跨国公司是当今活跃在国际经济舞台的重要主体之一。它们拥有强大的竞争力，在世界范围进行贸易投资、资源配置，通过补贴、转移定价等各种方式逃避税收、躲避

监管，垄断国际市场，获取巨额利润。21 世纪以来，伴随着世界经济复苏以及许多产业复兴，全球跨国公司经营规模不断扩大，其总体盈利情况十分明显。据美国《财富》公布的按照营业收入排名的世界"500 强"名单，2005 年世界 500 强企业中，营业收入达到 124 亿美元才有资格进入排行榜，2018 年已经达到了 235 亿美元。2018 年上榜 500 家公司的总营业收入近 30 万亿美元，占当年全球 GDP 总额约 74 万亿美元的 40%。总利润达到创纪录的 1.88 万亿美元，销售收益率则达到 6.3%，净资产收益率达到 10.9%。在上榜公司数量上，2018 年中国公司达到了 120 家，已经非常接近美国公司的 126 家，远超第三位日本公司的 52 家。从 1995 年《财富》世界"500 强"排行榜同时涵盖了工业企业和服务性企业以来，还没有任何一个其他国家的企业数量如此迅速地增长。⊖

由于跨国公司力量的日益膨胀，尤其是发达国家的跨国公司往往凭借其雄厚的资金和先进的技术，对发展中国家的生产和销售进行直接的或间接的控制，有的采取非法手段逃避所在国海关、税务及外汇管理机构的监管，从而损害东道国的利益，这已成为国际经济合作中一个值得重视的问题。对此，发展中国家正在积极研究和采取对策来反击跨国公司的控制。

思 考 题

1. 什么是国际经济合作？怎样理解国际经济合作的含义？
2. 国际经济合作有哪些类型与方式？请举例说明。
3. 试述国际经济合作发展动因与趋势之间的内在联系。
4. 国际经济合作有哪些作用？
5. 试述国际经济合作与国际贸易的区别与联系。

【案例分析】

丝绸之路经济带开启国际经济合作新格局

欧亚地区国家多为发展中国家或新兴经济体，基于地缘因素和经济发展水平的限制，难以加入到高水平的区域经济合作之中。但这些国家迫切希望通过区域经济合作激发内在动力，迅速提升经济发展水平。丝绸之路经济带以中国扩大向西开放为契机，促进与广大欧亚地区国家之间的相互融合，建立更加紧密的经济联系，为相关各国发展创造了新机遇，为其广泛参与区域经济合作搭建了新平台。

丝绸之路经济带涵盖中亚、南亚、西亚和欧洲的部分地区，连接亚洲和欧洲两大经济圈，该区域包含 50 多个国家，人口总计 36.3 亿，占全球人口总量的 51.4%，2013 年 GDP 总计 19.7 万亿美元，占全世界 GDP 总额的 27%，与中国的贸易额为 5138.3 亿美元，占同期中国对外贸易进出口总额的 12.4%，是世界上最具发展潜力的经济带之一。中国的开放将为欧亚地区国家提供广阔的合作空间，同时在合作中我国也将大受裨益，这种互

⊖ 资料来源：http：//www.fortune-magazine.cn。《财富》杂志官方网站。

动式、互利共赢式发展将产生"1+1>2"的效果,使丝绸之路经济带最终成为共同发展的合作带和利益共同体。

丝绸之路经济带建设将按照以点带面、从线到片、逐步形成区域大合作的思路推进。次区域经济合作可以成为点、线、面连接的载体,它将区域内的国家及通道建设连接起来,同时各次区域之间首尾相接,最终形成完整的经济带。

丝绸之路经济带延展的欧亚大陆包含四大区域,即中亚、南亚、西亚和中东欧国家,其中南亚是丝绸之路经济带和21世纪海上丝绸之路的交汇部。在四个区域将形成"四个支点、四个辐射面、四条路径",即以上海合作组织为支点,辐射独联体国家;以中巴经济走廊和孟中印缅经济走廊为支点,辐射南亚国家;以海合会为支点,辐射西亚国家;以《中国—中东欧国家合作布加勒斯特纲要》为核心,辐射中东欧国家。在四大区域中,中亚地区为核心区,南亚地区为紧密区,西亚地区为延伸区,中东欧地区为拓展区。

我国推进丝绸之路经济带建设将由近及远,政治外交并进,大力强化经贸合作。总的来说,应以区域经济合作为基本路径,在中亚、南亚、西亚和中东欧四大区域推进多种形式、不同层次的次区域经济合作,推动贸易、投资、金融合作及贸易投资便利化进程,形成投资与贸易互动发展,逐渐向优惠贸易安排过渡,由次区域经济合作向区域合作整合发展。在国内应将内陆沿边开放与东部沿海地区的结构调整有机结合起来,相互补充、互为依托,全面推进开放进程。

推进丝绸之路经济带建设需要遵循的大体思路:一是充分利用上海合作组织平台,加强并深化我国与成员国和观察员国的全方位合作。突出投资的引领作用,推动经贸合作全方位发展。二是提升中巴自由贸易安排水平并启动孟中印缅经济走廊合作机制,使其辐射至南亚地区,推动中国与南亚国家的多领域、多层次、多形式的经贸合作。三是加强与海合会成员国的合作,尽早商签自由贸易协定,全面拓展我国与海合会成员国的经贸合作关系,提升我国与西亚国家的经贸合作水平。四是积极落实《中国—中东欧国家合作布加勒斯特纲要》,推进贸易投资便利化,带动我国与中东欧国家的全面经贸合作。

需要强调的是,推进贸易投资便利化与自由化应成为丝绸之路经济带建设的基本方向。近中期内应以推进贸易投资便利化为主,同时推动自由贸易协定谈判,着眼于长远发展,力求建立广泛的自由贸易区网络。

具体来说,推进丝绸之路经济带建设,应注意以下几个方面:

其一,与更多国家就经济带建设达成共识。加强高层互访,促进各国之间的政策磋商与协调,增信释疑,切实关注各国的利益诉求,推动双边合作关系的健康发展。

其二,以经贸合作为先导推动经济带建设。大力推进贸易投资便利化,降低贸易成本,促进区域贸易发展。大力承接周边国家的服务外包业务,提高服务贸易对外开放水平。支持我国对欧亚地区国家的"走出去"扶持政策。加快同周边国家开展区域基础设施包括交通运输通道、能源通道、金融通道、通信网络互联互通建设。加快人民币与周边国家货币的区域交易步伐。逐步推进双边和多边的优惠贸易安排。扩大新疆亚欧博览会和陕西欧亚论坛以及宁夏中阿论坛在该地区的影响力,搭建多种贸易投资促进机制与平台,同周边国家建立与丝绸之路经济带相适应的合作机制。

其三，积极联合国际及地区组织共建丝绸之路经济带。加强与联合国开发计划署"亚欧大陆桥"合作机制、亚太经社理事会、亚行"中亚区域经济合作计划"机制等各类国际和地区组织，以及世界银行、亚洲开发银行、金砖国家开发银行、亚洲基础设施投资银行等相关国际金融机构之间的合作，促进区域内的互联互通以及经贸往来，拓展我国在该区域的软实力。

其四，加速实施内陆沿边开放战略并与丝绸之路经济带战略形成有机互动。提升我国沿边重要口岸的作用。合理进行国内区域与相关产业布局，深化新疆、甘肃与中亚、西亚、南亚、中东欧国家及俄罗斯和蒙古的合作，打造西安、重庆、成都等内陆开放型经济战略高地，发挥其经济辐射功能。规范发展边境贸易，推进新疆喀什和霍尔果斯两个经济开发区的建设，着力打造我国向西开放的重要门户和次区域经济合作战略基地。推动内陆同沿海沿边通关协作，提升通关便利化和综合服务水平。与此同时，还应加强丝绸之路经济带与21世纪海上丝绸之路的相互呼应，加速推动我国的对外开放进程。
(资料来源：光明网 http：//www.gmw.cn，有改动，2018年8月。)

第二章

国际经济合作理论

国际经济合作作为一种国际经济交往的重要形式，从产生之初就吸引了国内外众多学者的关注和研究。不同历史时期的学者，分别从各个不同的角度解释了国际经济合作产生、发展的原因以及其他一些规律，帮助人们从理论层次更好地理解这种新的经济交往方式。

第一节 传统国际经济合作理论

一、传统的国际分工理论

国际分工是指生产的国际化分工。世界经济的产生与发展与国际分工和世界市场的发展紧密相连。作为世界经济的组成部分，国际经济合作更是国际分工发展到新阶段的产物，是生产力发展到一定水平的标志。伴随着国际分工的发展，有关国际分工的理论也经历了不同的发展阶段，并且反映出在不同的历史时期、不同的资产阶级利益集团的利益与要求。

长期以来，指导国际分工从而说明对外贸易的基本理论是比较优势理论。

比较优势理论最早可以追溯到亚当·斯密创立的绝对优势理论。亚当·斯密认为如果两个国家通过生产和交换本国具有绝对利益的产品，那么这两个国家都能获得利益。亚当·斯密在其代表作《国民财富的性质和原因的研究》（简称《国富论》）中指出，一国所生产的商品应该是具有绝对优势的产品，所消耗的成本绝对低于贸易伙伴，在劳动生产率上占绝对优势，通过自由交换，可以获得绝对利益。因此，亚当·斯密赞扬国际分工，提倡自由贸易；认为国际分工会提高各国劳动生产率，而自由贸易会引起国际分工；各国按照各自有利的条件进行分工和交换，将会使各国的资源、劳动力和资本得到最有效的利用，从而给各国带来绝对的利益。

英国古典经济学家集大成者大卫·李嘉图发展了亚当·斯密的绝对优势理论，提出了比较优势理论。1817年他出版了《政治经济学和赋税原理》一书，提出了比较优势理论，之后他又进一步发展了国际分工理论。他认为在国际分工、国际贸易中起决定作用中的不是绝对利益，而是比较利益（比较成本），并且把比较利益作为国际分工的理论基础，即认为两个国家如果按照各自的比较利益进行专业化分工，那么这两个国家就可以通过贸易来实现国民收入的增加和国民福利的增进。

在此基础上，俄林—赫克歇尔模型提出了要素禀赋理论，即以要素禀赋差异为核心的新古典贸易理论。该理论认为各国都存在资源禀赋的差异，每个国家都以自己相对丰富的生产要素进行商品的专业化生产和国际交换，就会处于比较有利的地位。例如中国劳动力资源丰富，那么按照该理论，中国就应该主要生产并出口劳动密集型产品，进口资本技术密集型产品，这样整个世界的福利水平都会得到提升。

比较优势理论的着眼点是一国产业的比较优势，各国按照比较利益原则加入国际分工，从而形成对外贸易的比较利益结构。发展中国家通常缺乏资本和技术，而具有自然资源、劳动力资源方面的优势，发达国家则具有资本和技术资源方面的优势，因此比较利益的贸易格局必然是：发达国家进口劳动密集型和自然资源密集型产品，出口资本和技术密集型产品；发展中国家则进口资本和技术密集型产品，出口劳动密集型产品。

二、国际相互依赖理论

国际相互依赖是指国家之间或其他国际行为主体之间广泛的、一般的相互影响和相互制约关系。国际相互依赖所涉及的范围，既包括国际之间在政治、军事、经济方面的相互依赖，也包括广泛的社会生活领域中的相互依赖，其中，在经济方面的表现最为突出。因此，经济上的相互依赖是整个国际相互依赖的基础。

关于国际相互依赖理论的研究是从 20 世纪 50 年代末 60 年代初开始的，当时的研究主要集中在发达国家间的相互依赖关系，最典型的是当时的欧共体。20 世纪 70 年代，相互依赖理论有了新发展，研究领域扩展到发达国家与发展中国家之间的相互依赖关系。1968 年美国著名经济学家理查德·库玻出版了《相互依赖的经济》一书，集中反映了西方学术界对国际经济相互依赖的理论研究成果。

第二次世界大战后兴起的"依附"论观点曾引起国际上较多的争论，"依附"论中以普雷维什的"中心—外围"理论最为著名。

这一理论把世界分为两大部分：一部分是发达资本主义国家（叫作"中心"国家），另一部分是发展中国家（叫作"外围"或"边缘"国家）。"中心"国家在社会经济方面都有许多优势，而"外围"国家在社会经济方面都居于劣势地位。因此"中心"国家和"外围"国家之间存在根本上的不平等关系，前者越来越富，后者越来越穷。"外围"国家在经济上处于依附"中心"国家的不利地位，社会生活条件日趋恶化。

这一理论指出，当前国际上存在许多不合理的经济秩序和贸易规则，为争取公平、合理的环境下参与国际贸易和国际竞争，修改不合理的贸易规则并参与制定新的贸易规则，发展中国家必须团结起来，争取建立国际经济新秩序，为本国经济发展创造一个良好的外部条件，但是，该理论忽略了一个重要问题，这就是发展中国家自身的力量。应该说，外因是变化的条件，内因是变化的根据，虽然国际经济贸易中确实存在许多对发展中国家不利的因素，但这并不是因为他们参与了国际经济活动，而是这些国家内部的经济结构和运行机制不能适应经济发展需要。对于发展中国家来说，必须加强本国经济体制的改革，提高竞争能力，依照比较优势原则，利用本国一切可利用的因素，积极发展对外经济贸易合作。

三、结构需求理论

瑞典经济学家林德（Linder）1961 年从需求角度对北—北贸易和部门内贸易做出了解释，提出了结构需求理论。他的前提条件是：①国内生产的产品有富余，有能力向国外出口产品；②两个国家的偏好相似，需求结构接近，或者说需求结构的重叠部分越大，两国间的贸易量就越大；③两国人均收入水平相近，则需求结构相似，需求重叠部分就越大，两国间的贸易量就越大。

在此基础上，贸易按照以下流程进行：

一国人均收入水平提高——→对工业制成品尤其是奢侈品的需求增加（恩格尔定律）——→带动本国工业制成品的产量增加，结果使产量的增加超过了需求的增长，从而有能力出口——→对于这类产品，只有收入水平相近的国家才会有较多的需求，因而出口对象国是收入水平相近、需求相似的国家，这样就使得两国间贸易量增大。

林德提出并将其发展的结构需求理论主要是分析自然资源和工业品的出口。林德对于自然资源贸易的解释是根据俄林和赫克歇尔的要素禀赋理论，因此结构需求理论仅仅对工业品贸易的解释具有创新意义。

林德在结构需求理论中将对外贸易领域分为潜在的和现存的两个领域。对于潜在的出口产品，他认为，产品的国内需求量和这种产品在国内市场增长边界对产品的出口潜力有决定作用。他的理论的出发点是：这种产品首先在国内进行生产销售。对此他给出了三个理由：

（1）一个企业想满足国外的需求（这个需求在国内还不存在）是不可能的，因为这个企业没有关于国外的详细信息。

（2）革新和发明通常都与企业所处的环境有关，因此革新首先是在国内进行。

（3）在生产初期，为了获得有效而便宜的信息交流，在产品的试销过程中，商品和消费者之间的联系紧密是必要的。这在国内是最可能实现的。

如果国内的市场已无潜力可挖，林德认为企业将把它的活动空间扩展到国外。这个时候企业开始考虑产品应该出口到哪些国家。按照他的观点，潜在的进口国主要是那些与出口国有相似需求结构的国家。并且他将人均收入作为需求结构是否相似的衡量指标。他认为，两个国家的需求结构越相似，工业品潜在的对外贸易越有可能。

除了对潜在的对外贸易分析之外，他也论述了对外贸易的现实领域。他认为，促进工业品出口的因素有：①全球范围内垄断性的产品供应结构；②与国内和国外竞争对手相比拥有生产要素采购和加工的优势；③与国内外同行相比拥有先进的技术；④更好的管理水平；⑤通过大批量生产拥有成本的优势。

结构需求理论指出了许多影响对外贸易发生的因素，同时也给企业的领导提供了许多出口战略思维，如要想增加出口，同业垄断地位应是企业不断追求的目标。另外，从企业内部来讲，在采购方面、生产方面和技术方面的优势以及管理方面的优势能导致成本的优势及规模经济效应；从企业的外部来讲，国内需求的结构及增长、进口国的政治文化、关税及贸易限制也影响着企业出口决策的实施。

第二节　经济一体化理论

20世纪50年代后，国际经济呈现出经济一体化的趋势，在这样的背景下，关于经济一体化方面的理论也层出不穷。这节主要介绍三种有代表性的理论：关税同盟理论、大市场理论和协议性国际分工原理。

一、关税同盟理论

关税同盟是指两个或两个以上的国家或地区通过达成某种协议，相互取消关税或期货统一限制措施的经济一体化组织。对关税同盟的理论研究，西方学者有以下主要观点：

(一)关税同盟的静态影响

关税同盟的重要特点是"对内自由,对外保护"。关税同盟的建立对世界福利以及参加国的福利是有积极影响的,但对非成员国而言,它们的福利水平可能是降低的。

1. 贸易创造

它是成员国之间相互取消关税和非关税壁垒所带来的贸易规模的扩大和福利水平的提高。

假定:在甲、乙、丙3国中,甲、乙两国成立关税同盟,这3国的煤单位成本依次为250美元、150美元、100美元,成立关税同盟以前,甲国对煤征收200%的进口税(从价税)。

在关税同盟成立前,甲国将自行生产煤,因为在甲国的国内,煤的价格以甲国的产品250美元为最低(乙国为350美元、丙国为300美元)。甲、乙两国成立关税同盟后,若它们对外共同关税中仍为200%,则乙国的煤产品价格就成为最低的(乙国150美元、甲国250美元、丙国300美元)。因此,甲国就从乙国进口煤,甲、乙两国产生新的贸易,结果煤生产就从成本高的甲国移至成本较低的乙国,创造出新的国际分工,这就是贸易创造的影响。这时甲国可以用较低的价格(以前是250美元、现在是150美元)买到煤,从而提高了福利。从甲、乙两国整体看,由于生产从高成本转向了低成本,节约了资源,故提高了福利。对丙国来说,由于它本来就不同甲、乙两国发生贸易关系,所以没有什么不利。当然,如果把关税同盟国家增加收入、增加进口的动态影响计算在内,丙国也会有利可得。

2. 贸易转移

在关税同盟成立之前,关税同盟国从世界上生产效率最高、成本最低的国家进口产品;关税同盟成立之后,关税同盟国转从同盟内生产效率最高的国家进口该项产品。但如果同盟内生产效率最高的国家不是世界上生产效率最高的国家,则进口成本较前增加,消费开支扩大,使同盟国的社会福利水平下降,这就是贸易转移。

再以上例说明:假定成立关税同盟以前,甲国对煤课征100%的进口税,其他条件与前例相同。在此种假定下,关税同盟成立前,甲国便自丙国进口煤,因为丙国煤在甲国的价格为200美元(含税),较甲国的250美元和乙国的250美元(含税)为低。甲、乙两国关税同盟成立后,若其对外共同关税仍为100%,则甲国将改向乙进口煤,因为甲、乙两国的关税废除后,乙国的煤在甲国的价格150美元就为最低,结果煤生产就从成本较低的丙国转至成本较高的乙国。这就是所谓的贸易转移。甲国和丙国当然受到了损失,并因不能有效地分配资源而使整个世界的福利降低。

3. 贸易扩大

如前两例,关税同盟成立后的甲国国内煤价格均比成立前要低,因此如果甲国的煤需求弹性大于1,则甲国对煤的需求就会增加。这种需求的增加当然能使甲国的煤进口数量增加,这就是贸易扩大。

贸易扩大是从需求方面形成的概念,而贸易创造和贸易转移则是从生产方面形成的概念。关税同盟无论是在贸易创造的影响下还是在贸易转移的影响下,都能产生贸易扩大的影响。在这个意义上,关税同盟经常可以促进贸易的扩大,增加经济福利。

4. 关税同盟建立后,可以减少行政支出

这部分行政支出指的是由于免征关税而减少的政府征税引起的相关费用支出。

5. 关税同盟建立后，可以加强谈判力量

关税同盟建立后，同盟的经济力量增加，可以统一对外进行关税减让谈判，这有利于关税同盟贸易地位的提高和贸易条件的改善。

(二) 关税同盟的动态影响

关税同盟的动态效应主要是分析、考虑关税同盟对成员国就业、产出、国际收支和物价水平的影响。

(1) 关税同盟的第一个动态效应就是大市场效应。关税同盟建立后，在排斥第三国产品的同时，为成员国之间产品的相互出口创造了良好的条件。特别是将所有成员国市场变成统一的市场，这种市场范围的扩大促进了企业的生产，使具有竞争优势企业的生产水平达到规模经济，从而降低成本，进一步增强企业对外尤其是对非成员国同类企业的竞争能力。因此，关税同盟所创造的大市场效应促进了企业规模经济的实现。

(2) 关税同盟的建立促进了成员国之间的相互了解，但却也使成员国之间的竞争更加激化。参加关税同盟后，由于各国的市场相互开放，各国企业面临着来自其他成员国同类企业的竞争，在这种竞争中，必然有一些企业被淘汰，从而形成在关税同盟内部的垄断企业，这有助于抵御外部企业的竞争，甚至有助于关税同盟的企业在第三国市场上与别国企业竞争。

(3) 关税同盟的建立有助于吸引来自第三国的直接投资。第三国企业为了抵消关税同盟对其的不利影响，纷纷将资本投向关税同盟的内部，以便绕过统一的关税和非关税壁垒，客观上增加了来自关税同盟以外的直接投资。

(4) 关税同盟的建立也会产生负面影响。一是关税同盟的建立促成了新的垄断的形成，可能会成为技术进步的严重障碍。二是关税同盟的建立可能会拉大成员国不同地区之间经济发展水平的差距。

二、大市场理论

大市场理论也称共同市场理论。共同市场与关税同盟有所不同，它比关税同盟又进了一步，共同市场的目的就是把那些被保护主义分割的小市场统一起来，结合成大市场，通过大市场内的激烈竞争，以最大限度地追求经济利益或福利。

(一) 大市场理论的含义

提出大市场理论的代表人物是西托夫斯基和德纽。德纽对大市场理论做了如下表述：(由于大市场化) 机器的充分利用带来的大量生产、专业化、最新技术的应用、竞争的恢复，所有这些因素都会使生产成本和销售价格下降。这一切必将导致购买力的增加和实际生活水平的提高。购买某种商品的人数增加后，有可能使这种消费扩大和供给增加。这样，经济就会开始其滚雪球式的扩张。消费的扩大引起投资的增加，投资的增加导致价格下降，工资提高，购买力全面增加……只有在市场规模迅速扩大的情况下，才能促进和刺激经济扩张。

(二) 大市场理论的核心

大市场理论的核心有二：

(1) 目的是通过扩大市场获得规模经济，从而实现利益。

(2) 依靠因市场扩大而使竞争激烈化的经济条件来实现上述目的。

以上两者的关系是目的与实现目的的手段的关系。

(三) 大市场理论的局限

大市场理论为经济一体化提供了有力的理论基础，但仍不十分完备，其原因是：

(1) 大市场理论所强调的扩大生产后出现的积累过程，并不一定要通过经济一体化的形式才能完成。只要企业的经营方式从保守的消极状态转变为积极进取的状态，引进先进技术，扩大生产规模，同样可以实现。

(2) 只要有世界性的自由贸易，即使不组成区域性的经济贸易集团，也可能取得大规模市场的各种利益，并且就市场规模的大小而言，世界性的自由贸易远远大于区域性的经济一体化。

三、协议性国际分工原理

协议性国际分工原理是由日本一桥大学经济学教授小岛清在20世纪70年代提出来的。针对以往的经济一体化理论中，西方经济学者总是遵循古典经济学家大卫·李嘉图等人提出的比较优势理论的思路，把"规模经济""大市场""激化竞争""生产成本比较"等研究作为核心，用比较优势原理来说明一体化的经济效应，而忽视规模经济和激化竞争效应所带来的企业垄断与内部贸易扩大问题的缺陷。小岛清在其代表作《对外贸易论》中对此进行批判，并从新的角度提出协议性国际分工原理，用于解释区域经济一体化。其内容主要是：

(1) 在一体化内部仅仅依靠比较优势来形成国际分工，并通过竞争机制来实现规模经济是有害无益的。因为在区域内部，通过自由贸易来实现企业规模经济极易导致集中与垄断，并导致生产成本上升，甚至引起各成员国经济失衡，反过来竞争的负面效应又会伤害规模经济。因此，如何在一体化过程中实现成本长期递减、增加同盟内部贸易、实现规模经济并修正以往的国际比较利益分工原理，便成为小岛清的研究方向。

(2) 小岛清认为，必须引进共同市场的内部分工原理，并在其指导下通过两国间的协议来实现国际专业化分工。与比较优势理论不同，协议性国际分工原理认为规模经济中既有内部规模经济也有外部规模经济，即生产成本存在长期递减规律。在此，该原理假设两国在生产两种商品时各有专攻，如果两国通过签订协议进行分工，相互为对方提供专业化生产商品所需的大市场，必将使两种商品的生产成本都大幅度下降，即获得规模经济，进而可引出除激化竞争之外带来的规模经济的另一途径。若考虑到成本降低后两国需求增加的贸易创造效应，实现经济利益会更加明显。

(3) 协议性国际分工不能指望通过价格机制自动地实现，而必须通过当事国的某种协议来加以实现。所谓的协议性国际分工，是指两国达成相互提供市场的协议，一国放弃某种商品的生产并把国内市场提供给另一国，而另一国则放弃另外一种商品的生产并把国内市场提供给对方，即通过制度性一体化把协议性分工组织化。应该注意到的是，这里的分工方向，并不是由大卫·李嘉图的比较优势的价格竞争原理决定的，即便某国在某种商品生产方面没有成本优势，也能实行协议性分工，只不过分工的利益少一些罢了。因此协议性国际分工不能通过价格机制自动地实现，它只能通过当事国的某种协议来加以实现。例如，中美洲共同市场实行的统一产业政策，是由国家间的计划决定的分工，是典型的协议性国际分工。

第三节　生产要素国际移动理论

一、生产要素的含义

生产要素在世界各国之间所进行的直接移动，是国际经济合作活动的实质内容。"生产要素"一词，就是人们在生产过程中必须具备的一般条件。笼统地说，它指的是人类为满足自己的物质需求、精神需求而从事产品、服务生产过程中所必备的一切投入，即构成复杂的社会生产力系统的诸多因素。

对于生产要素的类型，可以依照不同的研究目的和研究范围，从不同的角度去分析。从生产要素的存在形态来看，可以划分成有形要素、无形要素以及综合要素；从生产要素在生产过程中所发挥的功能看，又可以划分成资本、劳动力、土地（含自然资源）、技术、信息等。

生产要素的国际移动包含着两种意义。从狭义的角度讲，它仅指生产要素以国际经济合作的形式在各国间所进行的直接流动；从广义的角度讲，除了生产要素的直接移动以外，它还应包括生产要素以商品为外化形式而在国际上所展开的间接移动（即商品的输出入）。

二、生产要素国际移动理论的产生与发展

生产要素国际移动理论出现于20世纪30年代，但其理论渊源则可上溯到18世纪的古典政治经济学。在1776年出版的《国民财富的性质和原因的研究》中，亚当·斯密提出了绝对优势理论。按照他的观点，在由两个国家和两种商品所构成的所谓"2×2模型"中，若两国各自在一种商品的生产效率上具备优势，而在另一种商品的生产效率上处于劣势，则通过商品生产的专业化以及相互间的商品交换，两国皆可获得绝对利益。决定商品优劣势的根本原因在于各国在商品生产的劳动成本上存在着差异，因而认为只有能生产出成本绝对低的产品才有可能进行国际交换。1817年，大卫·李嘉图在其《政治经济学和赋税原理》一书中提出了比较优势理论。其主要观点是：即使一国在两种商品的生产上皆具备优势或皆处于劣势，也可通过国际的生产专业化以及商品交换而获得所谓比较利益，即生产和出口优势较大（劣势较小）的商品，进口优势较小（劣势较大）的商品。

到了20世纪上半叶，经赫克歇尔、俄林、萨缪尔森等人所提出、发展及完善的要素禀赋论，在批评、继承比较优势理论的基础上，提出了如下观点：人类进行商品贸易的基本单位是区域，而国际贸易理论则是区域贸易理论的延伸和应用。产生区域间贸易的必要条件在于产品相对价格上存在着差异，产生这种差异的基本原因在于各国的劳动生产率不同；而区域间能够形成商品贸易的充分条件在于各国的商品在直接可比较的绝对价格上存在着差异，这种差异起因于各国在生产同种商品时所具备的要素禀赋条件不同。参与国际贸易的各国，应当生产和出口那些本国要素禀赋充裕的产品，进口那些本国要素禀赋稀缺的产品。可以看出，要素禀赋论与比较优势理论既有一些相似之处，又有一些不同。两者都把商品贸易产生的根本原因归于商品生产中的劳动生产率差异，但是比较优势理论认为决定商品生产成本的因素只有劳动力，而要素禀赋论认为影响商品生产率差异的是一切可列入要素的生产性投入

物。参考要素禀赋论，可以促使参与国际经济交往的各国更加合理地对本国所拥有的生产要素加以配置和利用，使产业结构和出口产品结构、输出要素结构趋于合理，扬长避短，以国际贸易和国际经济合作为手段，提高本国的经济效益，获得更多的产品和服务，以满足人们的物质需求和精神需求。

三、生产要素国际移动的因素

（一）生产要素禀赋在各国之间的差异性

生产要素禀赋指的是世界各国对于各种生产要素的持有和控制状况，自然地理条件的不同、社会政治经济因素的不同，是造成各国在生产要素禀赋方面各不相同的内在因素。正是因为生产要素禀赋存在差异，才使生产要素得以在国际上移动。

（二）生产要素的国际市场机制

生产要素的国际市场为要素的跨国界流动提供了条件和动力。从市场角度来划分，国际生产要素市场分别属于如下几种类型：完全竞争市场、完全垄断市场、垄断性竞争市场和寡头垄断市场。由于在不同类型的市场中买卖双方的行为方式不同，直接导致生产要素的移动在特点上存在着差异。

1. 完全竞争的生产要素市场

这种市场的特征在于：

（1）供给或者需求的生产要素完全同质，供给者对于需求者或者需求者对于供给者都一视同仁、概不歧视。

（2）生产要素的供给者或需求者的数目无限多，个人的销售量或购买量仅占总供给或总需求的极小部分，从而个人无法影响总成交量和价格。

（3）生产要素的供给者和需求者皆可自由出入市场，因而在这类市场中，任何单个的买者或卖者都无法通过操纵生产要素成交量和价格以求得额外的利益。

2. 完全垄断的生产要素市场

这类市场可从买方和卖方两个角度来分析。卖方（买方）完全垄断市场的市场特征在于：

（1）市场上只有一个生产要素供给者（需求者），因而生产要素供给量（需求量）的大小完全取决于他的行为，其个人的供给量（需求量）就是市场上的总供给量（需求量）。

（2）该生产要素具备特殊的、难以为其他生产要素所代替的性质。

（3）垄断性生产要素供给者（需求者）可独自决定生产要素的价格。

（4）根据自己利益的需要，生产要素供给者（需求者）会在不同的市场中制定不同的价格，以求得整体利益的最大化。

3. 垄断性竞争的生产要素市场

这一类市场介于前面两类极端市场之间，并且同时具备前两类市场的某些特征。卖（买）方垄断性竞争市场的主要特征在于：卖（买）方数目非常多以致无法对各自的竞争者产生影响，这一点与完全竞争市场相似；然而每一个卖（买）者所供给（需求）的生产要素性质相似但不相同，其他生产要素可部分地而非完全地代替它，这一点显然又与完全垄断市场相似。在现实中，大多数的生产要素市场属于这种类型。

4. 寡头垄断的生产要素市场

寡头垄断就是极少数几家企业控制或左右整个行业，市场新竞争者难以进入寡头行业，其原因在于已有的寡头企业拥有巨大的知识资产垄断优势、可观的内部规模经济效益以及为新企业有意设置的进入障碍。

在现实经济中，生产要素国际移动的突出力量是寡头企业，涉及的产业主要集中于钢铁、铝、石油等无差别产品行业和汽车、家用电器等差别产品行业。

在竞争激烈的国际要素市场中，不管来自卖方或买方的"垄断"因素，无疑既有可能给有关国家造成损失，也有可能给他们带来额外的利益。但必须指出，尽管自然资源禀赋不易变更，但其他一些生产要素（如资本、劳动力、技术、管理等）的禀赋状态则可相对容易地由人为行动加以改善，如通过教育投资可以提高劳动力要素的质量，通过节约可以促使资本要素的形成。因此，各国在根据自己的经济建设、社会发展的需要而开展经济合作时，在输出充裕性要素和输入稀缺性要素的过程中，如何逐渐地、合理地确立自己作为生产要素的买方或卖方所应具备的"竞争性"和"垄断性"，确实是一个需要从整个国家的宏观经济角度进行深入思考和周密安排的战略性问题。

（三）各国经济发展水平的不平衡

世界经济发展的不平衡是造成国际生产要素流动的宏观因素。在这种宏观背景下，各国生产技术水平的差异、各国人民生活水平的差异以及所造成的生产要素价格在各国市场中的差异，是促使生产要素发生国际移动的直接动因。从各国经济结构角度来分析，各部门间、各产业间、各类产品生产能力间的比例在经济发展水平相当悬殊的国家间会产生不一致，即使在经济发展水平相近的国家间也不会完全一致。

（四）跨国公司的发展和扩大

在生产要素的国际移动过程中，跨国公司所起到的促进作用很重要。由于跨国公司所具备的国际垄断、全球战略和公司内部一体化的三大本质特征，以及它在当代世界经济中日益增强的实力，大部分生产要素的国际移动与跨国公司内部的经营活动密切相关。具体可以从一体化和多样化两个角度来考察。

1. 一体化

跨国公司所采用的垂直一体化、横向一体化以及混合一体化的经营战略，使得它能够在全世界范围内，从总公司利益的最大化角度出发，在不同国家的子公司或分支机构间进行生产要素移动，这就极大地促进了生产要素的国际移动。

2. 多样化

为了保证利润率的稳定、分散投资风险，大多数跨国公司在保证投资项目能够具备规模经济的前提下，把自己所拥有的生产要素投入到尽可能多的国家和地区、产业和部门，这样能够减少或避免由单一国家或地区、单一产业或部门的不确定事件所造成的意外投资损失。

此外，在生产要素进行国际移动的过程中，各有关国家的政府也都实行了不同程度的干预。从干预的目的来看，分鼓励性和限制性两大类；从干预措施来看，主要有行政手段、法律手段、经济手段；就干预的范围来看，则涉及了各种生产要素。尽管政府干预的动机多种多样，然而如果仅就经济动机来考查，政府的一切干预措施应当着眼于鼓励本国充裕生产要素的流出和本国稀缺生产要素的流入，限制本国充裕生产要素的流入和本国稀缺生产要素的流出。

思 考 题

1. 比较优势理论的内容是什么？
2. 关税同盟理论的贸易创造和贸易转移的含义是什么？
3. 生产要素国际移动的因素有哪些？
4. 论述欧盟内部的贸易转移和贸易创造效应。
5. 结合本章理论说明中国—东盟自由贸易区给我国带来哪些好处。

【案例分析】

中国—东盟国际合作之路"越走越宽"

"曾经被视为奢侈品的榴莲、火龙果等东盟国家热带水果，走进了中国寻常百姓家，贴着'原产地中国'标签的苹果在越南、泰国、马来西亚等国的超市随处可见。"广西壮族自治区主席陈武在谈到中国和东盟的合作成果时这样表示。

2018年5月24日至25日，第十届泛北部湾经济合作论坛暨第二届中国—中南半岛经济走廊发展论坛在广西举行。陈武在论坛上发表主旨演讲。

2018年是中国—东盟建立战略伙伴关系15周年。15年来，中国和东盟的合作，从最初的早期收获，已发展成如今的全方位多领域合作，为双边老百姓带来诸多好处。以前，新加坡民众很难吃到中国西部省份甘肃产的苹果、洋葱、马铃薯等优质农产品，甘肃省的民众也很难吃到新鲜热带水果。随着中新互联互通南向通道建设的推进，甘肃兰州经广西口岸至新加坡的海铁联运班列常态化运营，两地民众上述诉求已得到解决。

全国政协副主席马飚在论坛上表示，目前，中国正积极打造国际陆海贸易新通道，该条通道向南经重庆、贵州、四川等西部省市通过广西北部湾，通达新加坡等东盟国家，进而辐射南亚、中东等区域；向北经甘肃、新疆等省市区通过中欧班列连接中亚、欧洲。

陈武介绍，从中国重庆经广西北部湾港直达新加坡的海铁联运班列已常态化运行，预计今年海铁联运班列开行660班、货运专列100班、跨境公路运输500班、跨境铁路联运50班。这一巨大的市场潜力，吸引了甘肃、贵州、四川等中国西部省份，以及新加坡、越南等东盟国家，波兰、阿联酋等国家也积极参与。

交通领域取得的突破性进展架构于中国—东盟日益完善的对话机制基础之上。北京大学东盟国家研究中心主任翟崑在接受中新社记者采访时表示，过去15年来，中国和东盟合作最大的成就是双边建立了多个对话合作机制，在中国—东盟自贸区框架下，中国和东盟构建起泛北部湾经济合作、澜沧江—湄公河合作等多个合作机制。

翟崑说，历经15年的中国和东盟合作，在双边的努力下迎来更为广阔的合作空间，未来双方将拓展在智能科技、信息共享、人才融通等领域的合作。目前，中国和东盟合作的新兴业态已经逐渐展开，华为集团、阿里巴巴集团等中国IT企业进入东盟国家，帮助其建立大数据库，并为东盟国家提供智能产品服务；新能源、农业等技术合作也已展开。

"通过智能农业监管系统,只要点一下鼠标,即便是身在中国南宁市上班的农业专家也能为远在柬埔寨金边的农业基地作物实施浇灌。"中国—柬埔寨农业促进中心执行主任兰晖焰说,其所在中心运营着当前中国面向柬埔寨最大的公益农业项目,通过该项目,中国向柬埔寨输出资金、技术及专家团队。目前,由中国技术团队开发的智能农业监管系统已在柬埔寨应用,帮助当地培育智慧农业。

中国—东盟技术转移中心秘书处副处长罗锦模在接受记者采访时表示,该中心成立五年来,针对东盟国家所需,在新能源和新农业技术两个领域,向东盟国家转移了大批的新技术。在越南、老挝、缅甸、柬埔寨等国,中方科技人员从种子试验开始,在试验取得成功后,便在当地注册,形成当地的农业种子品牌,然后再进行种子推广。中方还联合当地建设研发中心,进行新的产品研发,形成高新技产品的产业链条。

(资料来源:中国新闻网 https://www.chinanews.com/2018-05-25。)

第三章

国际直接投资

第一节 国际直接投资概述

经济全球化在微观层次上不可逆转的潮流和区域经济一体化在宏观层次上日趋扩展的现实,使国际直接投资成为继国际贸易之后又一种国际经济联系的重要方式。在实践上和理论上,国际直接投资引起了人们更为广泛和深入的关注。国际直接投资的规模、收益水平、影响作用等,是一国经济发展水平、对外开放程度和国际竞争能力的重要标志之一。

一、国际直接投资内涵

国际直接投资(Foreign Direct Investment,FDI)是指一国的投资者(自然人或法人)跨国境投入资本或其他生产要素,以获取或控制相应的企业经营管理权为核心,以取得利润或稀缺生产要素为目的的投资活动。其典型的形式有两种:一是在国外创办分公司及子公司,称为新建或绿地投资;二是在东道国取得对一家现存的厂商企业的控制权,称为跨国兼并或收购。国际直接投资内涵体现为生产要素的跨国流动和投资方拥有足够的经营管理权。

国际直接投资是国际经济联系的较高级形式,是国际贸易发展到一定阶段的产物。随着科学技术的迅猛发展,国际分工由商品层次深入到生产层次,生产要素在国与国之间的流动不断增强。如果说国际贸易是以商品为载体的生产要素的国际流动,那么国际直接投资就是国际生产要素的直接流动,更多的情况下则是资本要素的国际流动。

国际直接投资始于第一次产业革命时期。从 18 世纪 60 年代至 19 世纪中叶,英、美、德等国相继开始或完成工业革命。在工业革命中,一批企业由于拥有技术和资本的比较优势并建立了科学的工业生产体系和工厂管理制度而发展迅速,规模不断扩大。然而,国内商品市场需求约束和生产要素供给约束的不断加剧,迫使这些企业开始寻找对外扩张的途径,通过对外贸易为剩余产品寻找出路,通过对外投资为剩余生产能力寻找发展新空间,由此,国际直接投资正式产生了。纵观国际直接投资的发展历史可以看出,国际直接投资的产生和发展需要具备下列四个方面的条件:第一,具有跨国界培植生产要素动力和能力的投资主体;第二,拥有可作为国际直接投资载体的生产要素;第三,具有适合国际市场需求并且有国际竞争能力的产品和产业;第四,有适合生产要素国际流动和配置的经济、法律体制和能够吸引国际资本的区位环境。⊖国际直接投资活动是深具影响力的,例如它可能会使东道国由原来进口这种产品转为出口这种产品,投资国由出口这种产品变为从东道国进口这种产品,同时可能促进投资国的其他关联产品出口到东道国。除了这种生产上的影响,对两国消费习惯

⊖ 参见程伟编写的《世界经济十论》,高等教育出版社,2004。

也有相互渗透的作用。

二、国际直接投资理论

20世纪50年代以来，国际直接投资的空前发展引起了国际经济理论界的普遍关注，有关国际直接投资的理论随着实践一起获得了迅速的发展，迄今已形成流派纷呈的局面。各种理论从不同的侧面分析了国际直接投资的动因，其中主流理论包括海默的垄断优势理论、弗农的产品生命周期理论、小岛清的比较优势投资理论、巴克莱等人的内部化理论以及邓宁的国际生产折衷理论等。

国际直接投资理论的出现首先是为了解释"二战"后美国企业的对外投资行为，特别是对西欧的投资。由于当时的投资集中于制造业，所以理论研究的侧重点也是制造企业的对外投资行为。这一理论的先驱者首先思考这样一个问题，即对外投资的企业在自己所不熟悉的环境下组织生产和经营，与当地的竞争对手相比，要承担一定的附加成本，外来企业必须具有某种当地企业所不具备的优势，才能在竞争中立于不败之地。因此，研究跨国公司的特有优势，便成为国际直接投资理论的一个出发点。

1. 垄断优势理论

垄断优势理论也称特定优势论，是产业组织理论在跨国公司和直接投资领域应用研究的结果，是关于跨国公司凭借其特定的垄断优势从事国外直接投资的理论。

1960年，垄断优势理论由美国学者海默（H. Hymer）首次提出。20世纪70年代，海默的导师金德尔伯格（Charles P. Kindleberger）对该理论进行了补充和完善。

垄断优势理论的中心观点为垄断优势是企业对外直接投资的根本原因。企业的垄断优势分为两类：一是包括生产技术、管理技能、营销能力等所有无形资产在内的知识资产优势；二是企业凭借规模巨大而产生的规模经济优势。

企业的特有优势的获得和维持只有在非完全竞争的市场上才能实现。因此，市场不完全性假设作为一个重要的理论前提，把国际直接投资同一般的国际资本流动严格地区分开来。海默所述的市场的不完全性主要体现在以下四个方面：①产品和生产要素市场的不完全；②规模经济导致的市场不完全；③政府干预经济而导致的市场不完全；④由于关税及其他税赋导致的市场不完全。海默认为，传统的国际资本流动理论能够说明证券资本的国际流动，但它不能解释"二战"后发达国家企业对外直接投资以及与投资相联系的企业技术和管理才能的转移。他具体研究了美国企业的对外直接投资行为，发现这些企业主要分布在资本相对密集、集约程度高、技术先进、产品特异和规模经济明显的一些部门，这些部门又都是垄断程度较高的部门。海默因此提出，一个企业或公司之所以对外直接投资，是因为它有比当地同类企业或公司有利的特定优势。这种企业特定优势（Firm-specific Advantage）即企业国际化经营的垄断优势，拥有这种优势比在当地生产能够赚取更多的利润。

2. 产品生命周期理论

产品生命周期原是市场营销学中的概念，1966年美国哈佛大学教授弗农（Raymond Vernon）将产品生命周期理论运用于分析国际直接投资活动，并先后多次阐述和补充其理论。

弗农的产品生命周期理论包含如下四项基本假设：①消费者偏好依据收入的不同而不同；②企业之间以及企业与市场之间的沟通或协调成本随着空间距离的增加而增加；③产品

生产技术和营销方法会随产品生命周期的不同阶段发生可预料的变化;④国际技术转让市场存在不完全性。

弗农提出了与国际投资密切相关的产品创新阶段(New Product Stage)、产品成熟阶段(Mature Product Stage)和产品标准化阶段(Standardized Product Stage),不同的产品阶段决定了公司不同的生产成本和生产区位的选择。

弗农主要从产品和技术垄断的角度分析了产生对外直接投资的原因,认为产品生命周期的发展规律决定了企业必须为占领国外市场而进行对外直接投资。在产品创新阶段,应首先在像美国这样的发达国家进行,因为在开发新产品、采用新技术以及国内市场容量上这些国家都具有优势地位。在产品成熟阶段,随着国外仿制品的出现,创新企业就应到海外设立子公司。西欧国家的经济、技术水平和消费需求与美国比较相似,而生产成本低于美国,所以美国的企业首先投资于西欧国家。在产品标准化阶段,创新企业的垄断优势逐渐消失,生产的相对优势已转移到生产成本较低和劳动密集型经济模式的国家,一般为发展中国家。相关内容见图3-1。

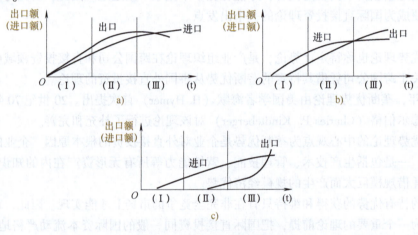

图3-1 产品生命周期理论
a) 美国 b) 其他发达国家 c) 发展中国家
(Ⅰ) 产品创新阶段 (Ⅱ) 产品成熟阶段 (Ⅲ) 产品标准化阶段

产品生命周期理论的核心是国际直接投资企业拥有不发达国家厂商所没有的产品和工艺上的特有优势。那么,为何发达国家企业就有条件拥有这样的优势呢?按照弗农的观点,发达国家有产生和推进新产品、新工艺的客观市场基础、需求基础和资源基础。

弗农的产品生命周期理论运用动态分析技术,对国际直接投资由发达国家投向发展中国家的经济现象的解释比较清楚。同时,该理论回答了企业为什么要到国外直接投资和为什么能到国外直接投资以及到什么地方投资的问题。此外,该理论的另一独特贡献在于它强调对外直接投资和出口是由同一企业进行的,并将对外直接投资和对外贸易统一起来进行分析。一般认为,该理论基本符合20世纪五六十年代美国企业的现实。通常情况下,该理论对于初次进行跨国投资的企业,而且主要涉及最终产品市场的企业比较适用。

3. 比较优势投资理论

比较优势投资理论又称边际产业扩张论,是日本一桥大学教授小岛清(K. Kojima)提出的。小岛清认为,海默等的结构性研究方法重视的是微观经济学的分析方法和在微观层面上对公司管理的考察研究，因而忽略了宏观经济因素在跨国公司和直接投资上的影响，尤其是忽视了国际分工基础上的比较成本原理的作用。小岛清的分析不是对一种商品、一个企业或一个行业的单体分析，而是利用国际分工的比较成本原理进行宏观考察，详细分析与比较了日本型对外直接投资与美国型对外直接投资的不同，指出了日本对外直接投资发展的独特道路。

小岛清比较优势投资理论的核心是：对外直接投资应该从本国已经处于或即将处于比较劣势的产业，即边际产业开始，并依次进行㊀。

所谓边际产业，不仅包括已趋于比较劣势的劳动力密集部门，还可包括某些行业中装配成生产特定部件的劳动力密集的生产过程或部门。他认为国际贸易是按既定的比较成本进行的，而对外直接投资由于按照从趋于比较劣势的行业开始的原则，因此可以扩大投资国与东道国的比较成本差距，使两类国家在直接投资中都受益，形成新的互补格局。因此，他的理论将国际贸易与对外直接投资建立在共同的综合的理论基础之上。

在小岛清的上述理论问世之前，海默、弗农等人对对外直接投资的理论研究是以英、美的跨国公司为基础的，因而忽略了日本式的对外直接投资，这是不全面的。小岛清提出的理论不但填补了对外直接投资理论体系的一个空白，而且突破了以往英、美学者常用的一种商品、一种产业、一个企业的分析方法，重视在多种商品、多种产业、多个企业的基础上进行研究。他的基本思想在于强调对外直接投资应当促进投资双方比较优势的发展，从而扩大两国之间的贸易。他所主张的国际直接投资与国际贸易之间应互补而非替代的观点拓展了对外直接投资理论研究的思路。

理论界将弗农的产品生命周期理论和小岛清的比较优势投资理论合称为区位优势论。

4. 内部化理论

内部化理论又称市场内部化理论，该理论是由英国里丁大学学者巴克莱（Peter J. Buckley）和其同事卡森（Mark C. Casson）在1976年合著的《跨国公司的未来》一书中提出的㊁。加拿大学者拉格曼（Alan Rugman）进一步发展了内部化理论㊂。所谓内部化，是指把市场建立在公司内部的过程，以内部市场取代原来的外部市场，公司内部的转移价格起着润滑内部的作用，使之像外部市场一样有效地发挥作用。内部化理论来自科斯的交易成本学说，是当代西方较为流行、较有影响的一般理论。

该理论建立在以下三个假设的基础上：

（1）企业在不完全市场上从事经营的目的是追求利润最大化。

（2）当生产要素特别是中间产品的市场不完全时，企业就有可能统一管理经营活动，以内部市场取代外部市场。

（3）内部化越过国界时就产生了跨国公司。

巴克莱在《跨国公司的未来》一书中指出：影响企业交易成本从而导致市场内部化的因素有四个，即产业特定因素、区域因素、国家因素和企业因素。

产业特定因素是指由产品特性差异而产生的市场交易故障使企业走向内部市场化，该因

㊀ 参见小岛清编写的《对外贸易论》，南开大学出版社，中译本，1987。

㊁ P. J. Buckley and C. Casson, "the Future of the Multinational Enterprise", London, Macmillan, 1976.

㊂ A. Rugman, "Inside the Multinationals: the Economics of International Markets", Croom Helen Ltd., 1981.

素与产品性质有关，主要取决于中间产品的特性和结构。这里的中间产品主要是指技术、信息、商誉等。这些产品要实现其专有权的价值，会因市场不完全而遇到困难。例如，买方对专有技术缺乏认识，要向买方证明其作用并确信其价值，就必须让买方了解，但这类产品本身要求严格保密，故不如进行纵向一体化，在内部加以充分利用。区域因素则主要是指由于地理位置、社会心理以及文化等差异所造成的市场交易故障使得公司走向内部市场化。国家因素是指由于东道国的政治、经济、法律等制度上的差异所出现的市场交易障碍使得企业走向内部市场化。企业因素则是指由于企业组织结构、管理经验、控制和协调能力的差异所出现的市场交易障碍而导致企业内部化。例如，在母公司下设若干子公司，消除母、子公司之间组织管理水平上的差异，以减少外部市场剧烈变化给公司带来的不利影响。

总之，在市场不完全、市场交易出现故障且交易成本不断增加的情况下，企业只能采取以内部市场取代外部市场的办法来控制企业内的资源配置和商品分配，这时对外直接投资的跨国公司便出现了。

由于跨国公司内部市场的存在，它们在研究开发、规模经济上占有优势，在绕过贸易壁垒进行直接投资时，要比东道国的竞争对手更胜一筹。

内部化理论是从跨国公司的企业内部经营管理，主要是从财务成本管理的观点出发来研究跨国公司的。跨国公司为了其自身利益，为克服外部市场的某些失灵，以及某些产品（如知识产品）的特殊性质或垄断势力的存在而导致的企业市场交易成本的增加，而通过对外直接投资，将本来应在外部市场交易的业务转变为在公司所属企业之间进行，并形成一个内部市场，降低了交易成本和交易风险。这是对跨国公司旨在将跨国经营的各种成本降低到最低限度的行为的理论说明。

5. 国际生产折衷理论

国际生产折衷理论也称折衷主义或国际生产综合理论，是由英国里丁大学教授邓宁（John H. Dunning）在1976年发表的题为《贸易、经济活动的区位与跨国公司：折衷理论探索》一文中提出的，并于1981年在其论著《国际生产与跨国企业》一书中进一步系统化、理论化、动态化地修正了该理论[1]。邓宁的理论适应国际生产格局变化的需要，吸收和综合过去有关对外直接投资的理论精华，形成了解释对外直接投资的最大理论框架，该理论能在很大程度上对国际化经营活动的三种形式，即技术转让、出口及对外直接投资做出合理解释。

邓宁的国际生产折衷理论的特点在于，它"集众家之所长，融众说于一炉"，力图开创一个"通论"。他把厂商理论、区位理论、产业组织理论以及国际经济学中各派思想有机地结合在一起，构成一个整体，综合地对跨国公司行为动机和条件做出分析。

国际生产折衷理论的核心是由三个核心优势理论组成的，它们是：源自各种特有优势理论、海默的垄断优势理论的所有权优势（Ownership Advantage）；源自巴克莱、卡森等内部化理论的内部化优势（Internalization Advantage）以及源自较系统的区位经济学理论、戈登的直接投资区位选择理论并主要由他自己提出的区位优势（Location Advantage）[2]。

邓宁在《国际生产与跨国企业》中指出：企业要发展成为跨国公司，应具备三个优势，

---

[1] 参见 J. H. Dunning, "International Production and Multinational Enterprise", George Allen & Unwin, London, 1981.

[2] 参见张纪康编写的《跨国公司与直接投资》，复旦大学出版社，2004。

即厂商优势（所有权优势）、内部化优势、区位优势，这三种优势（简称为 OIL 优势）必须同时齐备，缺一不可。如果缺少其中一二个优势，企业就不会进行对外直接投资，而选择出口商品或技术转让的方式；如果仅有厂商优势和内部化优势，而无区位优势，则意味着缺乏有利的投资场所，只能将有关优势在国内加以利用，进行生产，予以出口；如果没有内部化优势和区位优势，仅存在厂商优势，包括无形资产优势，则企业难以内部利用，只得转让给外国企业。

邓宁的国际生产折衷理论注重综合分析、客观分析和动态分析，在理论形态上是完整的和成熟的。其"三优势模式"（OIL Paradigm）主要是从国家的宏观层面上分析了国家间的优势及其不平衡分布，比较综合地说明了三种优势和三种国际经营方式（出口、对外直接投资、技术转让）之间的相互关系，是到目前为止经济学界最为权威和全面的理论体系。

三、国际直接投资形式

国际直接投资形式主要有独资企业、合资企业和合作企业，投资主体采取何种形式从事国际直接投资，取决于自身条件和国际投资环境。

1. 独资企业

独资企业是根据有关法律规定而在东道国境内设立的全部资本由国外投资者提供的企业。大型跨国公司尤为喜欢以创立独资企业的形式进行对外直接投资。第二次世界大战以后，无论是发达国家还是发展中国家，独资企业都得到了较大的发展。

海外独资企业有如下一些特点：

（1）法律地位独特。独资企业不是投资国的企业和法人，而是东道国的企业和法人，所以从企业在东道国从事民事活动的法律地位来看，一方面独资企业可接受东道国的法律保护，另一方面也受东道国政府对其的监督和管理，才能开展正常的生产经营活动。

（2）对独资企业掌握的尺度较严。一般东道国对设立独资企业的法律和政策都有利于本国国民经济的发展，所以往往要求独资企业采用本国尚未掌握的先进技术，要求独资企业的产品全部或部分出口。

（3）在管理权限上有充分的自主性。独资企业的组织形式、生产活动、销售活动、工资福利、职工聘任与解雇等，均由外国投资者根据东道国的法律自由决定，东道国除行使必要的法律规定的管理职能外，一般不干涉独资企业的经营活动。

2. 合资企业

合资企业（合资经营企业）又称股权式合营企业，是指由两个或两个以上属于不同国家和地区的公司（企业）或其他经济组织，经东道国政府批准，在东道国境内设立的以合资方式组成的经济实体。合资企业已发展成为国际直接投资的主要形式之一。这种形式适合于小型跨国公司采用，对于生产规模小、技术水平不是很高的小型跨国公司来说，采用此种直接投资方式可以获得东道国政府的支持。其途径有二：一是通过新建投资项目的方式设立；二是通过购买东道国企业股权的方式设立。合资企业具有如下一些特点：

（1）共同投资。合资企业是由合资各方共同投资设立的，其投入的可以是资金，也可以是实物、产权、专有技术等。

（2）共同管理。根据出资比例，合资各方共同组成董事会，并聘请总经理和副总经理，建立经营管理企业的体系。

（3）共担风险。合资各方共同享受企业的盈利，共同承担企业的风险，盈亏均按股份比例分担。

（4）自主经营。合资企业是在东道国境内设立的具有独立法人资格的经济实体，其生产经营活动具有充分的自主权。

3. 合作企业

合作企业又称契约式合营企业，是指国外企业依据东道国有关法律，与东道国企业共同签订合作经营合同而在东道国境内设立的合作经济组织。就东道国而言，合作企业是许多发展中国家利用外资的一种简便有效的形式。

合作经营企业可以分为两种：一种是法人式，即合作经营企业有独立的财产权，法律上有起诉权、被起诉权，并以该法人的全部财产为限对其债务承担责任；另一种是非法人式，即合作经营企业没有独立的财产所有权而只有使用权，合作经营企业的管理可以由合作各方派出代表组成联合管理机构，也可以委托一方或聘请第三方进行管理。

合作企业和合资企业都表现为国外投资者与东道国的投资者在东道国创办企业，合伙经营，两者既有联系，又有区别。从法律的角度来考察，合作企业是契约式合营企业，其基础是合资各方的股份。

与合资企业相比，合作企业在以下各方面有其明显的特点：

（1）经营方式。合作双方的权利和义务均由合同规定。合作双方可以组成法人，也可不组成法人。作为法人的合作企业应成立董事会这种最高权力机构作为企业的代表；不组成法人的合作经营企业不具有法人资格，可由合作各方的代表组成联合管理机构负责管理经营，也可以由外方为主要负责人进行管理。

（2）投资条件。一般情况下，东道国一方提供场地、厂房、设施、土地使用权和劳动力等，投资国企业一方提供外汇资金、设备和技术等。

（3）收益分配。由于合作企业是属于契约式合营企业，投资各方不按股份计算，所以也不按股份分配收益，而是按合同中商定的比例进行分配，并且不能变动。

（4）合作期满的财产归属。不同行业项目的合作期限不同，但是一般来说，合作期满后，合作企业的全部资产不再作价，而是无偿地、不附带任何条件地转为东道国一方所有。

第二节　当代国际直接投资的特点

第二次世界大战后，国际分工进一步加深，各国经济联系日益增强，世界生产力得到了极大的发展。国际直接投资呈现出许多新的特点。

一、国际直接投资规模迅速扩大，高位波动

第二次世界大战后，主要发达国家的国际资本移动的75%左右是对外直接投资。对外直接投资增长速度超过国际贸易的增长速度和工业生产的增长速度。进入20世纪90年代，国际直接投资进一步增长。随着国家之间经济实力地位结构的变化，国际生产分工的变化，市场国际化程度的加深，跨国公司的全球化经营得到了迅猛的发展。这说明，在第二次世界大战之后，作为居支配性地位的跨国公司进入方式，已经完成了直接投资进入对相当部分贸易进入的替代和转换。

进入21世纪后,全球国际直接投资规模迅速扩大,2007年达到峰值1.9万亿美元,为近期历史最高。受2008年席卷全球的美国金融危机影响,全球国际直接投资规模出现下降,2009年不到1.2万亿美元,为近期历史最低。此后,全球国际直接投资规模长期在波动中运行,但是相比20世纪,仍然处在相当的高位。相关情况如图3-2所示。

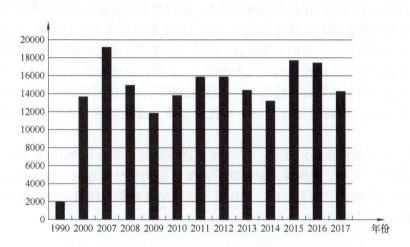

图3-2 全球国际直接投资流入量(单位:亿美元)

(资料来源:联合国贸发会议历年《世界投资报告》。)

二、美国占据国际直接投资主导地位

第二次世界大战之前,以国际直接投资作为跨国公司进入方式在当时的主要发达国家已具有一定的规模,其中以英国企业的实力最强,海外势力最大,市场份额也居支配性地位。但由于战争的破坏,资源在战时的极度投入,使战时和战后的三年恢复期间只有未受战争破坏的美国在进行着有计划、有规模的全球性对外直接投资。对美国的大公司来说,欧洲国家战后的满目沧桑、资源和商品的短缺、对美国经济援助的依赖,为美国大规模地打入欧洲市场着实提供了千载难逢的机会;另外,美国在战时积累的大量资金、技术也使美国的垄断、寡头资本在当时成为最有实力向全球进军并取代原欧洲垄断资本经营领地的国家。应当指出的是,美国企业界的这种市场进入,特别是市场占领意识是与美国政府的支持、推动有直接关系的。"二战"后,美国政府的全球战略也确实需要企业全球化渗透和控制做支撑。实际上,"马歇尔计划"等美国政府的运作对帮助美国大企业实现对欧洲乃至全球市场的进入和占领起了关键性作用。

1950—1984年间,全球最大的对外直接投资国是美国,其对外直接投资总额占世界对外直接投资的比例从15%上升到37%。1992—1997年间,世界FDI流出总量3282亿美元,其中美国776亿美元,占近24%。截至2003年年底,全球范围对外直接投资存量已超过了81969亿美元,其中美国为20690亿美元,占25%以上。

联合国贸发会议《世界投资报告》显示,2008年美国金融危机以来,虽然美国对外直接投资额有所下滑,但是美国占据全球直接投资主导地位的情况没有改变。截至2017年,美国仍是全球最大的对外直接投资国,投资额3423亿美元,占当年全球对外直接投资流量

14299 亿美元的 24%；截至 2017 年年底，全球对外直接投资存量达到 308379 亿美元，美国为 77990 亿美元，占比 25%。

三、国际直接投资主要在发达国家之间双向流动

国际直接投资较国际间接投资的风险更大，因此投资者除追求盈利外还寻求安全性。相对而言，发达国家的投资环境优于发展中国家，其主要原因在于发达国家"二战"后经济的迅速增长为企业提供了大量的市场机会，同时原来许多殖民地国家的独立、国有化等使跨国公司认为在发展中国家的投资风险大大增加了，投资者自然而然地就将发达国家作为国际直接投资的主要市场。国际直接投资的主体是发达国家，发达国家的资本双向流动占主流，无论是从对外直接投资还是吸收外国直接投资来看，发达国家均占据主导地位和绝对大比重。

2018 年《世界投资报告》显示，2017 年发达国家的流入量比 2016 年下降了 37%，仍达到 7120 亿美元。其中，美国流入量下降了 40%，但仍居全球首位，流入英国的 FDI 下降了 92%，跌出全球前 20，但是法国、德国流入量则出现增长。1980—2017 年全球和分组别经济体的 FDI 流入量见图 3-3。

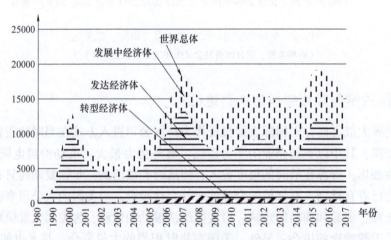

图 3-3　1980—2017 年全球和分组别经济体的 FDI 流入量（单位：亿美元）

四、国际直接投资的资本流动地区发生了重大变化

从第二次世界大战到 20 世纪 60 年代，国际资本移动的方向主要是从发达资本主义国家流向发展中国家和一些前殖民地。20 世纪 60 年代末以来，国际资本流动逐步演变成发达国家间的对流型移动，目前，发达国家间的双向投资比重仍在继续增长，美国对其他发达国家的直接投资占其对外直接投资总额的 70% 以上。

亚太地区和拉美地区是发展中国家吸收国际直接投资的集中区域。发达国家在向发展中国家直接投资不断相对减少的同时，把流向发展中国家的直接投资逐步集中在那些经济发展较快、市场容量较大、基础设施较好的新兴工业化国家和地区，主要是巴西、墨西哥、亚洲"四小龙"等。

拉美地区是吸收外国投资较早、较多的地区。拉美国家吸收外国直接投资在 1950 年为

77亿美元，到1980年增至625亿美元，增长了8.1倍。20世纪80年代中期以后，拉美国家吸收外资的速度减慢，主要是墨西哥、巴西等国在利用外资政策上的失误而造成巨额外债负担，以及一些国家政局不稳等因素所起的负面作用而致。但拉美地区经济又有所改善，特别是阿根廷、智利和墨西哥等国的经济政策的变化，增强了国内外投资者的信心，刺激了这一地区FDI流入量的复苏。

亚太地区在1986年取代了拉美地区成为发展中国家中最大的吸收外国投资的地区。在1988年发达国家对发展中国家的直接投资中，59%是投向亚太地区的。1995年流向亚洲发展中国家的国际直接投资达到650亿美元，约占全球对发展中国家直接投资总额的2/3。1997年东南亚金融危机发生后，国际投资者曾纷纷撤资。但随着金融危机的解决，亚太地区又成为吸收直接投资的有力竞争地区。

发展中国家FDI流入量在2005年达到3340亿美元，2017年达到6710亿美元。发展中国家在全球外国FDI的比重从2005年的35%，上升到2017年的47%。2017年，流入亚洲的FDI保持稳定，达到4760亿美元。亚洲成为全球吸引外资最多的地区。拉丁美洲和加勒比地区的FDI增长了8%，达到1510亿美元。

五、发展中经济体异军突起，成为重要的FDI来源

虽然发达国家在全球国际直接投资中占据了主要地位，但是联合国贸发会议数据表明，来自发展中经济体和转型经济体的企业越来越成为国际舞台上的重要角色，它们通过对外直接投资，为母公司提供了新的发展机会。2005年，来自发展中经济体和转型经济体的对外直接投资为1330亿美元，约相当于当年全球外向流量的17%，2017年这一数字达到了4208亿美元，是2005年的3.16倍，约占当年全球外向流量的30%。2005年，发展中经济体和转型经济体对外直接投资的存量为14000亿美元，约占全球总量的13%，2017年已经达到了73399亿美元，是2005年的5.24倍，约占全球总量的24%。

来自发展中经济体和转型期经济体对外直接投资的增长促进了大规模的南—南直接投资流量，从而促进了南南国家在投资领域的交流与合作。这类投资对低收入国家而言具有特别的意义，因为在一些低收入发展中国家吸收的外国直接投资中，来自其他发展中经济体的外向直接投资占了绝大部分。联合国贸发会议的统计数据显示，低收入国家吸收的外国直接投资流量从1980年的4.15亿美元增加到2017年的184亿美元，是1980年的44倍。低收入国家吸收的外国直接投资存量从1980年的38.49亿美元增加到2017年的2088亿美元，是1980年的55倍。

六、国际直接投资的部门结构发生了重大变化

国际直接投资从大规模指向制造业流向高新技术产业部门和服务行业。为了提高国际竞争力，许多国家都增加了对高新技术产业的投资。国际直接投资重点转移的趋势是：对第一产业的国际直接投资明显萎缩，对第二产业的国际直接投资相对下降，而对第三产业的国际直接投资大幅度增长。进入20世纪90年代后，对服务业的国际直接投资进一步增长。21世纪初，投资热点向电子通信、旅游以及传统产业中的矿业、石油和医药等领域转移。

20世纪90年代后，第三产业中的一些行业，如金融、保险、不动产等逐渐成为国际直

接投资的热点。对第三产业的投资在发达国家对外投资的部门结构中之所以占有较大比重，是与服务业在整个国民经济中所占的比重日益增大密切关联的。在发达国家的国民生产总值中，第三产业所占的比重一般在60%以上。对国外第三产业投资的增加，既是发达国家产业结构高级化的结果和表现，又将推动东道国乃至整个世界产业结构的高级化。

进入21世纪，尤其是2008年美国金融危机之后，国际直接投资的部门结构又开始了新的变化，欧美发达国家逐步意识到过度依赖金融和地产业发展的危害，容易导致产业空心化，从而转向实施"再工业化"政策，做大做强实体经济，加快"脱虚向实"，国际直接投资中对服务业的投资份额开始出现下降，制造业的投资份额逐渐上升。相关情况如图3-4所示。

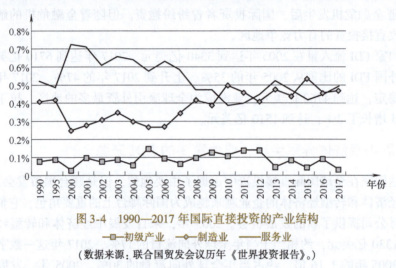

图3-4　1990—2017年国际直接投资的产业结构
━■━初级产业　━◆━制造业　━━服务业
（数据来源：联合国贸发会议历年《世界投资报告》。）

七、国际直接投资进入方式更为灵活

在20世纪80年代中期之前，各国的国际进入呈现出较大的不平衡。第二次世界大战期间和20世纪60年代之前，美国的跨国公司在全球性的大规模进入中居领先地位，而20世纪之前世界上主要的有辉煌资本输出历史的三个国家——英国、法国和荷兰，却增长迟缓。到了20世纪60年代，增长幅度的变化特征之一就是日本、德国的迅速崛起。

发展中国家自20世纪70年代起，开始推行开放政策，一批新兴工业化国家兴起，发展中国家相互投资从80年代以来急剧上升。

"二战"后建立的以美国为核心的布雷顿森林体系使美国的跨国公司以定值偏高的美元到处兼并、收购国外资产。世界第三次兼并浪潮中，以跨国兼并为实现形式的直接投资进入是20世纪60年代跨国进入诸方式中很重要的一种，而其中美国的对外跨国兼并明显占据着主导地位。近年来，跨国公司在全球范围进行投资时常常采用并购方式。如图3-5所示，并购规模在起落之中呈上升趋势。

2016年，全球跨境并购增长18%，达8690亿美元，再创历史新高。全球并购投资在第一、二、三产业都有所回升。特别是在电力、食品与饮料、石油和天然气领域，跨国并购十分活跃。制造业连续两年占据全球并购的主导地位。在服务行业中，运输与仓储、娱乐、房地产领域出现跨国并购高潮，增速分别为34%、71%和116%。2017年，全球跨境并购则出现了回落，下降了29%，主要原因是超大型并购及企业重组数量比2016年减少。2017

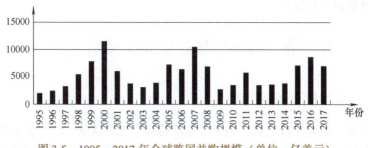

图 3-5 1995—2017 年全球跨国并购规模（单位：亿美元）

（数据来源：联合国贸发会议历年《世界投资报告》。）

年，全球投资回报率都出现了下降。据统计，2017 年外商投资的全球平均回报率为 6.7%，低于 2012 年的 8.1%。其中，非洲、拉美及加勒比地区的投资回报率降幅最大。

八、投资自由化/便利化仍在继续，但保护主义的挑战也不容忽视

21 世纪伊始，人们关于自由化与经济保护主义的争论激烈。大多数国家继续扩大开放，部分国家则或者设法保护其经济免受国外冲击，或者增加国家对特定行业的控制。

2000—2017 年，全球出台的对外投资政策数量持续增加，2005 年项数最多，达到 144 项。联合国贸发会议的统计，2017 年全球 65 个国家，出台涉及国际直接投资的法律法规共 126 项，较 2000 年增长 56%；其中，转向自由化与便利化政策 93 项，占比 74%，显示国际直接投资政策仍在向自由化与便利化发展；此外限制性/管制性政策数量也有所增加，共 18 项，占政策总量的 14%；中性政策为 15 项，占 12%。相关情况见表 3-1。

表 3-1 2000—2017 年各国投资政策变化情况

年份 项目	2000	2005	2010	2011	2012	2013	2014	2015	2016	2017
投资政策变动国家数	45	77	54	51	57	60	41	49	59	65
法律法规变动数	81	144	116	86	92	87	74	100	125	126
其中：转向自由化/便利化政策变动数	75	118	77	62	65	63	52	75	84	93
其中：转向限制性/管制性政策变动数	5	25	33	21	21	21	12	14	22	18
其中：中性政策变动数	1	1	6	3	6	3	10	11	19	15

（资料来源：联合国贸发会议历年《世界投资报告》。）

联合国贸发会议数据显示，提升对外投资的政策环境及扩大对外投资规模仍是新政策及相关法律制定的中心。在深化对外投资自由度方面，亚洲新兴经济体的表现尤为突出：菲律宾完全向外资开放本国养老保险市场；泰国取消银行与保险业对外资企业的经营许可要求等。但国外并购及国际贸易限制政策的增多同样需要关注，不断增加的政治压力或可拉低未来全球对外投资总量。

尽管全球投资政策整体趋向自由与便利化，但是个别发达国家也正在收紧外商投资规定，加强对外投资监管和增加限制措施，增加个别东道国的投资限制壁垒，加大了对外直接投资的不确定性。因此，尽管全球投资政策整体趋向自由与便利化，但是国际直接投资所面

临的保护主义挑战仍不容忽视。

第三节 国际直接投资环境评估与决策

一、国际直接投资面临的环境

所谓投资环境，又称投资气候，是一个宽泛的综合性的概念。从广义上讲，投资环境是指在投资过程中影响国际资本运作的东道国的外部综合条件。投资环境可分为不同类型，通常从表现形态将其分为物质环境和社会环境。物质环境又被称为硬环境，社会环境则被称为软环境。

1. 物质环境

物质环境是指与国际直接投资密切相关的外部物质条件。其基本内容是：

（1）城市和工业基础设施结构，主要包括能源、交通、仓储、厂房、供水供电、原辅材料供应、金融机构、生活设施、文教卫生以及其他服务性设施等因素。

（2）自然地理条件，主要包括自然资源、地理位置、环境气候以及自然风光等非人为因素。

2. 社会环境

社会环境是指能够对国际直接投资产生重大影响的政治、经济、社会文化等方面的外部条件。其基本内容包括以下五个方面：

（1）政治条件。政治条件主要包括政治的稳定性、对外政策的稳定性、涉外经济法律是否健全等因素。

（2）经济条件。经济条件主要包括经济的稳定性、财政政策、货币政策、外汇管理政策、资金市场结构、市场的规模及开放程度、税收政策、物价状况和生产要素组合等因素。

（3）社会文化条件。社会文化条件主要包括社会各阶层的相互关系、处世哲学、人生观与人生目标、社会对企业及其成就的态度以及企业与政府机构、教育机构、科研机构之间的关系等因素。

（4）管理条件。管理条件主要包括东道国的政治与行政管理体制、经济管理体制以及政府部门的管理水平与办事效率、企业的管理水平与办事效率等因素。

（5）劳动者素质及其费用水平。

物质环境和社会环境共同构成了国际投资环境。投资环境因素是一个多因素的综合体，只对某一个因素或几个因素做一般的分析就做出的决定是不全面的，而各因素是不断变化的，投资环境的形成是一个长期过程。跨国公司总是根据不同国别、不同因素组合进行综合分析，才做出对外直接投资决策的最后选择。

二、国际直接投资环境的评估方法[⊖]

投资环境的优劣影响跨国公司对外直接投资的流向和多寡，因此，认真分析和评估投资环境是跨国公司对外直接投资的一个重要步骤。跨国公司对外投资环境总的要求是：风险

⊖ 参见崔日明编写的《步入21世纪的跨国公司》，辽宁大学出版社，2001。

小、安全系数大，损失小、利润大。跨国公司评估投资环境的方法很多，各种行业各种公司评估方法也不相同，这里介绍几种常见的评估方法。

1. 投资环境多因素评分法

这种方法是美国学者罗伯特·斯鲍夫在《如何分析对外投资环境》中提出的。他认为投资环境各因素对企业投资的作用不同，不能等量看待，应根据各因素不同的作用确定其等级评分，最后把所有因素等级分数相加作为投资环境的总体评分，总分越高表示投资环境越好，总分越少表示投资环境越差。

2. 冷热国对比分析法

20世纪60年代末，美国学者伊西·利特瓦克和彼得·拜廷根据美国250家企业对世界投资的调查资料，提出通过七种因素对各国投资环境进行综合、统一尺度的比较分析，从而产生了投资环境冷热国对比分析法。

冷热国对比分析是指对影响投资环境的重要因素的"热"或"冷"分别加以评价对比。其中"热"因素是指有利于国际投资的环境因素，"冷"因素是指不利于国际投资的环境因素，因而"热"国投资环境优于"冷"国投资环境。根据两位美国学者的观点，这些重要因素的内容大致如下：

（1）政治稳定性。政府由各阶层代表所组成，代表了民众的意愿，深得人心，具有长期的持续性；而且政府能关心私人企业，创造适宜的工商企业经营的环境。一国的政治稳定性高，则为"热"的因素。

（2）市场机会。拥有众多的消费者，尤其是对于本公司的产品或劳务尚未能满足的有效需求。市场机会大，则为"热"因素。

（3）经济成长和成就。一国的经济发展水平、发展速度和稳定性都是投资环境中的主要因素。经济成长和成就大就为"热"因素。

（4）法令阻碍。一国的法令繁多且复杂，或在有意无意中限制或束缚了现有企业的活动，并对今后的经营产生不利的影响。法令阻碍大则为"冷"的因素。

（5）文化一元化。国内各阶层民众都拥有其共同的文化传统，人们相互间的关系、人生观、人生目标都由共同的文化所陶冶。文化一元化则为"热"的因素。

（6）自然条件阻碍。一国的地理环境对有效经营产生阻碍。自然条件阻碍大则为"冷"因素。

（7）地理及文化差距。两国距离远、文化迥异、社会观念及语言文字的差别有碍思想交流。地理及文化差距大则为"冷"因素。

在上述多因素的制约下，一国的投资环境越好，即"热"国越"热"，外国投资者在该国的投资参与成分就越大；相反，若一国投资环境越差，即"冷"国越"冷"，则该国的外国投资成分就越小。

3. 投资环境准数值法

运用投资环境准数值法评判投资环境，就是以国际资本动向、本地发展战略为主要依据，将软、硬投资环境因素归纳成类，列出"投资环境评价分类表"对各因素分别评分，然后通过公式，将这些评分转换为投资环境准数值，准数值越高，投资环境越优越。这种方法注意到各因素之间的动态性和有机关联性，决策者可以比较方便地利用准数值从全局高度考察各时期改善投资环境工作的重点；发展中国家和地区可扬长避短，通过改善投资环境和地区的自然条件等，最大限度地提高准数值，达到吸引更多外国资本的目的。

4. 动态分析法

投资环境不仅因国别不同而异，即使在一个国家也因不同时期而变化。所以在评价投资环境时，对这个综合体不但要看过去和现在，而且还要估价将来可能产生的变化。这对跨国公司对外直接投资来说十分重要，因为一项投资至少 5 年、10 年或 15 年，有的甚至无期限。

5. 抽样评估法

这种方法是对东道国的外商投资企业进行抽样调查，了解它们对东道国投资环境的看法。首先选定或随机抽样不同类型的外资企业，列出投资环境评估要素，然后由外商投资企业的高级管理人员进行评估，评估通常采取回答调查表的形式。东道国政府常常通过这种形式来了解本国投资环境对国外投资者的吸引程度，以便及时调整吸收外资的政策、法律和法规，不断改善本国的投资环境。同时，跨国公司也常把抽样评估的结果作为了解东道国投资环境的背景参考资料。抽样评估法的最大优点是评估的项目比较具体，能使调查人员获得第一手资料，对潜在投资者具有直接的参考价值。但由于评估项目不可能列举很多，因而可能不够全面，同时评估的结果常常带有评估人员的主观色彩。

6. 成本分析法

投资环境的分析与其他经济决策的选择一样，最后往往归结到成本和收益的分析。成本分析法即把投资环境的分析折合为数字作为成本的构成，然后通过反复比较，得出适合投资的决策。

三、国际直接投资的决策方法

1. 跟随先行公司策略

在寡头垄断市场中，某些大型跨国公司在国外建立了子公司，如计算机、汽车、食品饮料、金融分支机构等海外公司。同一行业中其他垄断厂商面临着两种选择：或跟随先行厂商进入同一国家的同一行业投资；或不跟随。如果选择后者，便放弃获得新市场或控制原材料生产的机会，本公司会被其他跟进厂商赶上，最终被挤出垄断行列。采取跟随策略，与其他竞争者一起建立生产点和销售点，如果获得成功，可分享市场，取得竞争均势，巩固寡头垄断地位。

2. 防御性投资策略

这是跨国公司维持寡头垄断优势的另一种投资策略。公司的目的是维持市场占有地位，若同行对手扩大经营，提高市场占有率，而本公司持静观姿态，则会从势均力敌状态沦为市场弱者，寡头市场失去平衡。为此，该公司被牵动加强投资，发展规模经济，使产品更新换代。因为已占领市场的厂商所花费的研制成本和转移成本要比新进入的竞争者低，从而能有效阻止新竞争者进入，或维持市场上寡头均衡局面。

3. 建立进入壁垒策略

垄断企业通过设置市场进入壁垒，阻止潜在竞争对手进入已垄断的市场。进入壁垒是指已有企业的优势，或新进入企业的劣势。例如现有企业的产品和商标早已为当地消费者所熟悉和习惯使用、已建立了有力的销售渠道、垄断了产品的专门技术及专利、形成了同市场规模相适应的生产规模经济、企业新开发出差异产品等，都形成对新进入企业的进入壁垒。

4. 国际专业化策略

20世纪70年代末，跨国公司母公司与子公司的联系不再是单向联系，不再是母公司通过子公司开拓东道国市场，子公司产品同时返销母国和向其他子公司供货，子公司与子公司之间不再是无联系的独立经营单位。母公司在全球范围内配置专业化工厂网点，各海外子公司制造专门部件，联合组装，定向销售。公司网络内国际专业化分工，增加了母公司与子公司、子公司与子公司间的部件、半成品及成品的往返运输和内部贸易。日本松下电器公司在国内专门生产分离式空调器，在马来西亚设厂专门生产窗式空调，然后出口到各国，包括其母国日本。

5. 交叉投资策略

一些跨国公司在投资国实行海外低成本定价战略，用母国市场的高价销售进行补贴。东道国公司为对付跨国公司这种低价抢占市场的行为，常常以牙还牙，也在对方母国市场进行投资。英国石油公司和法国铝公司进入美国市场，便是为了对付美国公司在英法市场萧条时期向其倾销的行为。

6. 合作经营策略

合作经营策略是指两个或几个竞争性公司联合，共同经营。这个策略开始在原材料生产（钢、铁、石油、铝等）的寡头厂商中较盛行，厂商联盟可分散风险。20世纪70年代以来，在化工、电器、电子、医药、电信、航空等行业，各国垄断巨头之间也盛行联合经营。例如，美国通用汽车公司同日本的丰田汽车公司和五十铃公司、韩国的大宇公司等合作制造和出售汽车，同日本的法兰克富士通制造和出售机器人；美国电话电报公司同意大利的Olivetti、荷兰的菲利浦合资经营电信器材等。

第四节　跨国公司与国际直接投资

跨国公司是垄断资本主义发展的产物，是科学技术和社会生产力发展的结果，是生产集中、资本集中和经济国际化的产物。21世纪是全球企业跨国经营的鼎盛时期，一切高水平、高层次、大规模的贸易与投资活动，均以跨国公司为主体或载体进行，其发展速度异常迅猛。跨国公司是国际直接投资的载体，也是国际直接投资的主体。跨国公司作为企业国际化经营的产物，在世界经济的发展过程中已具有决定性的作用。

一、跨国公司及其特征

学术界出于不同的研究目的和方法对跨国公司有各种各样的定义。1996年联合国贸发会议的投资报告中把跨国公司定义为：拥有一定量股权资本，从而控制外国经济实体所拥有资产的企业。控制权的界限是10%以上有投票权的普通股，可见其实质是跨国界进行直接投资并且获得控制权的企业。

跨国公司的本质特征有以下三点：

（1）生产经营活动的跨国性。跨国公司以对外直接投资作为跨国经营活动的主要方式，直接投资是跨国公司形成的基础。换言之，国际直接投资是跨国公司的必要条件，因为跨国公司是国际直接投资行为的结果。

（2）经营战略安排的全球性。跨国公司都是先在母国开创母公司立足，进而再在海外设立分公司、子公司等各种分支机构。母国并不是跨国公司的最终目标市场，其最终目标是全球市场，并实现经营业务国际化。

（3）公司内部实施一体化管理。交易成本的存在和市场失灵促使企业贸易内部化，即建立内部市场以取代外部市场，跨国公司内部贸易在国际贸易中占有相当大的比重。

二、跨国公司的产生与发展

研究成果表明，跨国公司的形成与发展已有100多年的历史了。跨国公司是当今世界经济技术合作的新型企业组织形式，当代跨国公司又有了新发展。

1. 跨国公司的前驱（1914年以前）

如果不考虑其广义的确切的含义界定范围，而狭义地将企业的经营范围扩展到本国市场界限之外即称之为跨国公司，则可以将其追溯到19世纪60年代中期，即以资本输出为主要海外经营扩展方式的资本主义时期，如当时的英、法、德、美等国购买国外政府发行或担保的铁路建设债券及政府公债等。

跨国公司的形成与发展同现代企业的成长密切相关。19世纪下半叶，当时发达资本主义国家的新兴工业部门中，先后出现了一批拥有先进技术和管理水平、资金实力雄厚的现代企业。出于种种动机，它们进行对外直接投资，在海外设立分支机构和子公司，形成了早期的跨国公司。1863年，德国人弗里德里克·拜尔（Bayer）创建了拜尔化学公司，总部设在德国伍贝塔尔城，最初只生产染料。1865年拜尔化学公司通过购股方式兼并了美国纽约州奥尔班尼的一家制造苯胺的工厂，从1876年开始，又先后在俄国、法国和比利时设分厂。1881年该公司改组为拜尔化学股份有限公司，在主要工业国家从事药品和农药的生产、经营业务。1892年生产出世界上第一种合成杀虫剂，1899年生产出驰名世界的药品——阿司匹林，从而奠定了公司的发展基础。拜尔化学公司因此被公认为跨国公司的先驱。1866年，瑞典的阿弗列·诺贝尔公司在德国的汉堡兴办了制造甘油炸药的工厂。1867年，美国的胜家缝纫机公司在英国的格拉斯哥建立了缝纫机装配厂。西方学术界把这三家公司看作跨国公司的前驱。

19世纪末到第一次世界大战前，美国国内的大企业不断涌现，半数以上的大公司都开始向海外投资，在国外设立工厂或分公司，如国际收割机公司、西方联合电机公司、国际收款机公司、贝尔电话公司、爱迪生电灯公司等。

据统计，到1914年，发达国家的跨国公司设在国外的子公司约有800家左右，它们遍布世界各地，从事产品制造、销售以及采掘、种植等活动。对外直接投资总额累计达143亿美元，其中，英国65亿美元，美国26.52亿美元，法国17.5亿美元，德国15亿美元。[⊖]

2. 两次世界大战期间跨国公司缓慢发展

受第一次世界大战的影响，加之20世纪30年代前后出现的资本主义有史以来最大的经济危机——大萧条，使得世界性的金融秩序混乱，从而导致两次世界大战期间对外直接和间接投资徘徊不前，增长缓慢。1913—1938年间，全球对外投资总额仅增加了70亿美元，增长16%，年平均增长0.6%。当时，大部分对外扩张的跨国公司属于技术先进的新兴工业领域，或者是生产大规模消费产品的行业，为了加强国际竞争力，这些公司往往先在国内进行兼并以

[⊖] 参见罗进编写的《跨国公司在华战略》，复旦大学出版社，2001。

壮大实力，再向外扩张，不断到海外建立子公司。美国187家制造业大公司在海外的分支机构由1913年的116家增至1919年的180家，1929年增至467家，1939年增至715家，说明第二次世界大战前跨国公司虽然发展缓慢，但有了一定基础，尤其是美国已有相当基础。⊖

3. 第二次世界大战后到20世纪70年代后期的跨国公司

跨国公司在广度上和深度上空前发展是在第二次世界大战以后，因此有学者认为，真正现代意义上的跨国公司是第二次世界大战以后出现的现象。

据联合国跨国公司中心（United Nations Centre on Transnational Corporation，UNCTC）的资料显示，截至1969年，主要发达国家的跨国公司共7276家，其国外子公司达27300家；而到1978年，主要发达国家的跨国公司数目发展到10727家，分公司达82266家。据统计，20世纪60年代，美国187家制造业跨国公司平均每年增加900家以上子公司；英国47家跨国公司同期平均每年增加850家子公司，且随着时间的推移，增速加快。20世纪60年代末期，日本67家跨国公司平均每年增加200家以上子公司。进入20世纪70年代后，美国跨国公司子公司的增速有所降低。

跨国公司规模方面，1971年年销售额10亿美元以上的制造业（含石油业）跨国公司有211家，1976年相同规模的跨国公司已达422家，5年时间翻了一番。同时，在一些资本和技术密集型行业中，整个世界的生产主要集中在几家或十几家巨型跨国公司手中。如1980年农机工业世界销售总额的80%以上集中在11家跨国公司手中。在10家规模最大的计算机跨国公司总的销售额中，仅IBM就占了将近一半。随着跨国公司的发展，在一些工业部门中，跨国公司不但控制了国内市场，而且控制了相当份额的世界市场。

4. 发展中国家跨国公司的成长

发展中国家的跨国公司在20世纪70年代初已经有了一定程度的发展，70年代末发展速度明显加快，但整体仍呈现出投资规模较小、所占比重较低的特点。

据联合国跨国公司中心的有关资料显示，1970—1972年，发展中国家平均每年的对外投资额为4300万美元；1978—1980年，已增加到6.82亿美元。截至1980年年末，共有41个发展中国家的企业在海外从事生产经营和资源开发活动。20世纪80年代初，发展中国家对外投资总额已达200亿美元左右，占全球对外直接投资累计总额的3.2%。

三、第二次世界大战后跨国公司迅速发展的原因

1. 战后世界科学技术革命和世界生产力的发展

20世纪50年代开始的以原子能、电子为代表的第三次科技革命，无论是广度和深度都超过了前两次科技革命，大量科技成就广泛应用于生产，出现了一系列新产品、新技术和新兴的工业部门，大大促进了生产力的发展。生产力的发展要求更多的原料和销售市场，要求生产和销售的国际化。科学技术革命的发展为跨国公司奠定了物质基础。

2. 生产和资本的集中导致资本"过剩"

战后发达国家生产和资本不断集中，垄断程度加深，拥有大量资本和先进技术的垄断企业迫切要求到国外寻找有利的投资场所和销售市场。同时，战后发生了第三次企业兼并高潮，使原有大公司规模不断扩大，在一些新兴工业部门形成少数垄断性大企业。日本在20

⊖ 参见罗进编写的《跨国公司在华战略》，复旦大学出版社，2001。

世纪 60 年代也出现了企业兼并高潮，形成了许多大企业。这些大企业垄断了国内市场后，要进一步发展就必须越出国界。当企业规模扩大、某一行业超出国内有支付能力需要的生产能力加大、在国内找不到"有利可图"的投资场所时，为寻求利润丰厚的投资市场必然要向外扩张。因此，跨国公司的发展是生产和资本集中的必然结果。

3. 国际分工的深化、生产和资本的国际化

随着科技革命的发展、生产和资本的集中，战后国际分工在广度和深度上进一步发展，大大加强了各国之间的互相依赖和协作，各国之间的国际分工已经不仅仅局限于部门之间的分工，国际经济联系也不仅仅局限于商品流通领域，而进入了生产领域。国际分工向部门内部分工、产品专业化、零部件专业化和工艺专业化方向发展，大大促进了生产国际化和资本国际化。因此，发展跨国公司是战后生产国际化和资本国际化的客观要求。

4. 现代交通运输和通信信息的发达

科学技术的发展为交通运输和通信的革命提供了技术条件，交通运输和通信的发展大大缩短了国与国之间的距离。19 世纪中叶，从美国到欧洲的邮件一般要 21 天，因特网使通信技术有了突变。海运技术大发展，海运运输量大、及时、价廉，为各国之间的经济联系提供了必要保证，使跨国公司有可能把各地的子公司紧密联系起来，形成整体，实现其全球战略目标和战略部署。

5. 战后国际市场的激烈竞争使发达国家的政治经济发展不平衡

随着国家垄断资本主义的发展，各国政府扶植和鼓励跨国公司向外扩张。战后初期，美国在经济上占绝对优势，后来西欧经济逐渐恢复发展，争夺西欧市场十分激烈。20 世纪 70 年代以来，美国经济相对削弱，西欧、日本经济崛起，加快了对外投资步伐，在国际上同美国的跨国公司进行争夺，国际市场的争夺大大促进了跨国公司的发展。

6. 战后殖民体系瓦解，发展中国家要求发展民族经济

发展中国家政治独立后，发展民族经济缺少资金、技术和管理经验，希望引进发达国家跨国公司的资本和技术。发达国家也企图利用跨国公司作为工具，保住其在发展中国家原有的经济利益。因此，发展中国家发展民族经济也给跨国公司发展提供了机会。

7. 发展中国家在战后也发展了自己的跨国公司

其主要原因是：

（1）战后发展中国家民族经济迅速发展，特别是一些新兴工业国（地区）的经济得以很快发展。

（2）生产和资本集中相应加强，也开始出现一些较大型的企业。

（3）为改变国际经济地位、增强自身实力，国家鼓励大型企业对外投资。

（4）对付发达国家保护主义而采取的对策。

（5）实行进口替代战略，优化产业结构，扩大对外贸易，引进先进技术和改善国际收支等。

四、当代跨国公司的发展趋势

（一）20 世纪 80 年代跨国公司经营的转变

20 世纪 80 年代以后，随着经济全球化趋势的日益加快，国际市场竞争更加激烈，新贸易保护主义有所抬头，在此期间跨国公司的经营和发展又呈现出与以往不同的特征：

1. 对外直接投资规模继续扩大，发展中国家对外直接投资增长迅速

据联合国有关部门统计，1983—1990年，全球对外直接投资的增速是全球国内生产总值增速的4倍，是全球国际贸易增速的3倍。1990年，对外直接投资流量达到创纪录的水平，为2403亿美元。

与此同时，发展中国家的对外直接投资总额虽然所占比重不大，但增速快，成为世界对外直接投资中的新生力量。据国际货币基金组织（IMF）统计，1960—1980年发展中国家和地区对外直接投资年均增长率为16.1%（同期发达国家年均增长率为10.7%），年均投资额为10亿美元；而1986—1990年，年均增长率为47%（同期发达国家年均增长率为26%），年均投资额为60亿美元。

2. 建立全球战略，实施战略联盟

20世纪80年代中期以后，经济全球化发展的趋势日益明显，国际竞争越发激烈，加之区域经济一体化发展迅速，跨国公司的海外扩张遇到越来越多的挑战，迫使跨国公司调整经营发展战略，越来越多的跨国公司开始采取开放型的跨国联合经营战略。不同跨国公司之间的资金、技术、生产设备、销售、分配渠道、融资能力等方面相互渗透，形成一种国际经营联合体。这一联合体不同于一般的合资企业，联合体中的各家企业都采用同一目标，即共同开发、共同生产、共享市场。这样，跨国公司的全球经营战略又发展到了一个新的阶段，即不同国家的大型跨国公司彼此联合起来，实施全球的战略联盟。

3. 投资方式由新建企业转变为并购，经营范围更加广泛

20世纪80年代以来，由于科学技术的发展，新产品、新工艺不断涌现，这些新兴产业部门的形成，需要在各个部门之间进行新的调整。这些调整，不仅是企业进行经营结构的调整，还使整个世界经济进入了产业结构大调整的时期。在此期间，主要跨国公司的对外直接投资中用于新建企业的比重相对减少，而进行跨国并购的比重则急剧上升。随着跨国公司跨部门、跨行业的混合并购高潮的到来，生产和资本更加集中，跨国公司的经营范围变得更加广泛，出现了越来越多的跨领域和跨行业经营的跨国公司。

（二）20世纪90年代跨国公司的发展变化

20世纪90年代以来，美国等发达国家开始了技术创新推动经济发展的阶段，经济发展进入从工业经济向知识经济转型时期。

在此时期，世界经济发展的一个显著特征就是地区经济一体化加强，其中一体化程度最高的当属北美、欧盟、亚太三大经济圈。体现在国际直接投资上，就是一体化的区域内部国家之间的相互投资占了主导地位。

欧盟各国内部的相互投资成为他们对外投资的重要组成部分。1998年，欧盟国家之间的内部投资额占总投资额的49%，区域内直接投资的增长速度超过了区域内部的贸易增长速度。

在北美自由贸易区内，美国和加拿大成为最大的投资伙伴，加拿大对外投资的2/3流向了美国，而美国对外投资的1/5投向了加拿大。1989—1995年，美国对墨西哥的直接投资存量从83亿美元增加到164亿美元，1993年墨西哥在美国的直接投资存量为12亿美元，1996年达到22亿美元。与此同时，加拿大对美国的投资也增加了5倍。

亚太地区（含日本）区域内部的互相投资增加迅速，1996年以来每年以23%的速度递增。特别是日本、中国和亚洲"四小龙"之间的相互投资占这些国家和地区投资总量的 50%。

（三）21 世纪初跨国公司的发展趋势

进入 21 世纪以来，在信息技术革命的加速推动下，面对迅速形成的全球市场，跨国公司前所未有地进行经营理念与经营战略的调整或转变，它们从过去以母国为中心的跨国经营转向多中心网络型的全球经营。

1. 经营理念日趋全球化、绿色化

一方面，跨国公司的决策者越来越以"地球村"作为公司的长远战略市场，谋求在全球范围内最大限度地优化配置、吸纳整合各种有形无形的优质资源。跨国公司在过去所建立的金字塔式的公司总部拥有绝对决策控制权、通过中心辐射等级制管理模式，逐渐转变为在全球若干重点国家或地区拥有地区总部的、多中心的、多结点式的全球网络管理模式。这种全球网络管理模式有利于跨国公司针对动态、复杂、多变的全球经营环境迅速地做出相应的反应，以有效地利用全球资源。例如，麦当劳、肯德基、家乐福、沃尔玛等跨国集团公司在全球范围内开设分公司，不断拓宽自己的市场。

另一方面，跨国公司渐渐淡化公司的母国国籍，民族中心文化潜移默化为全球多元文化，本土化观念日趋增强，整合地方文化特性于管理理念之中，寻求全球一体化与本土化的协同效应。这有利于吸纳与有效激励全球各地最优秀的人力资源，加速跨国公司向全球公司方向的迈进，客观上也推动了全球经济一体化进程。

但是，面临日趋严峻的生态环境恶化、自然资源枯竭和人类生存危机，当代跨国公司在寻求全球利润最大化的过程中，逐渐意识到自己必须承担更多的社会责任，企业价值观从过去的股东价值最大化提升到包括股东、人类社会和自然生态环境在内的全球公司责任体系，推崇绿色管理，以期逐步改善全球经营环境，并给社会和公众留下良好的企业公民形象，促进公司全球长远战略目标的实现，这也标志着跨国公司向全球公司转型的完成。全球经营将成为跨国公司发展的常态。

2. 生产经营体系日趋全球化、网络化

随着中国、印度、俄罗斯、巴西等新兴经济体的迅速崛起，以及互联网革命带来的距离的拉近，全球市场竞争强度不断加大，产品生命周期越来越短，驱使跨国公司在追逐规模经济性与范围经济性的同时，更加看重速度的经济性与网络的经济性。在遵循全球本土化战略的思维模式和全球产业价值链最优配置的原则下，越来越多的跨国公司将经营重点转向全球产业价值链中附加价值最大的研发与营销服务环节，放弃或退出附加值低的制造及组装环节，将其转移到新兴市场或更适合加工组装的国家、地区，并按照自己的标准合资或发包给经过认证的海外企业。将来，跨国公司甚至也会把财务管理、人力资源管理、企业信息化、产品设计等由自己完成的服务业务部分或全部外包给其他企业进行。这样，跨国公司全球内部生产经营网络与外部生产经营网络有机融合，形成全球生产经营网络体系，使得跨国公司能够在全球范围内最大限度实现资源的优化配置，跨国公司的速度经济性与网络经济性的优势得以充分释放出来。

3. 研究和开发体系日趋创新化、网络化

在全球经济时代，当代跨国公司能否在技术这一战略要素上取得主动权，直接关系到其全球动态可持续竞争优势的构建与维持。技术创新全球化作为当代跨国公司的一种战略行为，主要通过在全球范围内知识的创造、转移与利用，整合全球的技术和知识资源，以达到实现和保持其全球竞争优势的目标。

为此，自20世纪90年代中期以来，随着制造及组装业务的全球转移或扩散，跨国公司也开始把研发设计业务向全球转移，一改以往在单一母国进行研发活动的做法，依据全球各个不同国家或地区经济发展水平、科研实力、市场需求以及公司的全球生产运营网络体系的战略规划等因素，在全球范围内有组织地分散R&D，进一步形成全球化的R&D网络，加速提升技术创新效率，进而增强全球持续、动态的竞争优势。

五、跨国公司与国际直接投资

第二次世界大战以后特别是20世纪五六十年代以来，跨国公司得以迅速发展，并成为世界经济与政治格局中的一支重要力量。目前，跨国公司对外直接投资占世界对外直接投资的90%，跨国公司所生产和销售的产品和服务约占世界GDP的1/3，跨国公司内部和它们之间所进行的贸易约占世界贸易的60%。世界科技研究和开发以及科研成果的转让绝大部分由跨国公司进行。

（一）跨国公司国际直接投资的基本动机

跨国公司作为对外直接投资的主体，进行对外投资时既受企业本身所特有的优势，如资金、技术、管理、规模经济、市场销售技能等的影响，也受企业所处的客观社会经济环境，如自然资源禀赋、国内市场规模、经济发展水平、产业结构、技术水平、劳动力成本、政府政策等的制约，而这两方面在内容上存在相当大的差异，所以导致不同投资项目的动机不同：第一，获得国外市场是对外直接投资的基本目标。无论出于何种动机，跨国公司都要通过对国外生产、技术来源地、产品销售地等三方面因素进行有效组合，实现其全球一体化战略。第二，为实现股东财富最大化，所有动机背后都隐含着两个基本财务目标，即增加销售收入、降低生产经营成本。第三，投资动机有明显的行业倾向，而且不同的动机及与此相联系的行业倾向，决定了个别投资者对东道国投资环境中的某一类因素特别敏感。第四，各类投资动机不是相互排斥而是相互补充的，某一投资项目往往是多种动机作用的结果，同时并存的机会越多，在投资得以完成之后对投资者的好处就越大。第五，国际直接投资的根本动机和目的是利润最大化。各类投资动机是追求利润最大化的不同途径与方式，在获取利润的问题上，有直接和间接、局部与整体、近期与远期之分，这也导致投资动机呈现出多样化。另外，不同企业在内外条件和所处环境之间存在着相当大的差异性，这也使企业在追求相同目标时采取了不同的手段。⊖

（二）跨国公司对外直接投资的特征

国际直接投资的一个突出特征是：投资者对所投资的企业拥有有效的控制权。这种有效控制权是指投资者拥有一定数量的股份，因而能行使表决权并在企业的经营决策和管理决策中享有发言权。这种股权参与下取得的对企业的控制权有别于非股权参与的情况。如果没有这种股权参与，即使通过其他途径或方法对企业产生影响，也不构成对外直接投资。

在国际直接投资活动中，投资者对企业的控制权一般与投资者对企业股份的拥有权相适应，拥有的股份比例越高，控制权也就越大。但是国际直接投资所要求的有效控制权并不与股份拥有比例构成确定的数量关系。因为按照国际投资实践的通行原则，有效控制权是指投

⊖ 参见崔日明编写的《步入新世纪的跨国公司》，辽宁大学出版社，2001。

资者实际参与企业经营决策的能力和在企业经营管理中的实际地位。

国际直接投资的另一突出特征是：在资本移动的形式上，对外直接投资不是单纯货币形式的资本转移，它是货币资本、技术设备、经营管理知识和经验等经营资源在国际间的一揽子转移，也即企业生产和经营活动向国外的扩展，一旦企业的生产和经营活动打破了国家界限，把整个世界作为一个大市场来对待，就产生了国际直接投资。可以认为，国际直接投资是生产社会化发展走向生产国际化的必然形式，是生产分工扩大到国际范围的体现。

进行国外直接投资的企业一般称为母公司，它在国外投资的企业一般称为子公司，我国称之为海外企业。战后随着国际经济技术合作方式的发展，合资经营和合作经营成为国际直接投资的主要方式。

（三）跨国公司对外直接投资方式

跨国公司设立海外独资企业（亦即海外子公司）的途径有两条：

第一，在东道国新建投资项目。这是跨国公司进入国外市场的传统途径。其优越性是可以根据跨国公司总体发展策略，灵活选择投资方向、投资部门、生产规模和产品类型等，其缺点是新建一个新项目比较耗时。

第二，并购东道国公司。美国和欧洲各国的跨国公司更倾向于这种途径。其方法有二：一个是收购该公司的股权；另一个是收购该公司的财产。前者是在收购人与股权持有者之间进行的，后者是在收购人与具有法人资格的公司之间进行的。

此外，跨国公司为适应东道国政策变化，还兴起了许可证协议、管理合同、劳务合同、销售协议等非股权安排形式。

值得关注的是跨国公司投资方式的调整体现出如下特点：

（1）从新建投资到并购投资。近年来，跨国公司在全球范围进行投资时常常采用并购方式。

（2）从合资到独资，独资化趋势越来越明显。从发展趋势看，新批项目的规模中，独资企业超过合资企业越来越多。

（3）从单个项目到产业链投资。与一般中小企业投资不同，大型跨国公司 FDI 不是单打独斗，而是带动整个产业链投资，进行群体竞争。

跨国公司投资对东道国经济发展的巨大作用越来越被人们认同，所以如何更多地吸引跨国公司的对外直接投资，已经成为世界各国制定外资政策的主要目标。⊖

（四）跨国公司的对外投资活动

1. 跨国公司在国外的股权参与

（1）股权参与的含义。跨国公司的股权参与是指跨国公司在其国外的子公司中拥有股权的份额，其多少取决于投资者向企业投资数额的大小。一般地说，跨国公司向海外子公司投资数额越大，拥有股权的比例就越大，就越能对子公司实行有效的控制。因此，跨国公司尽力占有全部股权或占有多数股权，从而把子公司完全纳入到其全球经营体系，服从其整体利益。

（2）跨国公司的股权投资形式。跨国公司的股权投资有以下几种形式：①设立分公司

⊖ 参见王志乐编写的《跨国公司在中国投资报告》，中国经济出版社，2003。

或销售机构；②建立加工装配厂；③设立独资企业；④设立合资企业。其中，设立独资企业与合资企业是股权投资的两种基本形式。

（3）跨国公司股权选择的因素。跨国公司在哪一个国家设立子公司，选择什么样的股权形式，不能由跨国公司单方面来决定，还必须考虑东道国的国情与法规等因素。只有这样，才能做出正确而切合实际的选择。

2. 跨国公司在国外的非股权安排

（1）非股权安排的含义。非股权安排是20世纪70年代以来逐渐被广泛采用的形式，主要是指跨国公司在东道国中不参与股份，而是通过与股权没有直接联系的技术、管理技能、销售技巧等为东道国提供各种服务，与东道国公司保持着密切联系，并从中获利。非股权安排主要是跨国公司针对发展中国家的国有化政策和外资逐步退出政策而相应采取的一种投资方式，也是跨国公司在发展中国家谋求继续保持原有地位的重要手段。采用这种投资方式，投资物不是资金，而主要是各种技术、专利、管理技能、销售技巧等无形资产。跨国公司通过非股权投资方式，既可减少风险，又可使其技术、管理技能和销售技巧获取相应的利润；同时，还可以通过这些先进的技术、管理技能和销售技巧对当地企业施加影响。因此，跨国公司非股权安排的投资方式正在日益发展，在全世界范围内得到更广泛的运用。

（2）非股权安排的形式。非股权安排形式很多，并且仍在不断地发展。目前，许可证合同、管理合同、产品分成合同、协作生产合同、销售合同、联合投标合同、交钥匙合同、咨询服务合同等形式最为常用。

1）许可证合同。许可证合同是指跨国公司与东道国公司就技术的转让和使用问题所订立的合同。许可证合同具体可分为独占许可证合同、普通许可证合同、排他许可证合同、从属许可证合同等。

无论采用哪一种许可证合同，对技术价款的偿付都可采用总算偿付和提成偿付两种方式。采用总算偿付方式，对转让的技术要作价，然后由被许可方一次付清或分期付清，如果以产品偿付，那么产品也要作价；采用提成偿付时，转让的技术可以不作价，但要确定提成率和提成期，许可方根据被许可方在提成期内每年的产品产量或产品的销售价格按确定的提成率提取提成费。

2）管理合同。管理合同亦称经营合同或经营管理合同，是指跨国公司通过合同，在不涉及股权参与的情况下向东道国企业提供综合性服务，在合同有效期内按规定提供各项服务和收取相应的报酬。管理合同分为两大类。一类是全面经营管理合同，范围较广泛，不但包括了技术管理，而且包括生产管理、销售管理和行政管理等。这类管理合同一般适用于新产品的开发，适用于管理比较复杂或质量要求高的企业。另一类是技术管理合同，即企业的技术管理由跨国公司的技术人员或技术公司进行全权管理。管理合同的特点是不投资只管理，这样跨国公司通过签订管理合同参与并控制东道国企业的生产经营活动，在没有风险的情况下增加收益。

3）产品分成合同。签订这种合同的跨国公司起着一个总承包商的作用，即东道国出资，跨国公司替东道国公司购买设备和进行投资并实施管理，跨国公司不拥有股权，但要与东道国在一个预先商定的分配方案的基础上分享公司的产品，以作为这种非股权安排的报酬。

4）协作生产合同。合同中规定跨国公司提供各种产品的设计图样、技术和专利权，东道国公司提供厂房、机器设备、原材料和劳务，双方进行协作生产，跨国公司通过提取产品或销售利润的方法获得投资报酬。

5）销售合同。一般由跨国公司提供技术，在东道国进行生产，生产的产品由跨国公司和东道国的公司共同销售，双方按销售业绩分享销售利润。

6）联合投标合同。订立这种合同后，跨国公司和东道国的公司就要对某一大型项目进行共同投标。如果中标，双方共同负责项目的勘察、设计和施工，跨国公司主要提供专家和技术，从共同获得的收益中取得部分投资利润。进行联合投标的目的是扬长避短，发挥双方各自的优势。

7）交钥匙合同。交钥匙合同指的是项目建造的全过程，从方案选择、规划、勘测、设计、施工、设备供应到安装调试和技术培训等由跨国公司在协议范围内负责完成，保证企业能生产出符合质量标准的产品，使东道国在合同履行完毕后具备独立经营和管理企业的能力。这种合同方式是成套工厂设备买卖方式与技术转让方式结合起来的合同，跨国公司则以取得项目的产品为报酬。对规模大、技术复杂、各环节要求紧密配合的项目建设可采用这种形式。

8）咨询服务合同。咨询服务合同中规定，跨国公司负责解决东道国企业提出的技术课题，或提供各种技术服务，并以此获取技术咨询费作为技术投资的报酬。

在跨国公司非股权安排形式中，究竟哪一种形式最为合适，要看双方的具体情况。跨国公司可根据对方的行业特点和需要以及自己的需要与可能，灵活运用上述各种形式，以期达到预期的目的和最大的投资效果。

第五节　我国直接利用外资与对外直接投资

一、中国直接利用外资的发展现状

改革开放以来，外资对中国的经济发展做出了重要贡献。中国经济增长的1/3、税收的1/4都来自于外资。同时，外资企业的进入所带来的市场竞争效应、跨国公司的本土化战略所产生的关联效应，都对中国的经济发展发挥了积极作用。利用外资弥补了我国经济建设资金的不足，引进了大批先进技术、设备和管理经验，增加了就业和税收，扩大了对外贸易，促进了企业经营机制的转换，也促进了我国经济全面与国际接轨，为我国国民经济持续稳健发展起到了积极的作用。

2017年世界经济总体呈现回暖向好态势，国际贸易和跨国投资双双回升。2016年发展中国家利用外资规模下降，全球跨国投资规模回落到1.746万亿美元；2017年发展中国家吸引外资能力增强，全球跨国投资规模有望达到1.8万亿美元。UNCATD预测，2018年全球跨国投资规模可能达到1.85万亿美元。

（一）我国利用外资发展特点

1. 我国利用外资规模不断扩大，对经济拉动作用不断加大

改革开放初期，我国利用外资规模小，方式以对外借款为主。1983年，我国实际利用外资22.6亿美元⊖，改革开放以来，我国累计使用外商直接投资超过2万亿美元。2017年，

⊖ 利用外资包括对外借款10.7亿美元，外商直接投资9.2亿美元以及外商其他投资2.8亿美元。资料来源：国家统计局。

我国实际使用外资1363亿美元，规模是1983年的60倍，年均增长12.8%。截至2017年年底，实有注册的外商投资企业近54万家。2017年中国是全球第二大外资流入国，自1993年起利用外资规模稳居发展中国家首位。

外商投资企业在扩大进出口、增加财政收入等方面发挥了重要作用。2017年，外商投资企业进出口额12.4万亿元，占我国货物进出口总额的44.8%，缴纳税收2.9万亿元，占全国税收收入的18.7%。

1983—2017年中国实际利用外商直接投资情况见图3-6。

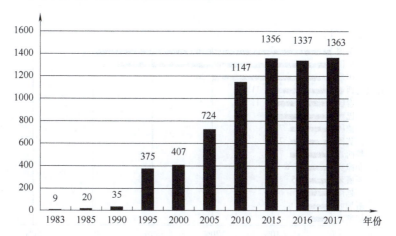

图3-6　1983—2017年中国实际利用外商直接投资情况（单位：亿美元）
（资料来源：国家统计局历年《中国统计年鉴》。）

2. 服务业利用外资继续保持较快增长态势，占比持续上升

近年来，服务业利用外资保持快速增长态势，占比不断上升。2015年服务业利用外资金额为811亿美元，占64.3%，同比增长9.5%；第二产业实际利用外资金额436亿美元，占34.5%，同比下降0.8%；第一产业实际利用外资金额5.34亿美元，占1.2%，同比下降0.8%。2017年1~11月，服务业实际使用外资金额871.7亿美元，占72.7%，同比增长9%；制造业实际使用外资金额307.7亿美元，占25.7%，同比下降4.1%；农、林、牧、渔业实际使用外资金额6.8亿美元，占0.6%，同比下降58.3%。制造业和农林牧渔业利用外资均呈下降趋势。

3. 外资来华并购占我国实际利用外资比重不高，但是增长潜力巨大

外国投资者在我国投资以绿地投资为主，并购所占比重不高，外资并购具有较大的增长潜力。2010年，外资并购金额32.5亿美元，仅占我国利用外资总规模的3.1%。2015年，外资并购金额达到177.7亿美元，比2014年翻了一番，也仅占我国利用外资总额的14.1%。相比，2015年跨国并购占全球跨国投资的41%，2016年这一比重接近50%。外资在我国并购主要方式为股权并购，85%以上的金额集中在东部地区，其中，广东、上海、江苏占一半以上。此外，外资并购也主要集中在服务业领域，占80%以上。

（二）影响我国利用外资增长的主要因素

2018年以来，世界经济继续呈现回暖向好态势，国内供给侧结构性改革效果进一步显现，我国经济增长质量和水平不断改善，经济增长速度有望保持在6.8%~7.0%之间，我国利用外资有望继续在起伏中保持缓慢增长态势。

1. 我国仍将长期是跨国投资的热土

2008年金融危机以来，我国成功应对了国内外各种危机和冲击，经济保持了持续快速稳定增长，市场空间巨大，一直是跨国投资的热土。过去10多年，联合国世界投资展望调查中，中国均是最吸引跨国资本的投资目的地之一。2017—2019年，中国不仅是跨国投资最重要的投资来源地，也是仅次于美国的最佳投资目的地，明显领先于其他经济体。相关情况见图3-7。

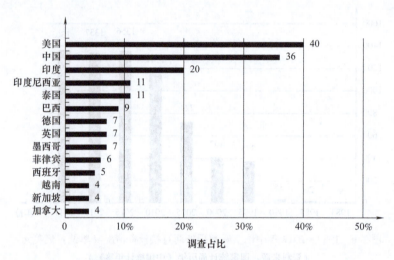

图3-7　2017—2019年跨国公司最佳投资地

（资料来源：联合国贸发会议历年《世界投资报告》。）

2. 我国利用外资存量与很多国家比仍有较大差距

过去十几年，我国一直是世界前两大利用外资经济体，也是利用外资规模最大的发展中经济体。但是到2016年年底，我国内地利用外资存量为1.35万亿美元，远低于美国的6.39亿美元，与我国第二大经济体位置不相符合。按照国际货币基金组织国际投资头寸表，2016年年底，我国对外负债4.67万亿美元，仅列全球第九。其中直接投资负债2.87万亿美元，占61.5%；证券投资负债0.81万亿美元，占17.3%。

3. 我国中西部地区利用外资空间巨大

我国利用外资主要集中在东部沿海地区，中西部利用外资存在巨大缺口。东部地区（包括辽宁）实际使用外资占到80%以上，中部地区（包括黑龙江和吉林）实际使用外资不到8%，西部地区实际使用外资不到6.5%。近年来，随着东部地区产业结构升级和要素成本等的上涨，一部分外资企业向中西部转移，另一部分外资企业则向东南亚和周边其他国家转移。随着"一带一路"倡议和"长江经济带"战略的推进，中西部地区开放水平和利用外资环境将会有明显的改善，为外资进入创造更好的条件。

4. 新一轮改革开放有助于我国更加有效地利用外资

党的十八大以来，随着新一轮改革开放措施的不断深化，自由贸易试验区负面清单管理、开放型经济新体制综合试点、高水平自由贸易网络建设、特别是供给侧结构性改革的全面推进,大大改善了我国利用外资的市场环境。东部沿海地区由招商引资转向招商选资引智,中西部地区营商环境也在不断改善。党的十九大后,中国特色社会主义进入新时代,改革开放加速推进,我国利用外资有望迎来新的春天。

(三) 我国利用外资面临的挑战

1. 全球增长动力有限,国际产能过剩制约了跨国投资

2008年金融危机以来,全球经济和贸易量早已超越危机前水平,并保持稳定增长。但是,全球跨国投资起伏很大,总规模仍未超过2007年历史最高水平。这一现象说明,本轮经济复苏更多受财政货币政策的支撑,全球去产能、去库存过程仍在缓慢进行,实体经济增长动力不足,新经济吸纳资金能力有限。作为制造业大国,我国传统制造领域的产能过剩问题尤为突出,在很大程度上挤压了利用外资的空间。

2. 发达经济体货币税收和产业政策调整,削弱了我国吸引外资的比较优势

过去几年,美国货币政策调整和特朗普减税政策于2017年落地,提升了美国对跨国投资的吸引力。而外资高度集中的我国东部沿海地区则持续面临劳动力、物流和生活成本上涨的压力,对外资的综合吸引力下降明显。中日、中韩关系遇冷也在一定程度上制约了日资、韩资来华投资。最近两年,苏州工业园内部分外资企业接连撤离,在一定程度上说明了问题的严重程度。

3. 我国金融市场仍不够开放,制约了发达经济体利用证券市场来华投资

发达国家开放的金融市场使得证券投资成为吸收外来资金的主渠道。美国、英国、日本等发达经济体,证券投资(包含金融衍生产品)利用外资占比超过50%。韩国和南非也主要通过证券投资来吸引外资,占比分别为63%和53%。绝大多数发展中国家由于金融市场开放水平不高,主要以吸收外商直接投资为主,证券投资比重不高。中国、巴西外商直接投资占比分别为61%、53%,中国证券投资比重仅占17%左右。

4. 监管层对外资并购仍存在诸多疑虑

并购是跨国投资和资本流动的重要方式,在发达经济体利用外资和对外投资中占有很大的比重。近年来,我国企业"走出去"到欧美等发达经济体投资,并购所占比重也越来越大,中国企业已成为全球并购市场上的一支重要力量;华为、阿里巴巴、腾讯、海航、美的等民营企业成为海外并购的弄潮儿。2016年,中国企业参与并购交易金额1353.3亿美元,直接投资865亿美元,占我国对外投资总额的44.1%。相比之下,我国利用外资中,并购方式仅占15%左右。

(四) 我国利用外资的宏观政策建议

针对我国利用直接投资的这些挑战,我国要充分认识到积极有效利用外资绝非权宜之计,而是必须长期坚持的战略方针。积极利用外资绝不是简单引进资金,更重要的是引进先进技术、经营理念、管理经验和市场机会,通过开放的市场竞争带动我国企业嵌入全球产业链、价值链、技术链、创新链。利用外资既要重视量的增长,更要重视质的提升。主要的宏观对策包括:

1. 优化和维护我国利用外资的市场环境

保持国内经济的平稳增长,确实解决外资企业在发展转型中遇到的实际困难,为外资企业来华投资和转型升级创造良好的发展空间。同时,围绕自由贸易港、内陆开放型经济试验区、开放型经济新体制综合试点等改革开放试点建设,全面推进市场准入负面清单管理,提升政府服务能力，改善企业营商环境，不断优化我国利用外资的市场环境。此外，利用国内消费市场迅速扩张的优势，引导外资企业由依靠外部市场转向内外市场兼顾。

2. 全面深化供给侧结构性改革

在我国经济进入新常态后，传统产业去产能、去库存、去杠杆仍在进行；需要全面深化供给侧结构性改革，对内外资企业一视同仁，帮助企业降成本、补短板、促创新、铸优势。要继续下大力气清理不合理的行政事业收费，简化审批办事流程，全面落实备案制度，推进税制改革，清理僵尸企业，支持实体企业发展，激发市场潜能，充分调动企业活力。要探索将营商环境指标变化作为考核地方政府深化供给侧结构性改革的核心指标。

3. 继续加大制造业利用外资能力

制造业是实体经济最核心的领域，制造业利用外资支撑了我国经济增长和改革开放，使得我国快速成为全球制造和货物贸易大国。我国制造业的转型升级和生产性服务业发展更是离不开外资的参与，必须创造条件、改善环境、加强服务，继续加大制造业利用外资能力。沿海地区仍要下大力气加大高新技术和科技创新型外资制造企业来华投资。中西部地区既要通过改革开放提升直接利用外资的能力，也要努力吸引东部沿海地区外资制造业企业的转移。

4. 积极稳妥地推进金融市场的对外开放

在主动防范系统性金融风险的大前提下，积极稳妥地深化金融体系改革，继续推进金融市场的对外开放，提高金融服务实体经济的能力。在利用外资中，既要适度控制境外金融机构对国内企业的并购和股权投资，也要逐步放开境外实体机构对国内企业的并购和股权投资，全面释放我国利用发达经济体外资的能力，使证券投资和外资并购成为我国利用外资的重要方式。

二、中国对外直接投资的发展

（一）中国对外投资的特点

随着经济全球化进程加快和中国经济快速发展，中国企业对外投资步伐进一步加快，促进了国民经济持续、快速、协调和健康发展。

1. 对外直接投资流量规模持续扩大

2017年中国对外直接投资1582.9亿美元，同比下降19.3%，自2003年中国发布年度统计数据以来，首次出现负增长，但仍处于历史上第二高位，占全球比重连续两年超过一成。中国对外投资在全球外国直接投资中的影响力不断扩大，投资流量规模仅次于美国和日本，位居全球第三，较2016年下降一位。从双向投资情况看，中国对外直接投资流量已连续三年高于吸引外资。

2. 对外投资存量规模升至全球第二

2017年年末，中国对外直接投资存量18090.4亿美元，占全球外国直接投资流出存量份额的5.9%，分布在全球189个国家和地区，存量规模比上年末增加4516.5亿美元，在全球存量排名跃升至第二位，较上年前进4位。中国与排名第一的美国存量规模差距仍然较大，仅相当于美国的23.2%。

3. 行业分布广泛，门类齐全，六大行业存量规模超千亿美元

2017年，中国对外直接投资涵盖国民经济的18个行业大类，其中流向商务服务、制造、批发零售、金融领域的投资超过百亿美元，占比在八成以上；存量规模超过千亿美元的行业有六个，分别是租赁和商务服务业、批发和零售业、信息传输/软件和信息技术服务业、金融业、采矿业和制造业，占到中国对外直接投资存量的86.3%。

4. 并购领域广泛，境外融资规模创历史之最

2017年，中国企业共实施对外投资并购431起，涉及56个国家和地区，实际交易总额1196.2亿美元，其中直接投资334.7亿美元，占并购交易总额的28%；境外融资861.5亿美元，规模较2016年高出七成，占并购总额的72%。并购涉及18个行业大类，其中对外制造业、采矿业、电力/热力/燃气及水的生产和供应业、住宿和餐饮业、租赁和商务服务业的并购金额位列前五。

5. 对欧洲、非洲、"一带一路"沿线国家的投资快速增长

2017年流向欧洲的投资184.6亿美元，创历史最高值，同比增长72.7%；流向非洲的投资41亿美元，同比增长70.8%；对"一带一路"沿线国家的直接投资流量为201.7亿美元，同比增长31.5%，占同期中国对外直接投资流量的12.7%。

6. 人民币对外投资活跃，收益再投资占比超过四成

2017年，中国对外直接投资流量的两成是以人民币方式出资，涉及中国境内企业数量超过800家，主要形成对境外企业股权和债务工具投资。从流量构成看，2017年新增股权投资679.9亿美元，占流量总额的42.9%；债务工具投资为206.6亿美元，占13.1%。2017年中国境外企业收益再投资696.4亿美元，同比增长127%，占同期中国对外直接投资流量的44%。

7. 地方企业对外投资流量降幅较大，存量占比增加近1个百分点

2017年，地方企业对外非金融类直接投资流量为862.3亿美元，同比下降42.7%，占全国非金融类流量的61.8%，存量为7274.6亿美元，占45.3%，较上年增加近1个百分点；中央企业和单位在大型并购和增资项目拉动下对外投资532.7亿美元，同比增长73.4%。上海、广东、浙江位列2017年地方对外直接投资前三位。

8. 境外企业对东道国税收和就业贡献明显，对外投资双赢效果显现

2017年境外企业向投资所在国缴纳的各种税金总额达376亿美元，雇用外方员工171万人，较2016年年末增加36.7万人。

（二）我国企业海外投资模式

各企业由于自身的条件、所处的行业及实行的战略不同，因此"走出去"的方式千姿百态，创造出了多种行之有效且独具特色的海外投资模式。

1. 建立海外营销渠道投资模式

建立海外营销渠道投资模式，指的是我国一些企业进行海外投资的目的并不是在东道国设立生产基地或研发中心，而是要建立自己的国际营销机构，借此构建自己的海外销售渠道和网络，将产品直接销往海外市场，减少中间环节，提高企业的盈利水平。建立海外营销渠道投资模式是我国企业海外投资最主要的模式。

2. 境外加工贸易投资模式

境外加工贸易投资模式是指我国有些企业通过在境外建立生产加工基地，开展加工装配业务，以企业自带设备、技术、原材料、零配件投资为主，经加工组装成制成品后就地销售或再出口到其他国家和地区，借此带动和扩大国内设备、技术、原材料、零配件出口。境外加工贸易投资模式由于适合我国目前经济结构调整的要求，近年来日益成为我国企业海外投资的一种重要模式。开展境外加工贸易的国内企业主要集中在技术成熟和生产能力过剩的纺织、服装、家电、轻工、机械和原料药等行业。

3. 海外创立自主品牌投资模式

海外创立自主品牌投资模式是指我国某些企业在海外投资过程中，不论是采取绿地投资方式还是采取跨国并购投资方式，均坚持在全球各地树立自主品牌，依靠长期的投入培育自主的国际知名品牌，依靠消费者认同自己的品牌来开拓海外市场。

4. 海外并购品牌投资模式

海外并购品牌投资模式是一种与海外创立自主品牌投资模式迥然不同的投资模式，它是指通过并购国外知名品牌，借助其品牌影响力开拓当地市场的海外投资模式。这种模式的主要特征有三。一是"买壳上市"，即先收购国外当地知名品牌这个"壳"，然后借助这个"壳"对产品进行包装，获得或恢复当地消费者的认同，快速进入当地市场。二是由于所并购的多是经营不善或破产的海外公司现成的知名品牌，仍具有一定的影响力和销售渠道，所以该模式省去了海外品牌塑造和品牌推广的时间与费用。三是该模式适用于具有一定资金基础、信誉较好、有能力收购和驾驭海外知名品牌的大型企业。

5. 海外品牌输出投资模式

海外品牌输出投资模式指的是我国那些具有品牌优势的企业，开展海外投资时不投入太多的资金，而多以品牌入股的合资形式或采取特许加盟与连锁经营等其他方式进行拓展。

6. 海外资产并购模式

所谓海外资产并购模式，是指中方企业作为收购方购买海外目标企业的全部或主要的运营资产，或收购其一定数量的股份，以实现对其进行控制或参股的投资行为。中方企业并购目标企业后一般不承担目标企业原有的债权债务及可能发生的赔偿，只承接目标企业原有的资产和业务。

7. 海外股权并购模式

海外股权并购模式是指我国公司购买一家海外目标公司（通常都是上市公司）发行在外的具有表决权的股份或认购其新增注册资本，所获得的股份达到一定比例可对该公司行使经营管理控制权的一种海外投资行为。在海外股权并购模式下，其交易的对象是海外目标公司的股权，而最终取得的是对目标公司的控制权，我国企业作为收购方成为海外目标公司的新股东。

8. 国家战略主导投资模式

国家战略主导投资模式是指我国一些大型能源企业开展海外投资主要是政府的推动，注重的是国家的宏观利益，是为国家经济的可持续发展和国家能源安全的需要而向海外资源开发方面进行的投资。这类投资需要巨额资金投入，投资回收期限长，投资风险大，需要政府来推动和承担主要风险。在这种模式中，既包括新建海外企业，也包括通过资产或股权并购而设立的海外企业。

9. 海外研发投资模式

海外研发投资模式是指我国一些高科技企业而非传统的制造企业或资源开发企业通过建立海外研发中心，利用海外研发资源，使研发国际化，取得居国际先进水平的自主知识产权，并将对外直接投资与提供服务结合起来。

思 考 题

1. 简述国际直接投资的含义及其产生和发展需要具备的条件。
2. 阐述国际直接投资动因的主要理论及其内容。这些理论分别适应哪些国家的对外投资情况？
3. 简述国际直接投资的基本动机、投资形式及其特点。
4. 简述"二战"后国际直接投资的特点。
5. 简述跨国公司国际直接投资的特征、动机和投资方式的新特点。
6. 简述我国对外直接投资模式比较。

【案例分析1】

FDI：印度能否挑战中国？

2018年7月初，韩国总统文在寅与印度总理莫迪一起，参加了三星电子在印度德里诺伊达（Noida）工厂的扩建投产仪式。位于诺伊达81区的这个三星工厂其实早在1995年就开始生产了，这次产能扩建成本为491.5亿印度卢比（约合人民币48.4亿元），使其成为世界上最大的手机生产工厂。

三星目前在印度每年可生产6000多万部智能手机，如果新工厂完全竣工投入使用，三星在印度的手机年产能将翻番，增加到1.4亿多部。三星诺伊达工厂员工7万人，原有产能为每月500万部（每年6000万部），扩建后产能为每月1200万部（每年1.44亿部）。

早在2018年4月份，三星就正式关闭了其在中国唯一的一家网络设备生产企业——深圳三星电子通信公司。这几年，三星在中国的用工人数也不断大幅跌落。

现在，三星又在印度加大生产，这是不是意味着类似三星的大量外资企业正大量逃离中国，转移到印度？印度又能否像中国一样，把外商投资作为推动国家工业化崛起的巨大力量？

一、外资企业并非简单地转出中国

2018年4月底，三星关闭了在深圳的工厂，约320人被遣散，而纵观这几年，三星在中国的用工人数也不断大幅跌落，工厂也渐渐由中国转移至东南亚。比如越南，目前三星是越南最大的外来投资企业，已经在越南的8家工厂总计投资了173亿美元，在印度扩建的工厂投产前，越南已经是三星最大的手机生产企业所在地。三星电子在越南的出口额也达到了540亿美元，竟然占到越南总出口额的1/4左右。

除了三星，很多其他在中国的外资企业也不断撤出，转向越南、印度等地。那能不能说相关外资正在全面撤出中国呢？没那么简单。

就在2018年3月份，三星宣布将在中国西安正式开建NAND闪存（计算机闪存设备）生产线，该笔投资额为70亿美元。要知道，印度三星工厂扩建的投资是7亿美元多，两者可是一个数量级的差距。

此外，早在 2015 年，为了顺应中国新能源汽车的发展需要，三星、LG 等韩国企业也在中国大力投资建设了锂电池生产厂。

由此可见，三星并不是全面撤出中国，而是选择性地有出有进，并且在中国的投资活动从原来组装等低技术的生产，转向了材料和芯片等更高技术的生产。

当然，不可否认的是，中国劳动力、土地等要素成本的上升，的确促使很多企业低附加值的生产活动向国外转移，但同样有很多企业把一些生产活动由中国沿海地区不断转向中国内陆省份，带动了中国内陆省份生产水平的提高。

可以说，外资企业并不是简单地转出。

公开资料显示，深圳三星电子通信公司前身为深圳三星科健移动通信技术有限公司，成立于 2002 年 2 月 26 日，是一家中外合资的有限责任公司。韩国三星电子株式会社为控股股东，持股 95%，上海联合投资有限公司持股 5%。

二、印度制造业开始入门

莫迪政府近几年大力推进"印度制造"，成效显著，尤其是移动通信，成为印度经济发展中最大的亮点，这也是三星看好印度的一个重要原因。

近几年，印度移动用户数的增长速度并不比中国的发展过程慢。

据印度电信管理局（TRAI）数据显示，至 2018 年 3 月底，印度电信用户数量为 12.0622 亿，电信用户渗透率已经达到 92.84%。其中移动电信用户渗透率为 91.09%，相当于基本上都是移动用户，固网用户极少，渗透率仅为 1.76%。同期中国移动电话用户普及率为 105.8%，固定电话普及率为 13.7%。中国虽然还是多一点，但基本上可算是相同水平了。

印度在人均 GDP 仅为中国 1/5 的条件下，实现了与中国基本相同的电信普及率，这是很不错的成绩。后来者 Reliance Jio（印地语中意为"直播生活"）凭借极其雄厚的财力，于 2016 年 9 月投入运营后采取"初期完全免费，正常运营后全球最低流量价格"的极端商务策略，快速将印度电信市场的潜力挖掘干净，该运营商从接近于零开始起步，不到短短的 2 年时间内就获得了 1.17 亿用户。由此也带动了手机产业的发展，2017 年印度智能手机年销量达到 1.24 亿部，同比增长 14%。

事实上，在三星扩大在印度的手机产能之前，几乎所有中国手机厂商都已纷纷进入印度市场。2014 年 9 月以来，印度已经有 40 座手机工厂投产。原来以中国为主要制造基地的电子代工企业也已经纷纷进入印度，比如纬创资通、伟创力、富士康集团等。

印度的手机产量急剧增长，使得印度迅速超过越南，成为仅次于中国的全球第二大手机生产国，其产量在全球市场的份额从 2014 年的 3%，急剧上升到 2017 年的 11%。而由于印度本地手机产量的急剧增加，其进口手机的数量在 2017 年下降了一半。

手机在印度的生产成功，一方面是手机市场本身的巨大牵引力；另一方面，手机毕竟是一个高价值的小件产品，对交通运输的压力相对较小，采用空运都比较划算。笔者当年在印度时，就曾采用包机形式从中国将手机空运发货到印度，彩电、洗衣机等产品是绝不可能这么操作的。

在印度市场上，中国品牌不断崛起，小米成为印度市场占有率最高的品牌。在全部智能手机销量中，中国品牌已经占据半壁江山。因此，印度手机市场和生产的发展并不能仅仅理解为是对中国的威胁，它也为中国相关产业的发展提供了很大机会。

值得注意的是,现在印度的手机生产基本上全是散件组装,印度本土还没有元器件、模具等生产配套能力。印度能否学习中国,以整机组装为牵引,逐步发展到上游元器件的生产,我们还需要继续观察。

但是,印度政府从2017年12月开始,将智能手机的基本关税从10%上升到了15%,2018年2月又上升至20%,4月份又对包括电路板、摄像头模块在内的电子元件征收了10%的关税。这样的政策,无疑会促使手机上游电子元件和整机在本地的生产。

看来,印度政府已经学会了中国政府的产业发展经验。如果他们利用手机市场规模在本土实现上游配套的发展,未来的确有可能形成全产业链的生产制造能力。在这方面,我们不可太小看印度。中国要想长期维持相对印度的产业和技术梯度优势,需要大力加快提升自己的产业层次。印度人降成本的能力比中国有过之而无不及。因此,中国制造主要以成本战略为核心竞争力的时代,可能在未来会逐步地被印度制造所终结。

2003年,笔者在将通信设备出口到印度时,当地伙伴仅仅为达到减少关税及国内税收的目的,就装模做样地在印度东部的小城雅兰建了一个所谓的"工厂"。这个工厂仅仅是一个用土砖修建的农家院,一条长长的土路通到这个农家院里,院外边都是水稻田。当时我把整个工厂的视频拿回公司给同事看时,所有人都目瞪口呆。

那时印度政府和社会就不断在喊要发展印度制造,但在相当长的时期内进展却极为缓慢,甚至一些本来有的制造业还在破产退出。但是现在,经过这么多年的修炼,印度在制造业发展上看来已经开始入门了。

三、外商投资能否推动印度工业化崛起

既然三星等外资企业把部分生产活动转移到了印度,印度的制造业发展也初见成效,那么印度能否像改革开放后的中国一样,利用外资实现国家工业化的崛起呢?

这个问题,比较复杂。

三星在印度的工厂其实23年前就有了,这次扩建只是提升1倍的产能,除了摘得"世界最大"这个名头外,并不能就此做太多联想。但是,印度的确很早就认识到了发展工业的重要性,只是这个过程远不像中国过去几十年那样顺风顺水。

1990—2017年中国的工业平均增长率为12.37%,而1994—2017年印度的这一数据只有6.61%。不能说印度发展工业没有成就,只是速度比他们的意愿差很远,其原因是多方面的。

首先,发展工业生产需要有良好的交通等基础设施。中国在过去几十年工业化的过程中,政府普遍明白了"要想富、先修路"的道理,至今"铁公基"等基础设施的投资甚至多到了需要限制的程度。但印度土地私有的问题极大限制了基础设施的发展。为什么印度移动通信发展极快,固定网络发展却很慢?为什么印度航空业发展极快,铁路和公路发展却很慢?因为一旦涉及征地,在印度就很麻烦。

其次,印度过度追求最低价的商业文化,导致工业生产利润较低,只能无限压榨成本,使得其工业生产水平很难提升。

再次,与其他容易陷入中等收入陷阱的国家不同,中国能容纳工业生产的空间太大。当某个层次的工业生产因成本上升后,一般会向外转移。这个普遍规律在中国同样适用,但中国可以在国内转移,而不一定马上转移到国外。

因此，与印度竞争的不是整个中国，而是中国的中西部地区，它们把本可能从中国沿海转到印度的生产环节截留了。这使中国可享受到的整个工业化和产业升级转移的过程远比其他国家长得多。在中国中西部还没充分发展完之前，印度、越南等国把中国工业生产能力吸引过去的努力都不会那么顺利。尤其中国的上游配套能力，不是短时间内可以替代的。中国在刚改革开放时，大力发展的是纺织业、以彩电为核心的家用电器、玩具、日化产品、副食品、家具、建材等。中国原本工业门类就相对较为齐全，在此过程中引进的外资又从组装不断向元器件、模具、机床等各个领域扩展，到现在甚至已经在向尖端的核心技术领域迈进。

最后，中国建设经济特区的发展模式，印度很难复制。20世纪90年代初，中国抓住了欧美、日本、东南亚等低端劳动密集型产业向外转移的机遇，推出一系列沿海发展战略，包括更早的经济特区政策，都相对顺利地获得了巨大成功。

印度也想学中国搞经济特区，但因为各个邦谁也不让谁，结果一下出现了29个经济特区。

事实上，中国的经济特区当中，主要是深圳更加突出，原因也很明显：深圳靠近香港，承接来自香港的投资比较成功；厦门和汕头本意是想承接来自台湾的投资，但因很多年没有直接与台湾地区通航的条件，台湾到大陆还要绕道香港，因此位置优势基本发挥不出来；珠海想承接的澳门资源太有限，因此远不如深圳发展得快。这表明，经济特区的成功与否并不完全是一个政策问题，而是深刻依赖于其想承接地区的资源状况。

印度设立的经济特区也是广泛分布在印度各地，与想承接的资源完全不搭界。因此，它们所能达到的实际功效与中国的经济特区完全不是一回事也就可以理解了。

不过，既然印度在不断努力，也不会一点成效也没有。比如，距离孟买200多公里的城市浦那（Pune），100多个农场主把他们的土地联合起来，统一规划，成功地建设了一个很不错的经济开发区Magarpatta City，在印度国内也很有影响。笔者去过那里很多次，印象很不错。其规划和建设与中国很多省会级城市的开发区可以一比。

从谷歌地图上下载的Magarpatta City中心绿地的照片，其环境建设之优美完全改变人们对印度的印象。

四、印度能追赶上中国吗？

中印经济实力对比在很长时间内都会是一个很热门的话题。客观地说，印度经济的发展状况在发展中国家里算是相当好的，与中国相比要多方面地看待。如果仅从过去近20年的宏观经济发展状况来看，中印之间的差距是在不断扩大，而不是缩小。但这个状况在最近几年已经逐步趋于稳定，甚至印度相对中国的比例已经开始上升。2017年印度的经济总量相当于中国2006年左右的经济总量，也就是10年多一点的差距。这个差距并不是多么遥远。如果印度经济活力更进一步释放，未来慢慢拉近与中国的差距是可以预料的。

问题是，10年的差距并不是说10年后就可赶上，那得是中国完全停下来不发展了才行。中国现在的经济增长率与印度不相上下，所以印度真要赶上中国，现在来看还是一件不可想象的事情。如果中印增长率一直就是这样的水平，那意味着接近但永远赶不上。而对于中国来说，需要思考的则是如何能长期保持中高速增长。

（资料来源：瞭望智库，2018年7月。）

【案例分析2】

海尔集团的国际化经营：本土化战略

随着全球经济一体化的推进，跨国公司在国际经济活动中的作用越来越重要。在海外市场获得成功的跨国公司的经营准则是"思维全球化，行动本土化"。作为跨国投资的后起之秀，年轻的中国企业在海外投资的探索中发现，本土化战略实施几乎成了企业在东道国所遇到的最大挑战。海尔集团作为中国第一批走出去的成功企业，其在海外实施的本土化战略值得其他中国企业学习和借鉴。

一、海尔集团海外发展状况

海尔集团成立于1984年，主要从事家电制造行业，近几年已经成功转型为面向全社会孵化创客的互联网平台。旗下品牌主要有海尔、卡萨帝、统帅、日日顺、AQUA和斐雪派克，其中大部分都是本土化品牌。海尔集团2016年全球营业额总值为2016亿元，比上年同期增长约6.8%；累计实现利润约203亿元，比上年同期增长约12.8%；同时线上总交易额约为2727亿元，比上年同期增长约73%。

互联网时代的到来促使海尔将自身发展目标定为全球互联网企业，力求打造一个后电商时代的共创共赢生态圈，试图进一步成为物联网时代的领跑者。截至2016年年底，海尔集团平台上共有创新创业基地15家，创新创业孵化资源3600家，和海尔平台合作的风险投资机构有1333家，共计有120亿元创投基金。同时，海尔集团平台上有创业小微企业200多个、节点小微企业3800多个，年营业收入过亿元的小微企业有100多个，引入风投的小微企业达到35个，其中估值过亿元的小微企业有16个。如今的海尔没有等级区分，只存在平台主、小微企业主和创客三种人，都以用户为中心。海尔集团的员工和社会上的创业者和创客组成小微创业企业，如果再加上社会资源，就会变成一个合作共赢的生态圈，有利于开发新的市场。这样会产生很多并联平台的生态圈，对应着不同的市场，为不同的用户服务。海尔集团正是通过抓住全球第三次工业革命的机遇，推动"人单合一"双赢模式的发展，不断促进员工、组织和企业的转型。

世界权威市场调查机构——欧睿国际2016年发布的全球大型家用电器调查数据表明，海尔集团连续第八次蝉联全球大型家电零售量第一，并保持两位数的市场份额增长率。海尔集团在全球有10个研发中心、66个贸易公司、21个工业园和143330个销售网点，用户分布在全球160多个国家和地区，全球员工累计超过7万人。海尔集团作为中国实施"走出去"战略的领头企业，在海外能取得如此骄人的成绩，与它的国际化经营战略选择分不开，海尔集团主要采用在海外建立设计、制造、营销"三位一体"的本土化模式和打造本土化品牌来实施本土化战略。

二、海尔集团在海外实施本土化战略的做法

（一）产品本土化

海尔集团实施产品本土化的做法是，针对消费者的不同需求，开发适合当地消费者使用习惯的产品。例如，海尔集团在美国为了满足当地用户集中洗衣的生活习惯，推出了

13kg 重的大容量洗衣机；在欧洲通过将独创的抽屉式设计与时尚外观相结合生产出的意式三门冰箱被当地消费者誉为"艺术品"；2005 年开发了 12kg 能洗大袍子的洗衣机来满足巴基斯坦人喜爱穿大袍子的习惯，海尔集团 2010 年发布了巴基斯坦第一款直流变频空调，来解决巴基斯坦当地气候炎热且持续时间长、能源短缺、夏季用电高峰期每天停电 10h 以上等问题，该款空调可节能 50%；针对用户电力短缺时的制冷需求，2012 年海尔集团又开发出大容量 100h 不化冻冷柜；海尔集团在东盟越南生产的冰箱以中小型产品为主，主要是为了符合越南的市场特色，产品总共有 33 个型号，在当地的市场份额高达 32%；洗衣机产品总共有 40 多个型号，以丰富的产品种类和优良的技术获得了越南消费者的喜爱，市场份额也高达 31%。海尔的产品本土化，一方面可以满足不同目标市场消费者的需求，另一方面也可以让海尔快速进入当地市场，提高自身的知名度，逐渐打开各国市场的大门，这也是海尔集团在海外能取得巨大成功的原因。

（二）人员本土化

人员本土化是跨国企业实施本土化战略的关键，经过近几十年的发展，目前海尔全球员工有 7 万多人。海尔集团在海外扩张阶段最先进入美国市场，并设立美国总部，其中美国本土员工占所有员工的比例达到 80% 以上，这种雇佣方式不同于其他在美中国公司的做法。很多在美中国公司喜欢雇佣中国公民，而一线销售岗位会雇佣当地美国公民。海尔这样做的好处主要有两个方面：一方面能使公司以符合美国当地企业行为规范的标准来进行各项生产经营活动，便于快速打开美国市场；另一方面也能使美国政府和公民减少对海尔集团的防范抵触情绪，增强美国用户对海尔的认同度。同时，海尔集团赋予本土经理人高度自主权，允许他们在应对市场突发状况时不需要向总部请示就可以快速反应，这样能大大提升政策的执行效率和避免市场恶化所带来的损失。作为海尔集团子公司的美国生产中心的大部分管理人员和普通员工都是美国人。管理人员本土化可以帮助跨国企业深入了解东道国当地市场的消费需求、文化差异和消费者的生活习惯，也能积累市场方面相关经验。除此之外，本地管理人员可以拉近跨国企业与当地用户间的距离，所以海尔集团才能在国际经营管理上更胜一筹。

（三）生产本土化

生产本土化是海尔集团本土化战略发展较为突出的特点。为了降低生产成本，获得价格优势，离目标市场更近一点，目前，海尔集团在全球总共建立了 29 个制造基地和 16 个工业园，以便更好地服务各国消费者。海尔集团于 1999 年在美国南卡罗来纳州建立了占地 700 亩⊖、年产能力为 50 万台的美国海尔工业园；2001 年并购了一个位于意大利的迈尼盖蒂冰箱工厂；2007 年利用并购的方式，收购了印度当地一家占地 16 万 m^2、年产能 33 万台的工厂，该工厂目前主要生产冰箱；海尔集团的冰箱 1993 年开始进入中东市场，海尔集团 2005 年在约旦建立了一个总占地面积 14 万 m^2，设计年产能超过 100 万台的海尔集团中东工业园；2016 年海尔集团与美国通用电气公司签署了青岛海尔整合通用电气家电公司的交易交割文件，这标志着具有百年发展历史的美国家电品牌——GE 家电正式

⊖ 1 亩 = 666.6m^2。

加入海尔集团。海尔集团的生产本土化,不仅能节约经济、时间成本,还能满足不同目标市场的需求,并设计出符合当地用户需求的真正意义上本土化的产品。

(四) 研发本土化

世界发展日新月异,一个企业要想在世界舞台上屹立不倒,创新的作用不容忽视,而创新的关键在于研究与开发。企业只有通过研发抢占市场先机,形成自己的竞争优势,才能不断与时俱进,实现自身价值。在全球化迅速发展的今天,研发本土化的重要性不言而喻。跨国公司在进入海外市场时,需要依据目标市场的不同需求,利用全球资源研究开发新产品,来获得企业源源不断的前进动力。海尔集团的开放式创新战略是"世界就是我的研发部",消费者的需求就是企业的创新驱动力,同时建立开放式的线上线下融合创新平台,不断支持各种颠覆性解决方案,最后使全球用户、创新资源和创客能实现零距离接触。2012年,海尔集团在日本建立亚洲总部和研发中心。海尔集团2015年宣布在美国印第安纳州埃文斯维尔成立开放式研发中心。目前,海尔集团形成的全球研发网络主要包括8个全球设计中心、6个综合研发中心和16个全球信息中心,总共已成功申请1万多项专利,其中成为国际标准并已实施的技术有27项。一般来说,通过在东道国设立研发机构、并充分利用当地的技术人才和硬软件条件是提升跨国企业科技竞争力的关键,也是跨国企业在海外市场保持竞争优势的重要方式。

(五) 营销本土化

一个产品从设计到制造,最终目的是要到达用户手中,这个环节也就是所谓的营销阶段。营销是一个重要节点,它关乎企业利润的实现。营销的手段各式各样,关键在于能根据不同市场的特点,制定适宜的营销方案,并实施营销本土化策略。海尔集团在海外建立了以利益方式驱动的代理制营销渠道。2009年在新西兰与Fisher&Paykel公司签订了战略合作协议,海尔品牌家电产品在新西兰市场由Fisher&Paykel独家进行分销和营销,利用Fisher&Paykel强大的销售网络渠道,销售额同比增长56%。2004年与美国Target连锁店联手,在纽约创下了惊人的销售纪录——7小时内销售出7000台空调。目前,海尔集团已获得的荣誉有"最佳供货商""免检供货商资格"等,同时其产品已成功进入美国排名前10的连锁集团。随着互联网时代的到来,海尔集团2015年建立了全开放的智慧生活平台海尔"U+"和全球首个可视化的互联工厂系统,让中国智能制造与德国工业4.0进行了最直接的"碰撞",并向全世界展示了中国在互联网时代最先进的智能制造系统和最顶尖的智能家居理念。通过这种创新营销方式,可以增加消费者对海尔集团产品的认可度,有利于扩大海尔集团的知名度与美誉度,最终赢得广大用户的热爱和支持。

(六) 品牌本土化

品牌是一个公司的符号,决定跨国公司及其产品能否被消费者所认可。拥有自己的品牌和统一的企业形象可以使跨国公司在东道国取得成功。海尔在进行海外扩张的初期阶段,实施的就是品牌本土化策略,即通过严格把握每一道生产流程,控制产品质量,塑造海尔高质量的品牌形象。例如,海尔集团在东盟凭借优异的产品质量和技术创新,已经进入世界两个主要家电王国日本和韩国市场,同时在其他东盟国家也获得了广大用户的青睐;海尔品牌在中东非经过7年的发展,在突尼斯用户心中树立了良好的品牌形象,导致海尔集团在突尼斯的市场份额不断提高;在美国,从品牌建设方面来看,海尔集团的产品获得了"MADE IN USA"的标志，极大地消除了美国消费者对海尔"外来者"形象的选择障碍；从品牌宣传方面来看，海尔集团通过参加或举办与美国社会生活息息相关的各类活动以及和乔丹等家喻户晓的明星开展广告合作等途径，全方位打造海尔集团的品牌形象和社会形象。目前，海尔集团已经在全球发展了十多个主流品牌，比较出名的有海尔、日日顺、统帅、卡萨帝、斐雪派克、AQUA、DCS、GEA 和 MONOGRAM，并且每个品牌都有自己独特的市场定位，针对不同目标市场，从不同领域为用户提供最佳体验。

三、对中国企业"走出去"开拓海外市场的几点启示

（一）充分进行国际市场调研，做到定位准确

我国企业要想"走出去"，必须充分进行国际市场调研，摸清国际上不同国家和地区目标市场的现实需求和潜在需求，了解国外消费者对产品各式各样的要求，做到定位准确，符合企业自身的发展特点。海尔在进入一个新市场前，会根据目标受众的不同需求，开发出适合不同国家和地区的本土化产品；此外，海尔集团定位高质量产品作为自己的发展方向，在海外市场实施品牌化战略，致力于开发创新生产技术，反复向员工强化产品质量意识，使海尔成为闻名中外的品牌。一般来说，市场定位的关键是品牌定位，企业的品牌定位主要有三个阶段：第一个阶段为功能性定位，这个阶段主要强调品牌的功能性用途，以此来满足消费者的安全需求。第二个阶段为形象性定位，该阶段的主要任务是塑造品牌形象，并使消费者的不同心理需要得到满足。第三个阶段是体验性定位，主要通过加强消费者与品牌的互动，使用户对产品有全方位的认识。海尔集团通过品牌定位的三个阶段可以实现与消费者的全面互动，发现消费者的各种心理需求，实现企业和用户的共赢。所以，中国企业"走出去"开拓海外市场，首先要做的是充分进行国际市场调研，在了解基本情况的基础上，结合自身特点，准确定位，以达到快速占领市场的目的。

（二）提高产品质量，注重品牌建设和宣传

众所周知的"砸冰箱事件"，可以凸显出海尔集团对产品质量的高度重视，海尔集团认为信誉是企业实现长期发展的根本前提，而质量是产品的生命，消费者满意才是企业提供产品的最终目的。另外，品牌也是跨国企业走出去迈出第一步的关键，一般而言，品牌代表着产品竞争力，国际上很多跨国公司都是利用品牌来吸引各国消费者。由于过去很长一段时间中国缺乏自己的特色品牌，或者中国大多数品牌的知名度不高，导致中国跨国公司在全球市场地位普遍不高，缺乏国际竞争力。海尔集团在开拓海外市场的初始阶段，大力推行品牌本土化策略，以用户需求为核心，力求为用户提供高质量的产品，并大力发展售后服务，来提高用户的品牌忠诚度。为了避免不同市场对同一品牌存在的文化认知差异，海尔集团选择本土化的经营理念，以此来迎合不同地区消费者的文化习惯，提高海尔品牌的知名度。同时，海尔非常注重自身品牌的宣传工作，互联网时代的海尔集团善于利用 APP 和热门的社交网络宣传品牌。在全球，海尔集团有 10 万多名 Facebook 铁杆粉丝。在澳大利亚，海尔集团法式对开门冰箱接连两次获得澳大利亚用户最满意品牌第一名，这是海尔经常通过 Facebook 与用户进行交流互动的结果。因此，中国企业在开拓海外市场时，一定要把提高产品质量作为首要任务，以质量取胜，注重品牌建设和宣传，而不是仅仅采取低价策略。

（三）拓宽营销渠道，积极探索新兴市场

当今社会，云计算、大数据等技术的兴起与风靡，颠覆了传统的营销模式，促使跨国企业和国际市场逐渐呈现出网络化的特征。在网络化的背景下，海尔集团继续加强原有渠道合作方式，并积极拓展新的营销渠道。以海尔集团生产的一款滚筒洗衣机为例，2009年该洗衣机成功入驻MSH——德国最大的家电连锁渠道，接着其他海尔集团洗衣机产品陆续进入MSH渠道，实现营业额比去年同期增长约45%。截至目前，海尔集团产品已经销往30多个欧洲国家，也入驻了Media Market、家乐福、KESA等主流连锁渠道和其他零售店。此外，海尔集团充分利用互联网和用户进行交流互动，欧洲海尔从2012年起通过Twitter、Facebook、Youtube等社交媒体网络平台，广泛邀请顾客参与产品的设计、创意和品牌传播活动，其目的是让顾客成为海尔产品的创造者、宣传大使和购买者。海尔集团于2014年将海尔实验室、海尔论坛、在线销售和产品评价等资源进行整合，使顾客和海尔之间实现互联互通，创新了顾客广泛参与的海尔营销方式。为了响应"一带一路"倡议的号召，海尔集团已经在欧洲、亚洲、中东、北美洲和非洲等地实施本土化的营销渠道，争取为全球消费者提供美好的智慧生活体验。海尔集团的这些做法告诉年轻的中国企业在"走出去"开拓海外市场的过程中，要顺应时代发展特点和符合国家政策，做到与时俱进，拓宽营销渠道，抓住政治机遇，积极探索新兴市场。

（四）多方位满足用户需求，提供个性化服务

跨国企业"走出去"要面临的另外一个问题是：由于世界各国和地区的文化多式多样，各国消费者的习惯存在差异，为了能在东道国市场上立足，唯一的解决方法是针对不同国家和地区目标消费者的需求，设计和生产出合适的产品。海尔集团的做法可以借鉴。比如在美国，针对学生群体需求的特点，海尔集团设计了一款带电脑桌和折叠活动台面的小冰箱；针对老年人活动不便的问题，海尔集团生产了一款不必探身就能直接取物的冰柜。在互联网时代，海尔集团的全新定位是提供美好生活全套解决方案的全球供应商，能大量运用大数据技术，推动经营战略的转型，并大力倡导"人单合一"模式。海尔把一个个的"人"视为一个具有独立自主选择的客户，"单"是一个目标市场，企业的生命和灵魂是来自客户的订单，务必要严格按照客户的订单来组织各种资源进行生产。海尔集团通过这种方式达到其终极目标——与世界上每个角落的海尔用户零距离交流，以便为他们提供个性化服务。现在，海尔集团成立了一个专门针对客户的网上设计体验馆，里面提供很多模块方便用户自行选择，待用户设计好产品后可以随时下单。中国企业"走出去"开拓海外市场一定要学习海尔集团"用户至上"的发展理念，做到尽可能满足用户的需求，为用户提供个性化服务，只有这样才能留住用户，实现企业的长远发展。

（资料来源：对外经贸实务，2017年7期。）

第四章

国际间接投资

国际间接投资是在国际分工的基础上产生和发展起来的。进入20世纪90年代以来，随着世界经济发展的主流由总量增长型向质量效益型转变，世界经济一体化步伐加快，国际资本的流动性空前增大，国际间接投资又重新受到重视，加快了发展的步伐。

第一节　国际间接投资概述

早在自由资本主义时期，国际间接投资就已经出现了。19世纪末20世纪初，随着垄断的加强，在少数先进的资本主义国家里出现了大量的"过剩资本"，它们为获得高额利润，争夺商品销售市场，把"过剩资本"输出到国外去。此时期的资本输出主要是以间接投资的形式进行的，即投资者通常采取提供贷款、发行股票和债券形式对外投资。第一次世界大战后，国际投资的格局发生了变化，国际直接投资的规模和比重都大大超过了国际间接投资。同时，国际间接投资的形式也发生了变化，20世纪70年代商业银行贷款在国际资本市场上还占主要地位，但从80年代国际债务危机发生后，国际资本市场上的筹资方式发生了重大变化，银行贷款迅速下降，而债券因可随时转让债权、分散所承担的风险、投资相对安全，有了较大的发展。

一、国际间接投资的含义

国际间接投资是指一国投资者不直接参与国外所投资的企业的经营管理，而是通过证券、信贷等形式获取投资收益的国际投资活动。国际间接投资的主体包括了国际金融组织、外国政府、外国私人商业银行、机构投资者以及一般的私人投资者。

国际间接投资的突出特征是不以取得对企业的经营管理控制权为投资的必备条件，而主要是以取得一定收益为目的，即使是在进行股权投资的情况下，一般也不谋求对企业经营管理权的有效控制。目前，在国际上控股率控制在何种程度以内才算间接投资，尚没有统一的标准。根据国际货币基金组织的规定，间接投资者的股权拥有率不能超过25%；美国规定股权达10%以上即为直接投资；法国则规定间接投资的股权不超过40%。

国际间接投资可以分为广义的国际间接投资和狭义的国际间接投资。狭义的国际间接投资指的是国际证券投资，包括股票投资、债券投资和基金投资；广义的国际间接投资包括国际信贷和国际证券投资。这里的国际间接投资是与国际直接投资相比较来说的，除了国际证券投资之外，还有国际信贷。

二、国际间接投资的特点

与国际直接投资相比，国际间接投资有下列特点：

（1）风险小。国际直接投资的经营风险直接由投资者承担，所以风险大。国际间接投资的风险相对小，投资者是债权人时，经营风险由债务人承担；投资者是股东时，如果持有的不是普通股，承担的风险要小得多。

（2）流动性大。国际直接投资的投资者一般都要参与一国企业的生产，投资周期长，一般在10年以上，逐年通过利润回收投资。资金一旦投入固定项目，其流动性就减少。而在国际间接投资中，除了国际开发、援助贷款和政府贷款的偿还期限较长外，其他国际间接投资回收期较短，流动性大。对于证券投资来说更是这样，在证券二级市场日益发达与完善的今天，证券的流动更为方便，大大增加了国际证券投资的流动性。

（3）不参与管理。国际直接投资的投资者在国外参与投资时，一般都要参与企业的经营管理，直接参与企业的利润分配。一般来说国际间接投资的投资者都不参与企业的经营管理，而是以分得利息、股息为目的，或者低价买高价卖，从中赚取差价。

三、国际证券投资

国际间接投资从广义的角度来说包括国际证券投资和国际信贷。这里只论述国际证券投资，国际信贷将在本章的第五节进行阐述。

国际证券投资是随着商品经济的发展和国际化而发展起来的。随着商品经济的发展，生产商品的企业规模也相应扩大。现代化的企业要求集中巨额的资金，仅仅依靠一个企业自身的力量是很难实现的，需要广泛地从社会上吸收资金。资本证券化把企业和政府所需的巨额资本以虚拟资本的形式分割成许多社会成员可以买得起的细小部分，并以商品的形式向他们出售，这样就可以迅速地把零散的社会资金集中起来，满足企业扩大经营规模的需要。政府需要的巨额资金也可以通过同样的方式解决。证券化的资本当然首先是在国内市场进行交易，但是随着商品经济国际化的发展，国际贸易、国际金融和国际投资活动日益增多，原来只是在国内交易的证券也必然会跨越国境。因此商品经济的发展既导致了资本证券化，又导致了资本国际化，从而使国际证券投资获得了迅速发展。在国际资本市场上发行各种有价证券筹集国外资金，是我国顺应国际金融市场一体化、证券化及国际资本市场筹资债券化趋势而开辟的利用外资新渠道。

总的来看，国际证券投资可以起到加速资本集中、促进资金合理流动、提高资金使用效率的作用。国际证券投资具有如下一些基本特征：

1. 风险与收益并存

有价证券是代表一定的财产权，并借以取得长期利益的一种凭证。其长期利益往往表现为利息、股息和红利等形式。国际证券投资的目的就是通过该权益凭证的买卖或转让来获得这种利益。但是，国际证券投资，尤其是国际股票投资，是一种相当复杂并充满风险的金融活动，它既可给投资者带来可观的收益，也可使投资者倾家荡产。这是因为，在国际市场上证券的价格是时刻变动的，而影响证券价格变动的因素又很多，投资者既可能获得证券升值的利益，也必须承担证券贬值的损失。

2. 国际证券投资的收益与货币市场利率的关系十分密切

一般而言，货币市场利率越高，证券的价格越低。以公司债券为例，如果货币市场利率超过未到期的公司债券的利率，该公司债券的价格将跌破其票面价值。由此可见，国际货币市场利率的变化直接影响国际证券投资的收益，因此国际证券投资者必须十分关注国际货币市场利率的动向。

3. 国际证券投资的货币选择同外汇汇率有密切联系

国际证券投资与国内证券投资不同,它受到国际外汇市场局势的影响,这种影响通过汇率的变动所引起的投资收入变化而发生作用。因为本国货币对外币汇率的上升或下降可能导致外国证券以投资者本国货币计算的价值下降或上升,造成对投资者不利或有利的局面,影响投资收入和投资决策,从而影响投资的流向。

第二节 国际股票投资

一、股票的定义与特征

(一)股票的定义

股票是证券的一种,确切地说属于一种资本证券,是由股份公司发给股东(即投资者)作为已投资入股的证书和索取收益的有价证券。股票持有人凭股票可分享公司的利益,有权取得股息、红利、公司剩余资产的分配,与此同时也承担公司亏损的责任和风险。

(二)股票的基本特征

股票是一种非确定性的投资证券,具有以下特点:

1. 收益性

进行股票投资的目的在于获取收益,所以收益性是股票的基本特征。股票的收益性表现在以下三个方面:

(1)股息红利收益。股息是股票投资人凭借股票定期从股份公司取得的收益,其中优先股按固定的股息率取得股息,普通股的股息则依企业利润的有无、多少而发生变化。当股份公司盈利较多时,股东所得超过股息的部分称为"红利"。

(2)股票溢价收益。股票是可以进行交易的有价证券,当股票价格上涨时,股票持有人可以出售股票而获得高于投资价格的利益。

(3)剩余财产分配。当由于某种原因股份公司进行清算时,股票持有者有权按照股权的多少参与公司剩余资产的分配。

2. 风险性

股票一经购买,就不能退回本金,只能取得以上三方面的收益。也就是说,投资者的预期报酬完全取决于发行股票公司的经营实绩。股票可以转让,但股票市场千变万化,价格随时都在变动。如果公司经营不佳,没有利润,就得不到股息,股票也就会无人问津。当公司亏损时,股东需要承担责任。一旦公司破产,可能连本金都收不回来。因此,股票具有相当大的风险性。

3. 流动性

由于股票通常是不可兑换的,而股票的持有者往往希望在需要时将股票转换为现金,因此股票的买卖成为必要。股票的流动性就是指股票可以在股票市场上让渡,股票持有人可以在需要时自由、及时地将股票转让给他人。股票的流动性保证了股票发行市场的顺利进行,促进了社会资金的有效配置和高效利用。

二、股票的种类

（一）按照股票发行时是否记名，可以把股票分为记名股票和不记名股票

（1）记名股票。记名股票是指在股票上载有股东的姓名，并将该股股东的姓名和地址记载在公司股东名册上的一种可以挂失的股票。记名股票必须经卖方背书和盖章才可以转让，转让时需要办理过户手续。发放股息或红利，需要由公司书面通知股东。

（2）不记名股票。不记名股票是指在股票上不记载股东的姓名并不能挂失的股票。不记名股票可以在证券市场上随意转让，不需要办理过户手续。公司在发行股息时，不必向股东发出书面通知，而是凭票取息。这种股票发行手续简便，转让方便，但公司不易控制。

（二）按照股票有无面额来分，可以把股票分为面额股票和无面额股票

（1）面额股票。面额股票是指在股票市场上标明一定金额的股票。股票面额能使股东了解每一股所代表股权的比例，以确定对公司所有权的大小。面额股票可以为公司在出售股票时的交易价格提供参考依据。股票的面额并不代表公司资产的全部价值，面额股票的发行公司一般不能以低于面额发行。

（2）无面额股票。无面额股票是指股票上不标有一定的金额，只标有总股数的股票。无面额股票可以促使投资者在购买股票时注意计算股票的实际价值，而不至于被面额所迷惑，并且其发行价格也不受限制。

（三）按照股票持有者的权利，可以把股票分为普通股和优先股

1. 普通股

普通股是最普通的一种股票。拥有普通股的股东是企业的所有者，他们是企业的基本股东，享有表决权，因而可以通过选择董事会，对公司的大政方针及决策进行控制。普通股股东每持有1股便拥有1股的投票权。若股东不参加每年一次的股东大会，也可以委托代理人行使其投票权。一般来说，普通股的股东拥有以下权利：

（1）收益的分享权。在公司有盈利的时候，普通股的股东有权分享公司的盈利，但盈利的分享必须是在满足了优先股股东的股息之后。普通股股东的红利是不固定的，它取决于公司的盈利多寡，盈利多则多分，盈利少则少分，没有盈利则不分。

（2）资产的分享权。在公司破产的时候，普通股股东有分得公司剩余资产的权利，但剩余资产的分配必须在清偿了公司的债务及优先股的股东收回了最初的投资和分得了股利之后进行。

（3）决策权。普通股股东有权参加或委托代理人参加一年一度的股东大会，并行使其表决权，从而使股东间接参与了公司的经营管理。

（4）新股认购权。当股份公司因为需要准备发行新股时，普通股股东有优先认购所发新股的权利，以维持股东在公司原有的权益比例。股东在认购新股时，可以低于市价购买一定比例的新股，所以新股认购权也是有价值的，如果股东不想认购新股，可以将其新股认购权以一定的价格转让。

（5）股份的转让权。除公司发起人的股份必须在达到规定的期限后才能转让外，其他股东的股份可以随意转让。

2. 优先股

优先股是指股东在公司盈利或在公司破产清算时，享有优先于普通股的股东分配股利或资产权利的股份。优先股是相对于普通股而言的，具体地讲，优先股股东的优先权主要表现在两个方面：第一，公司盈利分配的优先权，也就是说在公司盈利时，在优先股股东的股息得到满足之后，普通股股东才能分得红利；第二，索债优先权，当公司破产时，在优先股的股东按面值得以清偿之后，如有剩余，普通股股东才能得以清偿。

和普通股相比，优先股还具有以下三个特点：

（1）表决权受到限制。优先股股东一般没有表决权，只有在涉及直接关系到优先股股东利益的问题时，才能行使表决权。实际上，优先股股东没有参与公司经营管理的权利。

（2）股息固定。优先股股息是事先规定的，一般按面值的一定比例进行计算，不能随盈利的多寡而增减。

（3）具有可赎回性。近年来，许多公司发行的优先股均有偿还条款，发行优先股的公司一般在发行一年后可以以高于面值赎回或购回已经发行的优先股。由于优先股的股息固定，而且股东又没有表决权，所以人们常常将优先股称为介于债券和股票之间的混合证券。

优先股本身的种类很多，常见的有以下几种：

（1）累积优先股。在公司某一时刻内的盈利不足以分派给股东固定的股息情况下，累积优先股股东有权在公司盈利丰厚时，要求公司补足以前所欠股息累积起来的数额。

（2）非累积优先股。由于公司盈利较少，当年未能向股东发放固定的股息，在日后公司盈利后，非累积优先股股东不具有要求公司补发以前所欠股息的权利。但非累积优先股的股息一般高于累积优先股。

（3）可转换优先股。可转换优先股股东在一定时期内，可以以一定的比例将优先股换成该公司的普通股，否则属于不可转换优先股。在公司经营状况好并且普通股股价高时，投资者愿意将优先股转换成普通股。

（4）股息率可调整优先股。它是指股息率不固定，而是随着其他证券或利率变化而调整的优先股。这种优先股股息率的变化与公司的盈利状况无关。

（5）参与优先股。它是指股东除收取固定的股息外，还可以与普通股一起分享红利的股票。

三、股票的交易方式

（一）现货交易

股票的现货交易亦称现金交易，它是指股票的买卖双方达成交易以后，在短期内交割的一种买卖方式。现货交易的交割时间可以是成交的当天，也可以是当地股票交易市场的习惯日，如美国纽约证券交易所现货交易的交割时间为成交后的第五个营业日，东京股票交易所是成交后的第四个营业日。股票的现货交易是属于一手交钱一手交货的实物交易，即买方付出价款，卖方交付股票。

（二）期货交易

股票的期货交易是指股票的买卖双方成交以后，交割和清算可以按照契约所规定的价格在未来某一时间内进行，即股票期货交易的双方在签订交易合同之后，买方不用立即付款，卖方也不需要即时交出股票，而是双方约定在未来某一时间进行。这样可以使买方在手中资金不足时购买股票，卖方可以在没有股票的情况下出售股票，买卖双方利用这一机会，按照预期的价格变动进行买卖远期股票，以从中谋取买卖差价。在实际操作中，股票的买卖双方往往都以相反的合同进行冲抵，只清算买卖价差。买入期货合同，以图在交割前股价上涨，这种行为一般被称为多头；卖出期货合同，以图在交割前股价下跌，这种行为一般被称为空头。此外，投资者进行期货交易的另一个目的是为了套期保值，避免价格变动的风险。

（三）保证金交易

保证金交易又称信用交易或垫头交易。它是指客户买卖股票时，向经纪人支付一定数量的现款或股票，即保证金，其差额由经纪人或银行垫款进行交易的一种方式。如果经纪人为交易者垫付的是部分款项，称为融资；如果经纪人借给交易者的是股票，则叫作融券。保证金交易也是从事证券投资活动的一种手段，从事该种交易的交易者是想利用股票价格在短期内的变动牟取暴利，即投机者预期某种股票行情看涨时，便以保证金的形式购买股票，以期待股价上涨后再卖出。保证金交易属于多头交易，它要求交易者必须有足够的信誉和实力，以凭此开设保证金账户。在交易的过程中，投资者用保证金购买的股票全部用于抵押，客户还要向经纪人支付垫款利息。

（四）期权交易

股票期权交易实际上是一种股票权利的买卖，即某种股票期权的购买者和出售者，可以在规定期限内的任何时候，不管股票市价的升降程度，分别向其股票的出售者和购买者以期权合约规定好的价格购买和出售一定数量的某种股票。期权一般有两种：一种是看涨期权，即投资者按照协议价格购买一定数量的某种股票的权利；另一种是看跌期权，即投资者可以以协议价格卖出一定数量的某种股票的权利。在股价看涨时，投资者愿意购买看涨期权；当股价趋跌时，投资者往往愿意购买看跌期权。在期权的购买者认为行使期权对自己不利时，可以放弃期权，但期权的购买费不予退还，期权合约一般随着有效期的结束而失效。期权交易一般对买卖双方均有好处，买方可以利用期权保值或赚取股票的买卖差价，而卖方则可以获得出售期权的收入。

（五）股票价格指数期货交易

股票价格指数期货交易是投资者以股票价格指数为依据进行的期货交易。在股价指数期货交易中，买进和卖出均为股票期货合同。股票指数期货价格是由点来表示的，股份的升降以点数计算，点数代表一定数量的标准金额。

四、股票的交易程序

股票交易，按照交易场所区分可以分为在证券交易所内进行的场内交易和在证券交易所外进行的场外交易。场内交易是在交易所内会员、证券公司之间进行的股票交易。进行场内交易时，对股票的买卖单位有最低要求，日本东京股票交易所的买卖单位是1000股，美国和加拿大均为100股，英国为50股。达不到证券交易所规定的股票买卖单位的最低要求的股票交易，叫作"散股交易"或"零星交易"。这种交易一般只能在场外交易。散股交易不仅在价格上不利，在流通方面也较场内交易差。因此，应尽可能寻找时机，争取达到买卖单位的最低要求，实现场内交易。证券交易所内的一般交易程序为：

（1）开设账户，填写传票。股票的投资者要买卖某种股票，首先应找经纪人公司开设账户。在开设账户过程中，经纪人公司需要对投资者的资信情况进行调查。如果经纪人公司对顾客的信用情况不清楚，它们可能会要求顾客交纳押金或提供银行担保，其目的在于确保顾客的信用安全可靠。办理开户手续以后，股票投资者可以向证券公司营业部提出股票买卖要求，证券公司营业部会将其要求填写在专用传票上，送交股票部。

（2）取得联系，接受传票。证券公司股票部将尽快与证券公司派驻证券交易所的代理人取得联系，将投资者购买要求通知证券公司的代理人。证券公司代理人根据接到传票的先后顺序将交易要求登记在订货通知板上。

（3）处理传票，促成交易。现场股票经纪人根据顾客的买卖要求，按"时间优先，价格优先"的原则处理传票，按一定价格促成买卖交易。

（4）公布价格，通知各方。股票经纪人把成交价格通知交易所市场员，股票价格将及时显示在股票价格显示屏上，同时通过联网将股票价格变化传达给各证券公司、经办公司及股票投资者。

（5）交割和过户。交割是指买卖股票成交后，买主付出现金取得股票、卖主交出股票取得现金的手续。有些交割在买卖成交后立即完成，这种交割多发生在卖方急需现金、买方急需股票的情况下；有些交割是在成交后一定时间内完成的。

（6）交割手续通常通过清算公司办理。一个投资者有时既购买股票又卖出股票，有些账目可以互相抵消，最后只交付或收取净差额。

交割完成后，新股东应立即到他所持有股票的发行公司办理过户手续，在该公司的股东名册上登记自己的名字、持有股份总数等。新股东办完过户手续后，成为该公司正式股东，与其他股东一样，享受参与权、领取股息权和优先认股权等。至此，这笔交易才算最终完成。

第三节 国际债券投资

债券是政府、企业、银行和国际金融机构对其借款承担还本付息的借款凭证，证明债券持有人有权根据规定按期取得利息和到期收回本金。

一、国际债券投资的概念

国际债券是指某国政府或企业在其境外发行的以某种货币为面额的债券。国际债券投资是指在国际债券市场上购买国际债券。国际债券的发行人可以是政府、国际金融组织或私人企业。购买国际债券的可以是银行、金融机构、保险公司及各种基金组织和个人投资者。

二、国际债券的种类

国际债券市场发行的债券种类很多，根据不同的标准有不同的分类。

（一）根据发行地点和面值货币不同，可以分为外国债券和欧洲债券

1. 外国债券

外国债券是指甲国发行人在乙国某地发行以乙国货币为面值的债券。外国债券涉及两个国家：一是发行人所属的国家；二是发行地国家。发行人所属的国家范围比较广：既包括一些发达的工业化国家，也包括一些发展中国家。此外，国际金融机构如世界银行等也会发行一定数量的外国债券。发行地所在国包括的范围比较窄，因为这些国家必须要具备一些条件才能使债券顺利发行。这些条件包括：①政局比较稳定，这是投资的前提；②资金市场上资金充足，以便利于债券的销售；③有比较活跃的证券市场，以增强债券的流动性；④货币的

币信比较高，这样债券的投资者会有安全感。此外，国家的外汇管理制度、某些金融政策，如利率等，对发行债券也有影响。由于要求众多，所以发行外国债券的国家被限制在很小的范围内，主要的有美国、德国及日本等。

2. 欧洲债券

欧洲债券是指甲国发行人在乙国某地发行以丙国货币为面值货币的债券。欧洲债券的发行者、面值货币和发行地点常常分属不同的国家，而且要由大的跨国银行主持发行事宜。欧洲债券市场上的主要借款人是西方发达国家的工商企业、跨国公司等。债券的面值计值货币最常用的是汇率、利率稳定的货币。

欧洲债券是随着欧洲货币市场的形成而出现的，由于这种本国货币存在于国外的现象最早产生于"二战"后的欧洲，所以统称为"欧洲货币"。第一笔欧洲债券是1961年2月1日在卢森堡发行的，以后不同种类的欧洲债券陆续出现，进入20世纪80年代有了较快的发展。

欧洲债券的特点有：

（1）发行成本低。如面值货币为欧洲美元的欧洲债券的发行成本比美国国内债券市场低 0.125% ~ 0.250%。

（2）发行自由、灵活，不需要官方批准，币种任选。

（3）投资安全，且可获得更多收益，债券可保存在投资者所在国以外，以此可达到避税的目的。

（二）根据发行者不同，可以分为政府债券、公司债券和金融债券

（1）政府债券。政府债券分为中央政府债券和地方政府债券。中央政府发行债券主要是为了弥补财政赤字，而地方政府债券是地方政府为了解决其财政开支所发行的债券。

（2）公司债券。公司债券是股份有限公司向公众发行的，以筹集长期资金为目的的债券。债券一般都规定有一定的期限和固定的利息率。公司债券利息的支付不以公司盈利为条件，到期公司必须支付利息。

（3）金融债券。金融债券是金融机构为筹集资金而发行的债务凭证。它是银行募集资金的一种手段，并由其负责还本付息。金融债券由信誉较高的大银行和其他金融机构发行，主要以此筹集资金，用于特定的项目贷款，也有代企业发行的金融债券，筹集资金归企业或公司使用，由发行的银行或金融机构负责还本付息。

（三）根据利率不同，可以分为固定利率债券、浮动利率债券和混合利率债券

固定利率债券的利率是固定不变的，在金融市场利率变化不大时适合发行此种债券。相对应的，在还本期限内，浮动利率债券的利率不是固定不变的，而是要根据利率的变化定期进行调整（通常为6个月），调整的根据是伦敦银行同业拆借利率，在这个利率的基础上再增加0.25%左右的利息。发行浮动利率债券时，通常规定最低利率，无论在什么情况下，浮动利率债券的利率不得低于原来规定的最低利率。混合利率债券是把还本期限分为两段，前一段债券的利息按固定利率进行计算，后一段债券的利息按浮动利率计算。

三、国际债券投资的特点

（一）收益性

购买国际债券能给投资者带来一定的收益。因为债券有票面利率，投资者可以按照约定的条件向发行人收取利息,并到期收回本金。由于减少了中间环节,投资债券的收益一般要比储蓄高。债券的收益率是指债券收益与投入的本金之比,因此判断国际债券的收益率不能只看其票面利率,还要看债券的发行价格。

(二) 安全性

国际债券的收益是相对固定而有保障的,不受以后利率水平变动的影响,国际债券发行人必须在债券规定的时间按约定的利率无条件地向投资者支付利息,也必须按期、按券面金额向投资者偿还本金,许多国家都以法律形式对此做出规定。因此,世界上除了国家政权不正常更迭、财务状况极端恶化以及发券企业破产倒闭等特殊情况,一般很少有不支付本利的违约现象,投资人可以放心地进行国际债券投资。

(三) 变现性

一方面国际债券具有期限性,一般都明确规定期限,到期才能偿还本金;但是另一方面国际债券又具有流动性,即在偿还期满前可以在市场上作为有价证券转让、流通。因此,国际债券投资者可以在国际债券市场上随时将手持的债券出售,以收回现金供急需之用。投资债券的灵活性与该债券的流动性直接相关,而国际债券的流动性的大小受债券发行人履行偿债付息义务的信誉、债券的期限、利率的形式以及交易场所的服务水平等因素的制约。

四、国际债券市场

在现代商品经济社会中,正如一切商品都是通过市场流通到消费者手中一样,国际债券也是通过市场来发行和流通,并分配到最终的购买者手里的。发行和流通国际债券的场所就是国际债券市场,即由于国际债券的发行与购买所形成的中长期资金市场。

国际债券市场是由发行市场和交易市场组成的。与国际债券分为外国债券、欧洲债券相对应,国际债券市场也可以分为外国债券市场和欧洲债券市场。

(一) 国际债券市场的特点

国际债券市场的历史比较长,但在20世纪60年代以前,由于只存在外国债券,因而也只有外国债券市场。第二次世界大战后,纽约逐渐成为最大的外国债券市场。20世纪60年代后,随着欧洲货币市场的形成,出现了欧洲债券市场。从那以后,国际债券市场发展较快,成为各国政府、地方团体、金融机构以及一些国际机构筹措资金的重要场所。当前,国际债券市场具有如下的特点:

1. 国际债券市场的规模不断扩大

就全球债券市场总规模而言,截至2016年第二季度,全球未偿债券余额(含国内债券和国际债券)为102.30万亿美元,较2008年年底增长了约28.28%;全球未偿债券余额相当于全球GDP的139.32%。截至2016年第二季度,未偿债券余额反映的债券市场规模最大的国家依次为美国、日本、中国和英国,其全部未偿债券余额分别为37.61万亿美元、13.85万亿美元、8.07万亿美元和5.92万亿美元,占各国GDP之比分别为209.59%、335.87%、74.30%和207.64%。其中,美国约占全球未偿债券余额的36.77%,中国超过英国成为全球债券市场规模第三大国。

全球国际债券余额在2013年达到最高的22.7万亿美元;之后,随着美国经济复苏和美元加息预期的上升而有所下降,但2015年年末仍高达21.1万亿美元。发达国家是国际债券发行的主体,占全球国际债券余额的约80%左右,并在2013年达到最高的17.7万亿美元。

发达国家国际债券余额占全球的比重在2008年金融危机爆发后的2009年达到最高的84.1%；但在2013年之后，无论是国际债券余额，还是发达国家占比，都有明显下降；2015年年末，发达国家国际债券余额为15.7万亿美元，占全球的74.4%。与近年来发达国家国际债券余额下降不同，发展中国家国际债券余额稳步上升，至2015年已达1.88万亿美元。

就国际债券市场净发行额而言，受2008年金融危机的影响，近年来发达国家和发展中国家每年的国际债券净发行额均出现较大波动。具体而言，在国际债券市场净发行额中，发达国家仍占据主导地位：2008年，发达国家发行的国际债券规模为16003亿美元，但2009年骤降至10802亿美元；2010—2013年净发行额持续下降，并在2013年降至374亿美元；2014年净发行额开始呈现正增长，达到1455.9亿美元，且在2016年前第三季度，增长至4236.9亿美元。发展中国家在国际债券市场中所占份额相对较小，除2012年和2013年外，每年的净发行额不超过2000亿美元。其中，2008年的净发行额为负；而2016年第二季度的净发行额最大，达到818.5亿美元。

2. 欧美发达国家国际债券市场开放度高

作为国际债券市场的发源地，欧洲是金融一体化程度最高的地区。尽管经受了2008年金融危机和2010年欧洲主权债务危机的冲击，欧洲国际债券市场规模仍然十分庞大。据统计，截至2016年第二季度，欧洲发达国家的国际债券规模达到11.63万亿美元，占全球国际债券余额的53.68%。其中，英国、法国和德国发行的国际债券余额占本国GDP的比重分别为104.92%、59.36%和35.11%，国际债券占本国全部未偿债券余额的比例分别高达50.53%、34.57%和34.35%。相比之下，美国和日本的国际债券在本国全部未偿债券余额的占比分别仅为6.23%和2.09%，远低于欧洲国家。需要指出的是，尽管美国国际债券仅占本国全部债券的6.23%，但由于美国债券市场整体规模大，美国债券发行人发行的国际债券未偿余额仍达到2.34万亿美元，为全球发行国际债券未偿余额规模排名第二的国家（英国排名第一，其国际债券未偿余额为2.99万亿美元）。

3. 债券类别结构将更趋多元化

20世纪80年代中期以后，金融创新浪潮和投资者需求多元化等因素，推动了国际债券品种的增加，浮动利率债券、可转换债券、资产证券化以及权证等品种，都给发行者和投资者带来了新的选择。至2008年年末，固定利率债券余额占所有国际债券市场的比重从1995年年初的75%下降至58.2%的历史新低。2008年金融危机后，资产证券化产品一度被认为是引发危机的因素，其发行受到抑制。与此同时，各主要国家央行纷纷实行零利率甚至负利率政策。由于在持续低利率的背景下，固定利率债券能给投资者带来更为稳定的回报，从而导致固定利率债券余额占国际债券市场的比例再度回升到70%，而创新类国际债券的发行则受到一定影响。

4. 发展中国家在国际债券市场活跃性增强

2008年金融危机后，一方面，在欧美央行实施的低利率和量化宽松货币政策的刺激下，国际资本纷纷涌入全球金融市场，显著压低了融资成本；另一方面，发展中国家实体经济并未受到金融危机的影响，许多国家的企业国际化扩张步伐加快，出现了新的海外并购与融资浪潮。这些因素刺激了发展中国家在国际债券市场上的融资活动。据统计，发展中国家发行的国际债券规模从2008年上半年的0.94万亿美元增长到2016年上半年的1.99万亿美元；

占所有国际债券未偿余额的比重,从 4.65% 上升到 9.2%,接近 1997 年东南亚金融危机前 13.51% 的最高水平。发行国际债券最多的国家主要集中在亚太和拉美地区。未来发展中国家经济实力的提升,国际化步伐的加快,以及本国债券市场开放度的提高,都将推动其在国际债券市场成为更加活跃的发行主体,从而促进国际债券发行主体的进一步多元化。

5. 发行币种多样化,但美元债券地位依然稳固

近年来,国际债券市场上不同币种计价的债券都在迅速发展。2000—2008 年,受欧元的影响,美元国际债券占全球国际债券市场的比重从 46.36% 下降为 30.43%;而欧元国际债券则在 2003 年超越美元成为市场份额最高的国际债券,其比重也从 18.46%(2000 年)上升为 48.82%。但是在 2008 年金融危机爆发后情况再次翻转:美元国际债券所占的比重从 2009 年的 29.78% 上升至 2016 年第三季度的 44.94%;而欧元国际债券所占的比重,则从 2009 年的 49.43% 下降至 38.54%。至于英镑、日元和人民币国际债券在国际债券市场上的规模,均远小于以上两种货币。由此可见,虽然近年来国际债券市场呈现币种多元化的格局,且欧元国际债券所占比重有较大幅度的上升,但美元国际债券依然是各类金融机构投融资最重要的渠道,目前在市场上也仍占有最大的比重。

(二)国际债券的发行市场

国际债券的发行市场又称初级市场或一级市场,是发行新债券的场所,通常又是无形市场。国际债券的发行市场主要由中央银行、投资银行、金融公司、证券公司等组成。发行市场的主要职能是:

(1) 调查发行者现在及将来的财务状况、资信情况,对类似债券的发行价格及收益进行调查,分析预期市场条件,以便确定新发行债券的价格与收益。

(2) 银行或公司承购新债券,并承担再出售债券可能发生的一切风险。

(3) 购买者将债券批售给证券商。

(4) 购买者或证券商把新债券零售给最终购买者。

所以,所谓的国际债券发行市场,就是决定国际债券的具体发行时间、发行金额、发行条件和引导人们投资认购并办理认购、缴款等业务的场所。

(三)国际债券的流通市场

国际债券的流通市场亦称"旧债券市场"或"二级市场",是已发行的债券进行买卖的场所。流通市场的主要功能是为债券所有者的债券转移提供一个场所。流通市场的机构主要有证券交易所、证券公司以及银行的专门柜台。在流通市场上,一般是通过证券商和经纪人来买卖证券的。证券商可以为自己做证券交易,经纪人只代客户买卖证券,自己并不做证券交易。流通市场对于债券的正常发行、发行市场的正常运转具有重要作用,并会影响新发行债券的价格。流通市场的存在也便于投资者购买债券和在资金紧张时销售手中的债券,增强了债券的流动性和安全性。

第四节 国际基金投资

一、基金投资的概念

所谓基金投资,是指资金持有人通过投资基金组织投资于各种有价证券,并取得收益的一种投资行为。而基金组织是由发起人组织的,集中社会闲散资金,委托专业人士管理,依据分散投资原则,投资于各类有价证券,并将收益按出资比例分配给投资者的机构。这种基金组织在美国称为"Mutual Funds",即共同投资基金、互助基金;在日本和中国香港称为"Unit Trust",即单位信托基金;在一些欧洲国家又称为"Investment Company",即投资公司。基金投资是一种金融信托投资方式,以其他金融工具为投资对象。基金投资一般涉及四方当事人:一是基金发起人,即依法创设基金者;二是基金管理者,即受托对投资基金进行管理和运作的专业人士;三是基金托管者,即负责保管基金,并对其进行财务核算的银行或信托公司;四是基金投资者,即基金的出资者和收益者,既可以是法人,也可以是自然人。基金投资所涉及的四方当事人之间是信托契约关系。

二、基金投资的形成和发展

基金投资产生于19世纪的英国,当时英国国内资金积累过多,因此资金要寻找高收益的投资,而海外投资是主要的实现渠道。但中小投资者受资金量和专业知识所限,难以进行海外投资。针对这一情况,英国政府出面组织了投资基金,委托专家进行管理和运作,实施海外投资。最早出现的基金是"伦敦海外及殖民地政府信托基金"(Foreign and Colonial Government Turst of London),创设于1868年,当时每100英镑的基金券是按85英镑的价格出售的,设固定利率为6%,信托期限为24年。投资者实际可得收益率超过7%,比政府债券利率3.3%高得多。

第一次世界大战以后,美国从英国引进了投资基金制度。20世纪20年代以后,美国相继出现了各种类型的投资基金,其中最早的为1921年4月设立的"美国国际证券信托基金"(The International Securities Trust of America)。1924年,美国设立了"马萨诸塞投资信托基金"(Massachusetts Investors Trust),该基金已具有现代投资基金的风貌,它以基金股票的形式对各种企业和债券进行分散组合投资,使广大投资者通过投资基金间接参与证券的投资。在美国1929—1933年经济"大萧条"期间,基金公司也纷纷倒闭,基金投资遭遇重创。1940年,美国制定并实施了以保护投资者利益的《投资公司法》,之后基金投资在美国又兴盛起来。

"二战"以后,基金投资逐渐扩展到欧洲大陆国家和发展中国家,并出现了许多新类型的投资基金。随着金融全球化和各国放松金融管制,投资基金作为一种金融产业已逐步国际化,基金投资的规模越来越大,在国际金融市场上的作用也越来越突出。以我国香港为例,1973年经港英当局认可的单位信托基金只有8个,投资总额为4.1亿美元。20世纪90年代西方一些著名的基金管理公司进入香港,使投资基金的品种和基金投资业务得到了迅速发展。从美国的情况看,到1999年年底,共同基金在资产规模上一举取代了传统上一直居于统治地位的商业银行而成为美国金融市场上的第一大金融中介。1993年年底,美国商业银行的资产为3.9万亿美元,到1999年年底上升到6万亿美元,增长了54%;同期共同基金的资产则从2万亿美元上升到6.8万亿美元,增长了231%。而到1997年年末,美国经营基金投资的机构达3000多家,基金品种达16000种,近三成的美国家庭拥有投资基金,基金投资规模达14000亿美元。

按照道琼斯的统计,截至2018年6月,美国有600多家专业私募股权公司,管理着超过4000多亿美元的投资基金,占据全球私募股权资本市场的40%的份额。同时,私募基金的形式也更加丰富，对冲基金、PE基金、VC基金、房地产基金，还包括资产证券化基金、流动性基金等。根据投资领域和方向，目前来看，私募基金主要分为两大类：一类是专门投资于金融市场，包括证券市场、期货等衍生品市场，以对冲基金为代表，最典型的就是索罗斯的"量子基金"；另一类主要投资于实业，主要是私募股权基金，投资于高成长性的行业，高收益、高风险。

三、投资基金的分类

1. 按投资基金的组织形式分类

（1）契约型基金（Contractual Type Funds）。契约型基金又称信托投资基金，是发起人向社会公众发行受益凭证来募集资金的投资基金。

（2）公司型基金（Corporate Type Funds）。公司型基金又称基金股票，是发起人通过组织投资公司，向社会公众发行投资基金股份来募集社会资金的投资基金。基金发起人所组织的投资公司也称基金公司，其基金由股份构成，投资者购买基金股份就成为基金投资者。

2. 按基金证券能否追加和赎回分类

（1）封闭型基金（Close-end Funds）。封闭型基金又称单位型基金，即基金设立时，以某一特定的货币总额为设定单位，待资金筹足后便封闭起来进行单独运作的基金。这种基金的投资者在信托契约期限未到期前，不得向发行人要求赎回。如需变现，投资者可在公开市场上出售其持有的基金证券，以收回所投资金。

（2）开放型基金（Open-end Funds）。开放型基金又称追加型基金，即基金的规模和期限都没有固定的限制，投资者可以随时购买或出售基金证券，代理机构根据资金、证券的行情，计算出每份证券的资产净值，并公布买入、卖出价格。

四、基金投资与其他证券投资的区别

（1）发行主体有所不同，发行主体与持有人的权利关系也不同。债券是由政府、企业或金融公司发行的，债券持有人是债权人，其和发行主体的权利关系是债权债务关系；股票是股份公司发行的，股票持有人是公司的股东，投资者是公司的所有者；基金是由发起人发起的，发起人、基金管理公司、基金托管人与投资人之间是信托契约关系。

（2）投资者的经营管理权限不同。债券的持有人无权干预发行人的任何事务；股票的持有人有权参与或委托他人参与公司的决策和经营管理活动；不论哪种类型的投资基金，投资人与发起人都不直接从事基金的运作。基金管理公司本着"受人之托，代为理财，忠实服务，科学运用"的原则进行自主运作。

（3）风险与收益不同。一般而言，基金投资的风险低于股票投资，但高于债券投资；在收益方面，则往往低于股票高于债券投资。

五、基金投资的特点

1. 专业人士管理和运作

投资基金的管理与投资的运作是交由专业人士进行的。这些专业人士一般都受过专门训练，掌握相关的专业知识，在投资领域具有丰富的经验。加上基金公司与金融市场联系密切，拥有先进的分析手段，使基金投资出现错误的可能性降到最低程度，从而避免了个人投

资的盲目性。

2. 有规模经济效应，交易成本低

投资基金汇集了社会闲散资金，往往积少成多，形成了总额庞大的资金，可以在证券市场的资金中占有一定的优势。证券交易成本是随着交易额的增加而递减的，所以大规模的资金运作相对降低了投资成本，形成规模经济效应。有的国家规定对基金的买卖免交印花税，各基金公司往往也会不断降低其收取的管理费和手续费，从而使基金的交易成本比较低。

3. 通过投资组合分散风险

基金可以投资所有的金融品种，灵活多变，有较大的选择余地，并可适时调整、优化投资组合，分散投资风险。

4. 具有较强的变现性

不管是小额投资者还是大额投资者，都可以随时购买基金的股份或受益凭证。当投资者想变现时，他们可以随时在市场上出售，流动性较高。

六、投资基金的设立、发行和上市

1. 基金发起人

基金发起人是投资基金的发起者和设立者。发起人是一个法律概念，一般是指具有法人地位的机构。基金发起人须符合所在国规定的条件，如对发起人资本的要求、财务状况的要求、营业场所的要求等。基金发起人的主要职责有：制定有关设立基金的具体方案；确定设立基金的类型和信托凭证；起草招募说明书、申请设立基金的报告以及相关的文件；募集设立基金所需的费用等。

2. 审批

基金发起人在完成了设立基金所需的各项准备工作之后，便向国家主管投资的机构提交设立基金的申请，同时一般需提交发起人协议、委托管理协议、委托保管协议、基金公司章程、信托契约、发起人的财务状况报告等文件。

3. 发表基金招募说明书

基金招募说明书是向所有的基金投资者说明：基金的性质；基金当事人权利和义务；有关基金发起、运作、终止全部事务的法律性文件。基金招募说明书的具体内容一般包括基金的设立背景、种类、规模、发行价格、发行原则、发行对象、投资者费用、当事人的权利和义务、基金交易方式和条件、基金投资的策略和范围、派息和纳税的时间与方式、财会报告制度等。基金招募说明书的编写应体现"公正、公平、公开"的原则，力求简洁、通俗易懂。

4. 发行基金证券

基金证券（基金券或受益凭证）是基金管理公司或信托投资机构签发给基金投资者的一种确认其投资的证书，投资者凭基金证券参与收益的分配。基金证券的发行是在设立基金的申请获国家有关主管部门批准后进行的。基金证券的发行方法与债券、股票的发行方法类似，可采用公开发行或定向发行。如果基金发行数额较大，一般采用公开发行；如果数额较小，则可采用定向发行。基金证券既可由基金管理公司或信托投资机构自行发行，也可通过承销机构代为发行。基金投资者则按规定的程序，凭规定的证件，购买基金证券以实现其投资。

5. 基金的上市

基金成功发行之后，由基金管理公司依法向有关证券交易所提出上市申请。经审查符合上市条件的，便可获准在交易所挂牌交易。上市基金交易的规则一般与债券和股票的交易规则类似。

第五节 国际信贷

"二战"以来，世界经济获得了极大的发展，经济生活国际化达到了前所未有的程度。改革开放以来，我国对外开放的程度和规模超过了我国历史上的任何一个时期，经济发展和国际经济往来也是空前的。无论在世界经济的国际化，还是我国对外经济往来的发展中，国际信贷都起了十分重要的作用。

一、国际信贷的内涵

国际信贷又称国际信用，是指以资本为媒介的、超越国家或地区界限的国际资本借贷行为和融资关系，是以偿还本金和利息为条件的一种国际价值运动方式。这一概念的内涵要点有：①这种国际价值运动的媒介是资本要素，其最初形态和最终形态一般是货币资本形态，而非商品资本和生产资本形态；②国际信贷是国际资本要素流动的一种方式，而不是资本国际流动方式的全部。国际资本流动通常主要采取国际直接投资和国际间接投资两种方式，而国际信贷则只是国际间接投资方式之一。

当前，国际信贷已成为国际经济关系中一个规模庞大和形式繁多的金融领域。每年国际信贷资金都高达几百亿美元，国际信贷的渠道不断增多，并出现许多新形式、新特点。

划分国际信贷的形式可以有多种方法。本文认为其中两种方式的划分十分必要：一是按贷款期限划分，有短期贷款、中期贷款和长期贷款；二是按信贷资金来源划分，可以把国际信贷分为世界性国际金融组织贷款、外国政府贷款、外国商业银行和银团贷款、出口信贷和联合贷款。

二、国际信贷的形式

1. 世界性国际金融组织（包括地区性的国际金融组织）的贷款

世界性国际金融组织主要包括国际货币基金组织、世界银行集团、亚洲开发银行、非洲开发银行、泛美开发银行、欧洲投资银行、阿拉伯基金组织，以及东欧巨变之后成立的欧洲复兴开发银行等。

这些国际金融组织的贷款，其主要任务是通过较优惠的贷款来扶助各国生产和经济的发展，当然国际货币基金组织贷款的另一主要任务是为了平衡国际收支和满足成员国的外汇需要，贷款对象主要是成员国的政府和企业。国际金融组织贷款优惠性较大，利率较低（有的还无息），贷款期限较长，还有宽限期。但这类贷款的用途、审查的论证都比较严格。当然，这类贷款的效果也比较好。

2. 外国政府贷款

外国政府贷款是一个国家政府通过其财政预算拨款向另一个国家政府提供的贷款。这种贷款有以下三个明显的特点：

（1）优惠程度高。政府贷款具有援助性质，其中必须包括25%～30%的赠予成分。贷款期限长，通常为20～30年，最长达50年。宽限期也较长，通常为5～10年，有的可达20年。

（2）设有专门机构负责。由于政府贷款资金来源于财政预算，是政府拨款，其金额有限，占政府预算的1%左右，对其的拨款和使用都比较严格，呈法律化和程序化。因此，各国政府都设有专门的机构主管其事，如美国的国际开发署、日本的海外协力基金组织、德国的联邦经济合作部以及英国的贸工部、海外开发署和出口信贷担保局等。

（3）程序复杂、审批严格。这类贷款须经外交途径达成协议、互换文件后，才能签订贷款协议，协议中规定贷款用途并有采购一部分贷款国物资的限制等。

3. 外国商业银行贷款和银团贷款

外国商业银行贷款又称国际银行贷款，它是一国借款者在国际金融市场上向外国贷款银行借入的货币资金。这种贷款有其以下特点：① 借取方便，使用自由，不受贷款银行的制约；② 条件较苛刻，利率较高；③ 获得这种贷款不仅须签订协议，还要有借款国政府提供担保。

银团贷款又称辛迪加贷款。这种贷款一般金额很大，期限较长，多属于大型或者特大型工程项目的贷款。因此，这类贷款风险较大，成本较高。一般独家银行无法承担，而由多家银行联合组成一个贷款集团，其形成必由一家或多家银行牵头进行组织、筹资。在国际上，银团贷款的借款人多为各国政府机构、国际机构和大公司。银团贷款已成为国际信贷领域中最为重要的途径之一。

4. 出口信贷和联合贷款

出口信贷是出口国为了推销本国的大型机械、成套设备等的出口贸易，在政府支持下（包括提供信贷担保和利率补差等），由出口国专业银行或商业银行以优惠利率向本国出口商、对方国进口商或进口方银行提供的贷款。这是只限于购买提供信贷国的出口商品的一种专门贷款。这种信贷方式对西方国家推动本国商品出口、摆脱经济危机、争夺海外市场等起了重要作用。但经济合作与发展组织为缓和竞争，签订了所谓的"君子协定"，也有利于出口信贷的发展。这也是我国购买西方国家大型设备的重要形式之一。

联合贷款是国际金融组织、政府金融机构或发展基金与商业银行联合起来共同向某一国家提供贷款的一种形式，是20世纪80年代以来，在国际上一些发展中国家债台高筑的情况下，既要规避风险，又要帮助发展中国家解决资金不足而提供的一种贷款方式。联合贷款的特点是既有利于发挥各贷款主体的优势（即国际金融组织贷款审查严格，偿还有保障和政府贷款的优惠性），又能吸引商业银行参与贷款，促进发展中国家经济发展，相辅相成，共同合作，效果较好。

三、我国利用国际信贷的情况

改革开放以前，我国经济活动的国际市场参与程度很低，相关的国际信贷市场借贷活动极为有限。西方发达国家20世纪五六十年代对我国实行经济封锁时期，我国主要从苏联获取了部分外汇贷款。据统计，截至1965年，我国向苏联的借款约合14.27亿美元，主要用于我国某些工业基础建设，并已经全部还清。进入20世纪70年代，我国与少数发达国家商业银行开始签订现汇贷款协议，但总体的外汇借款规模很小，我国与国际金融市场的资金交流程度很低。而在世界经济和政治"冷战"格局下，我国向某些社会主义国家和发展中国家提供了一定的信贷援助。根据统计，1954年起我国先后向阿尔巴尼亚、孟加拉国、越南、爱沙尼亚等国提供买方信贷，20世纪六七十年代我国也以低息、无息或赠予方式向一些发展中国家提供了几十亿美元的经济援助，我国在这一时期的对外贷款援助超过了对外借款的规模。

由于在计划经济体制下我国一度不主张对外借款，因此相当长的时期内我国在国际信贷市场上的对外借款活动可以概括为：借款规模小，以少量政府贷款和国际金融机构贷款为主，商业贷款比重极小。随着改革开放进程的不断前进，与商品、劳务和技术的国际交流相关的国际资金融通需求也不断扩大。特别是进出口贸易集团、大型企业、"三资"企业以及部分私营企业，作为日益重要的国际信贷人进入国际信贷市场，与国际商业银行和国际银团打交道，向外国政府出口信贷机构和国际金融机构建立资金联系，促使我国对外借款活动不断发展。从对外借款的类型看，我国已经涉及国际信贷市场上的以下贷款方式：

（1）商业银行贷款。中国银行、中国国际信托投资公司及其他金融机构与西方商业银行签订短期和中长期的双边借款协定，主要包括双边商业贷款、国际银团贷款和联合贷款。

（2）政府贷款。财政部和中国人民银行代表政府与西方国家政府、金融机构签订一系列带有援助性质的政府贷款。此类贷款协议的签订基于双方良好的经贸关系，款项基本用于长期的涉及进口的重点项目建设。相关的国家有日本、丹麦、科威特、英国、法国、奥地利、加拿大、西班牙、澳大利亚、瑞士、瑞典等。

（3）出口信贷。1980年起我国接受意大利的第一笔出口买方信贷，后与法国、西班牙、瑞士、意大利、奥地利、英国、比利时、荷兰、德国等国家出口信贷机构签订了一系列买方信贷协议。

（4）国际金融机构贷款。随着我国于1980年5月恢复在世界银行的合法席位，并于1986年3月成为亚洲开发银行成员，我国政府和企业逐步加强与主要国际金融机构的接触，利用成员的融资权利筹措各类贷款成为我国利用国际多边信贷资金的重要方式。1981年，中国获得第一笔世行贷款，总额2亿美元。此后，贷款的数目每年逐渐增加，到1988年达到15亿美元。世行于1981年开始对中国进行项目援建，第一个项目为"大学发展项目"。此后，项目的数量逐渐增加，在各省市，以及农林工商各部门都有了一批资助项目。截至2010年6月30日，世行对华贷款承诺总额约478亿美元，共支持建设了326个项目。按照世行贷款承诺额计算，中国是世行第4大借款国，排在巴西、墨西哥和印度之后。世行对华项目贷款遍及我国境内（除港、澳、台地区）除西藏之外的省、自治区、直辖市，主要集中在交通（30.38%）、农业（23.61%）、城建和环境（15.57%）、能源（15.35%）、工业（6.35%）、教育（3.88%）、卫生（2.05%）等领域。2017年9月，世界银行宣布将提供6亿美元的贷款，用于支持安徽、福建两省全面推广三明综合医改经验，包括深化公立医院综合改革，推进分级诊疗制度建设，加强改革人才队伍、信息化等方面支撑条件建设。该项目实施周期为4年，方案融入中国医改规划，内容与中国医药卫生体制改革的优先领域以及政策导向保持高度统一。

此外，中国也是国际金融公司（IFC）投资增长最快的成员国之一。从1985年批准第一个项目起，截至2018年6月30日，IFC共支持了中国近400个私营部门项目，主要涉及农业、金融、能源、环境、基础设施等领域，贷款和投资额达到100多亿美元，具体形式包括了直接贷款、股本投资、银团贷款、担保等。按贷款和投资总额计算，目前中国是国际金融公司第二大投资国。

思 考 题

1. 与直接投资相比，间接投资的特点是什么？
2. 证券投资的特征是什么？
3. 优先股和普通股有什么区别？
4. 股票有哪几种交易方式？
5. 投资基金的特点是什么？

【案例分析1】

外管局：拟增加 QDLP 和 QDIE 总额度 持续推进股市和债市对外开放

国家外汇管理局发言人王春英：中国将持续推进股市和债市的对外开放，将健全、开放有竞争力的外汇市场。中国拟增加 QDLP 和 QDIE 总额度。将针对不同类型机构特点，结合考虑 QDII 管理资产和内控合规及额度使用情况，按照资产管理能力和规模，及一定比例分配 QDII 额度。

QDLP（Qualified Domestic Limited Partner），合格境内有限合伙人，允许注册于海外并且投资于海外市场的对冲基金，向境内的投资者募集人民币资金，并将所募集的人民币资金投资于海外市场。QDIE（Qualified Domestic Investment Enterprise），意为合格境内投资企业，市场一般将其理解为：在人民币资本项自由兑换尚未实现之时，符合条件的投资管理机构，经中国有关部门批准，面向境内投资者募集资金，对境外投资标的进行投资。

一、推进 QDII 改革正当时，业内称将有新举措推出

国家外汇管理局近日表示，将研究推进 QDII（合格境内机构投资者）改革。接受中国证券报记者采访的业内人士认为，在资本项目开放方面，包括 QDII、QFII 在内的一些改革安排构成管道式机制，通过它们更好地连接境内外资本市场。未来在完善 QDII 宏观审慎管理、完善 QDII 审批方式以及加强机构监管、防范资本跨境流动风险等方面将有新的改革举措推出。

二、完善宏观审慎管理

国家外汇管理局表示，QDII 制度自 2006 年实施以来，在推动金融市场开放、拓宽境内居民投资渠道、支持金融机构走出去开展国际化经营等方面发挥了积极作用。下一步，国家外汇管理局将会同有关部门，研究推进 QDII 改革，根据国际收支状况、行业发展动态以及对外投资情况，进一步完善 QDII 宏观审慎管理，服务国家全面开放新格局。

"多重背景叠加，推进 QDII 改革正合时宜。"民生银行首席研究员温彬对中国证券报记者表示，从宏观方面看，推进 QDII 改革响应了国家提出的扩大开放的要求，是金融开放一系列举措的重要环节；从金融环境看，目前人民币对美元汇率企稳回升，国际收支情况进一步改善，资本双向流动处于基本平衡状态，有利于 QDII 改革推进。QDII 额度审批停滞近两年，已难以满足客观存在的居民境外资产配置需求。

新时代证券副总经理、首席经济学家潘向东表示，做好 QDII 宏观审慎管理在重启 QDII 之后显得更为重要。

首先，要加强监管协调。当前合格类 QDII 机构类型较多，包括保险、证券、基金、银行、信托等资产管理子行业。在我国尚未完全实现混业监管的背景下，需要外汇管理局与证监会等监管部门加强沟通，注重监管协调，加强与国际监管机构的合作，建立宏观审慎机制，进行动态监管。

其次，要建立 QDII 投资者保护基金制度。宏观审慎监管需要完善 QDII 合格投资者的界定，通过保护基金的建立，扩大投资者权益保护范围。

最后，要做好风险防范工作。提高 QDII 额度将加大资金跨境流出流入的波动，可能会对汇率产生冲击，甚至引起逃汇套汇行为，因此需要建立全面的外汇流动监测系统和长期的、市场化资金跨境流动的风险监测预警机制。

"完善 QDII 宏观审慎管理，需要宏观上管好、微观上放活。"招商证券首席宏观分析师谢亚轩表示，一方面要强调市场的作用，发挥机构的灵活性、专业性，在规定范围内，由机构来决定投资投向和规模；另一方面，当市场出现非理性"一边倒"情况时，监管层要及时作为，防止非理性行为对宏观经济稳定造成影响，避免出现系统性风险。

三、审批方式料更透明

推进 QDII 改革，除了需进一步完善 QDII 宏观审慎管理外，提高 QDII 额度、完善 QDII 审批制度成为业内共识。

温彬认为，QDII 的推进确实提高了境内投资者境外投资的便利化程度，但现有额度已不能满足投资需求，有必要提高 QDII 额度。2015 年 3 月至今，QDII 投资额度一直保持在 900 亿美元左右。根据国家外汇管理局网站公布的数据，截至 2018 年 3 月 29 日，QDII 投资额度审批 899.93 亿美元，其中包括 30 家银行类机构、48 家证券类机构、40 家保险类机构、14 家机构信托类。

谢亚轩认为，现有额度难以满足投资需求。除进一步提高 QDII 额度外，还有必要进一步完善 QDII 审批制度。预计下一步国家外汇管理局将根据资本金、风控制度、历史业绩等指标进一步完善审批制度。

潘向东认为，随着 QDII 改革的推进，对外投资规模逐步扩大，直至最后取消 QDII 额度限制，与其他制度配合，实现资本项目自由兑换。预计国家外汇管理局将对 QDII 审批相关条款做出与时俱进的调整，使审批更加透明。未来 QDII 机构开展业务的财务指标门槛可能会调整。QDII 机构在人员配备、公司治理、内控制度、规范经营等方面的标准可能提高。在投资顾问方面，境外投资顾问的门槛可能会提高，境内证券公司在境外设立的分支机构担任投资顾问的财务门槛可能会降低。在资金募集、投资运作、信息披露方面，预计会按照国际标准加强 QDII 及托管人等信息披露要求，加强对投资者保护。在监管方面，预计会在原条款基础上进一步增加 QDII 的违规成本，规范其资金运用。

四、协调推进 QFII 改革

资本项目开放除推进 QDII 改革外，还需协调推进 QFII 改革。

2016 年国家外汇管理局发布《合格境外机构投资者境内证券投资外汇管理规定》，对合格境外机构投资者外汇管理制度进行改革，放宽单家 QFII 机构投资额度上限、简化额度审批管理、进一步便利资金汇出入、将锁定期从一年缩短为三个月。

中国银行国际金融研究所助理研究员王有鑫表示，2016版《合格境外机构投资者境内证券投资外汇管理规定》对QFII制度进行了较大改革，目前来看更新的改革还没有苗头，但应在一些具体标准上保持与时俱进。一是额度要继续放宽。国家外汇管理局统计数据显示，截至2018年3月29日，累计批准合格QFII额度993.59亿美元。随着对外开放力度的扩大，未来有必要继续放宽额度。二是降低市场准入门槛，目前以大型机构为主，将来要给中小型机构更多机会。三是投资标的进一步放开，允许QFII机构在更多市场运作。

中国建设银行高级研究员赵庆明表示，QFII制度自2002年引入中国后，在投资理念方面为国内投资者提供了很多可借鉴的经验。从目前形势看，此前推出的改革措施需要加大力度落实，发挥更好的效果。

（资料来源：中国证券报，2018-04-19 10：51：23。）

【案例分析2】

美股长达十年牛市秘诀何在

腾讯证券2018年8月28日讯，美国股市在上周达到了一个重要的里程碑，创造了有记录以来持续时间最长的牛市。在金融危机爆发之后，美国股市像凤凰涅槃一样迅速崛起，成为经济复苏和美联储宽松货币政策效力的有力象征。

美国三大指数，即道琼斯指数、标普500指数、纳斯达克综合指数，其中标普500指数尤为重要一些。

第二次世界大战后，美国共有11次牛市，其中标普500指数翻倍牛市次数共6次。平均来看，美国熊市持续10个月，跌幅35.4%；牛市32个月，涨幅106.9%，牛市持续时间是熊市的3.2倍，呈典型的牛长熊短、涨多跌少特征。

最近谈论最多的美股长达10年牛市，主要是指2018年是2008年金融危机爆发后的第10个年头。作为危机爆发的源头，道琼斯指数从2007年的最高点14198.10点一路暴跌，最低跌至2009年年初的6469.95点，一年多时间跌掉一半。然而，从这个低点开始，美股却开启了长达10年的牛市，2018年年初创下26608.90点的历史新高，涨了整整20000点，涨幅达到了三倍多，也即10年牛市是从2009年初道指6469.95最低点时间算起到现在。

不可否认的是，将近10年时间上涨20000点，确实存在一定泡沫风险。不过，有几点本质性的东西需要了解。直接从盘面看，今年以来美股道琼斯指数在25000点附近已经盘整几个月了，泡沫虚高风险正在快速出清。从本质讲，美股是完全市场化的，完全按照市场机理与股市内在规律运行，投资与否，投资多少，什么时候投资，都是投资者完全自主决定，当然完全承当投资结果，即使有风险，有人愿意自主承担风险。当然，高风险带来的高回报自己独享。

股市完全回归市场，完全按照市场规律办事，投资者按照市场规律与股市内在机理分析，决定自己的投资行为。

美国股市完全反映宏观经济状况，宏观经济形势无任何阻碍畅通传递给股市。通常伴随着经济扩张、低利率的宏观环境，同时整个过程也是一个 GDP 增长节奏逐步向上或者稳定，失业率下降，即经济基本面向上，或者转好的阶段。所以，牛市的发生无法脱离经济基本面，长期的，此起彼伏的牛市更是需要所谓的"国运"向上。"国运"达到最糟糕地步，股市无论如何都好不了。美国第二次世界大战后的历史已经反复证明如此。

美股这轮长达将近 10 年的牛市，道琼斯指数上涨与经济复苏、增长、扩张完全同步。而且由于美国经济强决定因素，使得从 2015 年 12 月开始的加息，并没有使美股出现大跌，足以看出美股上涨动力之顽强，美国经济增长之强劲。

既然宏观经济是股市的决定性因素，那么，美股是否会崩盘，要看美国经济是否会衰退。美国经济在美联储收紧货币的情况下，依然创出其历史增长最好记录，在没有放水货币反而收紧货币下的增速不仅是实实在在的，而且被低估的可能性极大。

最为重要的是，特朗普总统的罕见大力度减税政策，以及吸引海外资本进入美国的超级优惠政策，给美国消费动力、投资动力注入历史罕见的活力，美国经济持续强劲增长几年几乎没有任何悬念。

另一个观察点是，美联储从 2015 年 12 月进入加息通道后，至今已经加息 7 次，随着逐步加息，美联储应对经济突然下滑的利率等货币政策空间越来越大了。一旦经济出现低迷，美联储可以掉头下调利率应对。今天的加息给未来的减息储备了足够空间与余地。

只要没有大的风险因素，美股短暂走低，小幅下挫，或是家常便饭，但崩盘的概率极低。

相对于美股，A 股应该奋起直追了。据券商中国统计，2018 年上半年，上证指数下跌了 13.90%，深成指下跌了 15.04%，分别位居 16 个全球市场指数的第 15 名和第 16 名，同时，三年涨幅也双双垫底，从 2015 年 6 月 28 日以来，分别下跌了 31% 和 34%。

道琼斯指数从 2009 年初的 6469.95 点开始，美股开启了长达 10 年的牛市，今年年初创下 26608.90 点的历史新高，涨了整整 20000 点，涨幅达到了三倍有多。反观同期 A 股的走势，2007 年见顶 6124.04 点后，与美股同步跌至 1664.93 点的低谷，然而，10 年过去了，上证指数却跌至 2900 点以下。

(资料来源：腾讯证券，2018 年 8 月 28 日。)

第五章

国际资本合作新形式

第一节 国际风险投资

风险投资（Venture Capital）是一种集融资、投资、资本运营和企业管理等内容于一体的错综复杂的资本流通过程，也是集金融、管理、技术、法律等方面知识与经验于一体的创新过程。按照美国风险投资协会的定义，风险投资是指由职业金融家投入到新兴的、迅速发展的、具有巨大竞争潜力的企业中的一种权益资本。而根据"'风险投资进入中国'98研讨会"上成思危的定义，风险投资是指把资金投向蕴藏着失败风险的高技术及其产品的研究开发领域，旨在促使新技术成果尽快商品化，以取得高资本收益的一种投资行为。

一、风险投资的特点

风险投资具有以下八项特点：

1. 高风险、高收益性

风险投资，顾名思义是一种高风险的投资行为，这是风险投资区别于一般投资的首要特征。在美国硅谷，有一个广为流传的"大拇指定律"，即在10个运用风险资金的公司中，有3个会垮台，3个勉强生存，还有3个能上市并有不错的市值，只有1个能够脱颖而出并大发其财。与高风险相联系的是高收益性。风险投资是冒着九死一生的巨大风险进行技术创新投资的，虽然失败的可能性远大于成功的可能性，但技术创新一旦成功，便可以获得超额垄断利润，进而弥补其他项目带来的损失。根据对美国218家风险企业的调查，投资完全损失的占14.7%，部分损失的占24.8%。但在成功的项目中，有60%的项目收益率可超过100%。

2. 风险投资是一种长期投资

风险投资是将一项科研成果转化为新技术产品的过程，要经历研究开发、产品试制、正式生产、扩大生产到盈利规模、进一步扩大生产和销售等阶段，直到企业股票上市，或通过出售股权等其他方式才能取得收益。这一过程少则需要3~5年，多则需要7~10年，而且在此期间，通常还要不断地对有成功希望的高新技术项目进行增资。因此，风险投资也被誉为"耐心的投资"。

3. 风险投资是一种组合投资

为了分散风险，风险投资通常投资于一个包含10个项目以上的高新技术项目群，以成功项目所获取的高回报来抵偿失败项目的损失并取得利益。

4. 风险投资是一种权益投资

风险投资是一种权益资本投资，而不是一种借贷资本投资，因此其着眼点并不在于投资对象当前的盈亏，而在于它们的发展前景和资产的增值，以便能通过投资对象上市或出售股权而获取高额回报。

5. 风险投资是一种分阶段的投资

风险资本家通常把风险企业的成长过程分成几个阶段，并相应地把资金分几次投入，上一阶段发展目标的实现会成为下一阶段资金投入的前提。这是风险资本家降低风险的一种重要手段。

6. 风险投资资金主要投向高新技术中小企业

风险投资的特征是以冒高风险为代价追求高收益。传统的产业无论是劳动密集型的轻纺工业，还是资金密集型的重化工业，由于其技术、工艺的成熟性和产品市场的相对稳定，其风险相对较小，因而收益也就相对稳定和平均。而高科技产业，由于其风险大，产品附加值高，因而收益也高，适应了风险投资的特点，理所当然地成为风险投资家选择的对象。

7. 风险投资是一种主动参与管理型的专业投资

风险投资不仅向创业者提供资金，其管理者——风险投资家还用他们长期积累的经验、知识和信息网络帮助企业管理人员更好地经营企业。

8. 风险资本具有再循环性

风险投资以"投入→回报→再投入"的资金运行方式为特征，而不是以时断时续的阶段方式进行投资。风险投资者在风险企业的创业阶段投入资金，一旦创业成功，他们即在证券市场上转让股权或抛售股票，收回资金并获得高额利润。风险资本退出风险企业后，并不会就此罢休，而是带着更大的投资能力和更大的雄心，去寻找新的风险投资机会，使高新企业不断涌现，从而推进高科技产业化的进程。

二、风险投资的主要参与者

（一）投资者——资金的供给者

在风险投资的早期，资金主要来源于富裕的家庭和个人。这些富裕的家庭和个人，除了满足自身消费外，手头还存有一定的资金，希望找到资金增值的渠道，他们或购买上市发行的股票、债券，或直接投资兴办企业。但与风险投资相比，一般投资的收益较低，因此，他们会将一部分资金投向风险投资。随着风险投资的发展，政府对风险投资采取了种种扶植政策，越来越多的机构投资者，纷纷介入风险投资，但这些机构投资者只是将资金交给风险投资公司运作，而不亲自参与运作。

（二）风险投资公司——资金的运作者

风险投资公司——资金的运作者是风险投资流程的中心环节，其工作职能是：辨认、发现机会；筛选投资项目；决定投资；退出。资金经风险投资公司的筛选，流向创新企业，取得收益后，再经风险投资公司回流至投资者。一家风险投资公司每天都会接到许多申请，其中会有像英特尔、康柏这样的"金牛"企业，也会有大量的糟糕项目和陷阱。风险投资公司的任务就是区分这些项目，根据目前自己的现状和投资重点，决定投资企业或项目。然而，这只是第一步，接下来便是谈判。一旦双方意见最终达成一致，双方就会签订投资合作协议，风险投资公司向创新企业投资资金，并通过派人参加创新企业董事会、进行战略规划、提供管理咨询、必要时接管创新企业经营权利等方式保证其利益的实现。当然，由于创新企业一般是新兴企业，普遍缺乏管理经验和营销知识，因此风险投资家的帮助对创新企的管理大有好处。一些创新企业家往往担心风险投资家过多地干预其企业管理，将其架空，这种担心其实是多余的，风险投资家的本职是寻找和投资更多的利好项目，他们既无精力亦无兴趣去过分干预企业的管理。

（三）创新企业——资金的使用者

如前所述，一个好的创新企业是完成风险投资流循环的关键。如果说风险投资家的职能是价值发现的话，创新企业的职能则是价值创造。创新企业家是新技术、新发明、新思路的发明者或拥有者。他们在其发明、创新进行到一定程度时，由于缺乏后续资金而寻求风险投资家的帮助。除了缺乏资金外，他们往往还缺乏管理的经验和技能，这也需要风险投资家提供帮助。风险投资家应当也有权利对创新企业家进行鉴定、评估，并决定是否提供及如何提供资金，这是风险投资成功的重要环节；与此同时，创新企业家也应当并有权对资金提供者进行考察。

三、风险投资的产生与发展

风险投资产生的历史最早可以追溯到15世纪的欧洲，但其真正形成系统的、有组织的产业是在"二战"之后的美国。其标志就是1946年美国研究与发展公司（American Research and Development Corporation，简称ARD）的建立。ARD当时的业务是对高风险、技术型新兴国防工业公司进行投资。1956年，ARD对数控设备公司（DEC）投资7万美元，占该公司当时股份的77%。1971年，这7万美元的投资增值为3.55亿美元，增长了5000倍，年均投资回报率达到84%。从此，风险投资出现在美国及全世界各地，成为推动新兴的高科技企业发展的一支生力军。

美国风险投资业的正式起步缘于1958年《中小企业投资法案》的立法，该法案促成了中小企业投资公司（Small Business Investment Company，简称SBIC）制度的成立，风险投资事业的第一次浪潮因此应运而生。同年，第一家合伙制风险投资公司在美国诞生，这种形式很快被其他人模仿，在某种程度上使风险投资产业的发展有所加快，但总的来说，整个产业的发展步伐仍然非常缓慢。到20世纪60年代末70年代初时，美国全部风险投资机构累计筹集的资本总额只有几百万美元。

1978—1981年，风险投资的发展出现了重大转折。美国国会连续通过了一系列具有重大意义的法案，其中最重要的一项是允许养老基金进入风险投资领域，从此奠定了有限合伙制在风险投资领域的主导地位。20世纪80年代以后至今，有限合伙形式占整个风险投资机构的80%以上。这种有限合伙制和通常意义上的合伙制略有不同，有限合伙制企业既包括承担有限责任的股东，即有限合伙人；也包括承担无限责任的股东，即普通合伙人。有限合伙人一般提供占公司资本额99%的资金，但一般只分得75%~85%的资本利润，同时其责任也仅以其在公司的出资额为限。如果风险投资公司资不抵债，他们不会承担无限责任和个人责任。普通合伙人一般提供1%的资本，在税后利润中分成15%~25%，主要负责管理公司（如果亲自运作，他们还可得到2%~3%的佣金）。如果风险投资公司资不抵债，他们不仅要承担亏损，还要承担无限责任和个人责任。

自1992年以后，随着全球高科技产业的兴起、新经济模式的提出，美国风险投资更加繁荣，使美国成为目前世界上最大的、机制最完善的风险投资国。根据普华永道、汤姆森财经和美国国家风险投资协会公布的最新数据，2017年，美国风险投资活动依然十分活跃，全年总投资额 842 亿美元，创下互联网泡沫以来最高水平。2017 年投资总数为 8076 笔，2016 年为 8635 笔，2015 年总数为 10463 笔，在投资数量减少的同时，投资总额却创下新高，显示平均投资在单个项目上的投资金额变得更大。

以英国为首的欧洲资本主义国家也在 20 世纪 70 年代末至 80 年代初纷纷建立起本国的风险投资产业。目前，欧洲的风险投资无论是从规模方面还是从制度建设方面都处于世界第二位。其中，英国是仅次于美国的第二大风险投资国。英国风险投资的快速发展是在 20 世纪 80 年代。当时英国经济发展比较强盛，创业环境得到改善，并建立起了创业板股票市场。英国拥有欧洲最发达的股票市场——伦敦股票交易所。法国的风险投资产业位居欧洲第二，目前已处于相对较为成熟的阶段。1999 年，法国风险资本融资总额为 43 亿欧元，增长率为 17%；以银行为中心的德国风险投资业，由于没有发达的股票市场，它的发展与其经济实力相比，显得相对落后。

2017 年，在一批英国创企的带领下，欧洲的风险投资活动进一步发展。Dow Jones VentureSource 的数据显示，2017 年欧洲创企的融资总额为 175.2 亿美元，相比 2016 年的 138.1 亿美元有所上升。而 2016 年比 2015 年的 173.8 亿美元下降了 20.5%。尽管英国即将退出欧盟，但这个国家对风险投资的吸引力仍然远远超出欧洲其他地区。

继美国和欧洲之后，日本、加拿大、澳大利亚、以色列等国家和我国台湾、香港地区的风险投资产业也相继建立，并对全球风险投资市场产生了一定的影响。以日本为例，进入 21 世纪以来，日本合格的风险企业有 1800 多家，比 1980 年增加了近 40 倍。据不完全统计，目前日本已拥有较大的风险投资公司 40 多家，股东大部分是银行、保险公司、证券公司和一些大企业。日本的风险投资基金（VC）对亚洲的投资也正在扩大。Tech in Asia（TIA）发布的调查显示，日本的风投基金 2017 年对亚洲投资额（不含本国）为 168 亿美元，比 2016 年增加 65%。

四、风险投资的进入与退出

（一）风险投资的进入

一般来说，风险资金的投入到一个创新企业要经过三个阶段。

1. 第一阶段：投资项目的产生与初步筛选

风险投资公司每天接到的风险投资项目申请书是大量的，不可能每一个申请书都去仔细研究，因此，第一步是去粗取精，初步筛选出可能较有市场潜力的符合公司投资需求的项目。不同的风险投资公司会有不同的筛选标准，但基本上不外乎这样一些：

（1）投资产业。一方面风险投资一般侧重于高新技术产业，若不是，则先行删除；另一方面，随着风险投资的行业分工逐渐趋向细化，有些风险投资公司会侧重于某些产业，若该项目不在其擅长之列，就有可能会被删除。

（2）技术创新的可行性。由于风险投资一般涉足高新技术产业，不少项目只有一项发明创造，有的甚至只有一个想法、一个概念，因此这一项目是否可行，就成为风险投资家所关心的问题之一。他们需要判断产品的技术设想是否具有超前意识，是否可实现，是否需经过大量研究才能变为产品，产品是否会为市场所接受，以及技术是否易于保密等。

（3）市场前景。不管一项投资计划做得多漂亮、技术有多先进，如果没有市场，就不会有收益，因此一个项目的市场前景是风险投资公司必须考虑的因素。

（4）投资项目的发展阶段。一个风险企业的成长通常分为种子期、创业期、成长期和成熟期四个阶段，不同发展阶段的企业会面临不同的风险，有不同的资金需求，因此筛选时需要考虑其所处的阶段。一般来讲，处在种子期的企业资金需求量少，但风险大，同时面临着技术风险、市场风险和管理风险；处在创业期的企业资金需求量比种子期的明显增加，技术风险已有所下降；处在成长期的企业资金需求量比前者又有所增加，此时企业主要面临的是增加的市场风险和管理风险；处在成熟期的企业各方面都比较成熟，资金需求量很大，但由于其收益相对较低，风险投资一般很少介入。

（5）投资规模。考虑到风险问题，风险投资公司不会将资金全部投入到一个项目中。此外，由于精力和时间有限，风险投资公司也不会投资太多的小项目，而是寻求一个好的组合。风险投资公司会结合自身的实际情况综合权衡投资规模。

（6）公司的人员和管理状况。"一流的管理加上二流的项目远优于一流的项目加二流的管理"，这是风险投资界公认的准则。风险投资说到底还是对人的投资，因此，风险投资公司在审核计划时会有意识捕捉有关公司的人员及管理状况方面的信息。

经过这几方面的审核和筛选，风险投资公司会初步产生一批有投资价值的项目。按照国外的经验，通过这一阶段筛选的项目所占比例一般为10%。

2. 第二阶段：投资项目的调查、评价与选择

在对风险投资项目初步筛选后，风险投资家即开始展开对这些项目的调查，做出相应的评价，并根据评价结果做出选择，确定项目。

风险投资家对风险企业的调查一般是通过向公司员工和有关管理人员提问、交流等方式进行的。但绝大多数风险投资家还会采取其他方式了解风险企业的状况：搜集该公司以往的经营资料；向公司的供应商、客户、竞争对手以及其他熟悉该公司的人员了解情况；通过中介机构掌握资料，深入取证；分析公司的经营计划和财务报表；征求其他风险投资家的意见等。

经过调查，掌握充分确凿的资料后，风险投资家会对该项目的产品市场情况、人员素质情况、经济核算情况以及有关的法律和政策等方面进行进一步的评价。通过上述综合评价，确定有投资价值的项目。

3. 第三阶段：投资项目的谈判与协议

通过前两个阶段的审查评价，风险投资家基本确定了有投资意向的项目，之后就开始与风险企业的有关管理人员进行谈判协商，共同设计、确定交易结构，并达成协议。在达成协议后，双方会成为利益共同体，通过合作来推动风险企业的发展，实现各自的利益。同时，双方又都要追求自身利益的最大化，这一谈判阶段相当关键和艰难，需要确定一套相互协作的机制来平衡各自的权益。

（二）风险投资的退出

尽管风险投资在投入风险企业后占有相当一部分股份，但风险投资的目的并不是控股，而是带着丰厚的利润和显赫的功绩从风险企业中退出，继续下一轮投资。因此，退出对风险投资公司是至关重要的。风险投资的退出主要有以下几种方式：

1. 公开上市

公开上市被誉为风险投资的黄金通道，对于风险投资公司和风险企业而言，都能较好地实现各自的利益。公开上市可分为首次公开上市（IPO）和买卖上市。首次公开上市通常是在第二板市场发行上市的；买壳上市又称借壳上市，是指收购公司通过一定的途径获得对上市公司的控股权，再通过资产置换或反向收购等方式，使收购的公司资产注入到上市公司，从而达到非上市公司间接上市的目的。

2. 被兼并收购

被兼并收购有以下两种方式：

（1）管理层收购。创新企业发展到一定阶段，资金规模、产品销路、资信状况都已相当好，创新企业家希望自己控制企业，不愿听命于风险投资家，风险投资家也愿意见好就收，这时风险投资家可以将自己的股份转卖给创新企业家。这时所卖价款可能会少于公开上市所得收入，但相对费用也不多，时间较短，便于操作，公司管理层可以个人资信担保，或以将收购的公司资产担保，向银行或其他机构借入资金将股份买回，风险投资家也可得以成功撤出。

（2）被其他公司或投资者收购。风险企业发展到一定程度，继续发展需要大量追加投资，而创新企业家和风险投资家已不愿或不能再继续扩大投资。面对这一形势，如果风险企业家意欲退出，可以将风险企业卖给其他企业。但在转让谈判过程中必须谨慎从事，认真策划转让谈判，避免被压价收购。这时不妨多找几家，洽商转让事宜，认真比较转让条件，以确保自己的经济利益。

3. 清算

风险投资的成功比例一般比较低，根据著名的"2—6—2"法则，风险投资很成功的项目一般占项目总数的20%，业绩平平的占60%，完全失败的占20%。一旦确认失败就应该果断退出，以保证最大限度地减少损失，并及时收回资金。破产清算固然痛苦，但却是进行风险投资时必不可少的一种退出方式。

五、我国风险投资的现状

风险投资在中国起步于20世纪80年代，发展于90年代，在市场经济的大潮中，中国的风险投资事业有了较大的发展。90年代初，搜狐、百度、腾讯纷纷获得风投基金注资。这些企业也是国内最初在资本助推下获得飞速成长的优质企业。随着国内GDP的不断提升带来的高净值个人增多，高净值个人以其丰富的资产存量及较高的风险承担能力对投资的风险偏好逐渐提升，也尝试着不动产、存款、股票以外的投资方式，并以追求超高回报为最终目标。进入21世纪后，天使投资开始步入快速发展阶段。随着天使投资的崛起，国内一级市场也逐渐呈现天使、VC、PE各司其职的格局，天使投资行业的发展也由过去以个人投资者为主开始向机构化天使转变，天使、VC、PE之间的界限也渐渐模糊化。

从1985年我国中央政府颁布有关发展投资风险行业的政策开始，随着国家综合实力的强化，风险投资在我国从萌芽阶段逐步发展，经历了20多年的发展时间，已经获得了较大的进步。尤其是从2004年发展至今，国内经济市场的进一步发展推动了风险投资业的高速发展。据中国产业调研网发布的《中国风险投资行业现状研究分析与市场前景预测报告》显示，随着中国经济持续稳定的高速增长和资本市场的逐步完善，中国的资本市场在最近几年呈现出强劲的增长态势，投资于中国市场的高回报率使中国成为全球资本关注的战略要地。

（一）投资规模

截至 2015 年，中国创业投资各类机构数已达 1775 家，较 2014 年增长 14.4%。全国创业投资管理资本总量达到 6653.3 亿元，占 GDP 总量的 0.96%，较 2014 年增长 31.7%。全年披露新募基金 197 家，较上年增长 16.6%。全国创业风险投资机构累计投资项目数达到 17376 项，其中投资高新技术企业项目数 8047 项，占 46.3%。江苏、浙江、北京、上海、广东等经济发达地区一直是创业投资机构最为集聚的地区，这些地区的风险投资机构数量达到 1130 家，占全国总量的 63.7%。

从投资数量上看，据投中研究院根据公开披露信息统计，2014 年 1～11 月共披露天使投资案例 317 起，总投资金额 42.26 亿元，投资规模已经超越 2013 年全年水平。从单笔投资金额分布上看，2014 年 1～11 月披露的 317 起天使投资案例中，大多数案例的投资金额在 300 万元以下（占案例总数的 59.30%）。投资金额在 300 万元以上 500 万元以下的案例占比为 21.11%，在 500 万元以上 1000 万元以下的案例占比为 8.54%，1000 万元以上 2000 万元以下的案例以及 2000 万元以上的案例均占比 5.53%。我国市场的风险投资项目、投资总金额量、单笔项目的投资金额呈逐年上涨趋势。

根据清科研究中心的统计，2017 年中国风投规模达 300 亿美元。风投规模占 GDP 比例在 2006—2017 年间上升 4 倍，至 0.25%。2017 年中国风投主要集中在信息科技、医药生物、电信及增加值服务和金融等行业。中国可能是全球第二大风投市场。FactSet 数据显示 2017 年全球风投中美国占比 55%，中国占比 17%，分列第一、第二位。Preqin 数据显示当前美国风投机构共计 1199 家，中国风投机构共计 368 家，机构数量在全球主要市场中同样分列第一、第二位。麦肯锡数据显示中国在人工智能、大数据、虚拟现实、自动驾驶、互联网金融、可穿戴设备、无人机等前沿科技领域的投资也基本处在全球前三位。

（二）行业分布

1994 年，中国互联网诞生，随后经历了三次创业热潮。第一次热潮是由新浪、搜狐、网易三大门户的创建开启，第二次创业热潮诞生了百度、阿里巴巴等展现中国特色的互联网公司。自 2008 年金融危机以来，开放平台、云计算、社交加移动的应用使创业成本降到最低，产品周期不断缩短，推动创业活动进入新一轮发展热潮。因此，在行业选择上，互联网、IT 行业最受投资机构追捧，以天使投资为例，2014 年年初至今的投资案例数量占比分别为 43% 和 33%，投资金额分别为 22.9 亿元和 11.8 亿元。此外，移动互联网、制造业、医疗健康等行业也受到了投资机构的关注。

在具体细分领域的选择上，投资机构根据自己的偏好及经验，有着不同的侧重。总体来说，O2O、教育、制造、物流、旅游、社交、互联网金融、电商、手游等细分领域均有投资机构涉及。特别是能够通过互联网、移动互联网改变传统行业的细分领域，被投资机构一致看好。当然，多数投资机构也明确表示，自己在行业的选择上，不会单纯追求市场热点，盲目投资。而是通过深入的行业研究，以及自身经验的判断，挖掘出有价值的项目。此外，对于完全不熟悉的领域，部分投资机构也会选择性参与，通过与该领域专业性较强的创始人沟通，在一定程度上可增加自己对行业的把握度，储备行业能力，为以后此领域内更大规模的投资做准备。

（三）地区分布

中国风险投资具有明显的空间集聚性，经济实力较强的地区投资较为密集；反之，经济薄弱的地区投资相对较少。根据风险投资事件的数据库统计，中国主要的风险投资投出地集中在北京、上海、香港、深圳四个城市及国外地区。其中，截至 2014 年年中，北京的投出事件有 749 件，相对中心度为 0.550，上海有 420 件，相对中心度为 0.309，加上香港和深圳，前四位城市事件之和超过总数的 90%。此外，余下的少量投出事件分布在苏州等少数几个城市。从投入地来看，投资涉及的城市相对分散，但也主要集中在北京、上海、深圳三个城市，相对中心度分别为 0.380、0.263 和 0.065，三者投入事件之和超过总数的 70%。同时，广州、南京、杭州、苏州、成都、福州、南通、西安、香港等城市的投入事件数量也较多。此外，国外地区也是一个不容忽视的部分。投入事件涉及亚洲（韩国、日本、以色列）、欧洲（英国、俄罗斯）、美洲（加拿大、美国）等地。可见，中国的风险投资已呈现全球化的趋势。

综合投出和投入事件的两方面数据，可以发现：只有北京、上海和香港三个城市的投出数量大于投入数量，是中国风险投资的净投出地；而其他城市的投出事件数量均小于投入，是投资的净投入地；深圳、苏州、杭州、广州、南京、成都等城市的投入事件也多于投出事件，同样是主要的净投入地。北京和上海显然是中国风险投资网络中最核心的城市，两者之间的风险投资联系最密切，其他城市的投资主要来源于北京和上海。比较北京、上海、深圳、香港等核心城市的主要投资地可以发现：北京的投资地大多集中在东北、华北地区的城市；上海的投资地大多集中在长三角地区及珠三角地区；而深圳的投资地则主要集中在云南、福建、江西等南方省份的城市；香港的投资地则相对比较分散，既有南方的城市，又有北方的城市。由于香港和深圳地理位置临近，加之政策环境的限制，两者事实上共同承担了珠三角地区的核心城市功能。

同时，我国的风险投资业还存在诸如道德风险和商业风险较高、知识产权保护有待提高、政府的鼓励政策不足、风险投资退出不畅、公司法对风险投资限制太强、法律保护投资者利益不够等问题，制约了我国风险投资的发展。因此，必须完善我国风险投资发展的政策和法律环境，尽快建立以风险资本退出市场为核心的多层次风险资本市场。今后十年被认为是中国风险投资"由弱到强"、飞速发展的"黄金十年"，需要以长远的眼光和全球视野来正视中国风险投资事业所面临的发展机遇。

第二节 国际 BOT 投资

20 世纪 80 年代以来，随着国际经济合作的深入，国际上出现并形成了一种新型经济合作方式——国际 BOT 项目投资。国际 BOT 项目投资为世界各国，特别是发展中国家基础设施和大型工业项目建设开辟了新的融资和建设途径。

一、BOT 的内涵与特征

BOT 是英文 Build-Operate-Transfer 的缩写，直译为中文的意思是：建设—运营—转让；其基本含义是，项目方政府将通常由国家公营机构负责的大型基础设施或工业项目的设计、建设、运营、融资和维护的权利特许给国内外私营机构的合同商或主办人，允许私营机构在固定的期限内运营该设施，在规定的期限内收回其对项目的投资、运营与维修费用以及一些合理的服务费、租金等其他费用，以保证该私营机构有能力偿还工程所有的债务并取得预定的资金回报收益，在规定的特许期限届满后，项目设施将无偿转让给项目方政府。按照不同的工程项目，项目产品或产出可以出售给公营机构或直接出售给最终消费者，例如 BOT 电站产出的电力可以销售给项目所在地的公营电力管理机构、BOT 公路项目可以直接向过路者收取过路费。实践中，国际 BOT 方式融资建设的项目一般被简称为"国际 BOT 项目"或"BOT 项目"，这些项目的特许经营期一般为 15~20 年。

BOT 是一种新的利用外资的方式，与传统利用外资的方式不同，具有以下特征：

(1) BOT 方式的主体一方为项目方政府，另一方为私营机构的项目公司；而传统利用外资的方式，一般发生在企业与企业之间或者政府与政府之间。

(2) BOT 项目的实施是一项复杂的系统工程，需要金融、贸易、保险、技术引进、工程承包、土地、交通能源、通信、广告等各种行业的相互协调与合作，尤其是项目方政府的强有力支持，是一个 BOT 项目成功的关键；而传统利用外资的方式则没有这么复杂。

(3) BOT 方式下对项目建设方的选择，一般采用国际招标方式；而传统利用外资的方式则一般不通过招标。

(4) BOT 方式的资金来源主要是国际金融机构提供的无追索权贷款，采用 BOT 方式，可以允许政府参股；而传统利用外资的方式，其注册资本以外的贷款不是无追索权的贷款，同时亦不允许政府投资。

(5) BOT 方式的经营管理通常是在项目方政府的许可范围内，由项目公司按自身的管理模式进行操作；而传统利用外资的方式，则按项目方政府有关法律及双方的约定来进行操作。

(6) BOT 方式合作期满后，该项目被无偿移交给项目方政府；而传统利用外资的方式，在期满后，外方一般按合同规定将标的转让给东道国企业。

BOT 方式的适用范围比较广，但主要适用于一国的基础设施和公共部门的建设项目，如电站、高速公路、铁路、桥梁、隧道、港口、机场、钢铁企业、教育、医疗卫生基础设施，环保设施等。这些项目一般工程量大，建设时间长，耗资巨大，关系国计民生，并属于急需项目，而且这些项目的市场需求一般都较好，能够获得较稳定的收入。

二、BOT 的产生与发展

BOT 这种投资方式的雏形发端于 19 世纪后期的北美大陆，当时用以建设铁路和高级公路，后来逐步推广应用于电站、地铁、港口、水厂、桥梁隧道等公共工程。1984 年土耳其总理土格脱·厄扎尔提出了 BOT 融资的概念，其出发点是想将某些公共工程项目私营化，以解决政府的资金短缺问题。后来，这种方式被认为是减少主权国家借款和吸引国外直接投资基础设施项目的有效手段，许多国家和地区都纷纷采用 BOT 方式加快基础设施的建设，改善本国的投资环境。

经过多年的实践，BOT 已发展成为一种总称性的国际经济技术合作术语，在实际项目的应用过程中产生出多种变形用法：例如 BOOT（Build-Own-Operate-Transfer）是指建设—拥有—运营—移交；BOO（Build-Own-Operate）是指建设—拥有—运营；BTO（Build-Transfer-Operate）是指建设—转让—经营，BOOS（Build-Own-Operate-Sale）是指建设—拥有—运营—出售等。在上述各种变形用法中，以 BOOT 与 BOO 最为普遍与重要。无论是 BOT、BOOT、BOO 或是其他形式的变形，其实质都是项目公司（属于一种私营公司）代替项目方政府或其公共部门来建设和运营项目，属于国家公共部门传统垄断基础性项目私营化的一种形式。同时，由于 BOT 项目融资一般都建立在无追索权或有限追索权的基础之上，所以 BOT 项目建设更大程度上属于一种项目融资，是一种新颖的、不同于传统方式的、以无追索权或有限追索权为基础的国际项目融资。

三、BOT 项目融资的当事人

（一）项目发起人与项目公司

BOT 项目的发起人是项目的实际投资者和主办者，是项目公司的股本投资者和特殊债务的提供者和担保者。项目公司是具体负责项目开发、建设和融资的单位。是最先介入项目建设的项目合作人，亦是项目的主要承接者。作为项目发起人，首先应作为项目公司股东，承担一定的项目开发费用。在 BOT 项目方案确定时，有关各方就应明确债务和股本的比例，项目发起人应做出一定的资本承诺；同时，还应在特许协议中列出专门的备用资金条款，一旦建设资金不足，股东们自己需要垫付不足的资金，以避免项目建设中途停工或工期延误。

项目发起人承担了上述义务以后，理所当然地拥有自己相应的权利：股东大会投票权和特许协议资产转让条款所表明的权利，当政府有意转让资产时，股东拥有除债权人之外的第二优先权，以保证项目公司不被怀有敌意的人控制，保护项目发起人的利益。

（二）产品购买商或服务接受商

BOT 基础设施建设项目建成后必须有长期的产品购买商，否则就难以保证项目合作的全面成功。因此，在项目规划阶段，项目发起人或项目公司就应与产品购买商签订长期的产品购买合同。产品购买商必须有长期的盈利历史和良好的信誉保证，其购买产品的期限至少与 BOT 项目的贷款期限一致，产品的价格也应保证项目公司能够收回股本、支付贷款本息和股息，并能赚取合理的利润。

产品购买商或服务接受商的信用应当有政府担保或者金融机构担保。

（三）债权人

债权人是为项目建设提供贷款的银行金融机构。债权人应提供项目公司所需要的所有贷款，并按照协议规定的时间、方式支付。同时，与股东一样，协议中应列有"备用资金"条款，一旦项目建设资金出现不足，应有足够的备用资金及时顶缺，保证项目建设按计划进行。

作为回报，债权人享有相应的权利，即当政府计划转让资产进行资产抵押时，债权人拥有获取资产和抵押权的第一优先权；项目公司若想借新债必须征得债权人的同意；债权人应获得合理的利息。

（四）建设工程公司或承包商

建设工程公司或承包商是项目的承建者。BOT 项目的建设工程公司或承包商必须拥有很强的建设队伍和先进的技术，能够按照协议规定的期限完成建设任务。为了充分保证建设进度，建设工程公司或承包商必须具有较好的工作业绩，有强有力的担保人提供担保。项目建设竣工后，要进行验收和性能测试，以检测建设是否达到设计规定的指标，满足设计的要求。一旦建设工程公司或承包商因本身原因未能按照合同规定期限完成任务，或者虽完成了建筑任务但未能通过竣工验收，项目公司将对其处以罚款。

（五）保险公司

保险公司的责任是对项目中各个角色不愿承担的风险进行保险，其中包括工程建设中的风险（主要是意外造成的风险，如火灾等）、业务中断风险、整体责任风险、政治风险（战争、财产充公等）等。由于这些风险的不可预见性很强，造成的损失巨大，所以国际 BOT 项目建设对保险公司的财力、信用要求很高，一般中小保险公司没有能力承负此类保险。

（六）供应商

供应商负责供应项目公司所需的设备、燃料、原材料等。由于在特许期限内，对于燃料（原料）的需求是长期的和稳定的，所以供应商必须具有良好的信誉和较强而稳定的盈利能力，能提供至少不短于还贷期的一段时间内的燃料（原料），各类设备、燃料和原材料的供应价格应在供应协议中明确注明。BOT 项目供应商必须经过政府和金融机构的资信担保。

（七）运营商

运营商负责项目建成后的运营管理。为保持项目运营管理的连续性，项目公司与运营商必须签订长期合作合同，合作期限至少不得少于还款期。运营商必须是 BOT 项目的经营专长者，具有较强的管理技术和管理水平，具有管理此类项目的实际管理经验。在运营过程中，项目公司每年都应对项目的运营成本进行预算，列出成本计划，限制运营商的总成本开支，明确制定相应的成本超支或收益提高的罚款或奖励制度。

（八）政府

政府是 BOT 项目成功与否最关键的角色之一，政府对于 BOT 的态度以及在 BOT 项目实施过程中给予的支持直接影响项目的成败，政府必须在 BOT 项目建设中发挥积极的作用，国际 BOT 项目建设尤甚。

以上各当事人之间都要签署双边协议，形成复杂而明确的互相协作关系 BOT 项目的成败得失完全取决于这些协作关系是否顺畅，各个当事人在 BOT 项目中所能获得的利益也将受到这些协作关系的制约，所以，可以说 BOT 方式是一种协议组合，各当事人之间的关系构成了一个不可分割又互相制约的有机整体。

四、BOT 的运作程序

对于东道国政府而言，一个典型的 BOT 项目要经过下列阶段：

1. 项目准备

根据市场需求以及产业政策等提出一个特定项目后，项目方政府需要委托咨询公司进行可行性研究，确定项目技术参数，进行实施方案比较。确定采用 BOT 方式后，政府委托咨询公司要进行项目的前期准备，按基本建设程序完成立项和制定规划，编制招标文件邀请投标商。一般而言，项目准备阶段的内容依国别、项目变化而变化。这是由于发达国家和发展中国家的法制、市场条件不同，从而项目立项前的准备工作有所不同。

2. 项目招标

项目招标的主要过程是发表招标广告、根据邀请的投标商所提交的公司情况进行资格预审、发售招标文件、投标准备证书、开标与评标、合同谈判与签约。由于 BOT 项目前期费用较高，一般初审后选定 3～5 家正式准备投标。BOT 项目标书的准备时间长，一般在 6 个月以上。政府委托咨询公司要随时解答投标者提出的问题，开标、评标后，要对评标结果进行排序，选择 2～3 家进行合同谈判，有时需要进行循环谈判才能签约。

3. 特许合同签署

特许合同是 BOT 项目的核心，它明确了特许期内项目方政府和中标者的权利和义务，反映了双方的风险和回报。特许合同的内容涉及项目的产品性能和服务质量、建设投资与资产寿命、竣工日期及合作期限、产品价格及价格调整公式、资本结构和资本回报、原材料供应与产品收购、外汇安排、不可抗力、维修计划、移交条件、奖惩以及仲裁等事项。合同谈判往往集中在经济条款上，如产品价格、价格调整公式、资本结构、产品收购、资本回报、外汇安排等。特许合同签署并取得政府主管部门批准后，中标者将组建项目公司，开始项目运作。

4. 项目建设

项目公司在完成融资并与各当事人签署有关协议后，建设工程公司或承包商将负责 BOT 项目的建设施工，要编写开工报告，确认各分包单位，审查施工组织设计、施工技术方案和进度计划、设备清单，督促、检查建设工程公司或承包商执行合同情况（包括投资额度、进度、质量三方面），批准工程变更，检查安全防范措施，督促整理合同文件和技术档案资料，处理索赔和争议，组织有关单位进行初验，提出竣工报告，审查工程结算等。一般都是以"交钥匙"（Turn-Key）的建设方式来进行。

5. 项目经营

根据 BOT 合同，项目公司在规定期限内拥有项目的经营权以及相关辅助项目的经营和开发权。项目公司对于经营权的运用可以采取委托经营、联合经营和独资经营三种方式，但是不经允许，不得将经营权转售。在经营期限内，项目公司有责任接受政府的定期调查并公开自身的财务状况，有责任维持项目简单再生产及扩大再生产，不能人为压低折旧率。产品定价上，项目公司往往要求价格浮动权，但政府应保持价格调整审查和制定价格浮动上限的权利。在期限到期时，项目公司有责任为政府培训管理及技术人员。

6. BOT 项目的转让

在合同期满后，项目公司将 BOT 项目的所有权按合同的规定无偿转让给项目方政府。在转让过程中，项目公司有责任为项目方政府提供有关 BOT 项目的经营技术信息以及有关资料。

五、BOT 项目中的主要合同

（1）特许权协议。BOT 项目当事人之间的权利、义务是通过合同来体现的。在 BOT 项目中，特许权协议是最基本的合同，它是政府部门和项目公司之间达成的合同，是整个 BOT 项目的核心和依据。在特许权协议的各项条款中，项目方政府和特许各方的权利、义务条款最为重要，要求具体、明确。如政府在设计阶段时对项目公司提交方案的审查、修改和取消权；在施工阶段的监理权、变更审批权；在竣工验收阶段的检测验收和最终确认权；在运营阶段的监察权、劳务政策制定权以及最终接管权等。同时，项目方政府承担为项目公司提供施工用地、水、电等原料、燃料供应等各项责任，承诺实现项目收益，以及提供临时资金或备付贷款（Stand-by-loans）的义务。项目公司享有收费权、税收优惠权、优先受让权、外汇平衡权、申请政府援助和保护权等；同时承担按项目方政府审查批准确认的规范设计项目、按批准的设计方案建设项目、按规定的收费标准经营项目并保证项目移交时的完好性义务等。

（2）股东协议。股东协议是在股东之间签订的合同，它规定招股条件和合同条件。项目公司的主要股东一般为土建公司、设备供应商、国际贸易公司和金融机构等。有的国家在其特定的领域中，如石油和电力工业等，项目方政府作为股东参股的情况也很普遍。

（3）建设协议。BOT项目工程的建设一般是以固定价格的交钥匙工程承包合同形式来进行。如果BOT项目既包括土建又包括供应重型机械设备的内容，项目公司往往与有经验的土建公司和设备供应商的联合体进行谈判以确保工程项目能够按时、按质全面完成。

（4）采购协议。如果项目方政府是该项目的唯一用户，那么项目公司则与政府机构洽谈单独的采购协议。该协议明确项目方政府保证最低采购数额并确定价格结构。这样，只要项目方政府履约，按时付费，项目公司就能有充足的资金来承担项目成本、偿还债务并获取利润。

（5）贷款协议。BOT项目的主要合同之一是项目公司与贷款人之间的贷款协议。BOT项目的融资方式和贷款条件千变万化，实践中没有统一的模式。

（6）运营协议。项目公司一般是通过与专业管理公司签订运营管理合同来运营一个BOT项目的。该合同规定运营方在一定期限内的经营范围、设备维护标准、经营成本和奖励措施等。

思 考 题

1. 风险投资的主要参与者有哪些？
2. 风险投资的退出方式有哪些？
3. 风险投资的特点是什么？
4. BOT的含义是什么？
5. BOT的当事人有哪些？
6. BOT的运作程序是什么？

【案例分析1】

风险投资之阿里巴巴资本神话

作为一种资本形态，风险投资在现代金融投资体系中有着重要的地位，实现了高新技术项目与资本的有机结合，促进产业升级和经济增长，助推了行业的发展，同时项目的成功，也使投资者获取巨额投资收益。早期投资阿里巴巴的投资者亦是如此，那么这些神秘的风险投资家是谁呢？

在风险资本投资阿里巴巴的过程中，运用了分段投资、联合投资的策略。一般情况下，风险投资家不会全部一次性投入风险企业，而是随着企业的发展分批投入。并且通常也联合其他风险投资者一起投资一个项目，所谓"领投"和"跟投"。投资者来自不同领域，可以集思广益，整合资源，从不同角度评价企业风险，提高决策准确度，同时也可以收益共享和有效分散风险。

阿里巴巴的分段投资体现在上市前共进行了三轮融资，联合投资体现在三轮融资中除了第二轮是软银单独进行外，第一轮和第三轮都是由多个投资者联合完成的。第一轮是高盛、富达投资、新加坡政府科技发展基金等四家，第三轮由日本软银、富达投资、IDF、雅虎一起进行。

一、创业初期，风险投资虽救急，但不能有钱就要

在项目的早期，"领投"的风险投资家在已经对项目进行了尽调和评估并掌握了项目的基本情况和发展潜力后，多会运用上述策略寻找合作伙伴对项目进行投资。初创企业一般也都会对资金不加甄别地选择接受，但值得注意的是，阿里巴巴创始初期，虽也遇资金瓶颈时，但并不是有钱就要，曾拒绝了几十家投资商，阿里巴巴希望投资者不仅能带来资金，还能提供更多潜在的资源。此时，蔡崇信利用在投行高盛积累下的关系，恰如其分地为阿里巴巴解了这个燃眉之急，以高盛为主的一批投资银行向其投资了500万美元，也带来了除了资金以外的更多资源，并对后续阿里巴巴的进一步融资和海外扩张提供了有利保障。

二、持有期不同，收益率差异巨大

早在阿里巴巴第三轮融资开始，早期的一些风险投资已经开始陆续套现。初创期就投资阿里巴巴的高盛因战略调整，也退出中国风险投资市场，其所持有的阿里巴巴的股份被新加坡寰慧投资（GGV）接手，此后富达等也陆续套现退出。而日本软银却一直持有风险投资阶段所取得的阿里巴巴股份，其收益率的差异不言自明。

三、风险投资家和创业企业家应是双向选择关系，而非一边倒

从风险投资家的角度，风险投资多是在把握行业发展大趋势的基础上看团队、看创始人（所谓天使看人，A轮看产品，B轮看数据，C轮看收入），尤其是创始人要有远见，要有很强的执行力，有战略家的高瞻远瞩，有战术家的脚踏实地。

从创业企业家的角度，某企业家曾说："跟风险投资谈判，腰挺起来，但眼睛里是尊重。你从第一天就要理直气壮，当然别空说，你用你自己的行动证明，你比资本投资家更会挣钱。我跟VC讲过很多遍，你觉得你比我有道理，那你来干，对不对？"

创业者和风险投资家应该是平等的，在VC问你100个问题的时候，你也可以问他99个，你要问他投资你的理念是什么？在企业遇到困境的时候，怎样共同应对？甚至你也可以像VC向你要商业计划书一样，要VC把投资计划和合作方案明确和承诺用书面的形式向你出具，以作为互相的约束。跟VC沟通的过程当中，不要觉得VC很牛气，其实，你才是创业孩子的父母，只有你知道该把孩子的未来引向何方，VC可以给你建议，给你钱，帮你分担，但肩负着把孩子养大养好的责任永远是——父母。

（资料来源：搜狐财经，2017-07-29 21:00。）

【案例分析2】

全球风投变革的四大趋势

世界顶级会计师事务所之一的普华永道（PwC）和以发布"独角兽"名单闻名风险投资的数据公司CBInsights，发布了聚焦于私募及创投基金行业的投资现状和趋势的季度研究报告MoneyTree。最新一期MoneyTree报告刚刚出炉，全球风投变革出现四大趋势：

一、亚洲有望首次超过美国

MoneyTree 报告显示，2017 年亚洲接受风险投资总额达 708 亿美元，美国为 719 亿美元，其中中国表现抢眼。如果延续这种趋势，2018 年将成为亚洲首次接受风险投资总额超过美国的年度。

除了接受投资，中国对外投资的数据同样亮眼。2017 年 6 月 7 日，联合国贸易和发展会议发布的《2017 年世界投资报告》显示，中国 2016 年对外投资飙升 44%，达到 1830 亿美元，这是中国在该报告中首次成为全球第二大对外投资国。

2017 年全球第四季度最活跃的 VC 有两家在中国，分别是红杉资本中国基金和真格基金。红杉资本中国基金以 28 起投资排名第二，真格基金以 22 起投资排名第五。

二、中国独角兽快速崛起

现行西方神话的独角兽则形如白马，额前有一个螺旋角，代表稀有、高贵、高傲和纯洁。美国著名 Cowboy Venture 投资人 Aileen Lee 在 2013 年将私募和公开市场的估值超过 10 亿美元的创业公司做出分类，并将这些公司称为"独角兽"，然后这个词就迅速流行于硅谷，并且出现在《财富》封面上。所谓"独角兽公司"是指那些估值达到 10 亿美元以上的初创企业。Aileen Lee 发明"独角兽"概念的时候，她描绘的是一个具体历史条件下的情形。2003—2013 年间，就只有 39 家公司从 6 万多的竞争者中脱颖而出，实现了估值达到甚至超过 10 亿美元。

在 2017 年全球十大"独角兽"公司中，中国公司占据了半壁江山，滴滴、小米、美团点评、今日头条、陆金所上榜。根据 IT 桔子的数据统计，2017 年中国共有 34 家新晋"独角兽"公司。

美团点评去年融资 40 亿美元，估值达到 300 亿美元。滴滴 2017 年获得 40 亿美元投资，由日本软银（SoftBank）、阿布扎比国家基金 Mubadala Capital 以及国内投资者组成，估值达到 560 亿美元，成为仅次于美国竞争对手 Uber 的全球最大"独角兽"。

另外虽然 MoneyTree 报告没有提及，中国"独角兽"公司蚂蚁金服仍值得特别注意。蚂蚁金服作为阿里巴巴的关联公司，上市动向备受关注，虽然马云曾公开表示，未来 12 至 18 个月都不考虑蚂蚁金服上市计划，亦未有上市地点偏好，不过仍有不少分析师预计蚂蚁金服将会在不久的未来上市。

在美国数据库公司 CrunchBase 公布的"2017 年世界前 10 大独角兽公司排名榜"中，蚂蚁金服以 600 亿美元估值位居中国大陆公司榜首。

三、"CVC"成为一股新力量

"CVC"，即 Corporation VC（公司风险投资），2017 年"CVC"的表现十分抢眼，阿里巴巴和腾讯已经成为一股新的投资力量，投资额甚至高于传统风投公司。

2017 年，阿里巴巴的投资前 10 分别为：投资高鑫零售 29 亿美元、投资银泰 26 亿美元、投资 Tokopedia11 亿美元、投资 Lazada10 亿美元、投资饿了么 10 亿美元、投资菜鸟网络 53 亿元人民币、投资 OFO 超过 7 亿美元、投资大搜车 3.35 亿美元、投资易果生鲜 3 亿美元、投资 BigBasket2.8 亿美元。

纵观阿里 2017 年的主要投资，几乎每笔投资额都过亿，总额达到 110 亿美元以上，其中有三笔投向了海外。

2017年，腾讯全年投资数量已经超过120起，投资活跃度超过绝大部分一线传统VC。众安在线、阅文集团、易鑫资本以及搜狗均在境外上市。

我们追踪到的2017年中国34个新晋"独角兽"公司中，有超过60%的公司与BAT有直接或间接的股权关系。随着这些"独角兽"公司后续不断融资，他们被巨头收编的比例还会更高。2017年后续增资后，阿里系对饿了么持股总占比达32.94%，已取代饿了么管理团队，成为饿了么最大股东。

由于"CVC"首要考虑的是自己的战略目标，而不是纯以财务回报为最主要的目的，所以可以和传统VC形成很好的合作和互补，有利于进一步完善中国的创投生态。

四、"航母级"母基金不断浮现

2017年，总募集金额高达千亿美元的软银"愿景基金"（Vision Fund）横空出世，震惊了整个风投行业，对美国风险投资领域产生了巨大影响。

2017年，全球风险投资基金的投资额同比增长近50%，超过1640亿美元，达成了11042笔交易。美国投资额虽然同比增长17%，但交易数量下降至5052，为2012年以来最低水平。与相对疲软的美国市场不同，亚洲投资额同比增长逾100%，中国的增长尤为抢眼，千亿规模的"航母级"母基金不断浮现。

（资料来源：搜狐财经，2018-01-29。）

第六章

国际劳务合作与国际工程承包

第一节 国际劳务合作

一、国际劳务合作的内涵

劳务是指以提供活劳动的形式满足社会和他人某种需要并索取相应报酬的活动。国际劳务合作是指一国（或地区）的企业或个人通过某种特定形式向另一国（或地区）的企业和个人提供各类劳务，并按合同要求进行的一种经济合作的新形式。它实际上是一种劳动力要素在国际上的重新组合配置。

根据世界贸易组织《服务贸易总协定》对国际劳务合作概念的界定，国际劳务合作在广义上应包括对外派出各种服务人员提供劳务，也包括境内对外劳务合作活动，如开展"三来一补"、国际旅游、医疗保健等服务。狭义的劳务合作主要是指对外派出人员提供劳务，向外国雇主收取工资或议定的服务费用；以服务成果（如承担地形地貌测绘、资源勘探、项目可行性研究、技术指导和培训人员、维修设备等）向境外雇主收取费用。在国际经济合作活动中，国际承包工程和劳务合作往往密切联系并相互交织，这两种活动由其性质和特点所决定，在实践中很难完全区分开来。

国际劳务合作有别于国际上的"难民""非法移民""奴隶贸易""苦力贸易"，它是国际劳动力流动的组成部分，但不能概括所有劳动力在国际上的流动。国际劳务合作也不是国际移民活动。国际劳务合作与国际服务贸易还有一定的区别，国际劳务合作讲的是作为生产要素之一的劳动力要素在国际上的移动，是国际服务贸易的一部分。

从劳动力流动的角度可以将国际劳务合作分为以下两种形式：

（1）境外劳务合作。境外劳务合作即劳动力跨国、跨地区提供劳务。

（2）境内劳务合作。境内劳务合作就是劳动力不跨国、跨地区提供劳务合作，如国际旅游、国际金融服务、国际教育培训等。

二、国际劳务合作的形式

国际劳务合作从不同角度可分为若干种不同的形式，主要有以下四种划分方法：

1. 按劳动力流动的方向来划分

（1）劳务输出。劳务输出即一国向他国提供劳动力并收取外汇报酬的活动，它特指劳动力在境外短期居住并提供有偿服务，而非移民。无论是发达国家，还是发展中国家，都在开展劳务输出活动，但两者输出劳务创造的附加值水平有较大的差距。

（2）劳务输入。劳务输入即一国接受来自国外的生产技术和劳动的服务活动，各国总是根据自身的需要来选择一定的劳务人员输入,以达到或降低生产成本,或提高技术和管理水平,或完成某项工程建设的目的。

2. 按劳务合作发挥的作用来划分

(1) 生产型劳务合作。生产型劳务合作即一国向另一国的生产部门提供技术和劳动服务的活动。这主要是在工农业生产领域中的劳务合作,如提供设计人员、工程技术人员、施工人员等,这些人员是在劳务输入国的物质生产部门作为生产要素之一发挥作用的,因而生产型劳务合作被称为"要素性劳务贸易"。

(2) 非生产型劳务合作。非生产型劳务合作即一国向另一国的非物质生产领域和部门(如饮食业、旅馆、零售业、医院、保险业、银行、咨询业等)提供服务人员的活动,输出人员均从事非直接生产性的工作,故非生产型劳务合作被称为"非要素性劳务贸易",其合作内容大多为提供服务性技术和管理的人员。

3. 按劳务合作的内容来划分

(1) 一般劳务输出。一般劳务输出即提供简单的劳动力服务,通常与国际承包工程结合在一起。

(2) 特种劳务输出。特种劳务输出即提供某些特定行业和满足特定需要的专业劳务,如输出护士、厨师、工程师等专业人员提供服务。

(3) 技术服务输出。技术服务输出即派遣专家和技术人员到国外,与劳务输入国开展技术项目合作,或对劳务输入国进行技术诊断和技术指导。

(4) 技术人员培训。技术人员培训即劳务输出国为工程所在国的技术人员和操作人员提供工艺流程和操作要领等方面的技术培训,还包括帮助工程所在国进行设备的安装、调试和维修等服务活动。

4. 按劳务输出的方式来划分

(1) 通过对外承包工程输出劳务。
(2) 通过业主或第三国承包商开展工程劳务承包。
(3) 通过对外直接投资进行劳务输出。
(4) 政府或有关机构聘请的高级劳务。
(5) 通过招工机构或雇主招募,根据劳务合同输出劳务。

三、国际劳务合作的产生与发展

在人类社会发展史上,很早就出现了劳动力在各地区乃至各个国家间的流动,但由于当时生产力水平低下,交通工具极为落后,因而这种流动的规模和距离极其有限。伴随着资本主义生产方式的萌芽和形成,开始了国际大规模和远距离的劳动力流动。在 15 世纪哥伦布发现"新大陆"后,西欧国家在 300 多年中大量移民至北美,并且有不少欧洲殖民帝国还将非洲大量的黑人奴隶贩卖去美国。此外,华工也成为"新大陆"的重要劳动力来源。进入 21 世纪初,国际上人口向美洲、大洋洲的转移进一步加快。在两次世界大战期间,国际上正常的移民虽大为减少,但与战争有关的移民和国际劳务合作则有了较大的发展。到了第二次世界大战后,随着经济国家化趋势的不断加强,当代劳动力的国际流动更为频繁和扩大。从当代劳动力的国际流动来看,与以往有明显不同的特点,主要表现在这种流动更主要的是经济性质而非政治或其他原因造成的,即劳动力流动不具有超经济强制性和殖民性,不是为了逃避战争，而是为了寻找更有利的劳动力市场。

国际劳务合作经历了一个漫长的历史时期，追溯到"新大陆"的开发与黑奴贸易，尽管有劳动力国际迁徙的因素，但是一种不平等的贸易。今天的国际劳务合作，是各个主权国家按照平等互利的原则，进行国际劳务交流的活动。回顾国际劳务合作的发展历史，可以看出，它的兴起有着客观的社会经济背景。

1. 国际劳务合作是国际经济发展与劳动力分布不均衡引发的

国家间的经济向来不平衡。"二战"后，一些地区的经济飞速发展，大量需要劳动力，引发了劳动力大规模地跨国移动。例如，20世纪50~80年代，中东地区石油的大规模开采，石油出口为输出国换回了巨额美元，带来了经济的繁荣，促进该地区的各项建设事业很快发展起来。但是，中东国家文化普遍落后，技术力量薄弱，人口质量和数量都难以满足经济的发展，因此，各地尤其是劳动力丰富的发展中国家的大量劳动力被吸引到中东地区，从事建筑工程及各项工作。据不完全统计，20世纪70年代中东建设的鼎盛时期，有650万外籍劳工。另外，"二战"后西欧经济飞速增长，仅汽车制造、矿产业和服务业中的外籍劳工就曾高达800万人。历史事实说明，世界上无论哪个国家和地区，只要经济高速发展超过了本地劳动力的供给，就会引起劳务的国际流入，形成国际劳务市场。

2. 国际劳务合作是产业结构和劳动力结构不一致引发的

社会产业结构是由社会经济发展的水平和阶段决定的，而生产发展的水平又对人口的再生产具有反作用，如影响到出生率、死亡率和受教育程度等。

从产业结构的变迁中，可以发现，变迁的结果首先是劳动力在部门间的流动，大量劳动力从第一产业流入第二产业，又从第二产业流入第三产业，在此过程中，必然需要劳动技能的培训，所以新兴部门往往面临劳动力不足的矛盾，需要从国外引进合适的劳动力。

3. 经济发展水平的地区差异使国际劳务合作具有完全的现实性

经济发展水平的不均衡，造成了各地劳动力成本的巨大差异，这使得一方面劳动密集型产业向劳动成本低的国家与地区转移；另一方面从国外招聘工人到发达地区从事工作或者提供服务具备了经济上的现实可能性。外籍工人的工资加上旅费及各种中间费用仍远低于本国工人的工资，外籍工人的收入扣除各种迁移成本仍高于其在输出国的收入，这样，国际劳务合作就成了劳务输出国和劳务输入国双方的自觉行为。

当代国际劳务合作发展的主要原因，是各国经济发展和大规模建设对各种行业和部门劳务人员需求的增加，而各国经济发展水平和劳动力的供给情况又很不平衡，于是在技术不断进步和各种经济活动日趋全球化的条件下，导致了国际劳务合作的迅速发展。其主要流向是从经济较落后及劳动力资源较丰富的国家向经济较发达、经济正在迅速发展、劳动力资源比较短缺的国家和地区移动，而随着经济技术的发展对劳动力及劳务输出的要求日益提高，一些高水平的劳务也开始从发达国家流向部分发展中国家。

从第二次世界大战后初期到20世纪60年代，西欧和北美地区的一些国家随着经济的繁荣和发展，对劳动力的需求大量增加，许多国家政府对外来移民及劳务输入限制较松，由此导致北美，尤其是西欧在这一时期成为世界上最主要的劳动力市场。如当时阿尔及利亚、西班牙、葡萄牙、突尼斯、摩洛哥等国大批劳动力流入法国；联邦德国则有来自土耳其、南斯拉夫、意大利、希腊等国的大量劳工。20世纪70年代中期，中东一批石油输出国由于两次石油提价获得大量的收入，纷纷制定雄心勃勃的现代化计划，大兴土木，为弥补自己劳动力严重不足的状况，开始吸引大量外籍工人进入该地区提供劳务。到20世纪80年代初，中东地区有600多万外籍工人，成为当时世界上最引人瞩目的一大劳务市场。中东劳务市场的形成和扩大一开始就与国际承包工程紧密结合在一起，不少中东国家主要通过大中型基本建设项目招标来吸引外国劳务人员，其中以工程技术人员、管理人员和建筑工人为主体。进入20世纪80年代以来，亚洲特别是东亚和东南亚一些国家开始了大规模的经济建设，尤其是不少大型基础性建设项目纷纷上马，使得这一地区成为一个日益重要的国际性劳务市场，国际劳务合作进入了一个崭新的发展时期。

当代国际劳务合作的发展，作为生产要素的劳动力的大规模国际流动，对各有关国家乃至整个世界经济的发展都产生了积极的促进作用。从世界范围来看，它进一步加深了各国间的经济联系和依赖，表明了各国可以更大规模、在更广泛范围内处理劳动力、资本和资源的合理和优化配置问题，由此导致生产国际化程度的提高，促进了世界经济的繁荣和发展。对于劳动力输出国和输入国来说，劳动力的国际流动则具有不同的、较为复杂的经济效应。

四、国际劳务合作发展的原因

（一）经济全球化

经济全球化是当今世界大转折中最突出的特征。经济全球化的迅猛发展已成为世界经济发展不可逆转的客观进程，它对世界各国的经济和社会生活产生了深刻的影响，同时也推动了当代国际劳务合作的发展，具体表现在以下三个方面。一是世界贸易的急剧增长。近年来，全球贸易的增长率始终高于生产的增长速度，说明世界经济对世界市场的依存度越来越大，各国的生产和消费相互联系、相互融合，而国际贸易是追求经济利益和财富的手段，也是促使服务贸易产生的重要前提，并将最终导致劳动力流动的产生。因为不但商品贸易活动要依靠劳动力去完成，而且在资源的商业开发中产生劳动力短缺时，自然会将劳动力的流动融于商品贸易中。二是跨国公司的发展。跨国公司控制了全世界1/3的生产、2/3的贸易、70%的对外直接投资和70%以上的专利和其他技术转让，集资本、生产、贸易、技术于一体的国际跨国公司的蓬勃兴起，带动了当代国际劳务合作的发展。三是国际直接投资的力度加大。自20世纪80年代以来，国际直接投资的增速高于国际贸易的增速，不但发达国家之间的相互投资在增长，而且发达国家与发展中国家、发展中国家之间的相互投资也在增长。通过国际直接投资，使伴有企业经营控制权的生产要素或一揽子资源（如资本、劳动力、技术、管理和信息知识等）转移到东道国，从而促进了当代国际劳务合作的发展。

（二）科技国际化

自20世纪50年代以来，以微电子技术、生物工程、航天技术、新能源、新材料为代表的新技术革命方兴未艾。20世纪90年代，信息技术、克隆技术等高新技术的发展，加速了科技人员的跨国流动。科技进步决定着社会分工的发展与深化，也决定着生产力的发展与提高，因而科技研究国际化趋势必然导致大量双边或多边政府之间国际科技合作协定的签订。从第三次科技革命发生以来，航天技术、计算机及计算机软件技术人员的需求急剧增加，生产力发展水平低的国家需要技术劳务，就连发达的工业化大国也需要技术劳务和专家。因此，为了加快自身的发展，重视并注意吸收科技人才已成为各国的一项重要策略，这种策略被执行的结果必将加速技术劳务合作的发展。

(三) 世界多极化

世界多极化是国际政治经济格局演变的必然趋势。苏联解体，"冷战"结束，世界格局出现的重大变化是：以美苏两个超级大国争霸为特征的两极格局完结，多种力量和谐并存以及国际新秩序逐步形成，世界正向着光明和进步迈进。多极化趋势的出现，促进了经济全球化朝着有利于实现共同繁荣的方向发展，从而也为当代国际劳务合作的发展提供了较为宽松和良好的国际社会环境。正如习近平同志在十九大报告所做的深刻论述：当今世界正在经历百年未有之大变局。世界多极化、经济全球化、社会信息化、文化多样化深入发展，全球治理体系和国际秩序变革加速推进，新兴市场国家和发展中国家快速崛起，国际力量对比更趋均衡，世界各国人民的命运从未像今天这样紧紧相连。目前来看，多极化趋势在全球或地区范围内，在政治、经济等领域都有新的发展，世界上各种力量出现新的分化和组合。大国之间的关系经历着重大而又深刻的调整。各种区域性、洲际性的合作组织空前活跃。广大发展中国家的总体实力在增强。多极化趋势的发展有利于世界的和平、稳定和繁荣。

(四) 经济协调国际化

国际经济协调，是指为达到一定经济目的或解决共同面临的经济难题，不同国家（地区）、国家集团以及国际经济组织通过协商和会谈来制定共同的经济政策，并通过经济一体化组织、政府首脑会议及互访（或称经济外交）以及行业组织等形式，对国际经济关系进行联合调节。国际经济协调既是经济协调客观基础作用的结果，也是新的国际局势使然。国际劳务合作是一项全球性经济合作活动，它的开展和扩大往往要有关各方的经济组织或政府进行卓有成效的协调。劳务合作各方经济状况、文化背景、劳工政策等之间存在着种种差异，因此相互合作必然存在障碍，甚至会出现各种各样的劳工纠纷和劳务壁垒，这些摩擦和冲突需要加以及时的处理和解决，不然会阻碍国际劳务合作的进一步发展。因此，国际经济协调在全球经济化进程中的地位和作用显得越来越重要，它既是国际经济活动的"催化剂"，也是当代国际劳务合作发展的"润滑剂"。

五、国际劳务合作对世界经济的影响

国际劳务合作对世界经济的影响主要表现在三个方面：

（1）促进了科学技术在世界范围内的普及。在劳动力转移过程中，有相当部分的劳动力是具有某种专业知识的，他们将其所拥有的技术带到世界各地，使输入国也能分享世界上最先进的技术所带来的效益。

（2）加深了生产的国际化程度。源源不断的劳动力转移使世界形成了庞大的劳动力市场，作为生产要素之一的劳动力要素在世界范围内进行配置。与此同时，技术劳务的转移有些是通过跨国公司的海外投资带动的，这不仅促进了劳务输入国的产业结构调整，也加深了生产的国际化。

（3）扩大了贸易的数量。技术劳务在国外提供各种技术服务时，往往要求技术输入国使用其母国的设备、原材料，或推荐具有国际先进水平的其他国家的产品，从而扩大了国际贸易的数量和范围。

第二节 国际工程承包

一、国际工程承包的内涵及主要当事人

国际工程承包是指一个国家的政府部门、公司、企业或项目所有人（一般称工程业主或发包人），委托国外的工程承包人负责按规定的条件承担完成某项工程任务。国际工程承包是一种综合性的国际经济合作方式，是国际技术贸易的一种方式，也是国际劳务合作的一种方式。从另一个角度说，它是指一国的承包商以自己的资金、技术、劳务、设备、原材料和许可权等，承揽外国政府、国际组织或私人企业的工程项目，并按承包商与业主签订的承包合同所规定的价格、支付方式收取各项成本费及收取应得利润的一种国际经济合作方式。

国际工程承包涉及的当事人主要有工程项目的所有人（业主或发包人）和承包商。业主主要负责提供工程建造所需要的资金和酬金等，而承包商则负责工程项目的建造、工程所需设备和原材料的采购以及提供技术等。

二、国际工程承包的发展趋势

进入21世纪，国际、国内经济和政治环境正在发生巨大的变化，国际工程承包产业内部分工体系进一步形成，导致我国对外工程承包面临新的机遇和挑战。但在可以预见的未来，影响国际工程承包市场发展的外部环境总体良好，对国际工程建筑服务出口起着重要的拉动作用，国际工程承包市场规模不断扩大。国际工程承包的发展趋势将呈现以下五个特点：

（一）承包商收购并购活动频繁

近几年，国际工程承包市场大型项目明显增加，使大型的承包集团不断诞生。为了整合资源，应对日趋激烈的国际市场竞争，提升国际承包工程企业的本地化运作能力，众多国际工程承包商相继实施业内资产重组，不断扩大企业经营规模。今后，随着国际工程项目的大型化和对承包商能力要求的不断提高，国际建筑工程市场的重组并构将更加活跃。

（二）承包和发包方式发生深刻变革，利润重心转移

随着国际工程承包市场的发展，国际建筑工程的发包方越来越重视承包商提供综合服务的能力，传统的设计与施工分离的方式正在快速向总承包方式转变，EPC（设计——采购——施工）、PMC（项目管理总承包）等一揽子式的"交钥匙"工程模式以及BOT（建设——经营——转让）、PPP（公共部门与私人企业合作模式）等带资承包方式成为国际大型工程项目中广为采用的模式。承包商不仅要承担项目的设计、施工和运作，还要承担工程所需的融资。从美国的情况看，2003年美国有一半以上的工程采用EPC方式，因此一些小公司及单一的设计、施工公司竞争压力加大，难以为继。国际承包方式的新变化，要求承包商必须实现设计和施工结合、设计和前期的研究结合、后期的设施管理和物业管理结合。单纯的工程施工业务利润逐渐降低，承包商的业务开始朝着项目的前期和下游发展，利润重心向产业链前端和后端转移。

（三）带资承包普遍，承包商强化融资能力

目前，发达国家由以前政府主导的投资逐步演变为私有化投资；发展中国家一般资金比

较短缺，吸引外资成为发展中国家进行基础建设的重要手段之一。据世界银行和联合国贸发会议的统计分析，工程建筑业是发展中国家吸收外资最大的领域之一。因此，除少数国家的政府项目不需要承包商带资外，多数项目基本上需要承包商以不同形式带资承包。据专家初步估算，带资承包项目约占国际工程承包市场的65%。国际上大的工程承包公司都拥有雄厚的资金实力与融资能力，与世界主要的出口信贷机构、多边金融组织、商业银行及资本市场有固定的业务往来，这些在其承包大型复杂项目以及降低整体项目融资成本及风险等方面发挥了积极作用。

(四) 大型承包商管理日益科学化、信息化、规范化

为降低成本提高效益，国际工程承包业务的技术创新、电子化管理、技术质量规范、环保以及安全标准都在走向规范化，并且成为进入市场的条件。为此，一些大型承包商集团都制定了一套集团特有的运营体系，规范整个集团的管理模式。它们通过资金控制，直接将管理延伸到各机构以及各执行项目上，依托信息技术建立管理系统，对各分部、机构以及项目进行管理和成本控制。利用这个庞大而强有力的管理系统，不但可以方便掌握和控制整个集团的运营情况，还可以根据此系统的数据对集团财务状况进行分析，从而找出盈利或亏损的原因，为集团的决策提供依据。同时，承包商还通过扁平化项目管理减少中间环节，提高效率。

(五) 产业分工体系深化，承包商寻找新的市场定位

国际建筑业市场的产业分工体系深化，工程管理和工程设计大多是由欧美公司承担，国际设备采购的对象多是日本和德国，其他国家公司主要集中在土建领域，但一些比较发达的国家正在向附加值高的领域升级。欧美等国家的大型跨国建筑企业都有自己的技术和专利，在国际工程承包市场上的优势明显，资金实力、技术和管理水平远远高于发展中国家的企业，在技术和资本密集型项目上形成垄断。发展中国家建筑承包商因为在劳动力成本上具有比较优势，在国际工程市场中承建的工程项目多是相对简单的劳动密集型项目，但近年来已开始向技术密集型项目和知识密集型项目渗透。随着发展中国家承包商不断进入国际市场，越来越多的国际工程承包商对经营计划做出大幅度的调整，寻找新的市场定位。

三、国际工程承包的招标与投标[⊖]

目前，国际工程承包项目的建设主要采用国际招标方式。招标（Tender）是一方（招标人）欲出售、购买商品，或欲建设工程项目，按一定程序征求应征人，不经磋商而进行交易的一种方法。应征人按招标人的要求提出具体方案并寄交招标人，称为投标（to Submit Tender）。国际招标一般有招标人和投标人双方参与，招标人一般是业主或发包人，而投标人一般是承包商。通过这种方式成交，招标人和投标人都可以实现自己的目的。招标人通过招标引进竞争，可以"货比三家"，从众多的投标人中选择自己最满意的投标人来承建工程，提供技术和设备，使招标人以最小的代价取得最佳的经济效益；投标人则可通过这种方式进入承包市场，夺取项目，从而不断提高自己的经营管理水平和技术水平，扩大自己的知名度，提高自己在国际承包市场上的地位。

目前，国际上通常采用的招标方式一般可分为竞争性招标和非竞争性招标两大类。

⊖ 参考储祥银编写的《国际经济合作实务》，中国对外经济贸易出版社，2001。

（一）竞争性招标

竞争性招标（Competitive Bidding）又可以分为公开招标和选择性招标。

1. 公开招标

公开招标亦称国际公开招标或国际竞争性招标。在公开招标中，招标人通过公共宣传媒介发布招标信息，世界各地所有合格承包商均可报名参加投标，条件对业主最有利者可中标。这是国际上运用最多的招标方式。这种方式的主要优点是：业主可以按照事先规定的条件在国际市场上找到最有利于自己的承包商来承建工程，提供设备和材料，使质量、工期、价格等方面都满足自己的要求，并使得价格的自由竞争得到充分的体现。

2. 选择性招标

选择性招标亦称邀请招标，属于一种有限竞争性招标。在选择性招标条件下，招标人凭借从咨询公司、资格审查或其他途径了解到的承包商的情况，有选择地邀请数家有实力、讲信誉、经验丰富的承包商参加招标，经评定后决定中标者。采用这种方式一般不刊登招标信息，而是由招标人将有关材料直接寄交给被邀请参加投票的承包商。

选择性招标方式只适用于：金额较小的工程；所需技术、设备、材料只有少数几家承包商可提供的工程；特殊工程；不宜公开招标的工程。

（二）非竞争性招标

目前常见的非竞争性招标（Non-Competitive Bidding）主要是谈判招标。谈判招标又称议标。在这种招标方式下，招标人根据项目的具体要求和自己所掌握的情况，直接选择某一家承包商进行谈判。若经谈判达不成协议，招标人可另找一家继续谈判，直到最后达成协议。谈判招标主要适用于军事或保密工程、专业技术性强的工程、紧急工程、金额较小的工程或已完成项目的扩建工程。

（三）其他招标方式

上述是三种常见的招标方式，除此之外，还有一些其他的招标方式：

（1）两阶段招标。招标分成两个阶段进行。第一阶段采用公开招标方式，选择 3～4 家承包商；第二阶段采用选择性招标方式，邀请被选择的承包商进行报价，最后确定中标者。这里必须指出，两阶段招标并非两次招标，从次数上讲，它仍属一次招标，只签一个合同。

（2）地方公开招标。地方公开招标是按照地方程序进行的招标，一般通过地方性宣传媒介发布招标信息，并限于当地的承包商参加投标。

（3）平行招标。招标人根据具体情况把一个较大的工程项目分解成若干个互相联系的子项工程，分别而又同时单独进行招标。它适用于技术层次多、设备供应范围广的项目，即总承包商以招标人的身份，将所承包工程的一部分发包给其他承包商即二包商，二包商对总承包商负责，总承包商对业主负责，总承包商寻找的二包商必须征得业主的同意。

四、国际工程承包招标的程序

（一）成立招标机构

业主在决定建造某一项目以后，便开始进行国际招标工作。国际招标的整个过程一般由一个专门设立的机构全权负责。可自己设立招标机构，也可委托国际上常设的招标机构或从事招标的咨询公司代为招标。

（二）制定招标规则

招标规则的主要内容如下：

（1）确定招标方式，即确定是采用公开招标、选择性招标、两阶段招标，还是谈判招标。

（2）广告刊登的范围和文字表达方式。

（3）确定开标的时间和地点。

（4）评标的标准等。

（三）编制招标文件

招标文件是招标的法律依据，也是投标者投标和准备标书的依据。其内容视项目的规模和复杂程度而定，主要包括招标人须知、担保书、合同条件和技术规范等。招标文件力求完整和准确，文字通常是英文、法文和西班牙文。

（四）投标邀请（招标通告）

（1）招标方案审批后，如果采用邀请招标方式，招标机构应及时向被邀请参加的投标人发"投标邀请函"。

（2）如果采用一般公开招标方式，招标机构应及时通过规定媒介发布招标通告，招标通告应含有以下内容：招标人名称及地址、联系人及联系方式、招标标的及主要要求、购买标书的条件、方式及截止时间、招标文件的收费。

（3）如果采取以资格预审确定投标人的公开招标方式，则需发布资格预审通告，通知潜在投标人在指定的地点、日期购买资格预审文件。资格预审通告应包含有以下内容：招标人名称、地址、联系人及联系方式、招标标的及主要要求、购买预审文件的方式及截止时间。

（五）进行资格预审

资格预审是招标机构于发布招标公告之后承包商投标之前，对拟投标人是否有能力承揽其所要建设的工程项目进行的一种资格审查。审查的内容包括承包商以往的业绩与信誉、设备与技术状况、人员的技术能力、管理水平和财务状况等。

（六）出售标书（通知投标商参加投标）

招标机构应在指定的时间、地点向各投标商发售招标文件，并按规定格式做好发售记录，发售记录应连同购标人资格证明一并归档。投标通知同时也在报纸上刊出，但不公布获得投标资格的公司名称。

（1）招标文件的澄清及解释。应采用书面或会议形式进行，由招标管理机构负责组织，并做好记录及存档。

（2）完成标书发售后，招标机构应将招标方案及售标记录、招标文件的澄清及解释的文件、资料送评标组织评标。

（七）投标文件的接收

评标组织应在招标文件规定的时间、地点接收投标文件，同时应检查投标文件的件数及密封情况，并向投标人签发收据，同时做好记录。投标截止日期一到，立即封锁投标箱，此后收到的投标书均无效。

（八）开标

开标分为公开开标和秘密开标，二者大体一致，只是秘密开标是在不通知投标人的情况下进行的。在招标文件规定的时间、地点，由招标中心主持，评标组织按规定程序进行公开开标，开标应设有开标人、唱标人、监标人、板书及记录人员，监标人必须由招标监督部门人员担任。开标时应邀请招标委员会代表、投标人代表及有关单位代表参加。

（九）评标

开标后，由评标组织根据招标方案的规定组织评标。对每封标书进行综合评价，选出中标候选人2~3人。按综合条件排名，若无意外，最低标是最终的中标者。评标结束后，评标组负责人应负责组织本组评标人员，根据评标结果编写评标报告，评标报告必须由评标人员签字，以示负责。评标报告须含有以下内容：评标过程及办法简介、各投标人简介及其投标产品的主要特点、投标报价比较表、评标结果汇总比较表、分项评标结果比较表、推荐中标人及其推荐顺序、需要特别说明的其他情况等内容。

（十）定标

业主在定标前，分别与候选人根据合同的条款与细节进行谈判，以达成共识，确定最后的中标者。评标结束后，评标组织应及时通知中标人，对未中标者也发出评标结果。招标不一定都能选出中标人，招标人拒绝全部投标，即废标。

五、国际工程承包合同的类型及基本内容

（一）国际工程承包合同的类型

国际工程承包合同从不同的角度，可以分为不同的类型。

1. 按价格的构成和价格的确定方法划分

（1）总价合同。总价合同是指在承包合同中规定承包价格，业主按合同规定分期或一次性支付价款给承包商的一种合同形式。总价合同中所确定的价格是根据工程的图样和承包的内容计算出来的，其价格一般是固定不变的。如果采用这种合同形式，投标人必须将一些可能发生的风险考虑进去，如原材料价格的上涨、工资的上涨、自然原因导致的误工、政治变动等风险，否则投标人将可能蒙受难以估量的损失。在有些情况下，总价合同中规定有价格调整条款，即在原材料或工资上浮超过一定百分比时，合同的价格也做相应的调整，这就等于将一部分风险转移给了业主。

（2）单价合同。单价合同是按承包商实际完成的工作量和合同的单价来支付价款的一种合同形式。合同中所确定的单价，既可以固定不变，也可以随机调整，主要取决于合同的规定。总价合同和单价合同的区别在于前者按总价投标承包，后者按单价投标承包。在总价合同中，虽然也要求投标人报单价，但不要求详细；而在单价合同中，所列的单价必须详细，其所报的总价只是在评标时用于与其他投标人做比较。

（3）成本加酬金合同。成本加酬金合同是以工程实际发生的成本（施工费和材料费等），加上双方商定的管理费和利润向承包商支付工程款的一种合同形式。在这种合同形式下，由于成本实报实销，因此承包商的风险很小，但这种合同的管理费和利润往往与工程的质量、成本、工期三项指标相联系，因此承包商比较注重质量、成本和工期，业主便可从中得益。

2. 按承包的内容划分

（1）施工合同。施工合同是业主与承包商签订的工程项目的建造实施合同。在国际工程承包合同中，大多采用这种合同。

（2）设备的供应与安装合同。这种合同的形式依承包商责任的不同而有所不同。一是单纯的供应合同，即设备的供应者只负责提供设备；二是单纯的设备安装合同，即承包商只负责设备的安装；三是设备的供应与安装合同，设备的供应商既负责提供设备又负责设备的安装；四是设备的供应商负责提供设备，并负责指导业主自行安装的合同。

（3）工程咨询合同。工程咨询合同实际上是一种专业技术服务合同，业主咨询的主要内容有投资前的可行性研究、图样的合理性、实施方案的可行性等。

（4）工程服务合同。工程服务合同是业主与能提供某些服务工作的公司签订的合同，其主要目的是为工程项目提供服务，这类合同只在建造规模较大且较复杂的项目中签署。

（5）"交钥匙"合同。"交钥匙"合同是指承包商对项目的可行性研究、规划设计、勘察选点、工程施工、原材料的购买、设备的供应与安装、技术培训、试生产等一系列的工作承担全部责任的一种承包方式，即承包商将已竣工的工程项目交给业主后即可投入生产使用。在这种承包方式下，承包商的风险较大，但收益较高。

（6）交产品合同。交产品合同是指承包商不仅负责项目的可行性研究、规划设计、勘察选点、工程施工、原材料的购买、设备的供应与安装、技术培训、试生产等工作，还应负责指导业主生产出一定数量的合格产品，并在原材料及能耗达到设计要求之后才能正式移交给业主的一种承包方式。这种承包方式往往适合技术含量较高的大型项目。

（7）BOT合同。业主在采用BOT方式发包时，往往要求承包商负责项目的筹资或提供贷款，从而集筹资、建造、运营、维修、转让于一体，承包商在协议期内拥有并经营该项目，从而达到回收投资并取得合法利润的目的。这种方式多用于政府与私营部门之间，适用范围较广，尤其适用于资金需求较大的公路、铁路、城市地铁、废水处理、发电厂等基础设施和公共设施项目。

3. 按承包方式划分

（1）总包合同。总包是指从投标报价、谈判、签订合同到组织合同实施的全部过程，其中包括整个工程对内和对外转包与分包，均由承包商对业主（发包人）负全部责任。采用这种承包方式签署的承包合同叫作总包合同，是目前国际工程承包活动中使用最多的一种合同。

（2）分包合同。分包是指业主把一个工程项目分成若干个子项或几个部分，分别发包给几个承包商，各分包商都对业主负责。在整个工程项目建设中，业主或业主委托某个工程师，或业主委托某个分包商负责各分包工程的组织与协调工作。在分包条件下，业主分别与各承包商签订的承包合同叫作分包合同或分项合同。

（3）二包合同。二包是指总包商或分包商将自己所包工程的一部分转包给其他承包商。二包商不与业主发生关系，只对总包商或分包商负责，但总包商或分包商选择二包商必须征得业主的同意。总包商或分包商与二包商签订的合同叫作二包合同。

（二）国际工程承包合同的内容

招标成交的国际工程承包合同是由一些有关文件组成的，通常称为合同文件（Contract Documents）。合同文件包括：招标通知书、投标须知、合同条件、投标书、中标通知书和协议书等。按照国际上通用的原则，一般包括以下内容：

1. 监理工程师或监理工程师代表权责条款

合同中应该规定，发包人须将其任命的监理工程师及时通知承包人，监理工程师是发包人的代理人，在监理工程师中选定监理工程师代表负责监督工程施工和处理履约中出现的问题。

2. 工程承包的转让和分包条款

合同一般规定，承包人未经发包人或其代理人同意，不得将全部合同、合同的任何部分、合同的任何利益和权益转让给第三方。经发包人或其代理人同意，承包人方可把部分工程分包给他人，但原承包人仍对全部工程负责。

3. 承包人一般义务条款

根据合同规定，承包人应该负责工程项目的全部设计和施工，并无偿提供为施工所必备的劳务、材料、机器设备及管理知识。

4. 特殊自然条件和人为障碍条款

一般来说，国际工程承包合同履行合同时间较长，在履行合同中，特殊自然条件和人为原因可能会给工程的施工带来困难，必须采取一定的措施才能排除，如增加施工机械设备、劳动力、材料等，这样就要增加承包费用或推迟工程进度。以上问题须经监理工程师或监理工程师的代表确认，发包人才会偿付额外增加的费用或同意工程延期。

5. 竣工和推迟竣工条款

合同中应规定竣工时间和标准，工程完成后承包人经监理工程师或其代表验收无误后发给竣工证明，标志着工程项目已全部竣工。如果出现一些特殊情况，如工程变更、自然条件变化、人为障碍使工程延误，承包人经监理工程师同意，可以延长工程的竣工期限。

6. 专利权和专有技术条款

承包人或分包人须向发包人提供专利和专有技术，并承担被第三方控告合同范围内专利权为非法以及专利权被第三方侵犯时的责任；对承包人提供的专有技术，双方应订立保密条款。

7. 维修条款

合同中的维修条款用于说明维修期限和维修费用的负担问题。维修期限一般是从竣工证书签发之日起计算，一般土木工程维修期为 12 个月。在维修期内，承包人应按监理工程师的要求，对工程缺陷进行维修、返工或弥补等。如果工程的缺陷是由于承包人的疏忽造成的，那么由承包人负担由此而引起的费用；如果由于其他原因造成的，则由发包人负担该费用。

8. 工程变更条款

合同签订后，发包人或监理工程师有权改变合同中规定的工程项目，承包人应按变更后的工程项目要求进行施工。因工程变更增加或减少的费用，应在合同的总价中予以调整，工期也要相应改变。

9. 支付条款

支付条款一般规定在合同条件的"特殊条件"之中，主要包括以下内容：

（1）预付款。工程开工前，发包人应按合同规定支付给承包人一部分预付款，预付款金额一般是合同总价的 5%～15%，以便承包人购置机械设备和采购材料等。

（2）临时结算。发包人每月向承包人支付一次，发包人每月支付的金额应扣除承包人的保留金，保留金通常是每月支付金额的 5%～10%，但保留金的累计金额达到合同总价款的 5% 时就不再扣留，承包人交付的保留金应在工程竣工和维修期满后全部退还给承包人。

（3）支付期限。一般规定，在监理工程师签发结算单之日起15~30天以内，发包人要向承包人付清费用。

（4）迟付加息。如果发包人不按规定付款，应按工程项目所在国中央银行放款利率加息。

10. 违约惩罚条款

合同项下的双方当事人在履行合同过程中，可能会出现违约的行为，针对各方违约的情况分别订立违约惩罚条款。

（1）对承包人违约的惩罚。凡是以下情况即构成承包人违约：①承包人未经发包人书面同意而转让和分包承包工程；②承包人无正当理由不按时开工；③承包人未按合同规定标准准备材料；④承包人不听从监理工程师的正当警告；⑤承包人忽视工程质量等。对此，发包人有权终止合同，没收承包人的履约保证金或者采取其他必要的惩罚措施。

（2）对发包人违约的惩罚。凡是以下情况即构成发包人违约：①未向承包人按时支付费用；②干扰、阻碍或拒绝向承包人签发付款证明；③无正当理由中途决定停工，故意制造事端，挑剔和责难承包人等。对于发包人的违约行为，承包人有权终止合同，发包人须赔偿承包人因准备开工或施工中所有费用的支出和机器设备折旧费用、运输费用等。

除上述合同条款外，还要订立仲裁条款、特殊风险条款等。

第三节 我国的国际劳务合作与国际工程承包

一、我国的国际劳务合作

我国的国际劳务合作事业是从20世纪50年代无偿地对外经济技术援助发展起来的。目前，我国的对外劳务合作有了较快的发展，已成为我国开展对外贸易中的一个优势项目。无论行业分布、市场分布，还是劳务的技术层次都发生了巨大变化，已经初步形成了具有中国特色、行业齐全、高中低级劳务并存和市场分布广泛的劳务输出格局，从原来的主要参与中小型劳动密集型工程承包的劳务和一些单纯的普通劳务输出，发展到目前可以承揽电子、化工、冶金、石油、军工等专业性和技术性较强的工程及劳务活动，并向发达国家和利润较高的技术领域开拓业务。

目前，我国对外劳务合作的形式主要有以下五种：

（1）海外承包工程输出劳务。这是我国劳务输出的主要形式，是指国内的国际经济技术合作公司或承包公司，在获得国外工程项目的承包或分包任务后，为工程项目组织的各种外派劳务人员和服务。海外承包工程输出的劳务人员的数量和种类通常取决于工程发包商及其国家对国际劳务输入的限制和要求。

（2）海外投资劳务输出。我国近年来海外投资企业逐年增加，企业的生产需要相应带动了人员的输出。

（3）委派的劳务输出。我国外经贸公司作为受聘方与需求劳务的聘方即国外公司或个人签订合同，并按合同规定的各种要求落实人选，办理国家规定的手续，提供聘方合适的劳务人员，并享受公派待遇，派出单位要保证公派劳务人员在国内的待遇和公派期满后回国的工作。

(4) 由成套设备和技术出口带动的劳务输出。

(5) 民间劳务输出。民间劳务输出是指个人应国外企业或私人的邀请，以劳务人员身份出国提供劳务服务的一种劳务输出形式。民间劳务人员劳务输出有如下特点：①民间劳务人员采取停薪留职或辞职的办法，向劳务公司办理出国工作手续；②民间劳务人员持中国护照，受中国国家保护；③民间劳务人员受雇于国外雇主，与国内的劳务公司无经济关系，但必须按一定比例上缴培训费和管理费给对外劳务公司。

改革开放40年以来，我国对外劳务合作企业虽然受世界经济形势和国内外众多复杂因素影响，但在新常态下锐意改革，积极调整发展定位，突破瓶颈制约，创新业务经营模式，派遣规模和期末在外规模均有所扩大，取得良好的社会和经济效益。2017年我国对外劳务合作业务总体保持稳定发展态势，派遣人数和期末在外人数均呈现增长态势，主要体现在以下几个方面。

1. 总体呈现增长势头

2015年以来，我国对外劳务合作派出人员连续两年下滑，2017年止跌回增，当年共派出各类劳务人员52.2万人，较2016年增加2.8万人，增幅达5.7%。其中承包工程项下派出22.2万人，同比派出规模有所下降；劳务合作项下派出30万人，同比派出规模有所上升。

2017年我国内地在外各类劳务人员97.9万人，较上年增加1万人，增幅为1%。主要分布在日本、新加坡、阿尔及利亚、沙特阿拉伯、巴拿马、马来西亚、安哥拉、巴基斯坦等国家和中国澳门、中国香港地区。与2016年派遣人数规模位列前10的国家和地区相比，除伊拉克被老挝取代外，其他国家和地区仍保持在前10位内；从在外人数规模看，巴基斯坦超过印度尼西亚，进入在外人数规模前10位序列。其中阿尔及利亚的派遣人数规模和在外人数规模均持续大幅降低，在外人数从9.16万人降至6.15万人，降幅近33%。

截至2017年12月底，我国对外劳务合作业务累计派出各类劳务人员902.2万人次，突破900万人次大关，累计外派再创新高。

2. 国别地区排序趋稳

从国别地区市场分布情况看，亚洲、非洲地区仍然占据我劳务合作项下、工程项下外派劳务人员规模的主导地位。其中，新加坡、日本以接收劳务项下劳务人员为主，阿尔及利亚、马来西亚、沙特阿拉伯、巴基斯坦以接收工程项下劳务人员为主，外派人数和期末在外人数稳居前列。

3. 行业构成变化明显

2017年末我在外各类劳务人员主要分布在建筑业、制造业和交通运输业三大行业，合计人数71.8万人，所占比重为73.3%；其中建筑业在外人数42.5万人，同比下降2.67万人次，在外人员规模占比仍达到43.4%；制造业15.3万人，同比增加0.49万人，在外人员规模占比为16.1%；交通运输业13.5万人，同比增加3.28万人，其中海员增加3.09万人，增幅最大。与2016年相比，建筑业、农林牧渔业、计算机服务和软件业以及其他行业同比均有一定程度的减少，其中建筑业降幅明显；交通运输业、制造业、住宿和餐饮业、科教文卫体业同比有所增加，其中交通运输业，受益于国际航运业复苏，我外派海员业务增幅较大。

制造业作为我国对外劳务合作的主要行业，近年来外派人员规模及在外人员规模均保持平稳态势。机械加工、电子等行业稳中有升,而纺织服装行业因收入低、管理难等原因稳中有降;建筑业是我国对外劳务合作优势行业,长期占据我国对外劳务合作行业规模首位。近年来,随着建筑劳动力成本的不断上升以及企业当地用工数量的上升,外派人员和在外人员规模出现整体下降;近年来随着我国西部海员资源培育和开发工作的实施,2017年我国注册船员超过150万人,稳居全球第一。受海乘人员数量增长等因素影响,2017年度海员在外人员规模出现较高幅度的扩大。

4. 工程项下外派连降

自2014年以来,由于对外承包工程企业属地化用工数量和第三国劳务用工数量增加以及受个别国别地区政策性因素的影响,我工程承包项目用工需求数量有一定起伏,工程项下外派劳务人员规模呈现下降态势。

5. 骨干企业占比略降

通过分析企业业绩的分布可以看出,对外劳务合作业务集中度反应明显,业务规模排名前列的企业仍然占据较大份额。2017年外派劳务人数位居前列的有水电国际、北京鑫裕盛、珠海国际、中海海员、福建中福对外、华洋海事中心等企业。前20家企业外派各类劳务人员合计14.2万人,同比减少0.5万人,所占比例由上年的29.6%下降为27.1%,仍处高位;期末在外人数合计18.5万人,同比增加0.9万人,所占比例由2016年的18.2%略升至18.9%。

6. 省市排序基本稳定

2017年,我国各省(市、自治区)派出各类劳务人员44.2万人,较2016年增加1.9万人;所占比重为84.6%,较2016年下降1%。其中,位列前三位的省份是山东省、福建省和广东省;派出人数在两万人以上的有山东省、福建省、广东省、江苏省、上海市、河南省和辽宁省等七个省市,较2016年减少一个省市;派出人数在1万~2万人的有北京市、天津市、浙江省、湖北省、安徽省和湖南省等六个省市,较2016年增加一个省市。

7. 经营主体规模有所减少

截至2017年2月23日,我国具备对外劳务合作经营资格的企业共805家,比2016年同期的828家减少23家。

8. 出国务工咨询大幅增加

2017年承包商会外派劳务人员投诉中心共受理劳务人员信访10件次,涉及劳务人员40人;上访13批次,涉及劳务人员42人。向劳务人员提供咨询1355人次。与2016年相比,上访批次、信访件数和涉及人数有所增加,咨询人数较2016年有大幅度增加。

面对当今持续增长的跨国劳动力流动趋势和国际移民管理领域正在形成的全球协调机制和全面国际合作框架,我国应以更加开放、包容、发展的眼光看待对外劳务合作业务,积极研究、探索和采取相应的举措,促进对外劳务合作行业可持续发展。

随着改革开放的不断深入和企业国际化进程的加快,我国企业开展对外劳务合作的业务形态也在不断发展演变,对此,未来我国的对外劳务合作,一定要结合国家扶贫战略,积极开发、培育中西部欠发达地区的劳务资源,同时,加大海外劳务市场开拓力度,积极顺应国际组织所倡导的劳务移民理念,在市场下游打造中国劳务品牌。

二、我国的国际工程承包

随着经济全球化的迅速发展和国家"走出去"战略的实施,我国对外承包工程规模日益扩大，市场多元化体系已经形成，合作领域不断拓宽，国际竞争力明显增强。在科技信息化的推动下，国际工程承包领域中高附加值、高技术含量和综合性项目增多。信息技术以及新材料、新工艺得到普遍应用。传统的工程承包正逐步被国际信贷、国际投资、项目融资、设备贸易、技术转让等相互融合的综合性合作方式所取代。未来5~15年，是我国大力发展对外承包工程的重要战略机遇期，随着促进政策体系的不断完善和外部环境的优化，我国的对外承包工程面临着广阔的发展前景。

2017年全球经济总体形势稳中向好，据初步估计，全球经济增长为3.7%，比年中预测高出1个百分点，较2016年提高0.5个百分点。国际贸易快速复苏是这一轮经济景气回升的显著标志，美欧进口进一步增加，新兴经济体外贸迅速回暖。

全球经济复苏带动下，各国财力紧张状况得到有效缓解，对基础设施建设支持力度有望加大。美国乃至各主要发达国家的减税政策为企业带来更为充沛的现金流，进而为企业带资承包或投资基础设施项目提供支持。受诸多利好因素影响，全球基建市场有望迎来新一轮发展红利。中国基建企业经过多年发展，在资金、技术和人才等方面具备了坚实的基础，参与国际市场的能力进一步加强，推动中国企业向全球价值链高端跃升，向"微笑曲线"高附加值的两端延伸。

（一）我国对外承包工程的高质量发展特征

2017年，对外承包工程业务进一步转型升级，带动了一批我国国内设备、技术、服务和标准"走出去"，进一步刺激我国国内实体经济的发展，服务国内相关行业由高速度向高质量阶段迈进。2017年年底中国对外承包工程业务累计新签合同额突破2万亿美元大关，成为影响全球工程承包市场的重要力量。

1. 对外承包工程业务处于增速换挡期，新特点新趋势不断涌现

第一，在国际工程市场的份额持续逆势上升，"中国建造"正成为新的比较优势。根据美国《工程新闻纪录》（以下简称"ENR"）发布的最新数据，2016年250家全球最大国际工程承包公司的国际市场营业额继续下跌至4681.2亿美元，降幅达6.4个百分点，仅为2013年的高点（5439.7亿美元）水平的86.1%。中国企业份额连续三年上升，持续位列世界第一。2016年上榜的中国公司市场占有率达21.1%，较上年又增加2.3个百分点。中国的市场份额较西班牙（第二位）高出近一倍，较美国/法国（并列第三位）高出近两倍，市场相对优势地位基本稳固，"中国建造"成为我国企业参与对外经济合作的新比较优势。

第二，对外承包工程业务快速发展，新动能逐渐显现。据商务部最新数据，2017年我国对外承包工程业务完成营业额1685.9亿美元，同比增长5.8%，在2016年增速的基础上又增加了2.3个百分点，反映中国企业参与全球基础设施建设的热度进一步上升。2017年我国对外承包工程业务新签合同额2652.8亿美元，同比增长8.7%。从完成项目情况来看，中国企业承接马来西亚东部沿海铁路、印度尼西亚美加达卫星新城等上百亿特大项目能力进一步加强，合同额上亿美元大项目超过400个，反映中国企业在全球同业竞争力的上升。巴基斯坦瓜达尔港完成升级并扩大运营，斯里兰卡汉班托塔港已实现运营移交。

第三，新签合同额和完成营业额处于明显的增速换挡期，对外承包工程业务更加注重高质量发展。2003—2010年间，中国对外承包工程业务发展基本保持在20%左右的高速增长阶段，中国企业利用国内机械设备及工程材料的制造优势、高素质低成本的国内劳动力优势以及大型/特大型企业集团产业链一体化的优势等，在海外市场规模的扩大上，实现了高速度的增长。随着当前我国国际市场份额接近或正在接近上限、前期发展积累的高基数效应以及对外承包工程比较优势的转变，2014年以来对外承包工程完成营业额增速处于5%左右，新签合同额增速在10%的水平上，国际工程承包业务从高速增长阶段转变为中高速增长，呈现"L"型走势特征，与国内经济增长情况相一致。

当前及今后一段时期，中国企业参与全球工程承包市场将更体现高质量发展特征。其一是中国企业技术能力不断加强，特高压输变电技术、高速铁路技术、核电技术等优势产业成为中国企业参与国际工程承包市场的"新名片"。其二是中国企业向高附加值两端不断延伸，在立足传统的建造优势基础上，不断向产业链两头延伸，投资、涉及和运营能力迅速上升。其三是品牌国际化程度进一步提升，中资企业在菲迪克等国际工程界奖项评选中连续多年获得优异成绩，业界对中国项目、中国标准、中国方案和中国质量的认可度不断提升。其四是服务国内实体经济能力显现，2017年对外承包工程带动装备材料等货物出口153.9亿美元，同比增长15.7%，高于同期货物贸易出口增幅，有效带动国内相关产业发展。值得注意的是，在2017年年底国内天然气供应缺口扩大时，中石油土库曼阿姆河天然气等项目"最大限度为国内安全平稳供气"，平稳国内天然气价格波动，满足经济发展与社会民生需求。

2. 传统市场持续稳步推进，高端市场开拓有亮点

第一，从传统市场来看，亚洲市场份额占比过半。非洲市场份额继续下滑。受"一带一路"倡议推动、出口导向型国家经济复苏以及大宗商品价格上涨推动资源国政府收入增加等因素的影响，亚洲市场占我国企业对外承包工程完成营业额的份额由2015年的低点44.83%持续回升至52.37%。巴基斯坦、马来西亚以及沙特阿拉伯等亚洲重要市场完成营业额表现突出。值得注意的是，2017年中国企业在亚洲市场完成营业额首次超过800亿美元，增速达14.9%。尽管非洲各国发展受益于这一轮经济复苏，但发展速度仍低于预期。加上前几年政府为刺激经济发展高额举债支持基建与投资，南非、安哥拉等国家外债存量迅速攀升，2016年安哥拉外债达到433.69亿美元的历史高位。接下来几年，非洲国家恐需要加强财政纪律、限制政府支出，对基建市场将产生不利的影响。2017年，中国企业在非洲完成营业额达511.9亿美元，较2016年同期下降1.8个百分点。

第二，从高端市场开拓来看，欧洲大洋洲市场表现优秀。中国企业在欧洲市场新签合同额增长七成，新签合同额主要来源于俄罗斯。中石油工程建设公司中标俄阿穆尔天然气加工厂项目、葛洲坝集团签署的俄罗斯阿穆尔天然工程项目等10亿美元以上的大单相继签署并建设启动。中俄两国长期友好关系以及俄本身经济复苏推动在俄承包工程的发展，成为中国企业在欧业务份额提升的主要动力。中国企业在大洋洲新签合同额快速增长，主要受益于中国建筑50亿澳元中标西澳省基础设施一揽子项目。中国建筑在20世纪80年代便开始布局美国等发达国家基建市场，近几年通过并购Plaza公司等项目进一步提升了在高端市场的竞争力。

3. 传统产业市场大项目数量持续增加

第一，传统优势产业持续发力，交通运输和一般建筑类增速近三成。从2017年新签合同额的行业分布来看，交通运输建设类项目新签合同额716.4亿美元，较2016年增长28.5%，占当年对外承包工程新签合同额的27%。其中，中国交建集团460亿林吉特（约合110亿美元）承揽的马来西亚东部沿海铁路EPC项目成为当年交通运输类最大项目，这也是中马迄今为止最大的经贸合作项目。一般建筑类项目新签合同额 592.3 亿美元，较上年增长 28.3%，占当年对外承包工程新签合同额的 22.3%。其中，中建总公司承揽的印度尼西亚美加达项目是该行业最大项目，项目金额超过 100 亿美元。

第二，电力工程建设平稳发展，输配电工程合同额快速上升。电力工程建设是 2017 年对外承包工程第三大行业，完成营业额达 281.2 亿美元，较上年增长 6.2%。但该行业新签合同额出现 10.5 个百分点的下滑。由于 OECD 组织在全球范围内推广限制火电站发展的倡议以及世界各国对绿色能源和可持续发展要求的提升，传统化石燃料电厂新签合同额出现下滑，降幅达 15.6 个百分点。技术进步带动中国企业在传统电力工程领域持续发力，一定程度上弥补了火电及水电类合同份额的下滑。值得注意的是，受到大宗商品价格波动的影响，石油化工项目完成营业额和新签合同额出现双下滑。通信工程建设新签合同额较 2016 年也有所下滑，但仍处于历史高位水平。

第三，大项目投资持续推进，中资企业运筹能力持续提升。2017 年新签合同额在 5000 万美元以上的项目达 782 个，占新签合同总额的 3/4。尽管项目数量较上年有所减少，但其中突破百亿规模的项目有 2 个，而 2016 年项目最高合同额不足 50 亿美元。其中，中国化学工程集团承揽哈萨克斯坦天然气化丁综合体项目成为公司历史上单个合同额最大的海外承包项目，中建公司承揽了马尔代夫历史上最大保障房项目。

4. 投资并购助力承包工程业务高质量发展

首先，跨境并购成为企业实现跨越式发展，进入高端市场的重要举措。欧美等高端市场准入门槛高、法律制度完备、环保劳工标准严格、注重企业社会责任实践、注重工程企业的品牌声誉，中国企业在高端市场"水土不服"情况严重，很难适应当地基建市场的发展要求。欧美当地承包工程企业往往具有较为悠久的发展历史，品牌知名度高、综合性业务能力较强。经过多年发展，中国工程承包企业积累了较为丰厚的资本，通过并购发达国家工程类企业进入当地市场可以有效节约公司品牌推广、客户网络培养、营销宣传的成本，成为国内企业实现跨越式发展的便捷途径，增强企业在高端成熟市场的竞争力。2017 年 10 月，中交国际签署收购加拿大 Aecon 公司股权协议，为中交集团全面进入北美市场赢得实质性突破。Aecon 公司在加拿大建筑工程企业排名前三甲，是加拿大的知名上市公司，业务成熟、公司治理规范、透明度较高，与国内公司业务互补性强，有助于帮助中交集团进一步借助自身优势，赢得大型综合性复杂项目，将成为中交集团在北美业务立足和发展的重要平台。

其次，投资业务推动企业向高附加值两端发展。2017 年，中国企业对外投资并购迅速发展，各类主体充分利用国际资本市场资源，境外融资迅速增长，推动中国企业提升价值链地位，向前期的设计规划以及后期的运营维护等高附加值两端发展。如三峡集团、国电集团对巴西多个水电站项目特许经营权投资、国网对多国电网输电项目等。海外项目投资推动企业综合性经营能力的提升，帮助企业适应多国复杂的经营环境，提升企业竞争能力。中国企业的海外投资已逐步从资源能源投资、技术收购寻求逆向溢出效应等转变为企业全要素生产率提升推动的"走出去"，帮助国内企业将高端技术、高效率的管理能力对外输出，寻求市场规模的扩大、寻求合作共赢的机遇，帮助各国共享中国经济发展红利。

（二）我国国际承包工程高质量发展面临的机遇和挑战

虽然全球经济复苏的步伐加快，但一系列不确定不稳定的因素恐将给复苏进程增添许多干扰。贸易保护主义成为干扰全球经济复苏的最大不利因素。货币政策正常化和微观层面原材料价格上涨会成为影响承包工程企业进一步发展的挑战和困难。"一带一路"倡议的持续推进为工程企业带来了较多机遇，但仍需注意沿线国家的项目经营风险。科技进步为工程市场的发展带来了更大发展潜力，中国技术已经在全球工程领域取得不错的成就，但仍有较大的发展空间。国际环境仍然错综复杂，中国企业在对外承包工程领域的发展依旧面临机遇与挑战并存的局面。

1. 全球经济持续复苏，须警惕贸易保护和货币政策分化对复苏的威胁

一方面，全球经济回暖促进海外基建市场复苏。中资企业海外营收有效服务国内实体经济发展。2018年3月，OECD发布报告全面上调全球经济增速预测，预计未来两年全球经济增速将达到3.9%。美国减税政策推动的主要发达经济体减税浪潮将为企业带来递延所得税的冲减，大规模基建项目的推出将带来公共支出的增加，进一步扩大政府采购市场，增强企业盈利。2018—2019年，美国GDP增速将在2017年基础上再提升0.4和0.7个百分点（OECD预测）。作为全球经济复苏的龙头，美国经济的向好将产生需求外溢效应，带动其他主要经济体的发展。经过近一年的经济复苏，各国的财政收支状况得到明显改善，大部分国家收支盈余扩大，为基础设施建设提供更多的资金，同时也间接地推动了工程承包市场的发展。国际工程承包市场的发展将促进中资企业营收状况改善，基建产业"内冷外热"可在一定程度上对冲国内投资建设的不足，带动建筑业PMI指数提升，支持国内经济发展，增强企业发展信心。

另一方面，需警惕宏观层面经济因素变化对企业经营带来的不利影响。当前全球经济处于景气回升的关键阶段，但仍有诸多不确定因素可能对行业发展带来一定不利影响。其一是贸易保护主义抬头。美国等发达国家多处于选举以及中期选举的关键时点，政策内顾性倾向逐步加强。其二是缩减购债规模/基础利率回升等货币政策正常化趋势将加重工程企业的营运资金负担。随着全球经济的回暖，各主要发达国家逐步放弃宽松的货币政策，欧洲央行开始缩减购债规模，美联储基础利率不断回升。发达国家货币政策正常化恐将引发一轮紧缩浪潮。近期，国内央行逆回购多次暂停，去杠杆的政策效应开始显现。根据中国交建、中国电建和中国建筑三大工程承包企业2016年度财务报表数据，其负债规模均在7000亿元人民币左右，净利润在200亿元人民币左右。如利率抬升0.5个百分点将导致利息费用增加35亿元，净利润下降1/6。其三是受原材料价格上涨的影响，工程承包企业负担可能加重。2017年大宗商品价格出现明显回升，全年制造业采购价格平均增长约2.6%。三大工程承包企业以供货压款为主要内容的短期和长期应付款在2000亿元人民币左右，原材料价格上涨恐将为企业经营增加50多亿元支出，相当于净利润再下降1/4。

2. "一带一路"倡议带来新发展机遇，但沿线国家经营风险不可小视

"一带一路"倡议激发企业活力，重大项目成为经济合作亮点。倡议提出以来，国内各类主体热情持续上升。2017年，中国企业对沿线国家非金融类对外直接投资143.6亿美元，占同期总额的12%，同比增长3.5%；承包工程新签合同额1443.2亿美元，同比增长14.5%，占比上升至54.4%。值得注意的是，一批重大项目快速推进，中老铁路、巴基斯坦喀喇昆仑公路二期、马尔代夫中马友谊大桥项目等项目加快推进，伊朗德—马高铁、斯里兰卡汉班托塔港等稳步实施。印度尼西亚雅万高铁项目上，中资企业击败日本方案，成为中国高速铁路从技术标准、勘察设计、工程施工、装备制造、物资供应，到运营管理、人才培训、沿线综合开发等全方位整体走出去的第一单项目，对于推动中国铁路特别是高铁走出去，具有重要的示范效应。

沿线国家国情各异，经营风险不得忽视。政治方面来看，"三股势力"风险——恐怖主义、极端民族主义和分裂主义三股势力长期在沿线国家，特别是中亚地区肆虐。沿线国家内部不同部族、宗教派别之间的矛盾难以调和。沿线国家政策的连贯性不强，新任政府对前任决策的否定，对持续周期较长的投资型基础设施建设带来较大的不确定性。此外，越南、印度等国与我国互信不足，也给企业在当地推进基础设施合作带来困难。

从经营情况来看，沿线国家覆盖四大文明古国和世界四大宗教发源地，各国文化风俗差异大，企业要主动适应当地环境。同时，企业还要增强与当地社区及政府沟通，做好信息披露，消除当地利益相关者的疑虑。沿线国家生态环境系统脆弱，参与企业要提高可持续发展意识。

从法律制度来看，22个沿线国家营商环境普遍较差，由于在全球产业链分工、贸易结构以及全球经贸规则的制定上地位不高，对外开放意愿有限。

3. 基建项目科技化、人性化水平不断提升，我国技术仍有提升空间

首先，基建项目智能化和人性化水平不断提升，对企业提出更高要求。随着互联网技术的发展，项目业主对承包工程信息化、科技化和智能化的水平不断提升。项目数字化管理程度迅速提高，物联网通信技术的发展为项目的高度综合管理提供了便利。智能化建筑水平不断提升，房屋建筑在空调、电梯、供水、防盗以及供配电系统等各个方面都能够通过计算机系统进行有效的统筹规划，智能化建筑不断出现，对工程企业的技术能力提出了更高要求。近几年，基础设施项目人性化要求迅速增加，通过通信设备感知人体变化的水平不断提升。技术的进步以及企业的不断创新为建筑工程市场带来更多的想象空间，也给工程承包企业带来了压力和挑战。

其次，中国技术已崭露头角，但仍有较大的提升空间。对外工程承包企业在多年的国际基础设施合作中，逐步开发出来具有自主知识产权的技术和技术标准。电力企业在最近5年向国际电工委员会提交并被批准的中国技术标准近30项，发电设备占据国际市场份额六成以上，占有九成非洲电力市场份额。中国高铁已形成具有世界先进水平的技术标准体系和成套工程技术，CRH380系列高速动车组能耐高寒、耐高温、耐高湿、防风沙，适应性广，超越日本新干线、法国TGV和德国ICE，成功走进东南亚、中东等国家。中国企业在核电站的设计、建造以及运营管理上已达到国际先进水平。自主知识产权的第三代核电技术"华龙一号"，在技术安全性与国际先进水平相当，且具有良好的经济性；核电的"中国造"已经得到国外客户的认可，从巴基斯坦到英国，从埃及到阿根廷，都有项目斩获。值得注意的是，当前中国企业对外承包工程技术仍集中在"硬实力"方面，智能化、人性化等涉及"软因素"的技术和创新发展仍有较大空间。

思 考 题

1. 什么是国际劳务合作？
2. 国际劳务合作迅速发展的原因是什么？
3. 国际工程承包合同有哪些？
4. 国际招标方式有哪些？

5. 国际工程承包招标需要哪些程序?

【案例分析1】

美国就业市场的人才大战

以前，企业招聘举棋不定时，往往会对求职者进行多次面试再做定夺。而今，随着招聘市场竞争日趋残酷，特别是科技人才更为紧俏，求职者很少会返回面试，用人力资源总监谢莉·怀特利的话说，"我们必须重塑招聘规则。"其通常做法是，选拔判断力出色的员工组成招聘团队，一天之内完成对求职者的面试和测试，之后团队当天做出最终决定并向合格求职者发出录用通知书，如此迅速的招聘模式常令人事管理者彻夜难眠。

科技公司的人才大战愈演愈烈，甚至蔓延至整个经济社会。经过近九年的缓慢复苏，美国经济增长开始加速，同时就业岗位也在不断创新高。新年伊始，猎头公司光辉国际便发布报告称，今年就业市场表现将十分强劲，求职资讯网站称"准备迎接招聘热潮"。另外，美国劳动力市场日趋萎缩，求职者所期盼的买方市场因而得以实现。

目前全美各公司共开放了约600万个职位，几乎创下全职工作岗位的历史新高。需求增长和供应缩减是物价上涨的公式，用在劳动力市场则意味着薪酬成本的增加。另外，最近出炉的一些数据虽显示招聘需求有所回落，但劳动力市场供应仍然呈现历史性趋紧状态。

目前美国失业率只有4.1%，是自2001年以来的历史新低。美联储一向认为失业率达5.6%代表"充分就业"，去年它将此数字调低至4.6%。目前这一数字的进一步走低，意味着求职者很少找不到工作，换工作更是如家常便饭。

这只是代表就业市场的总体失业率，在知识型员工岗位、管理岗位和其他商业岗位，其失业率更低。据统计，目前拥有学士及以上学位的员工失业率不过2.1%，管理岗位失业率2%，商业及金融岗位失业率1.7%。德勤咨询公司人力资源研究负责人乔什·贝新表示，目前人才市场上，对于专业技术人员、管理人员及新技术人员的需求正呈白热化状态。商务人员若想跳槽，目前机会绝佳，且有望得到更好的晋升。

美国劳工统计局统计显示，2016年9月至2017年9月，私人企业员工薪酬增长2.6%，同比增加20个基点，明显高于2010—2015年的薪酬平均增长率。不过，薪酬上涨才刚刚开始，经济学者们普遍预测2018年美国员工薪酬将加速增长，其中管理人员及专业技术人员的薪酬将增长得更快，且失业率越低，薪酬增长率越高。以明尼苏达州明尼阿波利斯市为例，其失业率降到2.3%，同期薪酬增长率则高达4%。

与此同时，科技公司正引领一股新的"抢人"风潮，据报道，谷歌最近为阻止一名工程师跳槽脸书，不惜向其赠予价值350万美元的限制性股票。另外，不少雇主还以不寻常手段吸引应聘者，并以更为开放的姿态招聘新员工，如提出无学历要求等条件。一位人事经理甚至打趣道："我在2018年招聘的员工，在2008年是绝对不会录用的。"

（资料来源：中国证券报，2018-02-03 01：00：53。）

【案例分析2】

解密对外承包大佬——西班牙ACS集团

说起ACS，混迹建筑圈又稍微关心点国外市场的恐怕没有人不晓得，原因无他：作为国际ENR榜单上常年的No.1，混都混脸熟了。作为西班牙最大的承包商和国际工程行业实力最强的企业之一，从20世纪80年代成立以来，短短30多年的时间，ACS集团以其雷霆的手段迅速成为全世界瞩目的工程承包企业。能如此快速地取得这么骄人的成绩，ACS集团到底有什么秘诀呢？

一、名声响彻全球

作为建筑企业里面的王牌明星，我们不得不看一下它所拥有的名誉：

西班牙最大的工程公司；

2018年已经连续七年在国际ENR排名第一名；

连续8年成为全球第一大基础设施特许经营商；

在全世界拥有176000名员工。

而且在国际市场日益萎缩的今天，ACS集团还能保持不错的增长，这本身就是实力的证明。不得不承认，ACS集团漂亮的数据支撑、稳健的发展势头和享誉世界的美名，都为其迅速发展起到了不可替代的助推作用。

二、疯狂的并购

对于建筑圈的很多人来说，对ACS最初的印象可能均来自那起惊天收购案——ACS收购德国豪赫蒂夫集团。（豪赫蒂夫是谁？那也是ENR榜单上排名前10的猛将啊！）其实如果研究过ACS的历史就会知道，整个ACS的成长史就是一部活生生的企业并购史，其主要分为三个历史阶段：

1. 第一时期：20世纪80年代

ACS的经营活动始于1983年，前身——Construcciones Padrós（简称CP公司）位于西班牙加泰罗尼亚省的巴达隆拿（Badalona），主要从事建筑业务。由于经营不善，CP公司出现财务危机，公司老板决定出售CP公司以摆脱庞大的债务负担。时任CP公司行政副总裁的弗罗伦蒂诺·佩雷斯（Florentino Pérez，ACS现任董事长兼CEO）抓住机会，在一群工程师的支持下，以1个比塞塔（相当于人民币0.6元）的价格将CP公司买下。CP公司在佩雷斯的领导下，很快扭亏为盈，而佩雷斯本人在任职CP公司前在西班牙政府部门的工作经验和人脉关系对ACS的发展也起了重要作用。此次收购过程中使用的策略和形成的经验，在ACS之后的发展中得到了反复应用。

1986年，CP公司成功并购OCISA公司——一家有40多年历史的大型建筑企业。就CP和OCISA比较，后者的业务表现远比前者优秀，而且拥有享有良好的市场声誉。因此，这次成功的并购不仅使CP公司财务状况大为改观，还进一步巩固了公司在建筑领域的地位，进而成为西班牙建筑工程领域重要的公司之一。

1988年，CP公司收购了一家叫作SEMI的公司，从此走上了多元化经营的道路。SEMI

是一家专门从事电线安装和维护管理的公司，其业务是 ACS 目前的工业服务事业部的业务基础。

1989 年，CP 公司控股 Cobra 公司。Cobra 公司是一家专门提供电气和通信服务的大公司，在过去 80 多年的时间里一直处于行业领导者地位，这次成功控股使得 CP 公司工业服务领域的业务能力增强，成为一家成熟的多元化经营公司。

2. 第二时期：20 世纪 90 年代

进入 20 世纪 90 年代，CP 公司开展了一系列大规模的并购活动，快速壮大了公司的规模，大大提升了公司的市场地位和影响力。

1992 年，CP 公司与下属公司 OCISA 合并成立 OCP 公司，OCP 公司在当时已经成为西班牙建筑行业领先的企业集团之一，其业务格局是今天 ACS 业务结构的雏形。这也是公司成立以来进行的第一次大规模并购行为。新成立的 OCP 公司年营业额达 1200 亿比塞塔（约合 7.22 亿欧元），拥有员工约 6000 人。

1994 年，OCP 公司决定将业务集中到建筑业和工业服务上去，于是将手中的娱乐和保安业务剥离。

1995 年，OCP 公司与控股公司 Cobra 合并，加强了 OCP 公司在工业服务领域的实力。

1996 年，OCP 公司决定进一步削减与主营业务不相关的业务，并开始将其所有的建筑工程集中到民用项目上去。同年，公司收购一家濒临破产的建筑公司 Auxini，这次收购扩大了 OCP 公司的规模。

1997 年，OCP 公司并购 Gines Navarro，加上原来的 Cobra 公司，三家公司并购后名称定为 ACS，ACS 正式诞生。

1998 年，ACS 开始通过系统的战略规划加强并购进程，并促进服务部门业务的增长。遵循战略计划，ACS 在 1999 年实施了三项重要的并购活动：并购 Continental Auto 进入物流业务领域；并购 Onyx SCL 和 Vertresa 强化了公司在环保业务领域的市场地位；并购 Imes 等公司加强了公司在通信和能源业务领域的实力。

3. 第三时期：21 世纪以来

进入 21 世纪，ACS 不仅开展与主业有关的并购活动，提升公司在工程建设领域的影响力，而且进行一些战略性的投资活动，以增强公司的盈利能力。

2000 年，ACS 控股一家名为 Xfera 的手机运营商，目前，该公司是西班牙仅有的四家拥有 3G 手机牌照的运营商之一。

2002 年，ACS 与西班牙最大的银行集团桑坦德银行达成协议，通过这份协议，ACS 购买了西班牙一家著名的建筑企业 Dragados 公司 23.5% 的股份，之后又通过民间购股的方式，将其股份增加到了 33.5%。至此，ACS 成为西班牙建筑市场上无可争议的领导者，同时还成为欧洲的重要公司之一。

在并购的同时，ACS 努力为未来战略构建基础，专注于与西班牙和欧洲经济相关的活动。2003 年，集团开始日益增加在 Abertis 公司的股份，Abertis 是一家在基础设施管理方面领先的公司。

2005 年，ACS 再次与桑坦德银行合作，购买了西班牙第二大电力公司 Fenosa 集团 22% 的股份，至此，ACS 开始大举进入能源行业。能源行业也成为 ACS 继建筑业、交通运输业和通信业之后的又一项支柱性产业。2006年，ACS获得Iberdrola公司10%的股份，成为其最大的股东，2008年7月又增资扩股，对该公司的发展发挥更重要的作用。对前两个公司的投资使得ACS成为能源领域的基准性的工业公司。

2007年3月，ACS从慕尼黑的金融投资公司Custodia手中收购了德国首屈一指的建筑企业豪赫蒂夫公司25.1%的股份，从而成为这家德国公司最大的股东。2011年ACS在豪赫蒂夫的股份升至50.16%，成为其实际拥有者。这项收购活动，是ACS市场地位和竞争实力的体现，为ACS拓展国际业务提供了一个良好的平台。

这一系列的并购使得ACS集团在短短的时间内迅速壮大，一跃成为世界上最强的承包企业之一。

三、足球商业

ACS的创始人兼现在的董事长弗洛伦蒂诺·佩雷斯，现任西班牙足球队皇家马德里俱乐部主席，被评为"100分的商人但是0分的俱乐部主席"。

2000年起，皇家马德里相继签约了齐达内、罗纳尔多、贝克汉姆、欧文、卡卡、C罗、本泽马、贝尔、J罗等一系列明星，并以此作为基础，开始了ACS的海外建筑市场扩张之路。

2014年，弗洛伦蒂诺以8000万欧元的天价签下了哥伦比亚球星J罗。J罗的引入，让弗洛伦蒂诺获得了能与哥伦比亚总统直接对话的渠道，为之后拿下哥伦比亚的建筑市场打下了很好的基础。

银河舰队二期，弗洛伦蒂诺拒绝了技术团队提出的希丁克、穆里尼奥、卡佩罗等人选，而签约了令所有人意外的智利人佩莱格里尼，结果是ACS建筑集团那个赛季在智利拿到了足以令所有人艳羡的大单。

之后，皇马一度青睐土耳其裔球员，从沙欣、阿尔滕托普到赫迪拉，其背后真正的目的还是ACS的海外建筑市场。当时，伊斯坦布尔正申办2020年夏季奥运会，而且还是大热门。因为这些土耳其裔球员，ACS集团得到了土耳其政府和体育界的认可，一旦申办成功，就将把奥运会场馆的大部分订单交给ACS集团。

这一系列的举措让ACS集团的营业额在2013年年底激增到384亿欧元，是13年前的整整20倍。

四、先进的管理模式

管理方面的特色概括起来就是专注核心业务、以客户为中心和注重可持续发展能力。

1. 专注核心业务

专注核心业务是ACS非常重要的战略原则。在集团的发展过程中，建筑、特许经营、环保、工业服务这四个业务板块始终是公司的核心业务和主要收入来源。从1988年开始实行多元化，重点进入与建筑业务相关的产业。1994年，OCP公司（ACS的前身）决定将业务集中在建筑业务和工业服务，将手中的娱乐和保安业务剥离。为巩固其在能源领域的地位，2008年7月ACS出售了在Fenosa的股权，同时增加了在Iberdrola的股权。

2. 以客户为中心

公司内推行以客户为中心的服务文化，一方面在已有的项目中通过精湛的技术、优秀的员工提高服务质量，另一方面公司逐步培养在多个领域的全过程服务能力，通过提供项目全生命周期的服务为顾客创造价值。目前 ACS 能够完成工程建设领域多类项目的前期评估、规划设计、施工和后期维护,通过价值链的延伸,合理利用公司资源、发挥各业务间良好的协同效应,提高了公司的综合服务能力,同时也提高了客户的满意度。

3. 注重可持续发展能力

建筑行业大量使用自然资源和能源,对环境的破坏很大,ACS 在保护环境和可持续发展方面一直有良好的表现,得到业界的一致好评。2002 年,ACS 参与由联合国主导的 Global Impact 项目,将环保概念付诸行动。如今公司 87% 的产品通过 ISO 14001 环境标准的认证;下属公司每年都会根据自身业务的特点制定环境保护计划,规划接下来一年在环境保护方面要达到的目标,比如环保项目的主要污染源于汽车尾气排放和燃料的使用,因此公司从事环保项目的公司就尽可能降低运输工具的尾气排放量和燃料的使用量。此外,公司还制定了自身的道德规范来约束自身行为,并将这种规范书面化和制度化。

(资料来源:中商产业研究院,2018-09-03 09:07。)

第七章

国 际 租 赁

第一节 国际租赁概述

一、国际租赁的含义及特点

国际租赁也称为国际租赁贸易（International Lease Trade），是指根据出租人与承租人订立的租赁契约，以收取一定数量的租金为代价，把物品交给承租人在一定期限内专用的一种贸易方式，是一种灵活的利用外资贸易的方式。

国际租赁贸易是跨越国境的租赁交易，出租人和承租人分属不同的国家，具有如下特点：

（1）国际租赁的双方一般是不同国籍的当事人，国际租赁是超越一国的租赁业务。

（2）出租人以信贷方式取得利润，由承租人向其交付租金。租金按规定分期支付或递减支付。

（3）国际租赁的物品所有权归属于出租人，而承租人在规定期限内只有对租赁物品的使用权。

（4）国际租赁的物品在协议期满后应退回出租人，但一般都以"对价"（Consideration）的方式，即由承租人支付很少的金额获得租赁物品的所有权。

二、国际租赁的当事人

（一）出租人

出租人（Leaser）是指在合同约定的时间内，把其物品出租给他人使用，以期获得一个固定收益的机构。目前，经营租赁业务的机构有如下几种：

（1）专业租赁公司。专业租赁公司有的只经营某一类商品，如电视机、小轿车、拖拉机、车床等；有的经营一大类定型商品，如纺织设备、机械设备、建筑设备等；还有多种经营的租赁公司，出租各种类型的、技术复杂的并附有技术资料的设备。

（2）银行、保险等金融公司。它们以雄厚的资金进入租赁业务领域，给租赁公司提供贷款，有的银行自设租赁公司。

（3）融资租赁公司。它有别于专业租赁公司，只从事租赁的资金融通业务，只限于接受承租人的请求，向制造厂商购买机器设备，并运交租赁的机器设备。这种情况下，承租人与制造商不发生直接的关系。

（4）制造厂商租赁部门。发达国家的大工业制造商，为了出租其生产的机器设备，多在工厂内设立租赁部，或设立附属于其的、在法律上完全独立的、在会计上有独立核算账户的租赁公司。

(5) 经销商、经纪人。它们本身并不经营租赁业务，只是代表出租人或承租人寻找交易对象，并代表委托人与对方磋商租赁条件，促成交易，从中收取佣金。

(6) 制造厂商和大的租赁公司与供应资金的银行或其他金融机构联合组成的多边租赁联营或卡特尔等垄断组织。这些垄断组织是为了保证公司能参与开拓国外的租赁市场。

(7) 国际性租赁组织，如美、英、德、意、日、加等国联合组成的东方租赁控股公司。

(二) 承租人

承租人（Leasee）是指向出租人租用其物品者。他在合同约定的租期内交纳一定的租金，以此来获得租赁物品的使用权。承租人在租赁期内应在合同规定的地区和在固定企业使用机器设备；如需转移该项租赁物，应事先通知租赁人，妥善保管设备，并按技术规则操作使用；未经出租人书面同意，不得改动租赁设备的结构，在设备使用过程中所发生的一切与设备有关的问题，应及时向出租人报告；对租赁设备的性能和技术资料予以保密，不得泄露租赁设备的构造和使用特点，以保障设备所有人的利益。

三、国际租赁的产生与发展

租赁的历史可以追溯到原始社会末期，在漫长的发展过程中，租赁业经历了古代租赁、近代租赁和现代租赁三个发展阶段。

古代租赁出现于原始社会末期，其具体表现为一些富人出租其工具、牲畜、货物乃至人，以获取租金。公元前3000年前，腓尼基人开始租赁船只。巴比伦王国曾在公元前1750年通过了一项立法，规定个人资产也可以进行租赁交易。古代租赁实际上是一种实物租赁，它是以获取租赁物的使用价值为目的，以支付一定的报酬为前提的。

近代租赁开始于18世纪中叶，它是随着欧洲工业革命的开始而发展起来的。其租赁物主要为船舶、制鞋机、缝纫机、电话等设备。但租赁的目的仍然只限于使用设备本身，并且只租不售。

现代租赁业则起源于"二战"后的美国，其标志是美国在1952年创立了世界第一家专营租赁业务的企业——美国国际租赁公司，该公司开始了真正意义上的融资与融物于一体的租赁业务。融资与融物相结合实际上是现代国际租赁业的特征，此后，融资与融物于一体的融资租赁方式被其他发达国家所效仿。进入20世纪70年代，银行开始参与租赁业务。从80年代起，发达国家的租赁业进入成熟期，其租赁物主要包括飞机、汽车、计算机、无线电通信设施、工业机械与设备、医疗设备、废物处理设施、家具和办公用品等，而且发展中国家也开始将租赁业作为一种融资手段，如1994年巴西一家航空公司从美国、日本及欧洲以融资租赁的方式租进了60架飞机。

伦敦金融集团（London Financial Group）的《全球租赁报告》（Global Leasing Report）已有多年研究世界范围租赁市场的经验，每年他们都将所收集到的世界主要国家和地区租赁业的规模、增长率和市场渗透率数据进行比较，并发表在《世界租赁年报》（World Leasing Yearbook）中。2017年世界租赁年报显示，全球排名前50的国家（地区）2015年新增业务额已超过1万亿美元，比2014年的9943.1亿美元增长了约6.5%。其中，北美、欧洲和亚洲三个地区的业务总额超过全球业务额的90%。北美地区增速非常明显，达到10.7%。北美地区包括美国、加拿大和墨西哥，作为全球最大的租赁市场，该地区租赁业仍保持积极、稳健发展，2015年新增业务额达4078亿美元，占全球设备租赁市场份额的比例达到40.6%。美国是该地区的主导者，也是全球最大的单一租赁市场，2015年新增业务额约3740亿美元，比居于第二位的欧洲高出约15%（欧洲业务额为3228亿美元）。拉丁美洲2015年的业务增速达到28.9%，居全球增幅之首。亚洲地区增速达到14.4%。中国是亚洲地区最大的租赁市场，2015年新增业务额约1364.5亿美元，增长了约26%。

四、国际租赁的作用

国际租赁是一种融资与融物相结合的中长期信贷方式。它对承租人、出租人、制造商和金融机构等租赁市场上的参与者以及租赁物的进出口商来说，与简单的商品买卖相比均有相对较大的益处，具体体现在以下几个方面：

1. 降低了企业的生产成本

很多发达国家都对租赁设备采取了一定的鼓励措施，如税收减免和加速折旧，只能将所付利息计入成本，本金的归还是不能免税的。此外，出租人由于能从其应税收入中抵免设备的投资支出，从而大大降低了出租人的购买成本，使承租人以租赁方式获取设备的成本比购买方式低成为可能。鉴于出租人将其投资和加速折旧的部分好处给了承租人，以及承租人本身享有的优惠，采用租赁比采用借款购买设备的成本要低得多。

2. 加快了设备的引进速度

在企业缺乏资金购买设备的情况下，申请各种形式的贷款往往手续复杂，如提供担保或进行资信调查，有些贷款还需借款国政府出面商谈或提供担保以及审批等。这往往需要很长时间，有的甚至长达1~2年。如果采用租赁方式，设备和供应商可由承租人指定，设备的引进一般由租赁公司包办，这就大大节省了设备的引进时间。

3. 促进了销售

在租赁方式下，由于承租人的租金是分期支付的，再加上享有税收和折旧的优惠，使以租赁方式购买设备比贷款购买设备便宜，这就增加了社会购买力，实际上是增加了销售量。即使可以依靠租赁方式来维持商品的销售，如美国电报电话公司1992年的成交额有13%是依靠租赁方式达到的。

4. 加强了设备的有效利用

对出租人来说，将自己闲置不用的设备或本国已经淘汰的设备出租给其他需要设备或经济不发达的国家，会使一些已无任何价值的设备仍然可以产生经济价值。

第二节　国际租赁的种类

一、经营性租赁

经营性租赁是一种短期租赁形式，它是指出租人不仅要向承租人提供设备的使用权，还要向承租人提供设备的保养、保险、维修和其他专门性技术服务的一种租赁形式。经营性租赁是租赁公司根据市场需要购进设备，通过不断出租给不同用户而逐步收回租赁投资并获得相应利润的一种租赁方式。

经营性租赁的特征主要有：

（1）租期较短，中途可以解除合同。经营性租赁租期短，一般小于租赁物件的折旧年限。

（2）经营型租赁所出租的设备物件一般属于：需要高度保养管理技术的；技术进步快的；泛用设备或机械等。承租人使用这种设备一般期限较短，承租人租进而不购买，一为避免资金积压；二为防止技术落后。

（3）出租人一般负责设备的保养维修，租金包括这项费用。

（4）承租人是不特定的复数。一项设备的承租人不是一个特定的承租人，而是多个不确定的承租人。

（5）租赁关系简单，只涉及两个当事人，即出租人和承租人。只签订一个合同，即租赁合同。

（6）出租人始终拥有租赁物的使用权，并承担有关一切利益与风险。

二、融资性租赁

融资性租赁又称金融租赁，它是指承租人指定设备以及生产厂家，委托出租人融通资金购买并提供设备，让承租人使用并支付租金，具有融资融物双重职能的租赁形式。租赁期满，租赁设备通常有三种处理方法，即退租、续租或转移给承租人。

由于在租赁期间出租人通过收取租金的形式收回购买设备时投入的全部资金，包括设备价款、利息和利润，所以融资性租赁又称为完全支付租赁。在现代租赁业务中这种租赁是最基本、最广泛的租赁方式。

融资性租赁的特点是：

（1）承租人在租约期间分期支付的租金数额，足以偿付出租人为购置设备的资本支出并有盈利，美国称为"完全付清"的租赁。

（2）租约期满，承租人对租赁物享有留购、续租或退租的三种选择权。留购时有两种价格选择，即用实际价格或名义价格购买。

（3）租赁物的维修保养一般由承租人负责。

（4）租赁合同一经签订，原则上承租人不得解除租约。

（5）制造商提供的设备由承租人负责检查，并代出租人接受该项资产，出租人对设备的质量与技术条件不予担保。

（6）租赁物和供货人由承租人选定。

（7）融资性租赁签订两个或者两个以上合同，出租人和承租人签订租赁合同，出租人和供货人签订购买合同。如果出租人资金不足，出租人与融资机构要签订贷款合同。

（8）租赁期满，承租人拥有对租赁物的处置权。

（9）出租人可以在一次租期内收回投资并盈利。

三、杠杆租赁

杠杆租赁又叫作平衡租赁，在一项租赁交易中，设备购置成本的小部分由出租人投资承担，大部分由银行等金融机构投资人提供贷款补足的租赁方式，称为杠杆租赁。出租人只需投资租赁设备购置款项的20%~40%，即可在法律上拥有该设备的完整所有权，设备购置款项的60%~80%由银行等金融机构提供。

简单地说,杠杆租赁的做法就是,出租人从银行借得60%～80%的资金,自身投资设备价款的20%～40%,购买设备然后将设备出租给承租人。杠杆租赁主要有以下特点:

(1) 涉及的当事人至少为三方,一方为出租人,一方是承租人,还有一方是贷款人。贷款人常常被称为债权持有人或债权参与人。杠杆租赁有时还涉及物主托管人和契约托管人。

(2) 贷款人对出租人无追索权。出租人是以设备、租赁合同和收取租金的受让权作为贷款投保的,在承租人无力偿付或拒付租金时,贷款人只能终止租赁,通过拍卖设备来得到补偿,而无权向出租人追索。

(3) 出租人在购置拟租赁的设备时必须支付20%的价款,作为其最低风险投资额。

(4) 租期结束时,租赁设备的残值必须相当于设备有效寿命的20%,或至少还能使用一年。

(5) 租赁期满,承租人必须以设备残值的市价留购该设备,不得以象征性价格留购。

四、直接租赁、转租赁与售后回租

(一) 直接租赁

直接租赁是指出租人用在金融市场上筹措到的资金和自有资金购置租赁设备,然后直接出租给最终用户的租赁。它是转移了与资产所有权有关的全部风险和报酬的租赁形式。有关租赁费用和租赁期限以及期满后租赁物件的处置,均由租约具体规定。

在实际操作中,出租人根据承租人的请求,向承租人指定的出卖人,按承租人同意的条件购买承租人指定的承租设备,并以承租人支付租金为条件,将该承租设备的占有、使用和收益权转让给承租人。

直接租赁是一项涉及三方当事人——出租人、承租人和供货人,并至少有两个以上合同——买卖合同和租赁合同,自成一类的三边交易。

(二) 转租赁

转租赁是指由两家租赁公司同时承继性地经营一笔融资租赁业务,即由出租人A根据最终承租人(用户)的要求,先以承租人的身份向出租人B租进设备,然后再以出租人的身份转租给最终承租人使用的一项租赁交易。转租赁是由出租人从一家租赁公司或制造商租进设备或转租给最终承租人的租赁形式,它适用于自身借贷能力不强、资金来源有限、融资技术不发达的租赁公司;或者在跨国租赁中,通过转租赁以低廉的租金方式与外国租赁公司分享外国政府提供的税收优惠的情况。

租赁公司若向其他租赁公司融资租入租赁物件,再转租给下一个承租人,这种业务方式叫作融资转租赁,一般在国际上进行。此时业务做法同简单融资租赁无太大区别。由于出租人从其他租赁公司租赁设备的业务过程是在金融机构间进行的,在实际操作过程中只是依据购货合同确定融资金额,在购买租赁物件的资金运行方面始终与最终承租人没有直接的联系。在做法上可以很灵活,有时租赁公司甚至直接将购货合同作为租赁资产签订转租赁合同。这种做法实际是租赁公司融通资金的一种方式,租赁公司作为第一承租人不是设备的最终承租人,因此也不能提取租赁物件的折旧。转租赁的另一功能就是解决跨境租赁的法律和操作程序问题。

(三) 售后回租

售后回租是指由设备的所有者将自己原来拥有的部分财产卖给租赁一方以获得融资便利，然后再以支付租金为代价，以租赁的方式从该公司租回已售出财产的一种租赁交易。对承租人而言，当其急需现金周转时，售后回租是改善企业财务状况的一种有效手段。

出于设备昂贵的税务及其他方面的考虑，美国航空公司首开现代租赁融资之先河，在购买飞机后即与一家机器设备信托公司做出安排，由该信托公司向银行集团或金融公司发售设备信托证以便筹得资金，从航空公司把飞机买过来，再相约以租赁的方式将使用权转让给航空公司。

售后回租是简单金融租赁的分支，其特点是承租人与供货商为同一人。租赁物不是外购，而是承租人在租赁合同签约前已经购买并正在使用的设备。承租人将设备卖给出租人，然后作为租赁物返租回来。企业在不影响运营的同时扩大了资金来源。

五、综合性租赁

综合性租赁实际上是租赁与其他贸易方式相结合的租赁方式。国际租赁就是一种灵活的全额信贷，它可以与其他各种利用外资的方式相结合。

（1）租赁与补偿贸易相结合的综合性租赁方式。这是出租人把机器、设备租给承租人，而由承租人用租赁来的机器、设备所生产的产品偿付租金。例如苏联政府与日本公司签订萨哈林近海勘探、开发油田及提炼石油和天然气的合作协定，就是规定日本向苏联提供长期信贷，租给地质勘探机器设备，苏联则以探采的油田生产的石油和天然气偿付租费。

（2）租赁与加工装配相结合的租赁方式。这是承租人用租赁方式引进设备，开展加工装配业务，而以工缴费按期分付租赁费。日本的厂商多采用这种方式。

（3）租赁与包销相结合的租赁方式。这是由出租人把机器设备租赁给承租人，而承租人生产出来的产品则由出租人包销，从包销价格中扣除租赁费。西方国家的垄断组织常常利用这种方式压低包销产品的价格，从中牟取高额利润。

第三节　国际租赁的运作

一、国际租赁的运作程序

（一）承租人的租赁决策

承租人在做出租赁决策后，首先根据自己的需要选定拟租赁物和供应厂商，确定租赁物的规格、数量、名称、技术指标，以及售后服务和品质保证的要求。然后准备好各项应向出租人提供的文件，如项目立项书、上级批文、项目可行性研究报告、进口设备的有关批文等，选定租赁人并提出租赁申请。

（二）出租人对承租人及项目的审查与受理

出租人在接到承租人的租赁申请后，参考其提交的项目可行性报告及有关承租人的其他文件，对承租人的资信状况及项目的市场前景进行综合分析，方可确认接受申请。

（三）合同的洽谈与签订

一项国际租赁交易至少包括两个合同：国际贸易合同和国际租赁合同。

1. 国际贸易合同的洽谈与签订

国际租赁业务中国际贸易合同的内容和性质与一般国际贸易合同基本相同，仅是增加了一些与租赁有关的条款，主要包括：

（1）卖方（供货人）要在买卖合同中确定本合同货物是作为买方（出租人）和用户（承租人）之间签订的租赁合同中的标的物，由卖方向承租人出租。

（2）供货人要对出租人和承租人同时保证合同规定的规格、式样、质量、性能及其他使用要求，并保证供货人应对出租人提供的服务和应承担的义务。

2. 国际租赁合同的洽谈与签订

出租人与承租人在洽谈租赁合同时，应注意明确以下内容：租期；租金的支付币种、构成与金额；租金的交付方式；租金支付的完整性；租金支付日的一致性；租金的拒付；租赁设备的维修与保养及其费用负担；承租人不得中途解约；期末租赁设备所有权的处置方式。

（四）租赁合同履行

国际租赁项下的国际贸易合同履行与一般国际贸易合同的履行基本相同。国际租赁合同履行包括租赁设备保险的办理以及租赁进口设备的交货、验收和报关、处理索赔等。

（五）租赁期满后用户的选择

租赁期满，用户对租赁物可做如下选择：将租赁物件退还租赁公司、续租、由双方协商后购买。

二、国际租赁合同

国际租赁合同是处于不同国家的出租人和承租人之间为了进行某项租赁业务而订立的明确相互权利义务关系的协议，它规定一方当事人（出租人）将自己财产的使用权转移给另一方（承租人），承租人在合同规定时间内使用该财产并支付相应的租金。

（一）合同的当事人

租赁合同的当事人主要是指出租人和承租人。出租人是租赁物的所有者，而承租人则是租赁物的使用者。当事人在合同中应首先予以明确。

（二）租赁物

合同中应明确租赁物的名称、规格、牌号、数量和交货期，并说明出租人根据承租人的要求购买租赁物后，租给承租人的使用条件。

（三）租期

租期一般从交付租赁物之日算起，如需要安装设备，则应从设备安装完毕承租人正式开始使用算起。租期的长短主要取决于设备的使用寿命。发达国家一般以设备寿命75%的时间作为设备租赁的最低期限。价值较低的通用设备的租期一般在3年左右；厂房、机械设备、计算机等的租期一般在5年左右；飞机、船舶、铁路机车等的租期一般为10年。

（四）租金

支付租金是承租人的一项主要义务，租金条款必须明确总金额、支付方式、支付时间、每次支付的数额、付款地点、支付货币等。此外，合同还应规定承租人在租赁开始时应交纳的保证金金额。

（五）租赁物的购买与交货

合同要注明出租人所购买的拟租赁的设备是由承租人选定的，并出具必要的证明。租赁合同还应明确租赁物的交货时间和地点、交货人不能按时交货的责任、验货时间和方法等。

（六）纳税

国际租赁业务中涉及海关关税、工商统一税等多种税款。双方应在合同中列明各自应纳的税种。

（七）租赁物的保管、使用和保养

租赁合同中规定承租人对设备的保管义务、设备的使用方法和注意事项以及设备的保养责任。

（八）保险

为租赁物投保也是租赁业务中的一项重要内容，双方应在合同中规定由谁投保。如果是由承租人投保，那么承租人应以出租人的名义投保，并应在由于保险范围内的风险致使租赁物受损时向出租人提交有关文件，以使出租人能顺利获取保证金。

（九）租赁保证金

承租人一般在签订合同时交纳一笔租赁保证金，保证金的具体数字应在合同中注明。保证金一般不计利息，在租期结束后退还给承租人或移作租金支付给出租人。

（十）担保人

担保人必须保证承租人严格履约，并应在合同上签字。

（十一）期满后租赁物的处理

在租赁合同中，应规定租期满后租赁物的处理方法。如果退还，应规定租赁物除正常消耗外应保证的状态；如果续租，承租人应提出续租的最后时间；如果留购，应规定留购的价格。

（十二）违约与索赔

出租人和承租人不仅应在合同中规定双方的权利和义务，还应规定履约过程中对各种违约情况的索赔金额和方法。

（十三）争议的解决

租赁合同应规定出租人、承租人以及担保人对履约过程中出现的争议的解决方法和解决地点。

三、国际租赁的租金

租金是指出租人应承租人要求购买承租人所需租赁物租给承租人使用而向其收取的租赁费用。

（一）租金的构成要素

根据国际租赁的实践，租金一般由下列几个要素构成：

1. 购买租赁资产的货款

生产企业根据自己的生产需要向出租人洽租，租赁公司根据承租人的要求出资购置设备而发生的费用构成购置租赁资产的成本。购买租赁资产的货款一般包括购置租赁资产的货价、运输费及途中保险费。

在国际租赁业务中，我国有些承租人一般无支付运输费的能力，运输费由租赁公司垫付，此时运输费应计算在设备货款中。但也有相当多的租赁项目，运输费由承租人直接支付，此时的运输费不包括在设备货款中。总之，凡由租赁公司垫付的运输费和保险费，均应包括在设备货款中；凡由承租人直接支付的运输费和保险费，在计算租金时应予以扣除。

2. 设备残值

设备残值也称预计的名义货价，是指租赁物在租赁期满后预计的市场价值。设备残值依租赁资产的种类、性能和市场需求等条件而各不相同。设备残值高意味着租金低，有利于承租人；设备残值少意味着租金高，有利于出租人。

设备残值即设备的未来市场价值，由于影响未来市场需求的因素很多，因此预测租赁期满后租赁资产的市场价值不易十分精确，具有很大的不确定性。在租赁双方洽谈租赁合同时，租赁资产残值的估计具有相当大的商讨余地。

3. 利息

购买设备的银行贷款利息是指出租人为承租人购置租赁设备向银行支付的贷款利息。一般说来，租赁公司的租赁资本可以有多种来源，不同资产来源决定了利息的多少，从而会影响资金筹措的成本。资金来源不同，利率水平不同。

4. 租赁手续费（初期费用）

租赁手续费是指出租人为承租人办理租赁资产所开支的营业费用（如办公费、工资、旅差费、税金等）和利润。租赁手续费根据租赁项目的不同和市场供需情况的不同而变化。至于收取多少手续费，在计算租金时如何处理，各租赁公司的规定不尽相同。总之，租赁手续费高则租金高，有利于出租人；租赁手续费低则租金低，有利于承租人。租赁手续费是出租与承租双方协商的，也是租赁公司进行市场竞争的条件之一。

5. 租期

租期的长短主要取决于租赁设备的法定折旧年限和经济寿命。对于出租人来说，由于技术不断进步，为避免设备提前淘汰而遭到损失，因此愿意采取加速折旧的办法，把设备前期出租的租金定得较高。承租者则希望租赁期限长些，宁可多付利息，以便增加租金支付的次数。国际租赁期限通常为 3~5 年，大型设备的租期则稍长一些。

还有一些其他因素，如安装调试费、财产保险费、专有技术费、维修和人员培训费等，也会对租金造成影响。

（二）租金的计算①

租金的计算方法很多，应根据不同的租赁条件选择适合的租金计算方法，以保障当事人的合理利益。目前，国际上主要的租金计算方法有平均分摊法、递减式计算法、年金法、附加率法、银行复利法和浮动利用职权利率法等。在此介绍前两种计算方法。

1. 平均分摊法

这是一种租赁成本计算法，租金的高低与购买租赁资产的货价、利息、手续费、租期等有关。其计算公式为：

$$租金 = \frac{购买租赁资产的货价 - 预计设备残值 + 利息 + 手续费}{租期}$$

租金的总额，原则上一般要高于实际购买所付出金额的 12%~17%，不超过 20%。由于租

---

① 参见卢荣忠编写的《国际经济合作》，高等教育出版社，2003。

金不是一次性支付，而是分期支付，因此一般比使用贷款方式筹资购买风险小，价格也便宜。

2. 递减式计算方法

递减式计算方法适用于承租人所交的租金中，每期偿还的本金相等，其中所含的利润费不同，即开始所付的租金高，而后几年递减。其计算公式为：

$$租金 = 各期占款本金数 \times 年利率 \times 占款年数 + 各期应还本金数$$

【例7-1】 某企业拟从某租赁公司租入一成套设备，该成套设备的概算成本为200万美元，租期为4年，每年年末支付一次租金，利息和手续费合年利率为6%。若采用先期多付、后期少付的办法，则每年应付的租金、4年应付的总租金、每年的利费额分别是多少？

解

第一年应付租金为　　200×6%万美元+50万美元=62万美元
第二年应付租金为　　150×6%万美元+50万美元=59万美元
第三年应付租金为　　100×6%万美元+50万美元=56万美元
第四年应付租金为　　50×6%万美元+50万美元=53万美元
4年应付的总租金为　　62万美元+59万美元+56万美元+53万美元=230万美元
第一年利费额为　　200万美元×6%=12万美元
第二年利费额为　　150万美元×6%=9万美元
第三年利费额为　　100万美元×6%=6万美元
第四年利费额为　　50万美元×6%=3万美元

四、我国现代租赁业的产生与发展

我国现代租赁业是在20世纪80年代初产生和发展起来的。1980年中国国际信托投资公司从日本租进第一批汽车，1981年中国国际信托投资公司又以杠杆租赁方式帮助中国民航从美国租进第一架波音747飞机。随后，经国家有关部门批准，由中国国际信托投资公司、北京机电设备公司和日本东方租赁公司合资组建中国第一家专门从事租赁业务的租赁公司——中国东方租赁有限公司。1981年7月，第一家专营租赁业务的中资企业——中国租赁公司宣告成立。此后，从事租赁业务的机构在我国境内纷纷涌现。

最初几年中国租赁市场一度十分活跃，不过在快速发展的同时，由于理念偏差、法律税收环境不完善等原因，融资租赁业的运作并不规范，蕴含着很大风险。进入20世纪90年代，受到欠租问题严重、政府不再为企业担保、银行和信托公司退出等因素的冲击，融资租赁业的风险全面爆发，陷入了较长时期的停滞发展阶段。直到2007年以后，随着银行业的重新回归，融资租赁业才开始逐渐走出困境，重新进入快速发展时期，上海、北京、天津、深圳等地区更是采取各种措施争相发展本地的融资租赁市场。

现阶段中国融资租赁业发展的主要特征有：

1. 发展速度很快，潜力依然巨大

从绝对指标来看，自2007年到2014年6月底，全国各类融资租赁公司数量从93家增加到1350家，合同余额由240亿元增加为2.6万亿元，融资租赁总规模一跃成为世界第二。在某些细分领域，融资租赁已经成为非常重要的设备投资方式。例如，20世纪90年代以前，我国的航空公司主要通过直接向银行申请贷款的方式购买飞机；其后越来越倾向于采用

租赁方式来运作。有数据显示，截至 2013 年年底，中国在册的商用飞机数量超过 2000 架，其中有 800~900 架飞机采用了融资租赁的方式。在某些发达地区，融资租赁更是成为实体经济重要的资金来源。上海市的数据表明，2014 年上半年上海社会融资规模为 4482 亿元，融资租赁贷款新增 397.6 亿元，相当于社会融资总额的 8.9%。

另一方面，从相对指标看，融资租赁业的发展水平仍然偏低，显示出很大的发展潜力。以融资租赁 GDP 渗透率（租赁的厂房和设备投资总额与 GDP 之比）看，2012 年我国和美国的数据分别为 1.24% 和 1.86%；以融资租赁投资渗透率（租赁的厂房和设备投资总额占固定资产投资总额之比）看，2012 年我国和美国的数据分别是 3.8% 和 22%。高速扩张但潜力仍然巨大，融资租赁业这一发展特征，正与我国作为新兴经济体的发展特征相匹配。

2. 政策环境有所改善，制度建设仍处在起步阶段

融资租赁是一个高度依赖外部政策环境的行业。在我国融资租赁业的以往发展历程中，相关制度建设一度十分缺失。近年来情况发生了明显变化，不论是国家层面对该行业的重视程度，还是具体的法律、监管、税收等制度建设，都取得了长足进展。不过整体看来，融资租赁的各项制度建设仍处于起步阶段，还存在很多有待改进之处。

3. 业务结构体现了鲜明的时代特征和中国特色

以最大的融资租赁市场上海市 2014 年 6 月底的数据为例来分析。目前我国融资租赁企业的业务特征突出表现为三个方面：①业务类型以单笔金额超过 3000 万元的大型业务和单笔业务金额在 50 万~3000 万元之间的中型业务为主，单笔金额小于 50 万元的业务占据比重很低。这一特征表明，融资租赁在我国的服务对象已经向中小企业扩展，但还没有被小微企业充分利用。②融资租赁业涉及的租赁物范围虽然日渐扩大，但仍以传统的项目为主，其中基础设施类融资租赁业务占比更是超过 1/4。这与中国固定资产投资拉动的发展模式相契合。相比之下，美国租赁业的租赁物范围更加广泛，2012 年基础设施类融资租赁业务占比仅为 1%。③从行业平均数据看，回租业务占据主导地位，直租业务占比比较低。这表明，现阶段我国融资租赁更像是一种类贷款业务，融资租赁公司的功能发挥主要体现在融资方面，在"融物"方面的功能还有所欠缺。这一特征正与当前金融抑制背景下信贷资源仍是一种稀缺品的现实相吻合。

新常态下我国融资租赁业的未来前景广阔。从发展驱动力看，中国经济步入新常态，经济增速将从高速增长转为中高速增长。不过，融资租赁业在我国仍然是朝阳产业，具有巨大的发展潜力，尚有许多服务功能和细分市场亟待开发，经济降速并不必然意味着融资租赁业的发展会降速。事实上，支持融资租赁业发展的原有驱动力依然存在。例如，在我国政府和企业负债率高企的背景下，融资租赁能够避免一次性大额投资带来的过大资金压力这一优点将更具吸引力。此外，新形势还带来一些新的发展动力。例如，我国正大力推动城镇化、工业化、信息化、农业现代化进程，与之相关领域的设备投资为融资租赁的业务扩张提供了新的空间；随着"一带一路"倡议的实施，企业"走出去"的力度不断加大，通过融资租赁带动设备出口的需求在不断增大；随着财税改革的推进以及必要税收优惠政策的到位，更多的企业会从节税角度选择以融资租赁方式而非直接购买方式获取设备等。由于原有的发展驱动力仍然存在，新的发展驱动力又不断涌现，可以判定新常态下我国融资租赁业仍将大有可为。

新常态下，我国融资租赁业的发展方向，将着重拓展业务领域，深化非融资功能，同时加强制度建设。新常态不仅意味着增长速度的换挡，更意味着新的增长驱动力和好的发展质量。有鉴于此，我国融资租赁业应主要朝着以下三个方向进行发展：

其一是拓展业务领域。目前融资租赁项目主要以基础设施、飞机船舶、传统制造业设备为主。未来应大力发展与制造业升级改造以及服务业相关的业务领域。例如，医疗器械、文化产业设备、农业机械、新能源设备等领域，以往这些领域融资租赁业较少涉足，应该使它们成为今后业务拓展的重点。

其二是深化非融资功能。融资租赁本身除了融资功能之外，在盘活固定资产、促进设备销售、满足企业技术改造的需要等方面都能发挥重大作用，我国在这方面尚有很大潜力可挖。

其三是加强制度建设。在法律方面，重点应补足现有体系的不足。例如，针对不动产和无形资产的租赁业务制定明确的法律法规，加强租赁物登记公示系统建设和租赁资产流通机制建设等。在监管方面，应着重解决三类融资租赁公司监管规则不统一的问题。在多元化融资渠道、会计税收制度、人才培养和引进等方面也需做出持续的努力。除了对已经初步建立的制度不断升级完善以外，还需要在新形势下考虑启动一些新的相关制度，例如在企业"走出去"开展跨国融资租赁业务时，应获得专门的海外投资保险制度的支持等。

思 考 题

1. 国际租赁的作用是什么？
2. 国际租赁的种类有哪些？
3. 经营性租赁的特点是什么？
4. 融资性租赁的特点是什么？
5. 国际租赁中租赁构成要素是什么？

【案例分析1】

中国飞机租赁业：机遇与挑战并存

业内人士认为，以天津东疆为代表的飞机租赁业，正迎来机遇与挑战并存的时代。

国际航空运输协会的数据显示，我国航空运输总周转量已经连续10年位居全球第二，很可能在2022年左右超过美国成为世界第一。根据波音公司预测，未来20年，我国需要进口7240架飞机，平均每年引进飞机超过300架，预计超过一半的飞机将通过租赁方式引进。

与此同时，我国飞机租赁业经过十余年的快速发展，也已进入了新的发展阶段。

第一，同质竞争拉低行业整体利润率。

工银金融租赁有限公司党委书记、总裁赵桂才介绍，我国飞机租赁公司业务范围主要集中在国内和亚太地区。由于飞机资产安全性和流通性较好，不断有新成立的租赁公司加入行业中，同质化竞争日益明显。

赵桂才介绍，近年来，以价格战为主的同质化竞争使得多种主流机型租售比不断下降，退租条件对租赁公司而言更加严苛，飞机租赁业整体盈利不断降低，也使我国飞机租赁业未来长期可持续发展面临风险。

第二，应对国际竞争仍需加大改革力度。

据毕马威咨询公司相关专家介绍，爱尔兰作为全球飞机租赁和金融中心，十大海外飞机租赁公司均在此设立总部或区域运营中心，爱尔兰聚集了金融、法律、操作技能和专业技能等要素。

过去10年，多项政策率先在东疆保税港区试点，使东疆保税港区成为航空金融政策高地和飞机租赁业务聚集地，但与爱尔兰飞机租赁业竞争，仍需加强改革。业内人士认为，中国航空金融环境对标国际，在税收政策、法律体系、监管制度等方面还有一定差距，租赁飞机的权属登记和所有权人的权利保护还有待完善。中国香港在爱尔兰之后出台鼓励飞机租赁的政策，引起租赁企业的高度关注。经过测算，如果综合考虑税收成本、资格主体认定等因素，针对开展国内飞机租赁业务，"东疆飞机租赁模式"仍然具有比较优势。

第三，老旧飞机处理仍需行业合力解决。

东疆保税港区管委会主任沈蕾说，天津东疆的飞机租赁从2009年开始起步，考虑到飞机的使用周期，从2019年起，就会开始有相当数量的保税租赁飞机租期结束，租赁公司将面临续租、再租或转卖的不同处置选择，业界对飞机资产交易流转政策的进一步完善需求迫切。到目前为止，东疆已累计完成约70单飞机资产交易，积累了一定经验，但飞机资产跨区域流转问题、跨境交易过程中货物流和资金流不匹配带来的监管问题，仍需要与行业合力推动解决。

据了解，由于国内相关法律规定尚未与《开普敦公约》衔接，难以就租赁权利登记等方面形成有效对接。飞机资产全球流动性强，跨境交易受货物流和资金流双向监管，目前相关监管部门尚未对飞机资产交易特殊性有明确政策和指导操作。资产流动涉及对外支付租金等费用需要代扣代缴税款，境内资产出售方和交易方会承担较高税负成本。以上因素均会使飞机资产境内外自由流转交易受到影响。

天津东疆保税港区管委会副主任杨柳表示，随着飞机资产的交易和流转越发活跃，东疆正积极推动海关监管模式创新、研究推进国内老旧飞机资产交易流转、深化外汇管理政策创新、国内航空公司民航运输飞机引进管理改革等，使飞机资产流转更加通畅。

第四，行业专业人才的培养仍需加强。

赵桂才认为，飞机租赁业务是一项复杂系统工程，要求租赁公司拥有不同领域的专业人才，不仅需要掌握飞机构造与飞机本身相关专业结构知识，还要熟悉飞机租赁交易过程，涉及法律、金融、会计、国际贸易、风险管理、税收结构等专业知识。相比于西方成熟的租赁公司，我国飞机租赁公司在专业人才队伍建设方面还有很大的差距，仍然需要加强。

第五，融资问题或对行业发展形成制约。

2018年年初，银保监会下发《商业银行委托贷款管理办法》，限制母公司债务资金通过委托贷款方式发放给项目公司，这使飞机项目公司融资面临较大困难。国内缺少差异化的货币信贷和资本市场扶助，融资租赁公司不能进入银行间市场，又因资信不达标发债较难，资管新规下保险资金、银行表外资金进入难度加大。金融租赁公司受杠杆率低于12.5倍的限制，资产规模增长必须依靠股东增资。上半年8家金融租赁合计增资超200亿元，杠杆率却仍临近上限。境内购汇和外币贷款资金成本高于境外，且需要承受汇率波动风险，在境外获得低成本融资需要外债额度，但审批手续非常严格。境内外融资渠道和政策均受限制。

（资料来源：中国融资租赁信息中心，www.chinaleasing.org，2018-09-25 09：49。）

【案例分析2】

万亿级汽车金融市场吸引融资租赁业目光

中国汽车消费市场快速增长，带动汽车金融蓬勃发展。最新数据说明，万亿级汽车金融市场释放的诱人机会，则吸引着融资租赁业的目光。

来自中国汽车工业协会的数据显示，2017年全国汽车产销量分别达到2901.5万辆和2887.9万辆，连续9年蝉联全球第一。2018年前8个月汽车产销量分别达到1813万辆和近1810万辆，同比增长2.77%和3.53%。

汽车产销量增长对汽车金融形成明显的带动效应。《中国汽车工业年鉴》称，2017年汽车信贷规模或超万亿元。咨询机构罗兰贝格则在其发布的《2017年中国汽车金融报告》中预测，未来几年中国汽车金融市场规模将保持25.7%的年复合增长率，至2020年整体市场规模将达到2万亿元。

万亿级汽车金融市场释放出诱人的机会，吸引着相关行业的目光，其中也包括了将汽车作为重要拓展领域的融资租赁业。

中国平安旗下平安国际融资租赁有限公司近日在上海正式发布"用心融万物"品牌口号，并重申其"双T"战略，即横向与金融服务生态圈协同，纵向聚焦"医疗健康"和"汽车服务"两大生态圈。

平安租赁董事长兼首席执行官方蔚豪表示，自2015年起，平安租赁通过"以租代购"创新模式正式布局汽车金融。乘用车金融业务板块中的对公业务、零售业务及经营性租赁业务陆续从零起步，2016年初步成型并于2017年进入快速增长阶段。目前，汽车金融C端业务每月超2万笔，二手车评估量超3万台，审批端单笔3秒就可以出结果。

大幅降低购车门槛的"以租代购"，不仅受到新一代消费群体青睐，也为融资租赁公司在汽车金融大市场中争得一席之地。零壹智库等机构发布的数据显示，2017年融资租赁车辆达到150万辆，较2016年增长2/3，融资租赁公司在汽车金融市场中的份额也从2016年的7%提升至11%。

近年来，包括腾讯、京东、百度等互联网巨头以及中国平安等金融企业在内，各路资本纷纷涌入汽车融资租赁市场。不过，在整体市场占有率稳步提升的同时，汽车融资租赁行业也呈现发展失衡的现象，特别是一些中小规模租赁公司面临资金不稳定、信用额度受限等"痛点"。

在这一背景下，位居"第一阵营"的大型融资企业开始尝试为同业赋能。方蔚豪透露，平安租赁已启动"汽车租赁2.0战略"，以"资金+风控+系统"为切入口搭建汽车金融开放赋能平台；通过资源赋能平台发挥规模效应，提供车辆采购、二手车评估及处置服务；搭建"渠道+服务+产品"平台，提供各类金融产品、后市场产品及服务、渠道网络及标准服务团队网络等。

"在解决中小租赁公司多方位需求的同时，平安租赁将发挥团队、科技、风控、获客体系等方面的优势,建立纵深结合、丰富立体的汽车金融生态圈,并持续构建创新的业务模式。"方蔚豪说。

2018年4月,零壹智库联合平安租赁发布的《中国汽车融资租赁发展报告2017》认为,中国汽车市场规模达数万亿元之巨,但汽车金融39%和融资租赁3%的渗透率与欧美等发达市场存在较大差距。

在业界看来,未来伴随资本持续进入,中国汽车金融市场将进一步释放潜能。龙头公司着力打造行业生态圈,则有望为汽车融资租赁市场营造良性发展环境。

(资料来源:中国汽车工业协会,2018-09-25。)

第八章

国际技术转让

"科学技术是第一生产力",当今世界科技革命正在形成新的高潮,一个科技和经济大发展的时代已经来临,世界各国都在加紧制定适合本国科技和经济的发展战略,增强以科技和经济实力为基础的综合国力。而国际技术方面的合作对于促进一国技术进步、节省研发费用、迅速增强国家的经济实力和缩小与发达国家的差距具有重要的意义。

第一节 国际技术转让概述

一、国际技术转让的内涵

技术是技术转让的主要对象,对于"技术",目前国际上尚无明确、统一的定义。世界知识产权组织(WIPO)给技术下的定义是:技术是为制造某种产品、采用某种工艺过程或提供服务,为设计、安装、开办、维修某个工厂和某个工商企业或提供其他协助所需要的系统知识。其表现形态有两种,一种是有形形态,如语言、文字、数据、公式、图表、配方等;另一种是专门技术、实际经验、操作手艺和思维观念等无形形态。作为技术转让标的的技术一般是指专利、商标和专有技术。

技术转让是指技术持有者通过各种方式将其拥有的生产技术、销售技术和管理技术以及有关的权利转让给他人的行为。跨越国境的技术转让行为就是国际技术转让。国际技术转让包括商业性技术转让和非商业性技术转让。非商业性技术转让是指通过政府援助、技术情报交换、学术交流和技术考察等形式进行的技术让渡。商业性技术转让是指技术的有偿转让,也就是技术贸易。国际经济合作中研究的国际技术转让是指有偿的技术转让。在有偿技术转让中,销售技术的一方称为技术出让方,购买技术的一方称为技术受让方,或技术引进方,因此从购买者角度来看,技术转让又可称为技术引进。

国际技术转让实际上是指国家间以技术买卖为目的的特殊交易,拥有技术的一方将自己的技术知识或经验传授给对方,允许对方使用,并从中获得经济报酬。技术转让的主要内容是专利使用权、商标使用权和专有技术使用权。技术转让一般是指无形的技术知识,亦即所谓的"软件"买卖。有时,技术转让交易中也包括了一些机器和设备的进出口,这种机器设备交易是与技术转让结合在一起的,是技术实施必不可缺的物质条件。一笔交易如果只涉及机器设备的买卖,而不包含无形技术和经验的让渡,那么就属于货物贸易的范畴,而不属于技术转让的范畴。在具体业务中,技术引进和设备进口常常会结合在一起,但在学科建设和教学过程中,应当将技术转让和设备进出口区别开来。国际技术转让不同于一般的商品贸易,它不是一般的买卖,而是一种特殊的、系统知识型商品的有偿转让,是一种产权或所有权使用的让渡。

二、国际技术转让的特征

国际技术转让与国际商品贸易有着很大的区别，具体表现为：

1. 国际技术转让的标的是无形的知识

商品贸易的标的具有固定的形状，可用一定的标准或表示描述其质量，如消费品、生产原材料、零部件、机器设备等都是有形的物质，既可以看得见、摸得着，又可以检验其质量的优劣。而技术转让的标的是某种特定的、无形的技术知识和经验，如工程或新产品的设计、制造工艺、材料配方、测试技术和计算机软件等。在实践中，技术转让往往把技术知识的买卖和机器设备的买卖结合在一起，前者称为"软件"，后者称为"硬件"。但是要构成技术转让，必须包含有"软件"的买卖，否则只是一般的货物买卖，不属于技术转让。

2. 国际技术转让一般只限于技术使用权的转让

由于技术转让的标的可以不经"再生产"而多次出售（转让），因此技术转让的标的在转让之后，标的所有者一般并不丧失其所有权，它所转让的仅仅是该标的的使用权和相应产品的制造权、销售权。而一般商品贸易的标的一经出售，卖方即失去了对商品的所有权，卖方再无权继续支配和使用，也不可能将同一标的出售给多个买主。买方对购进的商品享有完全的所有权，有对该商品占有、使用、转售、出租、赠送等任何权利。

3. 国际技术转让的当事人是合作与竞争的关系

技术转让的当事人一般是同行，在传授和使用技术的过程中构成较长时间的合作关系。但同时双方之间又存在着很大的矛盾，因为受让方希望从出让方处获得最先进的技术，从而提高自己的生产能力和水平；而出让方既不希望受让方成为自己的竞争对手，又想通过转让技术获得更多的利润，因此总是千方百计地对受让方使用转让的技术施加种种限制。从这方面说，技术转让的双方是竞争的关系，在商品贸易中一般不存在这种合作和竞争的双重关系。

4. 国际技术转让的作价难

在技术转让中，技术的价格不像商品价格那样主要取决于商品的成本。另外，技术转让后，出让方并不失去对这项技术的所有权，仍可以使用这项技术或可多次转让，以获取经济上的利益。因此，决定技术价格的主要因素是引进方使用这项技术后所能获得的经济效益。而引进方所获得的经济效益在谈判和签订合同时往往难以准确预测，这就形成了确定技术转让价格的复杂性。

5. 国际技术转让所涉及的问题较复杂，难度亦大

技术转让涉及的问题，除供受双方的责任、权利和义务以及使用费的确定外，还涉及对工业产权的保护、对技术秘密的保守、限制与反限制以及技术风险等特殊而复杂的问题。有些事项的执行，贯穿在技术转让合同的整个有效期间，并不因提供了技术、支付了使用费而终止。有的合同有效期长达几年，甚至十几年，使用费的支付也要延续若干年。此外，技术转让所涉及的法律也比一般商品转让所涉及的法律复杂。

6. 国际技术转让的国家管制较为严格

在现代社会，技术已成为支撑一国经济的主要资源，并与该国的政治、军事利益密切相关，因此各国政府都采取立法和行政手段加强对技术转让的管理和干预，以维护本国的政治、经济利益。许多发展中国家都在有关技术转让的法律中规定，凡重要的技术引进协议都必须呈报政府主管部门审查、批准或登记后才能生效。许多技术输出国家（主要是发达国家）为了控制尖端、保密技术的外流，往往也对技术转让合同进行审查、批准，在政策和法律上做出许多限制性或禁止性的规定。

第二节　国际技术转让的内容

国际技术转让的基本内容是专利使用权的转让、商标使用权的转让和专有技术使用权的转让。

一、专利

（一）专利的概念

专利是指政府主管部门根据发明人的申请，认为该项目发明符合法律规定的条件，而在一定时期内授予发明人或其合法承受者的一种独占的权利。可见，一项技术成果经向国家有关部门申请，审查批准后，该项获得专利的技术成果本身称为专利或专利技术，受有关国家专利法保护；该项专利技术的所有者获得一种法律上的地位，即对该专利技术的专有权，通称为专利权，专利技术所有者本人称为专利权人。

专利权是一种具有财产性质的权利，是受到专利法保护的一种工业产权。我国《专利法》规定：一项技术发明要获得专利权必须符合专利性，专利性包括新颖性、创新性和实用性。

1. 新颖性

新颖性是指一项发明在申请人提出专利申请时，必须是从未公开发表、公开使用或以其他形式为公众所知的。如一项发明是已有技术的一部分，它就丧失了新颖性，不能获得专利保护。

2. 创新性

创新性又称先进性，是指申请专利的发明必须比已有技术先进。美、德、英、法等国对于一项发明是否具有创新性，是根据该技术领域中的普通人员是否能轻易做出这项发明来判断的。我国《专利法》规定：创新性是指与申请日以前已有的技术相比，该发明有突出的实质性特点和显著的进步。

3. 实用性

所谓的实用性是指申请专利的发明必须在产业上能够实际制造和使用，并能产生积极效果。如果一项发明不能应用于实践，即使具备了新颖性和创新性，也不能申请专利。

（二）专利的保护对象

我国《专利法》将发明、实用新型、外观设计三种技术知识作为保护的对象。在有些国家，专利主要是指发明专利，实用新型和外观设计则作为独立的工业产权受到保护。

1. 发明

发明不同于发现，发明是指对产品、方法或其改进所提出的新的技术方案，这种新技术方案是人类在认识世界、掌握自然规律的基础上，利用自然规律改造世界的产物。而发现则是揭示自然界已存在的但尚未被人们所认识的事物。

2. 实用新型

实用新型是指对产品的形状、构造或两者的结合所提出的实用的新的技术方案。实用新型具有三个特点：一是它必须是一种产品，可以包括机器、设备、用具或其他器具，也可以理解为这些物品的构成部分；二是它必须是一种具有形状的物品，因此液体、气体、粉状物等都不是实用新型；三是它必须能在产业上或者在生活中有直接的使用价值。

3. 外观设计

外观设计是指对物的形状、图案、色彩或其结合所做出的富有美感并能应用于工业的新设计。它只涉及产品的外表，不涉及制造技术。外观设计应具备以下条件：一是外观设计必须与物品有关，应该是对物品外表所做的设计；二是外观设计必须是有关物品外形、形状、图案等方面的设计；三是外观设计能够产生美感。

（三）专利权的法律特点

从法律上说，专利权具有以下三个方面的特点：

1. 独占性

独占性是指同一发明在一定的地域范围内，其专利权只能授予一个发明者，专利权的所有者拥有该专利的独占权，他有权自己占有和使用其专利发明，也有权将其转让给他人，或将其使用权授予他人使用。除了专利权人以外，其他任何人未经专利权人的同意，都不得擅自使用其专利，否则即构成侵权。

2. 地域性

专利权是一种有地域范围限制的权利。除有些情况下依据保护知识产权的国际公约，以及个别国家承认另一国批准的专利权有效以外，一国授予的专利权只在专利授予国的范围内有效，对其他国家不具有法律约束力。但是，同一发明可以同时在两个或两个以上的国家申请专利，获得批准后其发明便可在该国受到法律保护。

3. 时间性

时间性是指各国专利法规定的专利保护期限。在法定期限届满后，发明人所享有的专利权便自动丧失，一般不能续展，发明便成为社会公有的财富，任何人都可以自由使用。各国专利法对专利的保护期限一般为15~20年，我国《专利法》规定发明专利的保护期限是20年，实用新型和外观设计专利的保护期限是10年。

（四）专利使用权的转让

专利使用权的转让是指专利权人通过签订合同，在一定条件下允许其他人使用其专利，但专利的受让方要付给专利权人一定的报酬。在专利使用权转让中，受让方并不取得专利的所有权，即仅取得使用专利技术进行制造和销售产品的许可，专利所有权仍掌握在专利权人手中而并没有转移。此外，一项专利被转让给他人之后，在合同无相反规定的情况下，专利权人自己仍可以使用或转让给他人使用。

二、商标

（一）商标的概念

商标是商品的生产者或经营者在其生产和销售的商品上，或者服务业者为宣传其服务的质量所使用的，用以区别同类商品或服务的不同来源的特定标识。商标可以由具有特色的文字或图形，或文字与图形的结合组成。

按商标的使用者可以将商标分为制造商标、销售商标和服务商标。

1. 制造商标

制造商标是商品生产者在其生产的产品上使用的标记，如"IBM"计算机、"丰田"汽车等。

2. 销售商标

销售商标是商品销售者在其经销的商品上所加的标记。加这种标记的一般为大百货公司或大型的连锁店，用以树立企业形象和进行广告宣传。

3. 服务商标

服务商标是服务业者，如旅游、民航、运输、保险、金融等公司所使用的商标，如中国民航使用的"CAAC"商标等。

商标要取得法律的保护，必须向有关部门进行注册登记，并取得商标的专用权。商标权是商标的使用者向主管部门申请，经主管部门的核准所授予的商标专用权，受商标法的保护。商标权是重要的工业产权之一，经注册核准的商标是商标所有人的财产，因此商标权是一种财产性质的权利。

(二) **商标的注册**

关于商标的注册，根据各国商标法的规定，必须由商标使用人提出书面申请，并缴纳申请费。商标申请经有关部门批准后，才予以登记注册，授予商标权。

各国对商标权的确定，大致有三种原则：

1. 先使用原则

这是指按使用商标的先后来确定商标权的归属问题，即谁先使用该商标，商标权就属于谁。即使该商标被其他人抢先注册，先使用人也可以对已注册人的商标提出异议，要求予以撤销。美、英等少数国家和地区采用这一原则。

2. 先注册原则

在采用这一原则的国家里，商标权属于首先注册的申请人。注册后取得的权利将压倒其他任何人的权利，包括商标的先使用人，因此首先使用但未申请注册商标的人，或被他人抢先注册的人，则无法再取得该商标的所有权。目前，大多数国家采用先注册原则，我国也采用这一原则。

3. 无异议原则

这一原则实际上是上述两个原则的折中。按照这一原则，商标权原则上授予先注册人，但先使用人可以在规定期限内提出异议，请求撤销。如果超过规定期限无人提出异议，则商标权属于先注册人。如果在规定的期限内先使用人提出异议，并异议成立，已经授予先注册人的商标权即被撤销，而授予先使用人。

(三) **商标权的法律特点**

1. 独占性

商标权的独占性又称专用性，它包括两方面的内容：一是商标权人在特定商品上享有独占使用权，未经其同意，其他人不得乱用或滥用；二是商标权人享有禁止权，即其他人不得将与商标权人的注册商标相同或相近的商标用于同一类或类似的商品上，否则就会构成商标的侵权。商标权只能授予一人，其他人在一种或类似商品上再提出相同或近似商标的使用申请，则得不到国家主管机构的批准。

2. 地域性

与专利法一样，各国的商标法都是国内法，商标权人享有的专用权只在授予该项权利的国家领域内受到保护，在其他国家内不发生法律效力。如果需要得到其他国家的法律保护，那么必须按其国家的法律规定在该国申请注册。

3. 时间性

商标权的保护有时间限制，一般为 10～15 年，我国为 10 年。但与专利权不同的是，在商标权保护届满时，可以申请续展，续展的时间多少与保护期相同。各国对续展的次数均不加以限制，商标权人只要按期办理续展手续，并缴纳规定的费用，可以永远保持商标权的有效性。

（四）商标权的转让

商标权的转让是指商标权人放弃对已注册商标拥有的一切权利，将商标及商标权转归他人所有。转让注册商标须符合商标法的有关规定。首先，商标注册人对其在同一种或类似商品上注册的相同或近似的商标，必须一并办理转让注册，以防止发生商品出处混淆；其次，商标注册人如果已许可他人使用其注册商标，必须征得被许可人的同意，才能将注册商标转让给第三方，否则不能申请转让注册；最后，为了保护消费者的利益，注册商标的受让人必须承担保证商品质量的责任。

三、专有技术

（一）专有技术的概念

专有技术这个术语译自英文中的"Know-How"，即"know how to do something"的缩写。我国原有众多不同译名，如技术秘密、技术诀窍、专有技术等，现统称之为专有技术。目前国际上对专有技术尚无统一的定义。

从国际技术转让的角度对世界上绝大多数国家中存在的专有技术的法律地位和法律特征加以简单归纳，专有技术可定义为：具有动态的实用价值，能够在经济活动中获得经济利益，未在任何地方公开过其全部内容，不受专利法保护的知识、经验或方法，以生产技术为主，但也包括与生产有关的管理知识和商业知识。

专有技术的表现形式既可以是文字图形，如图样、资料、照片、磁带、软盘等；也可以是实物，如尚未公开的关键设备、产品的样品、模型等；还可以是口头或操作演示等无形的形式，如存在于少数专家大脑中的生产管理和操作的经验、技巧以及一些关键的数据、配方等。随着科学技术的发展，单一形式表现出来的专有技术将同时以两种或两种以上的形式表现出来。

（二）专有技术的特点

1. 专有技术是适用技术，具有经济价值

专有技术必须有利于工业的目的（包括商业、管理等），能够产生经济效益。一项成果不管其研制时投资多少，如果无经济上的使用价值，那么就不能成为专有技术。

2. 专有技术是不公开的，具有保密性

凡众所周知的、业已公开的技术内容，都不能作为专有技术。所谓的专有技术就是保密的技术，它被技术所有人垄断。技术所有人千方百计地将技术内容保密，以求最大限度地保存其价值。在专有技术许可合同中，专有技术的许可方一般都要向被许可方提出严格的保密条件，以保证专有技术的拥有权和技术所有人的垄断地位。

3. 专有技术是动态的技术，具有历史性

任何专有技术都有一个研究、发展和形成的过程，也就是经验的积累过程，其内容随着生产实践的增多不断丰富，或在出现更先进的研究成果时被淘汰，或由于保密不利提前丧失其商业价值。所以，在签订专有技术许可合同时，首先要了解专有技术的发展历史，是属于初期的、中期的，还是快要淘汰的，只有了解了专有技术的现状，技术引进方才能决定是否对技术感兴趣、支付多少使用费才算合理。

（三）专有技术与专利的区别

专有技术与专利都是人类创造性思维活动的结果，都属于知识产权的范畴，都具有技术价值和财产价值，成为国际技术转让的主要交易对象。但两者又有重大区别，主要表现在以下几个方面：

（1）专利是工业产权，是受专利法保护的独占权；专有技术不属于工业产权，不受专利法的保护，但可以援引其他一些法律，如合同法、反不正当竞争法等法律的保护。专有技术不具有独占性，不同的研究者均可通过自身的实践或研究取得专有技术，内容相同亦不造成侵权。

（2）专利有一定的保护期限，过期后其技术内容便从专有领域进入公有领域，任何人都可以利用；专有技术没有法定保护期限，它存在的期限是不固定的，取决于保密措施和新技术的出现时间。

（3）专利要通过技术说明书公开技术内容；专有技术则必须保密才能得以存在。

（4）专有技术的内容比专利的内容广泛。专利是有利于工业生产目的的内容；而专有技术除包括用于工业生产目的的技术之外，还包括商业、管理等有助于工业发展的技术。

（5）专有技术既可以通过文字、图样来体现，也可以是人们大脑掌握的知识技能，它是动态的，经常变化的；而专利则必须通过书面内容来体现，是静态的。

（四）专有技术使用权的转让

和专利、商标一样，专有技术可以通过签订转让合同的形式把其使用权转让给他人。专有技术使用权的转让在当代技术贸易中处于十分重要的地位，它往往是技术转让合同中不可缺少的部分。从理论上来说，专利、商标和专有技术都可以单独作为技术转让的标的，但在实践中，大多数技术转让合同都是把专利或商标的使用权和专有技术结合在一起进行转让的。这是因为，一般关键技术并不在专利说明书中公开，而是以秘密的形式存在，如果只取得专利使用权，而不同时引进这部分保密的专有技术，就不能生产出合格的产品。据不完全统计，在技术转让中，附有专有技术的专利转让合同或商标转让合同约占60%，单纯的专有技术合同约占30%，而纯粹的专利许可合同或纯粹的商标许可合同只占很小的比重。因此，当前专有技术的重要性在某些方面已经超过了专利，而成为技术贸易中独立的、比重越来越大的内容。

第三节 国际技术转让的方式

技术作为商品是无形的。因此，技术转让的方式与有形商品贸易相比有很大的不同，技术转让虽然不经过租船、报检、报关、装运、投保及验收等有形商品贸易的履约程序，但往往要涉及有关国家的法规、国际公约及众多的技术人员，并常常伴随着设备及原材料等有形商品的贸易。技术转让从交易的开始到交易的结束一般需要很长一段时间，因为技术转让的内容和方式极为广泛和复杂。目前，国际技术转让的主要方式有许可证贸易、特许经营、技术服务、合作生产与合资经营、国际工程承包、补偿贸易等。

一、许可证贸易

（一）许可证贸易的概念

许可证贸易是指技术的出让方与受让方之间签订的，允许受让方对出让方所拥有的技术享有使用权及产品的制造权和销售权的一种贸易方式。许可证贸易的核心内容是转让技术的使用权以及产品的制造权和销售权，而不是技术的所有权。许可证贸易都是有偿的。

许可证贸易是目前国际上进行技术转让的最主要方式。随着科学技术的进步、新技术的不断涌现以及技术在经济发展中的作用日益明显，各国都把技术作为当务之急。而技术所有人为了获取高额利润，或绕开贸易壁垒，或开拓新的技术市场，不断以有偿许可的方式来出让技术的使用权，这就促使许可证贸易在全球范围内得以迅速发展。

（二）许可证贸易的种类

1. 按交易的标的，许可证贸易可分为专利许可、专有技术许可、商标许可和综合许可

（1）专利许可。专利许可是指将在某些国家获准的专利使用权许可他人在一定的期限内使用，专利许可是许可证贸易的最主要方式。

（2）专有技术许可。专有技术许可是指专有技术所有人在受让方承担技术保密义务的前提下，将专有技术有偿转让给受让方使用。保密条款是专有技术许可合同的主要条款，双方应以该条款就保密的范围与期限做出规定。在转让专有技术时，转让方有义务帮助受让方掌握受让的技术。

（3）商标许可。商标许可是指商标权人授予受让方在一定的期限内使用其商标的权利。由于商标涉及企业的商誉，因此许可方对受让方使用该商标的商品质量有严格的要求，并对使用该商标的商品质量有核准和监督权。

（4）综合许可。综合许可即技术的所有者把专利、专有技术和商标的使用权结合起来转让给他人使用。许可证贸易大多属于综合许可，单纯以专利、专有技术或商标为标的的很少。

2. 按授权的范围分，许可证贸易可分为普通许可、排他许可、独占许可、分许可和交叉许可

（1）普通许可。普通许可是指许可方将技术和商标的使用权、专利产品的制造权和销售权，授予被许可方在一定的地域或期限内享用，许可方在该地区仍享有上述权利，及将上述权利转让给该地区第三方的权利。

（2）排他许可。排他许可是指许可方将技术和商标的使用权、专利产品的制造权和销售权，转让给被许可方在一定的地域或期限内享用，许可方虽然在该地域内仍享有上述权利，但不得将上述权利转让给该地区的第三方享用。排他许可也称全权许可。

（3）独占许可。独占许可是指许可方将技术和商标的使用权、专利产品的制造权和销售权，转让给被许可方在一定的地域或期限内享用，许可方不仅不能在该区域内将上述权利转让给第三方，就连许可方自己在该区域内也丧失了上述权利。

（4）分许可。分许可亦称可转售许可。它是许可方将其技术和商标的使用权、专利产品的制造权和销售权转让给被许可方在一定的地域或期限内享用以后，被许可方还可以将所得的上述权利转让给其他人使用。

（5）交叉许可。交叉许可又称互换许可。它是指许可证贸易的双方将各自所拥有的技术和商标的使用权、专利产品的制造权和销售权相互交换，互相许可对方享用其上述权利。交叉许可贸易既可以是普通许可，也可以是排他许可或独占许可。

二、特许经营

（一）特许经营的概念和特点

1. 特许经营的概念

特许经营是指商标权人（特许经营许可方）授权企业或个人（特许经营被许可方）在特定区域内使用其产品商标或者服务商标营销该公司的货物或提供服务，而商标权人相应地提供便利及履行其他约定义务的运作模式。

2. 特许经营的特点

特许经营实际上是以商标权为核心，当事人围绕商标权而展开商务运作。特许经营的特点为：

（1）经销有特许经营许可方商标的商品，或者提供有特许经营许可方商标的服务。

（2）特许经营许可方往往是一个拥有成功业务模式的公司，将运营方法总结之后，有偿授权他人以其名誉和方法从事同样的业务以获利。

（3）特许经营许可方对特许经营被许可方的经营方法享有重要的控制权或给予重要的协助。

（4）特许经营被许可方是独立于特许经营许可方的经营主体。

（5）特许经营以特许经营合同来确定特许经营被许可方和特许经营许可方之间的权利义务关系。

（6）特许经营被许可方必须向特许经营许可方交纳一定的费用，包括初期加盟费和以后按销售额或毛利提取的特许经营使用费。

（二）特许经营的分类

（1）产品特许经营。此类特许经营主要涉及特许经营被许可方使用特许经营许可方的有效方法来批发、销售其产品。作为独立商人的特许经营被许可方仍保持着其原有企业的商号，单一地或在销售其他商品的同时推销特许经营生产并取得商标所有权的商品。该类特许经营主要应用于汽车销售、汽车加油站、自行车、电器产品、化妆用品以及珠宝首饰等行业。

（2）制造加工特许经营。在此类特许经营中，被许可方要自己投资建厂，加工或制造从许可方那里取得特许权的产品，然后向批发商或零售商出售，被许可方不与消费者直接联系。许可方有权维护其企业信誉，要求被许可方按照规定的技术和方法从事生产加工，保证产品的质量，以保护其商标及商品的信誉。同时许可方有权过问被许可方的广告宣传内容及推销方法。

（3）经营模式特许经营。被许可方有权使用许可方的商标、商号名称、企业标记及广告宣传，按照许可方的企业管理模式推销许可方的产品；被许可方完全以许可方企业的形象在公众中出现，接受许可方的培训和监督并受到一定程度的控制；许可方为被许可方提供培训、管理、广告、研发和后续支持。

三、技术服务

技术服务是伴随着技术转让进行的。目前，国际上出现了很多以提供信息、咨询、技术示范或以指导为主的技术服务性行业，主要是通过咨询服务和人员培训来提供技术服务。

咨询服务的范围很广，如帮助企业进行市场分析和制定行业发展规划，为项目投资进行投资前可行性研究，为项目施工选择施工机械，对企业购置的设备进行技术鉴定，为大型项目提供设计服务等。人员培训是指技术服务的提供方为生产企业所需的各类技术人员进行的专业培训，培训的方法既可以是让需要培训的人员到技术服务的提供国接受集中而又系统的培训，也可以是由技术服务的提供方派专家到技术服务的接受方所在国进行讲学，或进行实际操作示范。技术服务与许可证贸易不同，它不涉及技术使用权与所有权的转让，而是技术的提供方用自己的技术和劳动技能为企业进行有偿服务。

四、合作生产与合资经营

合作生产指的是两个不同国家的企业之间根据协议，在某一项或某几项产品的生产和销售上采取联合行动并进行合作的过程。而合资经营则是指两个或两个以上国家的企业所组成的共同出资、共同管理、共担风险的企业。合作生产与合资经营的区别在于，前者强调的是合作伙伴在某一领域合作中的相互关系，而后者主要强调企业的所有权及其利益的分享和亏损的分担问题。不管是合作生产还是合资经营，技术在这两个过程中都实现了转让。在合资经营过程中，一方一般以技术作为资本来换取效益和利益，而另一方无论以什么形式的资产为股本，都成了技术的受让方。合作生产的内容比合资经营更广泛，既可以是项目合作、开发合作、生产合作，也可以是销售合作。在生产合作的过程中，其中的一方实际上是以获取技术要素为宗旨，以提高其产品质量及增强企业实力为目的。利用合作生产或合资经营来引进国外先进技术，已成为世界各国的普遍做法。

五、国际工程承包

国际工程承包也是国际技术转让的一种形式。它是通过国际招标、投标、议标、评标、定标等程序或其他途径，由具有法人地位的承包人与发包人之间，按一定的条件和价格签订承包合同，承包人提供技术、管理、材料，组织工程项目的实施，并按时、按质、按量完成工程项目的建设，经验收合格后交付给发包人的一项系统工程。国际工程承包方式适用于大型的建设项目，如机场、发电站和各类生产线的新建或扩建等。这类项目不但规模大，而且伴随着技术转让问题。在施工中，承包人将使用最新的工艺和技术，并采购一些国家的先进设备，有些项目还涉及操作人员的技术培训、生产运行中的技术指导以及专利和专有技术的转让。由于目前的国际工程承包活动盛行"交钥匙"工程及 BOT 等方式，这就使国际工程承包中技术转让的内容十分广泛。现在许多国家都想通过国际工程承包活动来带动本国企业的技术改造。有关内容具体见第六章。

六、补偿贸易

补偿贸易是指在信贷的基础上，一国企业先向国外厂商进口技术和设备，然后以回销产品或劳务所得的价款，分期偿还外商提供的技术和设备的价款。补偿的具体办法大致可以分为五种：第一种是直接补偿，即以引进技术和设备所生产出的产品返销给对方，以返销所得的价款补偿；第二种是用其他产品补偿，即技术和设备的进口方不是以进口的技术和设备产出的产品，而是以双方约定的其他产品补偿；第三种是以进口的技术和设备产出的产品所获取的收入补偿；第四种是以提供劳务的形式补偿，即技术和设备的进口方以向出口方提供一定量的劳务来补偿其进口技术和设备的价款；第五种是混合补偿，即技术和设备的进口方一部分以直接产品，一部分以其他产品或现汇、劳务来抵偿进口技术和设备的价款。

补偿贸易也是发展中国家引进技术的一种途径。因为在补偿贸易方式下，技术和设备的出口方向进口方提供信贷，这正好解决了急需技术和设备的发展中国家的资金问题。通过补偿贸易，一些老企业得以进行技术改造，填补了进口国的某些技术空白，增强了进口国的出口创汇能力，进而推动了进口国技术的进步和经济的发展。

第四节 知 识 产 权

一、知识产权的概念

知识产权的概念源于西方，17世纪法国人卡普佐夫最先使用，在英文中被称为"Intellectual Property"，在中国曾经被译为"精神财产""精神财产权""智力成果""智力成果权"等，后来才逐渐统一为知识产权。知识产权与传统财产权的含义不同，财产权指的是有体物，如动产和不动产。知识产权不是指包含智力成果的复制件或载体，而是指复制件或载体中包含的信息，这些信息可以无限量、低成本、高质量地被复制，更能为权利人创造经济利益。换言之，它指的是一种无形资产，如专利权、商标权、著作权（版权）、商誉等。

知识产权是指法律赋予人们对其智力成果享有专门利用的权利，它不局限于智力成果的创造者依法所享有的权利，还包括通过投入资金、设备和劳动参与取得知识产权的主体以及通过协议约定、转让、继承等方式取得该权利的主体所依法享有的权利。从知识产权的历史以及现状来看，并非一切智力成果都可以成为法律的保护对象，各国所保护的对象也不尽相同，同一国家的不同时期，知识产权的保护对象也有所不同。

二、知识产权的范围及分类

通常，知识产权的保护客体分为两部分：工业产权和版权（也称著作权）。

（一）工业产权

工业产权（Industry Property），是指工业、商业、农业和采掘业等领域的智力成果所有者对其成果所享有的一种专有权。"工业产权"一词最早出现于1791年法国国民议会通过的该国第一部《专利法》中，体现了《人权宣言》中把思想作为精神财产的观点，后来被各国所普遍接受。"工业产权"中的"工业"不是狭义的工业，它包括商业、林业、采掘业等各个产业部门，适用于一切制成品或天然产品。根据《保护工业产权巴黎公约》第一条第Ⅱ款的列举，工业产权保护的客体包括：①发明；②实用新型；③工业品外观设计；④商标；⑤服务标志；⑥厂商名称；⑦货源标志；⑧原产地名称。

(二) 著作权

著作权在我国等同于版权,是指作者或得到作者许可的其他人依法所享有的权利,如制作文学艺术作品的复制品。著作权人有权禁止他人未经其许可而以复制、表演、录音、录像、改编、翻译等方式表现该作品,作者思想的表现受到保护,而不是作者的思想受到保护。享有著作权保护的作品必须有独创性,不得剽窃、抄袭、模仿他人之作,但可以借鉴他人思想、研究方法。

三、有关知识产权的国际组织和国际公约

(一) 世界知识产权组织

世界知识产权组织是根据1967年在斯德哥尔摩签订的《建立世界知识产权组织公约》设立的,隶属于联合国,是一个政府间的组织,参加该组织的成员达100多个,我国于1980年正式承认该组织,成为其成员。世界知识产权组织的前身是保护知识产权联合国际局,来源于1883年签订的《保护工业产权巴黎公约》和1886年签订的《保护文学艺术作品伯尔尼公约》,1967年世界知识产权组织成立后,原来的保护知识产权联合国际局成为世界知识产权组织的秘书处——国际局,巴黎联盟和伯尔尼联盟则成为世界知识产权组织的两个所属机构。

世界知识产权组织的宗旨是在全世界范围内尊重和维护知识产权,鼓励创造性活动、便利技术和文学艺术的传播,促进工业进步和文化交流。它的工作分为三类:第一类是为工业产权的申请人或所有人提供注册服务,通过申请人缴纳有关费用来供给活动经费;第二类是促进各国政府在知识产权方面的合作,涉及统计、分类、检索专利文件以及设计和调查各地区工业产权以及著作权法律管理的状况;第三类是对该组织的工作进行长远规划性活动,如促进更多的国家和地区接受现有的条约、修订旧条约使之与知识产权发展情况相适应、缔结新的条约、组织和参与知识产权的发展和合作的一系列活动。

目前,世界知识产权组织管理着20多个国际公约,对各国的知识产权保护的影响较大。在世界贸易组织成立之前,世界知识产权组织是唯一的在知识产权保护方面影响较大的国际性组织,现在,世界贸易组织协定中《与贸易有关的知识产权协议》把知识产权的国际保护与国际贸易紧密地联系起来,国际贸易也成为影响知识产权保护的重要因素。

(二) 世界贸易组织与 TRIPs

1994年4月15日签订的《与贸易有关的知识产权协议》(简称 TRIPs),统一了知识产权国际执法的基本原则,并引入关贸总协定的争端解决机制来强化有关原则的执行。TRIPs 的出现是由多方面的因素促成的。首先,随着科学技术的日新月异,20世纪60年代以来国际技术贸易额平均每5年翻一番,20世纪80年代以来涉及知识产权的贸易领域扩大,贸易额上升,国际贸易中知识密集型和资本密集型产品的比例逐年上升,关于商标、商誉、专利等知识产权组织的贸易纠纷越来越多。其次,现有的国际公约存在着缺陷,未能建立起有效的解决争端机制,各公约的保护范围不一致,公约成员过少,对集成电路、生物技术、计算机软件等最新科技不能进行保护。最后,各国间知识产权保护的法律和政策的差异,也促成了 TRIPs 的产生。各国对外国自然人和法人的知识产权保护在原则、措施和范围方面有很大差异。例如美国对国内发明实行发明在先的原则,对国外发明实行申请在先的原则,而大多数国家都提出申请在先的原则;法国对外国公民实行互惠原则,而大多数国家实行国民待遇

原则；在版权保护方面，法国对计算机软件的保护期是登记后 25 年，而很多国家是保护 50 年。

总的来说，在国际贸易中涉及知识产权的纠纷案件呈上升势头，索赔总金额甚至高达数百亿美元，各国知识产权法律和政策存在差异，缺乏有效的解决国际间知识产权纠纷案件的有效机制，TRIPs 的出现成为必然趋势。从 1973—1979 年"东京回合"美国和欧共体提出知识产权保护问题，到 1986 年知识产权正式成为"乌拉圭回合"的谈判内容，直至 1994 年 TRIPs 的签订，知识产权保护在国际贸易中逐渐得到了加强。

TRIPs 由序言和 7 个部分组成，主要规定如下：

（1）国民待遇、最惠国待遇和透明度原则。在知识产权保护方面，各缔约方应给予其他缔约方国民与本国国民相同的待遇，应立即无条件给予其他缔约方不低于任何第三方的优惠、特权和豁免，有关的法律和政策规定应予以公开和国内（地区内）的统一。

（2）产权保护的范围包括版权及相关权利、商标权、地理标志权、工业品外观设计权、专利权、集成电路布图设计（拓扑图）权、未泄漏信息专有权以及对许可合同中限制商业性条款的控制。

（3）在执行知识产权保护的行政和司法程序时，不能以阻碍正常的竞争和贸易为代价，必须遵循公平合理的原则，裁决必须建立在有关各方都有机会了解证据的基础之上，司法复审可以推翻行政最终裁决和司法最初裁决。

（4）协议生效 1 年，所有缔约国（地区）都必须实施该协议，并调整国内法与协议一致，发展中国家（地区）和最不发达国家（地区）可以有一段时间的宽限期。发展中国家（地区）或计划经济向市场经济转型的国家（地区）可以推后 4 年，最不发达国家（地区）可以推后 10 年，经过批准还可以适度延长。在宽限期内，发展中国家（地区）针对未给予专利保护的医药、食品、化工等产品，给予专利权人或销售许可权人 5 年的独占销售权，宽限期满后，应在专利剩余期给予保护。

四、知识产权保护的作用

知识经济的建立直接依赖于知识的创新、生产、传播和应用。其中，无论是构造维护知识创新者利益的氛围，还是有效地促进知识的传播和利用，都离不开切实有效的知识产权制度的保护。知识产权制度对知识经济发展的作用主要表现在以下几个方面：

1. 对知识创造的激励作用

知识产权制度依法授予知识产权创造者或拥有者在一定期限内的排他性独占权，并保护这种独占权不受侵犯，侵权者会受到法律的制裁。有了这种独占性，就使得知识产权创造者或拥有者可以通过转让或实施生产取得经济利益、收回投资，这样才有继续研发的积极性和物质条件，从而调动其积极性。据美国某研究单位统计，在美国的制药工业中，如果没有专利制度，至少会有 60% 的药品研究不出来，因为药品的研制需要高额的投入，并且周期长，一般需要 10 年左右。而在日本，1940—1975 年，仅创制了 10 种新药，1975 年日本开始对药品施行产品的专利保护后，1976—1983 年就创制了 87 种新药。因此，知识产权制度对发明创新起着极大的激励作用。

此外，知识产权拥有者的同行或竞争对手要想得到这一知识产权或取得许可使用的权利，往往要付出高额费用，而在很多情况下，知识产权的拥有者不同意转让许可。这就使得同行或竞争对手为取得市场竞争优势，必须在已有知识成果的基础上进行创新，并依法取得自主的知识产权。这种不断前进的循环往复，有力地推动着科技的进步和发展。

2. 知识产权具有调节公共利益的作用

知识产权制度虽然保护知识产权创造者的利益，但并不等同于垄断。知识产权制度有两大功能：一是保护功能，这使得知识产权创造者的正当权益能够得到保护，从而调动了人们从事创造活动的积极性；二是公开功能，也就是知识产权创造者在申请知识产权保护的同时，要向社会公开自己创造的内容。在中国，一项发明专利的保护期限是20年，实用新型和外观设计专利的保护期限是10年，保护期限结束，专利技术就会公开，这样全社会都能从专利技术中获取利益。因此，知识产权制度既保护了知识产权创造者的利益，又兼顾了社会公众的利益，有利于调动人们各方面发明、创造的积极性，从而为国家提供更多的科研成果和知识产品。

3. 知识产权制度具有促进对知识产业投资的作用

科学技术的发展需要新的投入，才能有新的突破。一项科研成果的取得需要经过基础研究、应用研究、开发研究的复杂过程，需要大量的投入和付出艰辛的劳动。例如，一种新药从研制开发到生产，需要花费十几年的时间和几亿美元的经费才能上市。而这种科技发明成果作为知识财产是一种无形财产，属于信息财富的范畴，在经济学上它作为"易逝财产"，极易丢失，难以控制，因为复制这些知识几乎没有什么成本。在信息时代的今天，这种现象就更严重，越是有市场前景的智力成果，就越是容易被任意仿制或剽窃。因此，需要法制化、规范化使知识产品的流通向着健康的方向发展，而知识产权制度的建立正是适应了这一需要。知识产权制度通过确认成果属性，保障做出主要物质技术投入单位或个人充分享有由此产生的合法权益，通过保护专利、商标、服务标记、厂商名称、货源名称等专属权利和制止不正当竞争，维护投资企业的竞争优势，维护市场的公平和有序的竞争，并用法律正确规范人们的行为，促使人们自觉尊重或被压迫尊重他人的知识产权，形成尊重知识、尊重人才、尊重他人智力劳动成果的良好社会环境和公平、公正的市场竞争机制，从而使更多的财力、物力和智力资源投向研发。

4. 有利于促进国际经济、技术交流与合作

知识经济在本质上是一种全球化的经济。当今世界经济、科技正向着全球化发展，既为知识经济的发展创造了条件，又是知识经济发展的一个突出表现。随着信息网络的发展，知识在世界范围内传播、扩散的速度大大加快，这为各国获取知识成果、进行交流与合作提供了一个非常好的机遇。同时，在知识成果贸易和知识含量高的产品贸易在世界贸易中所占比例越来越大的情况下，必须有一个各国共同遵守的规则，而知识产权制度就是这方面的规则。尽管知识产权法是国内法，由各国制定，但是其中有许多共性的内容，如时间性、地域性、独占性等。为了与国际管理接轨，许多国家加入了世界性知识产权组织或条约，遵守共同的原则，如国民待遇原则、优先权等。不仅如此，世界贸易组织还从发展世界贸易的角度制定了TRIPs，提出了在世界贸易发展中各国家（地区）在知识产权方面必须遵守的若干规定。如果没有这种规则，没有知识产权制度，那么知识成果的引进、合作、交流就难以进行。在当今世界，任何一个国家经济发展所需要的知识都不可能完全自己创造，即使美国也是如此。对于发展中国家来说，在大力发展拥有自主知识产权的高新技术及其产品的同时，从国外大量引进先进技术和外资，仍然是促进本国经济发展的一条重要途径。日本在"二战"后能够实现经济的迅速腾飞,其主要原因就是大量引进了美国等国的先进技术。在知识经济时代,引进知识成果和资金,实现国际间双边、多边的知识成果的交流与合作,必将更加依赖于知识产权制度。

知识经济的发展为各国企业参与国际市场竞争创造了条件,而在激烈的国际市场中,要保持企业的竞争优势、保护企业自身的合法权益,也越来越离不开知识产权制度。

思 考 题

1. 国际技术转让与国际商品贸易的区别主要体现在哪些方面?
2. 专利的保护对象有哪些?
3. 专利与专有技术有哪些不同点?
4. 国际技术转让有哪些方式?
5. 特许经营的种类有哪些?

【案例分析1】

中美贸易战背景下的知识产权冲突

近日,美国置中美双方已经形成的共识于不顾,再次挑起贸易战。

美国时间2018年6月15日,美国贸易代表办公室公布征税清单,将对从中国进口约500亿美元商品加征25%的关税。其中,中美贸易纠纷的焦点之一是美国指控中国侵犯知识产权,这也是美国"301调查"的重点方向。美国通过其掌控的西方舆论体系宣扬中国"盗窃"美国技术,认为中国这些年的技术进步就是受惠于中美经济合作。中国近些年技术进步迅速,但在一些美国人眼里,中国技术进步这么快是不合理的,他们认为中国的技术都是从美国偷来的。

6月19日,美国白宫贸易与生产制造政策办公室发布报告,称中国在经济上的行为威胁了美国以及全世界的科技与知识产权。该报告列出了中国的六类"经济侵略"战略,并针对第五项(从包括美国在内的其他国家获得关键技术与知识产权)和第六项(掌握推动未来经济增长的新兴高科技产业以及国防工业技术)"战略"详细列举了中国5类(27种)相关行为、政策或做法:①盗窃或通过网络窃取技术与知识产权;②通过强迫或侵入性监管手段,强制转让或披露技术和知识产权;③施加经济压力胁迫技术与知识产权转移;④信息收集;⑤国家资助以获取技术为目的的对外直接投资。另外,根据2018年美国"301调查"报告,一个由所谓相关领域专家和经济学家组成的跨部门小组估算,中国的做法给美国经济造成的损失至少为每年500亿美元。

针对美国出尔反尔的贸易措施,中国外交部称会立即出台同等规模、同等力度的征税措施,双方此前磋商达成的所有经贸成果将同时失效。中国商务部回应,表示美方指责中方盗窃知识产权、强制技术转让,是对历史和现实的严重歪曲。

中国近年来在知识产权保护方面已经取得了实质性的进步,知识产权法治建设不断完善,特别是中国加入世界贸易组织后,中国在知识产权领域已经进行了较完善的立法工作,相继修改了《专利法》《商标法》《反不正当竞争法》，这些相关的法律法规都很有针对性，其颁布实施使得中国知识产权保护的力度持续增强，目前已从国家、社会层面上逐步形成了禁止侵犯他人发明专利的法律意识。此外，中国在技术转让方面也做出了很多承诺，中国经过几十年的改革开放，打下了高科技研发的雄厚基础，中国公司在诸多领域开始形成竞争力，中国人的智慧和勤奋在这当中起了决定性作用。

但美国"301调查"不顾中国实际情况和多年来在知识产权保护方面的努力，以莫须有的方式指责中国侵害美国的知识产权，显然这种说法是没有根据、不负责任的。美国贸易赤字的根本原因并非完全在于贸易，很大程度上取决于美国的对内政策；特朗普发动贸易战的实质上是一种逆经济全球化的行为，美国政府只是借知识产权保护之名行贸易保护之实。美方滥用征税手段，在全球各处挑起贸易战，将严重破坏世界贸易秩序，损害贸易伙伴利益，同样也会伤及其本国企业和人民利益。

实际上，中国有效的知识产权保护每年都给国外权利人带来巨大利益。2001年，中国对外支付知识产权使用费仅为19亿美元，2017年则已经达到286亿美元，中国知识产权跨境交易的逆差超过200亿美元。特朗普政府试图通过提高关税、减少进口来增加就业机会，但美国在全球产业链中占据着拥有知识产权的高附加值环节能够赚轻松钱，对低附加值、赚辛苦钱的加工制造等环节兴趣不高，因此美国并不是真正依靠增加美国制造来平衡贸易。美国平衡国际收支的重要手段是知识产权，2016年美国货物贸易逆差约为7500亿美元，但服务贸易顺差约为2500亿美元，其中知识产权使用费就有800多亿美元，投资收益项的顺差则约为1900亿美元，其中很大一部分是来自于知识产权。

从中美贸易的统计上来看，中国货物贸易顺差大多来自外资企业和加工贸易，中国企业从加工贸易中赚取加工费，美国企业则从设计、零部件供应、营销等环节获利。从美国经济分析局的数据看，2016年中国向美国支付知识产权使用费79.6亿美元。因此，尽管中美贸易中中方是顺差，但美方获得收益顺差，而美中表面的贸易赤字却成为特朗普提高知识产权要价的理由，以增加知识产权带来的收入。

此次美国发难对准中国知识产权，是因为在新一轮科技革命和产业变革的背景下，知识产权日益取代资源、资本等要素，成为国家重要的战略资源和国际竞争力的核心力量。中美在知识产权问题上一直龃龉不断，从20世纪90年代开始，美国针对中国的知识产权保护不利的指责、批评从未中断过；从1991年美国首次设立知识产权保护黑名单起，中国就名列其中。最近几年美国贸易代表办公室出炉的《特别301报告》中，中国一直被列入优先观察名单，受"306条款"监督。而且，《特别301报告》中一直强调美国知识产权权利人在中国仍然面临严重的问题，包括知识产权难以获得充分有效保护，以及对于依赖知识产权保护的美国人而言难以获得公平公正的市场准入机会。中国必须制定新的政策及措施，为知识产权提供更有力和更有效的保护，允许知识产权密集型产品、服务和技术获得市场准入，提高中国法院民事执法的有效性等。

近年来，由于中国企业在很多领域与其他国家企业已经开始了激烈的竞争，这迫使其他国家企业在创新上的投入持续增加。特朗普政府希望美国永远保持各主要领域的科技绝对领先，但延续美国的先进需要无数新的创造来支持。中国发布的《〈中国制造2025〉重点领域技术路线图（2015版）》中所重点选择的十大优势和战略产业与涉案337调查最多的产业有着较高的重合度。显然，特朗普政府现在以"侵犯知识产权"为由对中国产品征收高额关税，借此打击"中国制造2025"计划，进而抑制中国的高科技创新能力。

实际上，特朗普要求美国贸易代表办公室对中国发动"301调查"，一个重要的目的就是试图抹黑中国政府在知识产权和技术转让行为，还将中国政府为产业升级、技术创新所做的一系列努力歪曲为不合理行为，其意图就是要使中国停留在较低技术水平，从而为获得技术而向美国支付越来越多的知识产权费用。但是限定中国人只能购买技术而不能超越美国是赤裸裸的强盗规则、霸王条款，这既无视中国社会的主动性和创造性，也无视全球商业的基本规律，妄想逼迫中国在知识产权方面做出让步，提高美国的知识产权要价。中国只会尊重国际法和国际商业规则，而不会接受美国政府超越那些法律和规则的无理要求。

知识经济时代实质上就是知识产权经济时代，谁拥有知识产权，谁就拥有了未来，此次美国"301调查"的重要动机就是防范中国技术"弯道超车"。但知识产权应是世界各国之间创新合作的桥梁，而不能成为贸易保护主义的"大棒"，更不能拿来用作遏制他国发展的武器。党的十八大以来，中国以前所未有的力度加强知识产权保护，强化知识产权保护不仅是扩大对外开放的需要，更是中国自身发展的需要，因为加强知识产权保护是塑造良好营商环境的重要内容，这也是中国自己经济社会发展所必需的法律环境建设。中美知识产权争端摩擦是对我国企业的当头棒喝，可以借此机会加强知识产权保护重要性的宣传教育，提醒企业要更加重视技术创新；将来中美贸易不再是量的竞争，而是质的抗衡，核心技术争夺才是焦点所在。因此，在保护国家利益不受侵害的前提下调整完善法律法规，倒逼企业更加重视技术创新，这对于我国建设创新型国家，实现技术创新上的赶超，有着十分重要的意义。

（资料来源：张中元，中国日报网，2018-07-10。）

【案例分析2】

中国知识产权40年：源于改革，支撑改革

知识产权保护在中国仅有短短40年的历史，但已经走过了欧美国家100多年的道路，体系建立并逐渐完善。这场转变随改革开放而起，并持续给改革开放提供巨大动力。

知识产权制度的建立完善和对知识产权的保护，是中国自身发展的需要，也是中国对世界的重要贡献。

1. 从无到有，对接国际

2007年，一场被称为"中国WTO知识产权争端第一案"的知识产权案件，被广泛报道。这一年的4月10日，美国向WTO提出磋商请求，认为中国在知识产权的版权保护、海关措施、刑事门槛三方面不符合TRIPs等相关规定。经过专家组的裁决，两年后，WTO争端解决机构宣告此案终裁，对美国的诉求支持与驳回各半。

这是中国第一次正面应对来自国际的知识产权保护质疑。

知识产权制度是商品经济和近代科学技术发展的产物。

实际上，中国自清末开始，至民国、中华人民共和国成立早期，都有建立知识产权制度的考虑或者已经见诸条文，但限于当时实际的社会条件，无法真正全面实行。直到改革开放，这一制度才开始落实。

经过巨大的努力，中国于1982年颁布了《商标法》，开启构建知识产权法律体系的先河，同年，发布了《合理化建议和技术改进奖励条例》；1984年颁布了《专利法》，1985年修订了《发明奖励条例》以及《自然科学奖励条例》；1986年4月通过的《民法通则》在第五章针对知识产权做了专门规定；1990年，《著作权法》颁布。

在国内立法之外，中国也积极加入有关知识产权保护的国际组织和公约。1980年，中国加入联合国世界知识产权组织，1992年7月30日，加入《世界版权公约》；除此之外，中国还加入了十多项保护知识产权的国际公约，如《保护工业产权巴黎公约》《保护文学和艺术作品伯尔尼公约》《商标国际注册马德里协定》《专利合作条约》（PTC）等。

世界贸易组织中的TRIPs被公认为是当前国际知识产权保护领域中涉及面广、保护水平高、保护力度大、制约力强的国际公约，对当年积极"入世"的中国而言是一次"大考"。为符合TRIPs协定的相关精神，中国对有关知识产权的法律做了一系列修改，使之更为完善，并更加国际化，成功通过了这次严格的考验。

中国"入世"前后的立法、执法方面的不断完善为此次争端中部分胜诉奠定了坚实的基础。中国的知识产权部门法经历了数次大规模的修订，尤其是《著作权法》历经三次修订已与国际水平相一致；2000年全国人大常委会修订《海关法》，2003年修订《知识产权海关保护条例》，从法律层面确定和强化了海关在知识产权保护方面的职能；最高人民法院公布的《关于办理侵犯知识产权刑事案件具体应用法律若干问题的解释》大幅降低了刑事处罚的门槛，进一步加大了对知识产权犯罪案件的打击力度。

2. 中国特色，行政手段参与知识产权保护

在知识产权保护制度方面，中国不仅是"引进来"，还结合国情，采取了由人民法院和行政执法机关分别实行司法保护、行政保护的机制。用行政手段保护知识产权是中国知识产权执法的一个重要特色。除了司法部门对知识产权的保护之外，国家知识产权局、国家工商行政管理总局、国家版权局、农业农村部、国家林业局、海关、科学技术部等知识产权执法机构也都在各自的职责范围内，对相关知识产权进行保护。

行政程序打击侵权速度快，费用较低，受到知识产权权利人的欢迎。司法保护和行政保护机制相互补充，通畅有效运作。

截至目前，中国已经建立起了一个符合国际通行规则、门类较为齐全的知识产权制度，加入了世界几乎所有主要的知识产权国际公约，是知识产权国际规则的坚定维护者、重要参与者、积极建设者。

中国也已成为名副其实的知识产权大国：受理的发明专利申请量连续七年位居世界第一；2017年，中国通过《专利合作条约》（PCT）途径提交的国际专利申请受理量达到5.1万件，跃升至全球第二位。世界知识产权组织发布的年度报告指出，中国已成为世界知识产权发展的主要推动力；2018年7月20日，该组织与美国康奈尔大学、欧洲工商管理学院联合发布2018年全球创新指数，中国位居第17，首次进入前20名。

据统计，过去5年，仅专利行政执法办案总量就达到19万件，年均增长40%。知识产权保护的社会满意度由2012年的63分提高到2017年的76分。

2014年，北京、上海和广州设立知识产权法院；2017年，南京、苏州、成都和武汉设立知识产权法庭，司法保护水平有了显著提升。立法层面的工作也在持续开展，专利法修订草案、著作权法修订草案均已被列入《国务院2018年立法工作计划》，修订《专利代理条例》等工作也在推进。

"近年来，中国有关加强知识产权保护的一系列文件和国家政策相继出台，让我们看到了中国政府保护知识产权的决心，也极大地增强了高通这样的外资企业在中国持续投资和长期发展的决心。"美国高通公司高级副总裁马克·斯奈德说。这些数据和观点，有力回击了国际上认为中国"知识产权保护不力"的声音。

（资料来源：新民周刊，2018-07-26。）

第九章

国际信息合作

自20世纪50年代以来，人类逐渐步入信息社会。以美国为代表的发达国家的经济率先开始由工业经济向信息经济转变。经过几十年的发展，全球社会经济信息化的大趋势已日益明显。与此同时，信息作为一种极其重要的生产要素，在国际上频繁而大规模地移动，国际信息合作日益受到关注。

第一节　国际信息合作概述

一、国际信息合作的概念

所谓国际信息合作，简单地说，就是指信息作为一种生产要素在国际上的流动、组合、配置及与此有关的国际协调合作机制。

关于"信息"本身的定义有多种说法，最具代表性的一种是："符号、信号或消息所包含的内容，用来消除对客观事物认识的不确定性。英文 Information（信息）一词来源于拉丁文 informatio，原意是解释、陈述。人类自诞生以来就在利用信息。信息普遍存在于自然界、人类社会和人的思维之中。"（《中国大百科全书·自动控制与系统工程卷》）

"信息"的外延相当广泛，包括政治、经济、科技、文化、军事、自然等各个领域的信息。从经济学的角度来为"信息"下定义，那就是：信息是一种特殊的生产要素，这种生产要素的作用体现在它能够促进资源，即各种生产要素的优化组合与配置，从而获得最大的收益。由于现代经济的复杂性和广泛性，几乎每一领域的信息都可对经济活动构成影响，因此，信息作为一种生产要素，其内容非常广泛。信息作为一种促进生产要素优化组合配置的要素，有着与其他生产要素如土地、劳动力、资本等相异的特点：

（1）信息的"软件性"。土地、劳动力、资本等生产要素是组合配置形成生产力的"硬件"，信息则是形成生产力的"软件"。要提高生产力水平，仅从生产要素的"硬件"着手，则必须依赖量的增加即扩大外延的方式；然而重视利用信息，却可以依靠对既定的生产要素进行优化配置组合，即扩大内涵的方式来提高生产力水平。

（2）信息的易存储性。相比劳动力、土地和资本要素，信息很容易被人们用记忆书写，或用计算机存储起来，成本小，费用低。

（3）信息的共享性。信息作为一种生产要素，可以同时多次使用而不受损失，具有共享性。

（4）信息的外部经济性。外部经济性是指每个用户从使用信息中得到的效用，与用户的总数量有关。用户人数越多，每个用户得到的效用就越高，当用户的数量以算数数列增加时，其价值以几何数列增加。

（5）信息的可持续性。信息要素的使用在很大程度上能有效杜绝传统生产对有形资源和能源的过度消耗，有效避免环境污染、生态恶化等危害的产生，实现社会经济的可持续发展。

（6）信息的直接性。信息要素的使用，计算机网络的发展，可以使经济组织结构趋向扁平化，处于网络端点的生产者与消费者可直接联系，而降低中间商层次存在的必要性，从而显著降低交易成本，提高经济效益。

（7）信息的高渗透性。信息具有极高的渗透性功能，在三大产业间都能得到广泛的应用，发展迅速，促进三大产业的相互融合、相互支持与和谐发展。

（8）信息的高增值性。信息带来的网络经济价值等于网络节点数的平方，这说明网络产生和带来的效益将随着网络用户的增加而呈指数形式增长。

（9）信息的边际效益递增性。这主要是因为信息要素可以使网络经济的边际成本递减，同时由于网络经济具有累积增值性，使得边际效益递增，而传统土地、资本和劳动力要素的边际效应都是递减的。

（10）信息的"超流动性"。信息是所有生产要素中最具流动性的一种，信息在现代网络中可以以光速的速度进行收集、传输、处理和应用。

事实上，信息正是在流动中实现了资源的有效配置，创造了财富。国际经济合作是研究国际之间各种生产要素的流动、组合与配置的运动规律，并揭示这一领域中进行国际经济协调的有效机制的科学，作为生产要素中最具流动性的组成部分——信息的跨国界直接流动、配置与组合，理所当然是这门科学最重要的研究对象之一。我们正是从这个意义上将国际信息合作纳入国际经济合作的研究范围。

二、国际信息合作发展的原因

从人类开始有跨国界经济活动时就产生国际信息合作了，但是，只有以信息传输技术手段和微电子技术为代表的信息技术革命才带来国际信息合作的大发展，国际信息合作的发展与信息产业、信息经济时代和经济全球化密切相关。

1. 国际信息合作的大规模开展依赖于信息传输技术手段的巨大进步

电报和电话的发明使人类步入了电信时代，信息传输的速度大大提高。可是，信息传输的通道（信道）仍然很狭窄，信息传递的成本很高。技术的飞速进步创造了奇迹，大容量、高性能的光纤通信、卫星通信、数据通信、互联网络的出现，使得信息的传输既快捷，又大大降低成本，信息传输的种类也由单一的语音、文字信息发展到图文、数据、视频等多种信息。国际信息流动已经成为一件极其普通也极其平常的事情。由于条件的具备和迫切的需要，国际信息合作的广泛开展才成为当今世界的现实。

2. 国际信息合作的发展与微电子技术为代表的信息革命进程密切相关

以微型计算机技术为代表的信息技术开辟了人类智力的新纪元，信息技术包括了对信息的处理、存储、分类、搜寻、查找等功能的开发和应用，数字化把浩如烟海的信息和各种资源以数码形式存储于各种个人计算机、服务器和终端上，汇集到互联网上，实现了全球信息资源的自由流动和互享。20世纪70年代，计算机技术侧重于处理器每秒运行多少次，随后存储器容量大小得到极大提高，互联网的快速发展，计算机技术转向为与信息传输能力密切相关的网络带宽研究的突破。目前，在网络上获取信息已成为可能，计算机技术发展需要解决的主要问题转为如何获取准确、有效的信息。从近年的发展来看，扩展信息资源应用和渗透范围的嵌入技术，基于内容的信息处理技术，极大地推动了国际信息合作的发展，而国际信息合作的发展也促进了以计算机技术为代表的信息革命的深入发展。

3. 国际信息合作的发展与信息产业的迅速崛起密不可分

从工业经济到信息经济的转化，主要体现在信息产业的崛起、从事信息劳动人口的增加以及信息对传统产业的渗透上。近年来，世界信息产品和服务日益扩大，1982年全世界信息产业的销售额为2370亿美元，1985年达4000亿美元，1990年为6490亿美元，并以每年8%~10%的速度递增，2000年则达到了9000亿美元。根据研究咨询公司IDC的数据，2017年全球信息产业超过4.5万亿美元。如果2018年增长预期成为现实，支出将超过4.8万亿美元大关。

4. 国际信息合作的发展与发达国家率先迈入信息经济时代密切相关

美国稳居全球信息产业市场份额的霸主地位。在美国，信息的生产、分配、交换和消费已成为社会经济的主要活动，2/3的美国工人从事与信息有关的工作，其余的工人也在紧密依赖于信息的产业中工作。美国是世界上最大的科技市场，占总市场的31%，2018年产值约为1.5万亿美元。总的来说，包括日本、中国、澳大利亚、印度和周边国家在内的亚太地区占总数的1/3。由于中国和印度等国的崛起，以及欧洲部分地区和其他市场的增长放缓，亚太经合组织在全球信息产业蛋糕中所占的份额有所增加。

5. 国际信息合作的大发展与世界经济全球化密切相关

经济全球化的发展要求在世界范围内实现资源的最优配置，带来了各国经济、政治、军事和文化利益的联动性，使原本属于国内范畴的经济问题正在变成全球性的经济问题。在市场经济条件下，世界各国对资金、技术、人才和市场的争夺日趋激烈。有竞争，也有合作，人类只有在共同利益的基础上寻求彼此合作，才能达到双赢。经济全球化的日益加速和各国经济互相依存关系的日益加深，要求世界各国必须实行对外开放的经济政策，把自己国家的经济融入世界经济之中，这在客观上带来了国际信息合作的大规模发展。

三、信息高速公路建设

（一）信息高速公路的内涵

所谓信息高速公路只是一个形象的比喻，对于它的确切解释目前尚无权威说法。一种看法认为，它是计算机技术和通信技术发展并融合的产物，形成信息时代信息流通的主干线；另一种较为普遍地被人们所接受的解释是：信息高速公路是指一条很宽的信息通道，能够大量、高速、并行地传输信息。具体地说，一个先进的适应现代社会需要的信息网，应当在空间上、时间上无缝地覆盖整个国家，并且把现有的各种网络综合起来，使之具有极宽的频带和极高的传送交换速度，并且具有高度的智能和灵活性，以便快速地响应各种发展变化的需求，提供各种新颖的信息服务。从理论上讲，它的原则是社会成员"各献其有（即信息），各取所需"。美国的政府工作报告中对信息高速公路有如下定义："信息高速公路即国家信息基础设施，是能给用户随时提供大量信息的，由通信网、计算机、数据库和日用电子产品组成的完备的网络。"具体来说，信息高速公路是一种高速的计算机通信网络，具备多媒体网络传输功能，它通过光纤和电缆把政府机构、科研单位、图书馆、大学、企业以及家家户户的计算机连接起来，使所有的计算机用户可在办公室或家中，利用其终端设备如传真机、电视、计算机等，方便、迅速地传递和处理信息，从而最大限度地实现信息共享。

（二）信息高速公路的起源与发展

1991年，时任美国国会参议员的戈尔率先提出建立信息高速公路的设想。前美国总统克林顿又在1993年宣布正式实施"国家信息基础设施行动计划"（National Information Infrastructure Agenda of Action，NII），并在1994年投入启动资金5400万美元。伴随着这个宏大计划的开展，Internet开始为人们所熟悉，它也被看作信息时代来临的标志，受到了全世界的热切关注。

除美国外，世界上其他国家也开始意识到发展互联网的紧迫性。1993年，欧共体委员会主席德洛尔在关于"发展和就业"的一份白皮书中提出了建立欧洲信息高速公路的设想，并计划在5年内投资330亿法国法郎发展欧洲的信息高速公路。1994年10月20日，在欧洲运营计算机网络长达10年之久的两大组织——欧洲网络机构协会和欧洲学术科研网决定合并，成立泛欧科研教育网络协会，欧洲信息高速公路时代到来了。

（三）信息高速公路的功能

从当前来看，信息高速公路有以下用途：

（1）播放交互式电视。

（2）用于包括计算机在内的人机通信。它可以把企业、研究机构连接在一起，进行技术信息的交换，分散在各地各单位的科技人员可利用信息网络，不受时间、空间限制，通过资料中心、数据库查找到所需的资料、数据、背景情况，开展科技合作。

（3）用于医疗服务。传送X射线照片图像、各种化验数据，帮助异地诊断提高医疗服务质量。医生可把疾病患者高度清晰的体检图像或数据，传输到另一权威中心进行诊断；远离大城市的医生也可以看到最新医疗方法的电视资料；患者可在家中接受定期检查。

（4）使更多的人能够听到著名科学家、教师的讲演和授课。学生可在家中通过信息高速公路享受异地学校的教学、辅导。

（5）可以及时传送地震、火山爆发等受灾信息。

（6）可以用于电子出版和电子购物。

第二节 WTO《基础电信协议》与《信息技术协议》

一、WTO《基础电信协议》

（一）简介

WTO的《基础电信协议》并不是一个单独文件，而是由《服务贸易总协定（GATS）第四议定书》及其所附《各成员承诺减让表》《最惠国待遇豁免清单》和《参考文件》组成。它的核心是在客观公正的基础上，无差别地向缔约方承诺部分或全部开放境内基础电信服务业市场。签署《基础电信协议》的WTO成员，必须在市场准入、国民待遇方面做出承诺。

中国在加入WTO的谈判中，已经过上述市场准入和国民待遇等内容做出了承诺，准备在不同的业务领域，在不同的时间段、地域范围，对外资逐步开放电信市场，并且着手完成了相应的管理办法，中国加入WTO后即予以施行。除此之外，WTO成员还要有一个附加承诺，这就是对《参考文件》的执行，中国对此也做出了承诺。《参考文件》的主要目的是防止在基础电信领域，具有垄断地位的电信业务经营者利用其垄断地位，给新进入的服务提供者制造障碍，造成不公平竞争。而 2002 年《中华人民共和国电信条例》的正式颁布，对中国电信业来讲，是在发展道路上一个具有历史意义的里程碑，是进一步改革开放的标志。《中华人民共和国电信条例》的指导思想就是要遵循政企分开、破除垄断、鼓励竞争、促进发展和公开、公平、公正的原则。在这一原则问题上两者是完全一致的。

对主体电信企业的定义，《参考文件》提出一个"主要提供者"的概念，即"主要提供者是指在基础电信服务领域的相关市场上，对参加的条件（有关价格和提供）有实质性影响的提供者"。实际上，"主要提供者"就是指垄断时期的基础电信经营者，垄断解除后，它们仍有可能利用其拥有的基础设施，与新进入的服务提供者进行不公平竞争。

（二）基本原则

《参考文件》给出了保护竞争的六项基本原则，对主要提供者进行了约束。

1. 保护竞争的原则

《参考文件》中规定不允许有反竞争的交叉补贴，即不允许对不同业务进行不利于公平竞争的交叉补贴。交叉补贴是指电信业务经营者内部不同业务之间进行的财务补贴。如果一个电信业务经营者对某一种业务采用了交叉补贴，那么新进入这一业务的经营者就很难与其竞争，而导致新进入者退出这一业务，最终会形成这一业务的垄断经营。因此，禁止不合理的交叉补贴是为了保护竞争。

2. 保障互联互通的原则

《参考文件》中提出，在主要提供者的网络中，任何技术可行点上要确保与其他服务提供者互联互通，对外提供互联服务，不得有歧视，即提供的技术条件、费率和质量不得低于其为自身提供的服务；也即技术可行、经济合理、公平公正、相互配合。主要提供者应当按照非歧视和透明化的原则，制定包括网间互联的程序、时限、非捆绑网络元素目录等内容的互联规程。

3. 中立的普遍服务的原则

《参考文件》中提出，各成员只要不是反竞争，且管理透明、非歧视和保持中立，就有权根据其意愿，确定采用何种方式实施普遍服务。也就是说，电信业务经营者必须按照国家（地区）有关规定履行相应的电信普遍服务义务，国家（地区）可以采取指定或者招标的方式确定电信业务经营者具体承担电信普遍服务的义务。

4. 许可证发放保持透明度的原则

《参考文件》提出，获得经营许可证的条件，申请许可证所需的具体条款、条件和时间要明确，并且应公众要求，把拒绝许可的理由公开。以我国为例，我国在《中华人民共和国电信条例》中按照电信业务分类实行许可证制度，即分为基础电信业务和增值电信业务。关于经营基础电信业务规定了 6 项申请许可证的具体条件，审查时间为 180 日；不予批准的，书面通知申请人并说明理由。关于经营增值电信业务，规定了 4 项申请许可证的条件，审查时间为 60 日；不予批准的，书面通知申请人并说明理由。

5. 独立的监管机构的原则

《参考文件》提出，监管机构应与任何基础电信服务提供者分离，并对其没有任何责任。监管机构采取的决定和程序，对所有市场参与者都是公正的。就我国而言，我国在《中华人民共和国电信条例》第一章第三条中就明确说明：国务院信息产业主管部门依照本条例的规定对全国电信业实施监督管理，省、自治区、直辖市电信管理机构在国务院信息产业主管部门的领导下，依照本条例的规定对本行政区域内的电信业实施监督管理。第四条指出，电信监督管理遵循政企分开、破除垄断、鼓励竞争、促进发展和公开、公平、公正的原则。

《中华人民共和国电信条例》的"国务院信息产业主管部门"就是信息产业部。众所周知，1998年成立的信息产业部就已经与电信业实行了政企分开。《中华人民共和国电信条例》中的"省、自治区、直辖市电信管理机构"就是现在已经实行了政企分开，并大多数已成立的省、自治区、直辖市通信管理局。可以说，信息产业部和各地的通信管理局就是与任何基础电信服务提供者分离的并对其没有直接责任的监管机构。

6. 稀缺资源分配与使用公正的原则

《参考文件》要求，任何稀有资源的分配和使用，包括频率、号码和方式权的分配，都要以客观的、及时的、透明的和非歧视的方式进行，但是对具体政府用途的频率分配细则例外。《中华人民共和国电信条例》中专门规定了电信资源的管理办法。首先规定"国家对电信资源统一规划、集中管理、合理分配，实行有偿使用制度"，并定义"电信资源，是指无线电频率、卫星轨道位置、电信网码号等用于实现电信功能且有限的资源"。为保证电信资源分配的透明度和非歧视，规定"分配电信资源，可以采取指配的方式，也可以采用拍卖的方式"。

二、WTO《信息技术协议》

信息技术革命对世界经济贸易产生重大而深刻的影响，推动了经济全球化的不断深入。随着信息技术的迅猛发展，信息技术产品的贸易额不断增加，最大限度地扩大全球范围内信息技术产品市场并降低成本变得越来越迫切和重要。

严格地讲，《信息技术协议》是以削减信息技术产品关税，促进这些部门商品贸易发展为目的，应该视为《1994年关贸总协定》管辖的范畴，而不是《服务贸易总协定》的内容。但鉴于信息技术将对世界经济，特别是服务业的发展产生革命性的影响，因此，有必要将信息技术产品贸易自由化与服务贸易自由化联系起来，考察前者对后者的促进作用。

（一）背景

早在"乌拉圭回合"谈判结束时，美、加、欧、日四大贸易伙伴就曾对有关信息技术部门商品贸易自由化达成初步意向，决定在1994年后继续对诸如半导体、计算机及零部件等主要信息技术产品贸易自由化进行磋商。随后，澳大利亚也加入谈判。正式在全球范围内推动谈判是1996年4月19日，四大贸易伙伴在日本神户会议上提出在2000年前削减信息技术产品关税，并游说所有国家都参加到谈判中来，不必拘泥于世界贸易组织的范围。时任美国总统克林顿、欧盟轮值主席西班牙总理冈萨雷斯、欧洲委员会主席桑特同意在1996年12月世界贸易组织首届部长级大会上进行有关信息技术产品的多边贸易谈判，美国希望在此次会议上能够完成谈判，并自1997年开始实施谈判结果。

1996年12月13日，在新加坡首届世界贸易组织部长级大会上，29个参加方政府签署了《关于信息技术产品贸易的部长宣言》，指出自1997年7月1日开始，到2000年1月1日分期削减信息技术产品关税。当所有参加签字方的贸易量占世界信息技术产品总贸易量比例超过90%时，协议正式生效。

1997年3月26日，占世界信息技术产品贸易总量92.5%的40个参加方政府在日内瓦

WTO总部正式在《信息技术协议》上签字。至此,在全球基础电信谈判结束1个月后,《信息技术协议》也已达成,该协议是《基础电信协议》的扩展与补充,两项协议结合起来,将涉及全球每年1万亿美元的贸易,超过农产品、汽车与纺织品三者贸易的总和。

(二)初始参加方

参加《信息技术协议》谈判的40个参加方政府承诺在2000年1月1日前取消包括计算机硬件、通信设备、半导体以及生产设备、科学仪器在内的约200种信息技术产品的关税。其中,在新加坡会议就参与谈判的29个参加方为:澳大利亚、加拿大、欧盟15国、中国香港、冰岛、印度尼西亚、日本、韩国、列支敦士登、挪威、中国台湾、新加坡、瑞典、土耳其、美国。在1997年3月26日结束谈判前,又有11方政府在协议上签字,它们是:哥斯达黎加、捷克共和国、爱沙尼亚、以色列、印度、中国澳门、马来西亚、新西兰、罗马尼亚、斯洛伐克共和国、泰国。以上40个参加方的该部门贸易额占世界贸易量的92.5%。

(三)主要内容

1. 基本原则

《信息技术协议》是一个单独的关税消减机制。要想成为《信息技术协议》的参加方,必须遵守下列三项基本原则:①宣言中所列出的全部产品必须覆盖;②全部产品必须消减至零关税;③所有其他的税收与费用必须为零,在产品覆盖范围上不存在例外。在世界贸易组织成员之间,《信息技术协议》项下所有的承诺均建立在最惠国待遇基础上。

2. 关税削减时间表

《信息技术协议》规定各参加方分四阶段削减信息技术产品的关税,每个阶段按相同比例削减,即每阶段削减25%。1997年7月1日,各参加方将信息技术产品的关税削减25%;1998年1月1日,进一步削减25%;1999年1月1日,再削减25%;到第四阶段,即2000年1月1日,完全取消信息技术产品的关税。

信息技术产品的其他税费在1997年7月1日前取消,但参加方减让表中特别规定的除外。多数减让表中没有其他税费的例外。发展中成员可以延长关税减让实施期,最长可到2005年1月1日。但这种例外不是针对产品的例外,也就是说,所有信息技术产品的关税届时都须降至零。关税减让实施期超过2000年的产品,每年的减税幅度根据实施期长度等分得出。

由于各国家的发展情况不同,因此对信息技术产品的关税减让,各国选择的产品在数量和部门范围上也不相同,但基本出发点是一致的,即通过更长的实施期,为各自目前一些相对落后的产业部门提供较为充裕的发展时间。

3. 产品范围

产品范围为:计算机[包括整个计算机系统,含中央处理器、键盘、打印机、扫描仪、显示设备(如监视器)、硬盘驱动器和电源等];电信产品(包括电话机、电视电话、电话交换机、传真机、调制解调器、送受话器、应答机、广播电视传输和接受设备等);半导体(包括各种型号和容量的芯片及晶片);半导体生产设备(包括各种生产和测试设备及其零部件);软件(如磁盘、磁带和光盘机等);科学仪器(包括测量和检测仪器、色层分离仪、光谱仪、光学射线设备及电泳设备)。

另外,《信息技术协议》产品还包括文字处理机、计算器、自动取款机、显示板、电容器、电阻器、印制电路、电动开关、连接装置、导体、光导纤维、部分复印机、计算机网络设备(局域网和光域网设备)、绘图仪以及多媒体升级工具。

(四) 实施状况

《信息技术协议》的执行情况良好，到1999年年底，20多个发达国家的信息技术产品基本实现零关税，其中20多个发展中国家和地区绝大多数产品的关税平均控制在5%以下。到2000年1月1日，大部分国家对于计算机、通信设备、半导体、半导体制造设备、软件以及科研仪器等信息技术产品都已经实现了零关税。

2003年4月24日，在日内瓦总部召开了扩大信息技术产品贸易委员会会议，一致通过中国成为《信息技术协议》的参加方。我国已按照协议的要求，于2005年1月1日前将所有信息技术产品关税降至零。

第三节 国际信息合作的经济影响

现代网络技术发展突飞猛进，将国际社会带进了一个信息化时代，信息要素已成为影响21世纪世界经济与贸易走向和发展的最重要因素之一。国际信息合作的广泛开展，必将对世界范围内的资源有效配置即世界经济活动产生复杂而深远的影响。

一、国际信息合作与信息革命、经济全球化的发展[一]

信息革命是指人类在认识世界的过程中，感知、反映、接收、传递、交流、综合分析和加工处理信息的工具与手段的革命性变革。人类文明的发展始终伴随着对信息获取、存储和运用能力的进步，20世纪中期以来，信息革命开始在全球蓬勃发展。信息革命是继工业化动力革命之后的人类新智能革命，它使人类社会面貌正在发生深刻的变化。在信息革命有力的推动下，国际信息合作迅猛发展，世界进入了经济全球化水平不断提高、民族国家间联系日益密切、相互依存程度不断提高的新时代。

全球化是一个动态的历史进程，是人类不断跨越时空的局限在全球范围内日益加强国家与国家之间、民族与民族之间、地区与地区之间横向联系的过程，也是人类不断跨越社会制度、历史文化和经济发展水平障碍在世界范围内进行沟通、联系、相互影响、达成更多共识与共同行动的客观历史进程与趋势。

当代信息技术革命是电磁波革命的深化和发展。各种信息穿越时空自由流动，使世界"时缩空小"，人们之间的联系空前密切，经济的横向拓展有了新的动力。借助于信息革命的力量，经济的全球扩张大大加快，经济全球化的进程促进了国际信息合作的大发展，而国际信息合作的大发展，又反过来对经济全球化在深度和广度上的发展产生深远影响，两者密切相关，互相渗透，互相促进，共同发展。

二、国际信息合作与国际分工、世界产业结构的转移

国际信息合作使国际分工彻底打破了自然条件的局限，国际生产的分工已经从传统的以自然资源为基础的分工逐渐发展为以现代化科技和工艺为基础的分工，在发达国家和发展中国家出现了知识经济的发展鸿沟。传统的国际分工以垂直分工为主，发达国家是世界的工厂，发展中国家是世界的原料产地。信息技术的发展和信息产业的崛起和国际经济合作的发

[一] 引自：黄凤志的"信息革命与经济全球化"，东北亚论坛，2003 (3)，有改动。

展，改变了国际分工的旧格局，出现了国际分工中垂直分工与水平分工立体结合的新格局。由于国际信息合作首先在发达国家兴起，造成了知识型与技术密集型产业迅速成为发达国家的支柱产业，劳动密集型和资本密集型产业开始向发展中国家转移，这种国际的产业大迁移，使世界经济出现了发达国家与发展中国家之间"大脑与手脚"分工的新格局。

新的国际分工导致了国际产业的梯度转移，形成了从发达国家→新兴工业化国家→发展中国家的世界产业链：发达国家发展高新技术产业，生产高知识附加值产品；新兴工业化国家发展中等技术产业，生产知识附加值产品；发展中国家发展资本密集型和劳动密集型产业，生产低知识附加值产品。国际分工立体化新格局使世界各国之间在经济发展上形成了互补性、融合性和相互依存性，发展中国家处于世界经济金字塔的最底层。

国际信息合作的发展，国际分工立体化新格局的出现，世界产业结构的梯度转移，进一步加深了世界各国之间在经济发展上的相互依存性和融合性，国家之间在市场、资金、技术和人才的互求性大大增强。

三、国际信息合作与虚拟市场、网络经济的迅速发展

国际信息合作对于世界经济领域的重大影响表现在国际"虚拟市场"的产生。国际信息合作使得高度依靠信息交换的市场交易可以发生在"虚拟市场"，开辟了一个崭新的开放、多维、立体的市场空间，突破了传统市场必须以一定的地域存在为前提的条件，全球以信息网络为纽带连成一个统一的"大市场"，促进了世界经济全球市场化的形成。信息流动带动资本、商品、技术等生产要素全球加速流动，促进了全球网络经济的迅速发展。

网络经济是指由于互联网在经济领域中的普遍应用，使得经济信息成本得以急剧下降，从而导致信息替代资本在经济中处于主导地位，并最终成为核心经济资源的全球化经济形态。网络经济作为一种新兴的经济，有别于传统经济，主要表现在：

（1）网络经济是一种高度信用化的经济形态，在网络经济中，参与交易的各方互相不见面，交易的商品和服务最多也是以"图像"的方式虚拟存在，所以网络经济对信用度的要求很高，网络经济的实质就是强化的信用经济。

（2）网络经济是一种物理上虚拟的经济形态，时间上是虚拟的，网络经济是全天候运行的，很少受时间因素的制约；在空间上是虚拟的，网络经济建立在综合性全球信息网络的基础之上，突破了国界的限制，使经济活动成为全球化的活动；在物质上是虚拟的，即在互联网上的经济活动实际上只是一套符号体系，它是经济社会实物经济在互联网上的再现，必须与实际经济相对应。

（3）网络经济是一种高度个性化的经济形态，其个性特征主要是：个人化、客户化、个体化和特定化。在网络经济中，个人化代替了效率；个体化代替了大规模生产；客户化代替了客户支持；特定化代替了大规模销售。

四、国际信息合作与电子商务、国际贸易领域的深刻变革

所谓电子商务，是指交易双方通过计算机网络进行的所有交易活动，即通过交易发生实物性商品（如服装、家用电器等）所有权的转移，或实现了服务性商品（如网络信息咨询服务等）的有偿消费（提供）。其实质就是贸易活动各环节的电子化，即利用电子信息技术和计算机网络来扩大宣传、降低成本、增加价值、创造商机和销售产品及提供服务的商务活

动。国际信息合作对电子商务的开展和广泛运用产生了积极的促进作用，带来国际贸易活动全球化、智能化、无纸化和简易化，并实现了划时代的深刻变革，电子商务正在掀起国际贸易领域里的一场新革命。

国际信息合作使得网络贸易日益成为占主导地位的国际贸易方式。网络贸易是指在网络平台基础上直接进行的在线交易，利用数字化技术将企业、海关、运输、金融、商检和税务等有关部门有机连接起来，实现从浏览、洽谈、签约、交货到付款等全部或部分业务自动化处理。网络贸易突破了传统贸易活动中物质、时间、空间对交易双方的限制，它的产生与发展必将对世界经济贸易的增长产生巨大的推动作用：

（1）国际信息合作使得国际贸易的交易成本大大降低。买卖双方通过网络直接接触，无须贸易中介的参与，减少了交易的中间环节；参与交易的各方只需支付较低的网络通信和管理费用就可获得存储、交换和处理信息，节省了资金，降低了成本；有利于交易双方获得"完整信息"，降低了市场上的搜寻成本，减少了交易的不确定性；在网上直接传递电子单证，既节约了纸单证的制作费用，又可缩短交单结汇时间，加快资金周转，节省利息开支。

（2）大大提高工作效率。通过国际信息合作，现有网络技术实现了商业用户之间标准格式文件（如合同、提单、发票等）即时传送和交换，买卖双方足不出户就可在网上直接办理订购、谈判、签约、报关、报检、租船订舱、缴税、支付结算等各项外贸业务手续，大大缩短了交易时间，使整个交易方便快捷，从而带动了金融、海关、运输、保险等有关部门工作效率的提高。

五、国际信息合作与对传统经济理论、国际法规的挑战

国际信息合作在改变世界经济运行方式和内容的同时，也对传统的国际经济理论提出了新的思考和挑战。比较优势理论认为，各国比较优势的形成基础是自然资源、资本、劳动力和人力资源等方面存在着差异。而在网络贸易的条件下，信息成为最重要的生产要素和资源，这就改变了传统经济理论的基础，即国家之间对信息的生产、传播、反馈与使用能力上的差异——信息比较优势，在国际贸易中的地位越来越重要。国际信息合作使得信息因素成为国家或企业国际竞争力的构成要素，国家或企业的信息处理效率成为其参与国际竞争的基础和条件，信息基础设施的发达程度和信息产业的规模比重都极大地影响了该国在世界经济中的竞争实力和竞争地位。

世界各国和地区信息基础设施和信息技术的发展程度不同，导致了全球网络化发展很不平衡。这使发展中国家在网络经济和贸易的发展中处于被动的地位，加剧了经济的不平衡发展和贫富差距的扩大。发达国家还试图控制和垄断世界信息资源，以达到继续主导国际贸易主流的目的。美日两国在世界信息技术产品的出口总额中大约占1/3，以它们为代表的发达国家之间的信息贸易占国际信息贸易的90%左右，其他新兴工业化国家和地区以及发展中国家只占10%左右，降低了发展中国家原来具有的自然资源及廉价劳动力的比较优势。数万亿美元的贸易、投资和国际金融业务变成只是一种信用信息符号之间的流动，瞬间即可完成，大大增加了发展中国家政府实行保护性宏观经济调控政策的难度。

电子商务和网络贸易的发展，对传统的国际贸易法规提出了挑战。传统上的贸易合同必须书面订立，通过手写签名或印章来辨别身份。但在网络交易中，由于大量运用电子货币和电子签名，有形合同的法律规定很难适用无形的网上合同，而无形的网上合同如何确定权利

和义务尚待进一步明确规定。此外，网络信息的隐私权与知识产权保护问题、电子数据及网上信息的证据效力问题、电子签名和认证问题、无形产品的网络交易对征收海关进出口关税和国内其他财政贸易政策与市场准入等问题，都要求在贸易立法上做出相应的调整和变更，使之有利于保护贸易当事人的合法权益，促进国际贸易遵循统一的国际条约和国际惯例运行，因此要为"虚拟市场"建立基本的游戏规则。网络贸易法律法规的制定是一项复杂的工程，需要国际社会的广泛合作。

2018年9月世界海关组织率先就跨境电子商务和网络贸易发布了"全球跨境电商准则"，旨在制定通关事务和相关数据协调的统一标准，促进全球范围内电商的合理发展。"全球跨境电商准则"制定了全球范围内跨境电商的基本标准，世界海关组织表示，"全球跨境电商准则"包含了15条简明扼要、循序渐进的标准，旨在创造更好的电商环境，提供可行、公平、创新的解决方案，同时维护利益各方的合法权益和需求。"全球跨境电商准则"旨在为各国海关提供建立跨境电商相关法案的基本框架，同时也有助于促进现有条例和商务模式的发展。预计世界海关组织管理部门将会与各国政府和第三方展开紧密合作，根据各国不同的市场地位、业务能力、人力资源、财力资源及内部程序情况，逐一执行新标准。在未来，"全球跨境电商准则"将进一步扩充技术规范及相关准则，以便有效地协同各方进行实施。

中国跨境电商的发展速度快，规模大，在此标准框架制定过程中做出了重要贡献，与其他成员一道就推动跨境电商健康发展进行了很多探索。2018年8月31日，中国《电子商务法》经第十三届全国人民代表大会常务委员会第五次会议审议并通过，已于2019年1月1日起施行，成为我国电商领域首部综合性法律。中国《电子商务法》规定除了明确规定跨境电商从业者应该遵守进出口监管的法律规定外，更加强了跨境进口消费投诉热点问题的解决方案法律依据，多角度促进跨境电商行业良好健康发展。世界海关组织的准则与我国在电子商务领域的立法为世界范围内的电子商务立法具有示范意义。

六、国际信息合作与金融信息化、国际资本流动的加强

国际信息合作的发展和电子信息技术的突飞猛进，使得金融机构的经营活动越来越依赖信息技术，资金流动方式日益电子化，资金流动速度更加快捷，国际金融市场的信息联系更加密切，世界各国利率、汇率、股市和债券等的变化对世界经济的影响越来越大。

从发展来看，电子自动数据处理系统应用于全球性银行账户划拨，导致1973年全球银行金融电讯协会（Society of World Wide Interbank Financial Telecommunication，SWIFT）的成立，当时由15个国家的239家银行组成。整个计算机网络分为操作中心、地区处理站和会员银行以及用户三级层次，现已开发的电讯传递处理的银行业务有八类。SWIFT具有以下优点：迅速便捷（每笔电讯从发到收只需25~45秒钟）、安全可靠（双线制度、严格检查、自动测监和严格保密措施）；费用低廉；标准格式（可进一步保证高效和准确可靠）等。SWIFT在全球的逐步推广，便利了资金在全球范围的自由流动，已使传统的国际清算和支付业务发生了变革。

国际信息合作是当代国际金融市场能够顺利运行的重要基础。目前，国际金融市场绝大多数没有固定地点，即无形市场。这个市场由众多经营国际货币金融业务的机构组成，它们主要通过电话、电报、电传和计算机网络等现代化通信工具进行各种金融交易。即使是一些有形市场，如证券交易所，也相继进行了电子化、自动化的改造。金融业的电子化和自动化催生了电子货币，金融市场的内部机制和运作方式发生了革命性变化。国际信息合作使得国

际金融市场实际上成为一个通过高效率电子信息传输而相互连接起来的国际信息合作网络。高效国际信息合作的开展,使得国际资金的流动性极强,大量资金在全球不断流动,国际资本的跨国流动规模越来越大。

国际信息合作的发展极大促进了金融信息化,加强了国际资本的流动性。

七、国际信息合作与企业跨国经营、管理方式的改变

国际信息合作的发展使得"虚拟公司"成为经营主体。现代信息通信技术通过单个公司在各自的专业领域拥有的核心技术,把众多公司连接为公司群体网络,完成一个公司不能承担的市场功能,可以更加有效地向市场提供商品和服务。这种新型的企业组织形式,在资本关系上不具有强制各个公司发生联系的权力,而是由于承担了一定的信息搜集处理和传递功能而似乎具有某种实体性。跨国公司战略联盟便是这种"虚拟公司"的主要表现形式,通过开放系统的动态网络组合寻找资源和联盟,实现"虚拟经营",以适应瞬息万变的经济竞争环境和消费需求向个性化、多样化方向发展的趋势,给跨国公司带来分工合作、优势互补、资源互用、利益共享的好处。

国际信息合作使得企业竞争地位得到很大的增强。企业申请注册域名,在互联网上建立自己的网站,通过网页介绍产品、宣传企业形象,有利于扩大企业知名度、开拓海外市场和提高国际竞争力。此外,互联网无时间、地域的限制,企业可以进行全天候交易,增加市场机会;同时又有助于及时、准确地掌握市场动态,密切企业同客户的业务联系,提高其市场竞争地位。

国际信息合作使得跨国企业的经营管理方式发生变化。国际信息合作提供的交互式网络运行机制,为企业跨国经营提供了一种信息较为完备的市场环境,通过世界经济的纽带达到跨国界资源和生产要素的最优配置,使市场机制在全球范围内充分、有效地发挥作用。这种方式实现了"四流一体",即以物流为依托、资金流为形式、信息流为核心、商流为主体的全新经营管理模式。这种方式通过信息网络提供全方位、多层次、多角度的互动式经营管理服务。生产者与用户及消费者通过网络,使及时供货制度和"零库存"生产得以实现,商品流动更加顺畅,信息网络成为最大的中间商,引发了经营管理中间组织结构的革命。

第四节　国际信息安全合作

一、国际信息安全合作的重要性

随着信息化的快速发展,以军事安全为中心的传统安全观,正在被包括政治安全、军事安全、经济安全、文化安全以及信息安全在内的新的综合安全观所取代,世界各国普遍面临着信息安全的威胁。

首先,信息网络的滥用将可能影响到国家的政治稳定。互联网是个畅通无阻的虚拟世界,网络空间的开放与便利为一些寻求非法扩散政治影响的组织或个人提供了机会,各国政府部门网站动辄受到"黑客"攻击,如何应对信息网络犯罪的冲击,已成为各国政府面临的一项严峻任务。

其次,信息技术进步将改变未来战争形态和作战样式。以信息技术为核心的高新技术在

军事领域的广泛应用，使战争形态出现新的变化。在信息时代，军事领域的各种信息攻防手段快速发展，信息系统与网络成为新的作战要素，网络空间正在成为攸关国家安全的重要战场。随着未来信息技术在军事领域的更广泛运用，各国在维护国家军事安全方面将会面临更严峻的挑战。

再次，信息化社会的发展将使经济安全问题日益突出。信息化使各国经济联系日益紧密，一旦一国经济或金融秩序遭受打击，很快就能波及世界其他国家。随着工业经济向知识经济的转变，世界经济信息化、数字化和网络化特征日趋明显。商务活动的电子化和资本运作的虚拟化在为各类金融活动提供史无前例的快捷和便利的同时，也大大增加了经济活动，特别是金融活动的风险性。维护信息化时代的全球经济安全已成为国际社会需要共同面对的重大课题。

最后，信息传播模式的深刻变化将对文化安全带来新的挑战。互联网、光缆和卫星传送等新的信息传输技术的广泛运用，网络交流工具的相继涌现并日益普及，带来了信息传播模式的重大变化，使信息流动更加便捷和畅通，加速了各国文化的传播与交流，但信息传播广度和深度的变化也使一些国家面临维护本国文化安全的问题。如何在信息化时代充分运用信息手段的优势，传承和发展各种优秀文化传统，推动和增进国际文化交流，维护和促进世界文明的多样性，应成为国际社会共同关注和解决的重大问题。

二、"911"对信息安全合作的影响与障碍[一]

从美国国家信息安全政策的发展历程来看，国际合作在其中的地位呈现比较明显的上升趋势，"911"的发生使得通过"控制"加强美国国家信息安全的要求在国家信息安全政策制定的过程中占据了主要的位置，与此同时，伴随着"控制"占据优势地位，旨在加强"控制"的"合作"，其地位也因此呈现明显上升的趋势。

(一) "911"对于信息安全合作的影响

具体来说，"911"对于信息安全合作的影响主要体现在以下两个方面：

一是推动了对于实现机制化跨国安全合作的认识。国家信息安全问题具有天然的跨国性质，在"911"发生之前，美国已经和不同国家建立了不同类型的跨国安全合作机制，不过其中多数是建立在个案基础上的双/多边合作，其层次集中在部门级，以司法部、联邦调查局、国家安全局和中央情报局等为主。"911"发生之后，随着对遭遇新的跨国袭击的关注，对于跨国安全合作的需要得到强化，广泛的跨国合作被看作是应对信息安全威胁的主要途径。

二是必须理智地限制自身所具有的某些优势的发挥。促成国家信息安全合作的条件之一在于如何避免陷入博弈困境，即个别行为体必须克服所面临的在短期内通过信息安全优势掌握单方面优势力量的诱惑。具体来说，围绕国家信息安全开展的合作要求国家行为体之间通过合作，共同应对面临的信息安全威胁。

(二) "911"对于信息安全合作的障碍

在相当长的一段时期内，国家信息安全合作主要停留在跨国司法合作阶段，并且还存在有意淡化这种合作与国家信息安全之间的关联，这种情况一直持续到"911"的发生。该事件发生之后，从两个层面消除了实施国家信息安全合作的障碍：

[一] 引自：沈逸的"开放、控制与合作：美国国家信息安全分析"，博士论文，2005 (3)，有改动。

在个人—国家层面上，由于个体面临来自国际非国家行为体的生存性威胁，提高了个体对国家提供安全的依赖度，个体观念上对于安全代价的承受能力明显提高，消除了阻碍国家加强针对信息安全基础设施管制能力的主要障碍，因为这一能力的加强，不可避免地以个人言论自由做出必要让步为代价。

在国家—国家层面上，由于非国家行为体已经展现了能够对国家行为体造成一定实质性伤害的能力，而且这种能力的增强很大程度上得益于信息技术在全球范围的扩散，这一国家行为体的共同威胁的出现，在一定程度上缓解了国家行为体彼此之间原先存在的不信任，导致了国家信息安全议程的变化，通过合作实施跨国信息安全合作，防范来自非国家行为体的针对关键性信息基础设施的袭击，成为新的优先事项。

三、信息安全合作的模式与对策

（一）模式

1. 双边合作

双边合作又分为正式双边合作与非正式双边合作。信息安全合作中的正式双边合作机制一般通过引渡机制和双边法律援助条约体现出来。非正式双边合作是在没有正式签署相关条约的情况下，双方执法部门即开展合作。

2. 多边合作

由于双边合作固有的缺陷，在网络安全国际合作中，采用多边合作的方式能够取长补短，更好地维护网络安全。从信息安全国际合作的现状来看，多边合作是目前国际社会在信息安全合作中多数采用的形式。但许多国家在信息安全专业技术方面能力不足，限制了多边合作的顺利开展。

多边合作模式又可分为美国国家合作组织模式与欧盟跨政府合作模式，区分这两种模式的主要依据是大国在合作过程中的地位与作用。

美国国家合作组织模式主要表现为美国主导下的合作；欧盟跨政府合作模式主要表现为更加平等与纯粹意义上的多边国际协作，各个国家，无论是大国还是小国，都在合作过程中具有相对平等的地位。

（二）对策

在严峻的信息安全形势下，加强国际信息安全合作是大势所趋。总结起来，主要有下列对策：

（1）推动建立平等互利的国际信息安全新秩序。当前，面对信息安全领域的共同威胁，互利双赢观念已经为国际社会广泛接受，通过合作而不是冲突、协商而不是对抗、多边而不是单边的途径，共同建立平等互利的国际信息安全新秩序，应成为确保国际信息安全的有效出路。

（2）推动制定广泛适用的信息安全国际法规。随着全球化与信息化的快速推进，日益国际化的信息安全问题已非各国仅凭自身的信息安全法规和一国之力所能解决，制定国际性法规和政策的呼声日渐高涨，这反映了国际信息安全合作与协调进一步强化的趋势。国际社会的不断努力，为制定信息安全国际法规奠定了良好的合作基础。各国应就信息安全国际立法方面进一步加强合作，建立良好互信，维护共同利益，明确责任义务，达成共同打击和制裁国际信息犯罪的共识，为开展国际信息合作提供规范的法律框架，为实施国际联合行动提供有效的法律依据。

(3) 推动构建长远有效的国际信息安全合作机制。近年来，随着信息安全挑战的日益严峻，世界各国在维护信息网络稳定、开发信息技术和利用信息资源等方面有着越来越多的共同利益和广阔的合作前景。各国应着眼现实威胁与长远发展，提升信息安全保障能力，共同防范和打击信息犯罪活动，提高危机管理能力；进一步就有关技术、政策和法规等问题进行对话和交流；积极推动信息安全危机预警通报、信息安全灾害救援协作以及联合打击信息犯罪等一系列国际信息安全合作机制的建立和完善。随着信息化进程的继续深入发展，各国应在平等互利、互相尊重的基础上，进一步开展旨在实现优势互补、共同发展的务实合作。

思 考 题

1. 国际信息合作迅速发展的原因是什么？
2. 信息高速公路的含义是什么？
3. WTO《基础电信协议》有哪些基本原则？
4. 国际信息合作的经济影响有哪些？
5. 国际信息安全合作的重要性与对策是什么？

【案例分析】

信息安全的未来：探寻全球协作的模式

2018 年 5 月 1 日，Facebook 创始人及 CEO 扎克伯格在年度开发者大会 F8 上宣布：Facebook 将推出"一键清除历史"功能，用户只要选择"清除历史"，就能清除在 Facebook 上的浏览记录。

这一举措从隐私保护角度来看，是 Facebook 在"剑桥分析"曝光泄露 8000 万用户数据和被国会听证会质询后对用户做出的一大让步，也是互联网企业面对越来越受民众关注的信息安全问题的重视。

1. 严峻的信息安全

近来，勒索软件、个人信息泄露、物联网攻击、比特币盗窃、电信诈骗，以及国家间的网络间谍战等网络安全事件屡成话题：2017 年全球爆发的 WannaCry 勒索病毒使得 150 个国家、30 万用户中招，造成数十亿美元的损失；美国最大的征信机构之一 Equifax 声明由于网站漏洞导致 1.43 亿消费者的信息泄露；雅虎承认 30 亿账户全部泄露；比特币挖矿平台 NiceHash 超过 4700 枚比特币被盗。

据美国在线信任联盟（OTA）的统计，涉及商业攻击的网络安全事件几乎翻番，从 2016 年的约 8.2 万起事件升至 2017 年的大约 16 万起事件。报告还称，由于大量安全事件从未报告，攻击总数实际上可能高达 35 万起。

美国咨询公司 Cybersecurity Ventures 称，网络犯罪活动是人类未来 20 年将面临的最大挑战之一。据 Cybersecurity Ventures 预测，从 2017 年到 2021 年，网络安全产品和服务的全球支出将累计超过 1 万亿美元。2021 年，全球因网络犯罪导致的损失达 6 万亿美元。也难怪汇聚全世界超 4.5 万安全专家和行业人员的信息安全峰会 RSA 将 2018 年的主题定为"现在很重要"（Now Matters）。

两周前在美国旧金山闭幕的 RSA 大会上，美国国土安全部部长尼尔森（Kirstjen Nielsen）说，"数字威胁数倍于我们防护的速度"，"从网络攻击数量上来看，去年是最严重的一年"。她援引 Cybersecurity Ventures 的数据，到 2021 年因网络犯罪导致的损失达 6 万亿美元，这几乎达到世界经济的 10%。

据中国国家信息安全研究院 2017 年发布的报告，全球网络空间安全威胁加剧的表现有几方面：一是针对关键信息基础设施的攻击不断增长；二是利用物联网设备实施的网络攻击事件频发；三是勒索软件病毒呈现爆发性增长态势；四是电子邮件所导致的安全危害越发严重。

360 企业安全集团总裁吴云坤说："之前我们是旁观者，会认为都是黑客对黑客的行为，现在我们都是受害者。"尤其是一些针对企业或者机构的勒索带来的危害也更具体。比如 2 月 24 日湖南省儿童医院信息系统遭受黑客攻击，植入勒索病毒，对医院信息系统服务器文件进行了加密，导致系统大面积瘫痪，院内诊疗流程无法正常运转。

在吴云坤看来，现在的安全分为低位、中位和高位三个层面：高位就是云端层面，中位是操作中心，低位是软件。如果从安全防护角度来看，归结起来就是三句话"新战场新打法，比如云安全；老战场新打法，原来的终端还在，用数据分析去解决；三是回归本源，重新梳理 IT 技术架构"，"360 在 2015 年提出数据驱动安全，致力于用大数据方法解决数字化时代的网络安全和业务安全问题"。

2. 全球协作的可能

面对严峻的信息安全态势，世界各国、各组织和相关企业在探寻全球合作的可能。

美国东西方研究所全球副总裁、原美国国土安全部网络安全部门副部长 Bruce W. McConnell 说，各国只有协同合作、协同发展，才能共同建立安全的网络空间。

云安全联盟 CSA 创始人、全球首席执行官吉瑞威（Jim Reavis）告诉记者："信息安全，尤其是云安全需要各个公司和各个国家合作来推动。"他说，云计算是全球性的计算应用，随着云计算技术的不断成熟，越来越多的业务都在向云上迁移。与此同时，针对云的攻击事件也显著增多。如何加强云安全领域的合作以及建成云安全的行业标准成为各方努力的方向。

微软公司总裁布拉德·史密斯（Brad Smith）在今年的 RSA 上说："我们意识到自己生活在一个新时代、一个拥有新式武器的世界中，网络空间成为新的战场。"2017 年发生的影响极坏的多起网络攻击事件给科技公司指明了道路——"合作起来采取有效措施来保护全球的消费者"。

在 RSA 大会期间，包括微软、Facebook、思科、甲骨文及赛门铁克等在内的 34 家全球技术和安全公司签署了一个集体网络安全技术协议。参与公司承诺：加强对网络攻击的防御，并在全球范围内为每个用户提供保护，无论网上攻击的动机如何；不会帮助政府对无辜公民和企业发起网络攻击，在技术开发、设计和部署的每个阶段防止其产品和服务遭到篡改或利用；为用户提高自我保护能力提供更多帮助，在产品和服务中联合部署新的安全功能；采取集体行动，加强技术合作，协调漏洞披露，分享威胁并最大限度地减少恶意代码引入网络空间的可能性。

如果说这个网络安全技术协议是企业在信息安全方面主动行动的缩影，那么 5 月 25 日生效在即的欧盟《通用数据保护条例》（GDPR）则是强制性协作的体现。

GDPR 强化了对公民隐私权的保护，明确了公民获取、修改、删除个人信息的权利，并且引入了惩罚机制。关键是，该法规不仅直接适用于全体欧盟成员国，还对所有为欧盟提供服务的企业一视同仁，不论该企业是否设在欧盟境内。正因此，该法规受到了世界互联网企业的普遍关注。

在吴云坤看来，GDPR 是国家、国际、国民"三视角理论"的典型体现：国家要保护国民的隐私安全，国际公司要遵循当地的法律，欧盟担心跟美国在数据方面的竞争。他说，全球黑色产业目前是安全行业共同面对的挑战，其次是国家间的网络战。国际之间既有竞争对抗也需要面对黑色产业来进行合作。

"三视角理论"由观潮论坛主席、国家创新与发展战略研究会副会长郝叶力提出。她说，国家、国际、国民各行为体都在坚持自身利益的最大化，但网络的开放性和全球性，让后两个行为体的重要性凸显。郝叶力在 RSA 大会期间的观潮晚宴上说，"如果我们把人类命运共同体作为新时代、新空间的一个世界观，要使这样的世界观落地，一定要有与之相称的方法论。这个方法论应该是三视角下的网络主权的对立统一。"

(资料来源：人民网-国际频道，2018-5-2。)

第十章

国际发展援助

国际发展援助是国际经济合作的一种重要方式,"二战"之后,由于世界局势发生了巨大的变化,从"马歇尔计划"开始,对外援助政策就在国际和地区性冲突的善后中发挥着巨大的作用,并迅速发展起来。国际发展援助成为发达国家开展外交活动,带动技术、设备和产品出口,促进本国企业发展的重要手段;而发展中国家也把国际发展援助作为提高技术水平、加快经济发展、缩小与发达国家之间差距的主要途径。国际发展援助对当今世界的政治经济正产生着越来越重要的影响。

第一节 国际发展援助概述

一、国际发展援助的内涵

有关国际上实施经济技术援助的提法有很多,我国习惯上称其为"对外经济技术援助";有的国际组织则把它称为"国际开发援助";联合国发展系统的援助则采用"国际发展援助"这一提法,本文沿用这一概念。国际发展援助(International Development Assistance)是国际经济合作的主要方式之一,它是指发达国家和一些经济发展程度比较高的发展中国家及其所属机构、国际有关组织、社会团体以提供资金、物资、设备、技术或资料等方式,帮助其他发展中国家发展经济和提高社会福利的活动。

国际发展援助分有偿和无偿两种,其形式有赠予、中长期无息或低息贷款以及促进受援国经济和技术发展的具体措施。它的目标是促进受援国的经济发展和社会福利的提高,缩小发达国家与发展中国家之间的贫富差距。国际发展援助的性质是国际资本流动,它以资本运动为主导,并伴随着资源、技术和生产力等生产要素的国际移动。本质上,对于大多数发达国家的国际发展援助来说,它是国内政治的拓展,是推行其外交政策的工具。

二、国际发展援助的方式

国际发展援助的方式可以从不同的角度划分。按其援助的流通渠道可分为双边援助和多边援助;按其援助的方式可分为财政援助和技术援助;按其援助的使用方向可分为项目援助和方案援助。从一个国家的角度看,又可分为对外援助与接受国外援助。

(一)双边援助

双边援助(Bilateral Aid)是指两个国家或地区之间通过签订发展援助协议或经济技术合作协定,由一国(援助国)直接提供无偿或有偿款项、技术、设备、物资等方式,以帮助另一国(受援国)发展经济或渡过暂时困难而进行的援助活动。双边援助的提供往往与两国之间的政治、经济利益有密切的关系,带有浓厚的政治色彩,而且双边援助一般都附有限制性采购条件。双边援助一直是国际发展援助的主要渠道。近年来，虽然世界各国通过多边渠道提供的援助数额有所增加，但双边援助仍占对外援助的主导地位。

在双边援助中，根据援助的无偿和有偿可分为双边赠予和双边直接贷款。双边赠予是指援助国向受援国提供不要求受援国承担还款义务的赠款，赠款可以采取技术援助、粮食援助、债务减免和紧急援助等形式来进行。双边直接贷款是指援助国向受援国提供优惠性贷款，它一般多用于开发建设、粮食援助、债务调整等方面。

(二) 多边援助

多边援助（Multilateral Aid）是指多边机构利用成员国的捐款、认缴的股本、优惠贷款及在国际资金市场借款或业务收益等，按照他们制定的援助计划向发展中国家或地区提供的援助，是"二战"以后才出现的一种援助方式。多边援助机构主要有联合国发展系统、经济合作与发展组织（OECD）、亚洲开发银行等。在多边援助中，联合国发展系统主要以赠款的方式向发展中国家提供无偿的技术援助，而国际金融机构及其他多边机构多以优惠贷款的方式提供财政援助。在特殊情况下，多边机构还提供紧急援助和人道主义援助等。

发达国家一直是多边机构援助资金的主要提供者，其中美国、日本、德国、法国、英国的援助资金在多边机构援助资金总额中占有较大比重。由于多边机构援助资金由多边机构统一管理和分配，不受资金提供国的任何限制和约束，因此多边援助的附加条件较少。

(三) 财政援助

财政援助（Financial Assistance）是指援助国或国际组织为满足受援国经济和社会发展的需要以及为解决其财政困难而向受援国提供的资金或物资援助。财政援助分赠款和贷款两种。贷款又分为无息贷款和低息贷款，低息贷款的利率一般低于国际金融市场利率，贷款的期限也较长，一般在10年以上，并且还有较长的宽限期。

财政援助在资金的使用方式上可分为官方发展援助（Official Development Assistance，ODA）、其他官方资金（Other Official Flow）、民间资金（Private Flow）和混合资金（Mixed Flow）四种。

(1) 官方发展援助。官方发展援助是发达国家或高收入发展中国家的官方机构为促进其他发展中国家的经济和社会发展，向其他发展中国家提供的赠款或赠予成分不低于25%的优惠贷款。赠予成分是根据贷款利率、偿还期、宽限期、收益率等计算出来的一种衡量贷款优惠程度的综合性指标。其援助必须是由援助国政府机构实施，并以促进发展中国家的经济发展为宗旨，不得含有任何形式的军事援助及各种间接形式的援助，援助条件必须是宽松和优惠的，即每笔贷款的条件必须是减让性的，其中的赠予成分必须不低于25%以上。根据联合国有关规定，发达国家每年向发展中国家提供的官方援助应不低于其国民生产总值的0.7%，目前发达国家对外援助水平只达到了大约0.24%，远远低于联合国的标准。

(2) 其他官方资金。其他官方资金指的是由援助国政府指定的专门银行或基金会向受援国银行、进口商或本国的出口商提供的，以促进援助国的商品和劳务出口为目的的资金援助。其援助主要通过出口信贷来实施。其他官方资金也属于政府性质的资金，以促进发展中国家的经济发展和改善其福利为援助宗旨，贷款的赠予成分也必须在25%以上。它与官方发展援助的区别在于不是由援助国政府实施援助，而是由政府指定专门银行或基金会通过出口信贷方式向受援国提供援助。

(3) 民间资金。民间资金是指由非营利性的团体、教会组织、学术机构等提供的援助，它主要是以出口信贷和直接投资的形式来实施。

（4）混合资金。混合资金是指对外援助中，部分使用政府的赠款或优惠贷款，部分使用出口信贷。混合资金实际上是官方发展援助和其他官方资金结合起来的一种方式。

（四）技术援助

技术援助（Technical Assistance）是技术先进的国家和多边机构向技术落后的国家在智力、技能、咨询、资料、工艺和培训等方面提供资助的各项活动。技术援助分有偿和无偿两种。有偿的技术援助是指技术提供方以优惠贷款的形式向技术引进方提供各种技术服务；而无偿的技术援助则是指技术提供方免费向受援国提供各种技术服务。技术援助的资金主要来自官方发展援助。

技术援助采用的主要形式有：派遣专家或技术人员到受援国进行技术服务；培训受援国的技术人员，接受留学生和研究生，并为他们提供奖学金；承担考察、勘探、可行性研究、设计等投资前的工作；提供技术资料和文献；提供物资和设备；帮助受援国建立科研机构、学校、医院、职业培训中心和技术推广站；兴建厂矿企业、水利工程、港口、码头等各种示范性项目。20世纪60年代以来，随着科学技术的迅速发展，技术援助的规模和形式都有了较大的发展。在20世纪六七十年代，发达国家每年向发展中国家提供的技术援助资金数量只占其对外援助总额的10%左右；到20世纪八九十年代，这一比例已提高到30%左右，有些发达国家的比例甚至达到60%。技术援助已成为加强发达国家与发展中国家进行经济合作的重要手段。

（五）项目援助

项目援助（Project Assistance）是援助国政府或多边机构将援助资金直接用于受援国某一具体建设目标的援助。由于援助的资金直接与项目挂钩，每一个具体的援助目标都是一个具体的建设项目，故称项目援助。

项目援助的资金主要用于资助受援国开发动力资源和矿藏，建设工业、农业、水利、道路、港口、电信工程以及兴办文化、教育、卫生设施等。项目援助既可以通过双边渠道进行，也可以通过多边渠道进行。其资金主要来源于各发达国家或高收入发展中国家的官方援助及世界银行等多边机构在国际资金市场上的借款。由于项目援助均以某一具体的工程项目为目标，并往往与技术援助相结合，因此援款不易被挪用，从而有助于提高受援国的技术水平，援助效率比较高。由于许多发达国家将扩大本国商品的出口和保证短缺物资的进口来源作为提供项目援助的先决条件，因此项目援助对援助国也甚为有利。近年来，许多发达国家和国际经济组织，尤其是世界银行实施的援助项目都是通过这种方式进行的。

（六）方案援助

方案援助（Program Assistance）又称非项目援助。它是指援助国政府或多边机构根据一定的计划，而不是按照某个具体的工程项目向受援国提供的援助。方案援助一般用于进口拨款、预算补贴、国际收支津贴、偿还债务、区域发展和规划等方面。

一个援助方案的完成可能需要数年或数十年，包括若干个项目。尽管一个援助方案包含若干个项目，但方案本身一般不与具体项目相联系。在多数情况下，方案援助的资金往往附带有严格的使用规定，特别是近些年来，援助国或多边机构往往对方案援助的执行情况进行严格的监督与检查。方案援助也是发达国家通常采用的一种援助方式。进入20世纪80年代以后，经济合作与发展组织的发展援助委员会中的17个成员以方案援助形式提供的援助额已占到双边援助协议额的 1/3 以上。在美国国际开发计划署目前提供的援助额中，方案援助一般占 50% 以上。

三、国际发展援助的特点

半个多世纪以来，随着世界政治经济格局发生变化，国际发展援助的作用也日益突出，对"二战"后世界经济发展做出了巨大贡献，也带来了一些消极影响。截至 2008 年，国际发展援助的主要特点如下：

1. 发展援助与国家发展战略联系密切，政治色彩日益浓厚

第二次世界大战后，美国为了在政治和经济上加强对西欧国家的控制，帮助遭受第二次世界大战严重破坏的西欧国家尽快恢复经济，开始实施"马歇尔计划"。该计划主要向受援国提供资金、设备和物资，帮助受援国家增加生产，恢复金融秩序，加强西欧各国的经济合作关系。与此同时，苏联也向其他社会主义国家提供了大量的经济技术援助，援助的重点主要在这些国家的国营重工业部门。

"冷战"后，随着一些社会主义国家改革大潮的涌起和东欧国家的剧变，西方发达国家开始将"民主""多党制""私有制"等作为向发展中国家提供发展援助的先决条件，他们往往以经济援助为手段，要求受援国必须按其意图进行政治和经济改革，如一些发达国家将受援国国内的政治、经济和社会状况以及受援国的人权记录和民主进程作为援助的重要指标和根据。援助国的政治条件使一些发展中国家得到发展援助的数额日益减少。

20 世纪 90 年代以来，发达国家对外援助项目的政治条件呈增强趋势，逐步从一般性地强调"民主政治"和"市场经济"制度等意识形态内容细化为"良好治理""可持续发展""保障人权"等具体条款。但是，从对援助国集团"政治条件"实践进行的分析可以看出，支配援助国具体对外援助行为的根本因素还是其国家利益。

2. 附加条件越来越多

近些年来，除了政治条件外，越来越多的援助国将援助与采购援助国商品和使用援助国的劳务联系在一起，而且限制性采购占援助款的比例不断提高。目前，发展援助委员会成员国提供的双边援助，有一半以上要求受援国购买援助国的商品和使用援助国的劳务。这种带有限制性采购的援助往往迫使受援国进口一些质量差但价格高的商品和劳务，以及一些不适用的、过时的技术和设备，这不仅削弱了国际发展援助的作用，同时还加大了受援国沉重的债务负担。这便是许多发展中国家经济发展速度减慢、债务增加速度加快的重要原因之一。

3. 援助格局基本保持不变，援助排名有升有降

国际发展援助格局的变化主要表现在：发展援助委员会的 22 个成员依然是援助主体，其援助额占世界发展援助总额的 95% 左右，主要国家包括美国、日本、德国、英国、法国、澳大利亚、奥地利、比利时、加拿大、丹麦、西班牙、芬兰、希腊、爱尔兰、意大利、卢森堡、挪威、新西兰、荷兰、瑞典、瑞士等。

1988 年以前，美国每年提供发展援助的数额一直居世界第 1 位，其中 1988 年达 101.41 亿美元；但 1989 年只有 76.76 亿美元，下降了约 25%，仅比法国多 2.26 亿美元，居第 2 位，而日本 1989 年以 89.49 亿美元跃居世界第 1 位。1980—1993 年，美国提供的援助额占发达国家援助总额的比重从 26.2% 下降到 17.85%，而日本从 12.18% 上升到 20.68%。据经合组织统计，2006 年美国对外发展援助的绝对金额达到 227 亿美元，居第 1 位。日本

2006年共向发展中国家提供了大约116亿美元的官方发展援助，比2005年减少了大约11%。日本的官方发展援助总额自1983年以来始终保持在世界前2位，但2006年由于英国大大增加了对国际机构的援助而后来居上，使得英国居第2位，日本时隔24年降至第3位。

随着来自新捐助国，尤其是中国的援助金额的迅速增长，这一比例很快会变小，其中沙特阿拉伯在2005年的援助额高达17亿美元。经合组织呼吁发达国家遵守在帮助穷国上做出的许诺，免除其债务，增加发展援助。㊀

4. 双边发展援助的地理分布相对稳定

美国发展援助的重点在拉丁美洲和中东地区，法国集中在非洲法语系的国家，英国将南亚和非洲的英联邦国家视为援助的主要对象，日本则将大部分援助给予中国及东南亚各国，而石油输出国组织的成员国将援款的80%以上给予阿拉伯国家。近些年来，主要援助国都加强了对撒哈拉以南地区非洲国家的援助，减少了对南亚国家的援助。从20世纪80年代初到20世纪90年代中，流向撒哈拉以南非洲国家的双边援助额占双边援助总额的比重由28.5%上升到31.3%，而流向南亚国家的双边援助额却从18.7%下降到10%。

5. 援助机制不断进行改革

近年来，一些国际发展援助机构都在进行着改革。目前，世界银行正努力形成一种官方援助与贸易共生的援助机制，即在为官方对外援助提供融资渠道的同时，鼓励更多双方民间商业活动参与，提高援助的效果。一些主要援助国家也在调整自己的援助政策，改革对外援助机制。如英国为了适应目前形势的变化，对本国的对外援助管理体制进行了较大的改革，把原来的海外发展局提升为国际发展部，以此加强管理对外援助和参与世界发展事务的能力；同时，通过国际发展部管理的双边对外援助项目，探索出一些由企业参与的、可以获得较高利润回报的官方援助方式，也可以说是期望通过发展对外援助促进本国经济发展。法国为了适应形势的变化，加紧改革对非洲援助与合作方式，指导思想由"输血"逐步转变为"帮助造血"；改变过去的宗主国形象，与一些非洲国家签订"伙伴协议"；改革政府主管机构；设立社会发展基金，用于补贴"伙伴协议"国家的小型社会项目，使援助更贴近贫民。

6. 援助的标准和方式发生变化

主要发达国家制定了新的国际援助标准，且援助形式也有了新的变化。例如，美国新修订的《对外援助法》，不再把中国排除在外，并依据其制定的人均GDP1465美元的标准将我国列入接受其援助的"备选名单"。

在援助形式上，从1989年以后，发展援助委员会成员国向发展中国家提供发展援助的赠予成分平均超过了90%。超过了发展援助委员会规定的86%的标准。1995年，发达国家向48个最不发达国家和地区提供发展援助的赠予成分平均高达98.6%，其中有13个国家达到了100%的无偿援助。援助形式的另一个变化主要体现在项目援助的比重下降，而方案援助和债务减免的比重上升。1990年，生产性项目援助占国际发展援助总额的比重从1976年的21.8%下降到12.2%，债务减免的比重却达到了23.3%。其中，美国1990年的债务减免数额占美国当年官方发展援助总额的57.1%。

㊀ 引自：经济合作与发展组织网站，http://www.oecd.org。

7. 援助规模起伏较大

以经济合作与发展组织（OECD）成员国为例。该组织成员国的官方发展援助额虽然从1970年的69.86亿美元增加到1993年的544.53亿美元，但增幅却在不断下降。1970—1980年，该组织成员国的援助额从69.86亿美元增加到272.96亿美元，增幅为290.72%；而1980—1990年的援助额虽然从272.96亿美元上升到533.56亿美元，但增幅却下降到95.47%；20世纪90年代以后，援助规模进入停滞状态。

根据发展援助委员会对其22个成员的统计，1992年以来，发展援助委员会对外援助总额不断下降，低谷持续到2001年。从2001年开始，发展援助委员会对外援助总额以较快的速度增长，其中2002年和2003年增加了7%。2004年全球官方发展援助总额为786亿美元，剔除通货膨胀和美元贬值因素，实际援助规模比2003年增长4.6%。

发展援助委员会2007年的报告指出，2006年该委员会22个成员的发展援助额为1039亿美元，较2005年下降了5.1%，为1997年以来的首次下降。该报告分析说，发达国家对外发展援助的下降，主要是由于债务减免在2005年达到高峰之后出现回落造成的。该报告认为，如果不包括债务减免的因素，2006年发达国家对外发展援助仅下跌1.8%。

8. 大部分援助国没有达到联合国规定的援助标准

根据联合国1970年通过的《联合国第二个发展十年国际发展战略》，发达国家对发展中国家提供的官方发展援助净交付额应占其国民生产总值的0.7%，而大部分援助国没有达到这一标准。提供发展援助较多的经合组织成员国的平均援助水平，不但没有达到这个标准，反而离这一标准越来越远。经济合作与发展组织（OECD）提供的官方发展援助净交付额平均占国民生产总值的比例从1980年的0.35%下降到1993年的0.3%。援助大国中只有法国近10年来一直保持在0.6%~0.63%之间，接近联合国要求的标准。经合组织（OECD）2007年报告认为，美国提供发展援助的绝对金额虽然最多，2006年达到227亿美元，但如果按实际汇率计算，美国提供的发展援助额还是下跌了20%。统计数据显示，就对外发展援助占国民收入的比重而言，2006年英国占0.52%；法国、日本和美国分别仅占0.47%、0.25%和0.17%。⊖

9. 国际社会不断加大对发展问题的关注，援助力度不断加强

21世纪，国际社会不断加大对发展问题的关注，对发展中国家援助的力度也在不断加强。2000年联合国制定的"千年发展目标"，承诺在2015年之前将全球贫困人口比例降低一半。2002年3月，联合国与世界银行、国际货币基金组织、世界贸易组织共同合作，在墨西哥蒙特雷召开了发展筹资国际会议。会上，欧盟再次承诺其官方发展援助将达到国民生产总值的0.7%，并宣布于2006年前将该比例由当时的0.33%提高到0.39%，即由每年270亿欧元增加到350亿欧元。

经济合作与发展组织（OECD）2007年4月22日发表报告称：捐助国曾承诺，到2010年要使世界发展援助总额达到1300亿美元，并将对非洲的援助增加1倍。该报告认为，要完成这些目标，捐助国需要使援助金额增长速度超过所有政府公共开支的增长速度。近几年，发展援助金额的年均增长率只有5%，捐助国在2008—2010年间应该使其年均增长率达到11%。

⊖ 引自：商务部网站，www.mofcom.gov.cn。

10. 受援国加强了对援助项目的管理和评估

20世纪80年代以前，双边援助的管理与评估工作远远不如多边援助。进入20世纪80年代以后，援助国加强了同受援国就有关援建项目某些具体问题的联系与合作，并注重项目评估，有时甚至参与项目管理，以此来提高发展援助的效益。

国外发展援助机构在其支持的项目建成后，一般要对项目进行后评价。后评价的主要目的是总结项目选择和实施各环节中的经验和教训，评价贷款的援助效果和发展援助机构的作用，通过对外披露后评价报告，提高发展援助运作的透明度和可信度，扩大外部影响。根据1996年瑞典国际开发署和联合国开发计划署所做的援助研究报告，援助机构遇到的普遍难题是援助取得的成果主要依赖于受援国的努力。另根据德国复兴信贷银行（KFW）的报告，2002—2003年评价的127个项目中达到成功标准的项目有94个，金额占比78%。1998—2003年，成功率基本保持在70%以上。

四、国际发展援助新特点

2008年世界经济危机发生后，国际发展合作形势已然发生深刻变化。全球援助规模总体上涨，但发达国家的比重却呈现下降趋势。新兴经济体成为构建国际发展合作新格局的崭新力量，人道主义问题成为援助领域新的关注点，可持续发展目标推动发展问题成为全球热点议题。综合来看，国际发展援助在2008年后有四大新特点。

（一）国际发展合作格局正在发生变化

自2011年以来，全球援助规模总体呈增加趋势。经济合作与发展组织（OECD）于2016年11月公布的最新统计数据显示，2015年全球官方援助额达到历史峰值，共计2063亿美元，较2014年增长了12%。但是以发达国家为主导的国际援助格局已经发生结构性变化。

一方面，发达国家的援助规模持续增长，但占比下降。以发达国家为代表的OECD发展援助委员会（Development Assistance Committee，DAC）成员国依然是全球援助资金的最大来源，其官方发展援助（Official Development Assistance，ODA）总额以1314.33亿美元创历史新高，同比增长6.6%，ODA占国民总收入（GNI）的比例与2014年持平，为0.3%。美、英、德、日、法依然是全球最大的五个援助国，援助规模分别为309.86亿美元（美国）、185.45亿美元（英国）、179.40亿美元（德国）、92.03亿美元（日本）和90.39亿美元（法国）。仅六个国家ODA占GNI的比重达到了联合国设定的0.7%的援助要求，其中大部分为北欧国家，它们依次是瑞典（1.4%）、挪威（1.05%）、卢森堡（0.95%）、丹麦（0.85%）、荷兰（0.75%）和英国（0.7%）。

然而，从全球援助融资的构成要素中可以看出，以DAC为首的发达国家的援助额占比呈明显下降趋势。长期以来，全球近80%的援助资金都是来自发达国家，而2015年下降了9个百分点。如果不计入ODA以外的资金类型，发达国家的ODA占全球援助资金的比重一直维持在95%以上，这一比重在2013年开始下降，2015年已降至86%。相比全球援助额的增长趋势，发达国家ODA增长率放缓，葡萄牙（下降16.1%）、澳大利亚（下降11.1%）等6个DAC国家的援助甚至还有所下降。由此可见，发达国家虽然主导着全球发展援助的格局，但全球援助资金来源已趋向多元化，包括新兴经济体、私营部门、非政府组织等在内的非传统援助主体开始发挥越来越重要的作用。

另一方面，新兴经济体成为国际发展合作格局中的新力量。发展援助领域，以平等、互利、共赢为特点的南南合作越来越受到国际社会的广泛关注。这些南南合作提供国正在经历着从受援国到援助国的身份转型，大都兼具受援国和援助国的双重身份。从历史上看，发展中国家对外提供援助并非近些年才开始的新现象，中国、印度、巴西、俄罗斯、沙特阿拉伯等国的援助历史甚至可以追溯到20世纪五六十年代，但是南方国家作为非西方援助国的群体性兴起，构成对西方主导的传统援助格局的挑战还是近些年呈现的新特点。

据OECD不完全统计，2014年南方国家的援助规模约328亿美元，较2010年增长了近两倍，在全球援助总额中的比重从2010年的6%跃升至18%。受提高预算、债务减免、增加多边捐款和人道主义援助等因素的影响，2015年南方国家援助规模继续扩大。由于发展中国家的援助公开数据有限，目前所采集的数据中，沙特（69.8亿美元）、阿联酋（45亿美元）已跻身全球十大援助国行列，超过大多数DAC援助国，土耳其、中国、印度、卡塔尔、俄罗斯、墨西哥和巴西等国的援助规模也位居世界前列。

目前，越来越多的中等收入国家开始对外提供援助，如蒙古、印度尼西亚、泰国、尼日利亚、塔吉克斯坦、埃及等。随着援助规模的不断扩大，土耳其、巴西、墨西哥、泰国等国也成立了专门的援助机构，在机制上进一步完善了援助管理和南南合作方式。

（二）人道主义问题成为新关注点

当前，全球正在经历着第二次世界大战以来前所未有的人道主义危机，全球1.28亿人受到冲突、流离失所、自然灾害和气候变化等问题的影响。随着难民潮不断涌入、多国频繁遭受恐怖袭击，人道主义危机成为世界各国共同面临的问题。当前的人道主义已突破原有范畴，与减贫、可持续发展、气候变化、和平安全等议题相互交织、相互作用。而现行的国际人道主义体系是在25年前建立的，早已不适应当前的变化形势，国际人道主义体系重构成为全球议程的关键内容。2016年5月召开的首届世界人道主义峰会，第一次将人道主义作为专门议题放在全球范围内讨论，推动建立人道主义新议程。

人道主义和难民援助成为当前援助的关注点。有关数据显示，DAC成员国2015年ODA的主要增长源于欧洲和北美国家的难民援助，从2014年的66亿美元增长至120亿美元。人道主义援助成为继社会和经济基础设施之后的第二大援助领域，占比约为11.2%。尽管如此，人道主义资金依然存在巨大缺口。2016年人道主义需求从201亿美元上升至221亿美元，但仅有52%的资金需求得到满足，仍有107亿美元的资金缺口需要填补。而2017年这一数字继续上升到222亿美元，是联合国历史上最高额的人道主义募捐呼吁。

在这种形势下，2016年9月召开的第71届联大解决难民和移民大规模流动问题高级别会议和难民问题领导人峰会上，中国提出了有关难民援助的一系列"中国主张"，总共新增3亿美元人道主义援助资金，体现了大国担当。德国、英国等欧洲国家也通过提高援助预算，突出援助参与解决难民问题及人道主义危机的重要性。

（三）"可持续发展目标"使发展成为全球议题

2015年通过的联合国2030年议程设定了未来几年各国需要达到的可持续发展目标（SDGs）。SDGs比此前千年发展目标（MDGs）更加广泛，实现了两大超越：其一是超越了单纯的发展议题，把政治（和平与公正、解决不平等）、经济（增长、就业、基础设施）、社会（性别）、环境（气候、水资源、生物多样性）等议题与发展紧密相连；其二是超越了"发达国家"和"发展中国家"之间的界限，作为各国共同发展的总体目标，尝试解决国内和对外决策之间相互依赖、相互交织所带来的挑战。为此，各援助国不仅制定落实 SDGs 的国别方案，并相继制定出台了各自的对外援助政策，帮助发展中国家实现可持续发展目标从而成为援助的重点，SDGs 也因其议题的广泛性成为更多国际多边机制的重点探讨议题。

在 2016 年举办的二十国集团（G20）杭州峰会上，在主办国中国的推动下，峰会首次将发展议题提升到前所未有的核心地位，这是第一次在 G20 机制下把发展问题、发展中国家置于全球宏观政策协调的突出位置，尽管在具体问题上各方观点有所不同，但在促进南北方国家就发展问题交流、对话方面，可谓取得了突破性进展。

除此之外，2016 年 11 月 28 日至 12 月 1 日举办的有效发展合作全球伙伴关系（GPEDC）第二届高级别会议通过的《内罗毕成果文件》明确提出，将联合国 2030 年可持续发展议程作为全球伙伴关系的最重要目标。但值得注意的是，GPEDC 是 DAC 倡导推动的议程，实质上是对 DAC 倡导的"发展有效性"的延续，其合法性并未得到发展中国家的广泛认可。GPEDC 与联合国 2030 年议程等联合国渠道对接，其背后意图很可能是为更多的国家参与 GPEDC 提供一个合法性依据，对此要保持持续关注。

（四）援助资金渠道向发展融资扩充

目前，全球援助资金渠道已不仅仅局限在 ODA 范畴，随着南南合作和私营部门作用的不断加强，它们带来的非 ODA 资金极大弥补了旧有援助的资金缺口，为全球减贫、可持续发展发挥了积极作用，由此也引发了国际社会对超越 ODA 意义之上的发展融资的广泛关注和认同。

中国倡议的亚洲基础设施投资银行、金砖国家倡议的新开发银行等国际发展融资新机制开始涌现，打破了世界银行、国际货币基金组织、亚洲开发银行、欧洲复兴开发银行等金融机制的长期垄断局面，同时各大多边机制的联合融资也有效地迎合了发展中国家的庞大资金需求。2016 年亚投行共批准了 6 个贷款项目，项目资金总额 8.29 亿美元，一部分项目与亚行、世行等多边开发银行联合融资。

南南合作中，印度和中国尤其突出，通过优惠贷款和优惠出口买方信贷等融资方式，帮助其他发展中国家应对发展难题、刺激经济增长，这些做法曾经被西方传统援助国所指责，因为这不符合他们设定的援助标准。但是，西方援助国现在越来越认同这一方式，逐渐强化了 ODA 资金与更多元融资渠道的协同作用，力推公私合营伙伴关系（PPP）在发展援助领域的应用。DAC 于 2014 年推出官方可持续发展援助总量（TOSSD）的新概念，它包括向发展中国家和多边机构提供的，支持可持续发展的官方或由官方带动的所有资金的总和（即无偿援助、贷款、股权、担保、夹层融资等优惠的和非优惠的资金）。

第二节 联合国发展系统

一、联合国发展系统

联合国发展系统（United Nations Development System）是联合国向发展中国家提供发展援助的机构体系，亦称联合国援助系统（United Nations Assistance System）。该系统是一个非常庞大而又复杂的体系，拥有 30 多个组织和机构。这些组织和机构在世界各国或地区设有众多的办事机构或代表处。目前，直属联合国发展系统的主要组织和机构有：①经济及社会理事会（含 5 个区域委员会）；②开发计划署；③人口活动基金会；④儿童基金会；⑤技术合作促进发展部；⑥贸易与发展会议；⑦环境规划署；⑧粮食计划署等。

联合国发展系统还包括许多专门机构，它们是由各国政府通过签订协议成立的各种国际专业性组织。各专业组织根据自己的专业范围，承担执行联合国发展系统相应部门的发展援助项目。虽然这些组织本身具有自己的预算和各种机构，是独立的国际组织，但由于它们通过联合国经济及社会理事会的协调同联合国发展系统进行合作，并以执行机构的身份参加联合国的发展援助活动，故称为联合国发展系统的专门机构。目前，联合国有 16 个专门机构，它们是：国际劳工组织、联合国粮农组织、联合国教科文组织、世界卫生组织、国际货币基金组织、国际复兴开发银行、国际开发协会、国际金融公司、国际民用航空组织、万国邮政联盟、国际电信联盟、世界气象组织、国际海事组织、世界知识产权组织、国际农发基金、联合国工发组织。

联合国发展系统内的三大筹资机构是指开发计划署、人口活动基金会和儿童基金会。联合国发展系统的援款大部分是通过这三个机构发放的。

二、联合国发展系统援助实施程序

联合国发展系统所采用的主要援助方式是提供无偿的技术援助。联合国发展系统提供无偿技术援助的整个程序主要包括国别方案和国家间方案的制定、项目文件的编制、项目的实施、项目的评价及项目的后续活动等，这一程序又称项目的援助周期。到目前为止，某些程序在联合国发展系统内的各个组织和机构中尚未完全得到统一，现行的有关程序均以 1970 年联合国大会通过的第 2688 号决议为主要依据，并在此基础上根据项目实施的需要，加以引申和发展而成。

（一）制定国别方案和国家间方案

国别方案（Country Program）是受援国政府在联合国发展系统的有关组织或机构的协助下编制的，有关受援国政府与联合国发展系统的有关出资机构在一定时期和一定范围内开展经济技术合作的具体方案。国别方案的具体内容主要有：①受援国的国民经济发展规划；②需要联合国提供援助的具体部门和具体项目；③援助所要实现的经济和社会发展目标；④需要联合国对项目所做的投入。每一个接受联合国发展系统机构援助的国家都必须编制国别方案，但国别方案必须经联合国有关出资机构理事会的批准，经批准的国别方案成为受援国与联合国发展系统有关机构进行经济技术合作的依据。在联合国发展系统的多边援助中，国别方案所占有的援助资金比重最大。国家间方案（Inter country Program）亦称区域方案（Regional Program）或全球方案（Global Program）。它是联合国在分区域、区域间或全球的基础上对各个国家集团提供技术援助的具体方案。国家间方案的内容与国别方案的内容基本相同，但必须同各参加国优先发展的次序相吻合，并根据各国的实际需要来制定。国家间方案也须由联合国有关出资机构理事会的批准方能生效。根据规定，国家间方案至少应由两个以上的国家提出申请，联合国才考虑予以资助。国别方案和国家间方案均是一种含有许多项目的一揽子方案，其中的每一个具体方案须逐个履行审批手续。根据联合国的现行规定，40 万美元以上的项目须由出资机构的负责人批准；40 万美元以下的项目只需由出资机构负责人授权其派驻受援国的代表批准即可。

（二）编制项目文件

项目文件（Project Document）是受援国和联合国发展系统的有关机构为实施援助项目而编制的文件。项目文件的主要内容包括封面、项目文件的法律依据、项目及与此有关的具体情况以及项目的监督、审评报告、预算四部分。项目文件封面主要包括项目的名称、编号、期限、主要作用和次要作用、部门和分部门、实施机构、政府执行机构、预计开始时间、政府的投入、项目的简要说明等。项目文件内容的第一部分是项目文件的法律依据即编制项目文件所依据的有关法律条文或条款，该法律条文或条款通常包括受援国与联合国发展系统的有关机构之间签署的各种协议。项目文件内容的第二部分主要是说明项目及与此有关的具体情况，这一部分是项目文件的核心内容。它主要包括：项目的发展目标、项目的近期目标、其他目标、项目的活动、项目的产出、项目的风险、事前义务、后续援助等内容。项目文件是受援国政府、联合国发展系统的出资机构和执行机构执行或监督项目的依据。

（三）实施项目

实施项目指的是执行项目文件各项目内容的全部过程。这一过程主要包括以下几项工作：

（1）任命项目主任。项目主任是直接负责实施援助项目的组织者和责任者，项目主任一般由受援国政府主管业务的部门任命，并经政府协调部门和联合国发展系统有关机构的协商和认可。在通常情况下，国别方案下的项目主任由受援国当地人担任，国家间方案下的项目主任由国际人员担任。

（2）征聘专家和顾问。项目专家和顾问的征聘一般由受援国政府决定，但受援国政府必须在项目实施开始前的4个月提出征聘请求，并与联合国发展系统的有关机构协商和编写拟聘专家和顾问的报告。

（3）选派出国培训人员。为实施援助项目而需要出国培训的有关技术人员，主要以进修和考察两种形式进行选派，出国进修和考察的具体人选均由受援国政府推荐，经联合国发展系统的有关执行机构对其业务和外语水平审查批准后方可。

（4）购置实施项目所需要的设备。根据联合国的规定，联合国发展系统出资机构提供的援助资金只能用于购买在受援国采购不到的设备或需用国际可兑换货币付款的设备，价格在2万美元以上的设备应通过国际竞争性招标采购，价格在2万美元以下或某些特殊的设备可以直接采购，购置实施项目所需要设备的种类和规模需经联合国发展系统出资机构审核批准。

（四）评价项目

评价项目是指对正在进行中的或已完成的项目的实施、结果、实际的或可能的功效等做出客观和实事求是的评价。评价项目的目的在于尽可能客观地对项目的实施和功效做出论证。项目的评价工作主要包括对项目准备的审查、对项目申请的评估、对各项业务活动的监督和对项目各项成果的评价。其中对各项业务活动的监督和对项目各项成果的评价最为重要。对各项业务活动的监督又称进行中的评价，它主要通过两种方式进行。一种方式是三方审评，即由受援国政府、联合国发展系统的出资机构和执行机构三方，每隔半年或一年举行一次审评会议，审评项目的执行情况、财务情况、项目的近期目标和活动计划。三方审评的目的是找出项目实施中的问题，研究解决方法，调整和制定下一阶段的工作计划，三方审评会议一般在项目的施工现场举行。另一种方式是年度审评，它是在三方审评的基础上，由受援国政府同联合国发展系统的出资机构一起对项目总的执行情况所进行的一年一度的审评。

(五) 项目的后续活动

项目的后续活动（Follow-up Action of Project）亦称项目的后续援助（Follow-up Assistance of Project）。它是指联合国发展系统的技术援助项目按照原订的实施计划完成了各项近期目标之后，由联合国发展系统的有关机构、受援国政府、其他国家政府或其他多边机构继续对项目采取的援助活动。项目的后续活动一般可分为三种类型：

(1) 在联合国发展系统的有关机构提供的技术援助项目实现了近期目标之后，为了达到远期发展目标，由联合国发展系统的有关机构对该项目继续提供技术援助。这种形式的后续活动被联合国称为第二期或第三期援助。

(2) 在联合国发展系统对某一项目提供的技术援助结束之后，由其他国家政府或其他多边机构对该项目或与该项目有直接关系的项目，以投资、信贷或合资等形式提供的援助，这种形式的后续援助大多属于资本援助。

(3) 在联合国发展系统对某一项目提供的技术援助结束之后，由受援国政府根据项目的实际需要，继续对该项目或与该项目有直接关系的项目进行投资，以扩充项目的规模，增加项目的效用。

项目的后续活动实际上是巩固援助项目成果的一种手段。

第三节 世界银行贷款

除联合国发展系统外，国际上从事向发展中国家提供发展援助的金融机构主要是世界银行集团，它共包括5个机构，即1945年设立的国际复兴开发银行、1956年设立的国际金融公司、1960年设立的国际开发协会、1965年设立的解决投资争端国际中心和1988年设立的多边投资担保机构。其中，国际复兴开发银行、国际开发协会和国际金融公司属于援助性的国际金融机构，它们向发展中国家提供援助的主要形式是给予优惠贷款，并以帮助发展中国家提高生活水平为共同目标。世界银行集团是目前世界上最大的开发性和援助性国际金融机构。

一、世界银行贷款的对象

世界银行的主要目的是通过向成员国中的发展中国家提供资金和技术援助来帮助其提高生产力，以促进发展中国家的经济发展和社会进步，并维持国际贸易长期均衡的增长及国际收支的平衡。其中，国际复兴开发银行的主要任务是以低于国际金融市场的利率向发展中国家提供中长期贷款，国际开发协会专门从事向低收入的发展中国家提供长期无息贷款，国际金融公司则负责向发展中国家的私营部门提供贷款或直接参股投资。

世界银行的主要业务是对发展中国家政府或由政府担保的私人企业提供贷款和技术援助。世界银行的贷款条件非常严格，贷款对象仅限于会员国的政府、政府机构或国营和私营企业。在通常情况下，只贷给那些确实不能以合理的条件从其他途径得到资金的会员国，并且要求借款国必须有足够的偿还能力。贷款到期后必须足额偿还，不得延期，除了借款人是会员国政府本身之外，会员国内的公、私机构向世界银行借款时，都必须由会员国政府、会员国的中央银行或其他世界银行所认可的机构担保，保证其能够偿还贷款的本金、利息及其他各种因借款而应付的费用。

原则上,世界银行只对会员国的特定建设项目发放贷款。贷款项目建设单位的确定,必须按照世界银行的采购指南实行公开竞争性招标、公正评标并报经世界银行审查。除了特殊情况之外,贷款只用于世界银行批准的特定项目上。另外,申请世界银行的贷款项目在经济上和技术上都必须是可行的,并且对该国的经济发展来说也应是优先发展的项目,在执行过程中也必须接受世界银行的监督和检查。世界银行一般只提供该贷款项目所需资金总额的20%~50%,其余部分由借款国自己准备。

二、世界银行贷款的特点

世界银行是具有开发援助性的国际金融机构,其主要对象是发展中国家。因此,世界银行向发展中国家提供的开发援助性贷款具有以下特点:

1. 贷款期限较长

国际复兴开发银行的贷款期限一般为15~20年,其中含5年的宽限期;国际开发协会的贷款称为信贷(Credit),也称为软贷款,期限平均为38.3年,其中含10年的宽限期。世界银行按人均收入将发展中国家分为3档,以决定其贷款期限的长短。人均收入520美元以下的为低收入国家,贷款期限20年,宽限期4~4.5年;人均收入520~1075美元的为中等收入国家,贷款期限17年,宽限期4年;人均收入1075美元以上的为较高收入国家,贷款期限15年,宽限期3年。

2. 贷款实行浮动利率

世界银行自20世纪80年代以来,实行浮动利率,贷款利率随着金融市场行情的变化每季度调整一次,基本上是按世界银行在国际资本市场筹措贷款资本的成本加利息计算。由于贷款是分批提供的,所以世界银行只对已提取的贷款部分收取利息。对贷款协议签订60天后还未提取的贷款余额收取年率为0.75%的承诺费。国际开发协会的贷款虽免收利息,但征收年率为0.75%的手续费,手续费按已拨付未偿还的贷款余额计收。

3. 贷款的还本付息实行"货币总库制"

从1980年开始,世界银行对国际复兴开发银行的贷款还本付息实行"货币总库制"。这一制度大体上类似特别提款权初期所采用的一揽子货币办法。每笔贷款,无论其支付的是哪一种货币,都要分摊世界银行所有贷款所支付的多种货币的汇兑风险;也就是说,这种汇兑风险要在所有借款人之间均摊。

4. 申请世界银行贷款所需时间较长

申请世界银行贷款要遵循严格的程序,并接受世界银行的严格审查和监督。一般说来,世界银行首先要对申请借款国的经济结构现状和前景进行调查,以便确定贷款项目。然后派出专家小组对确定的项目进行项目评估。最后才举行谈判,并签署借款协议、担保协议等有关法律文件。从贷款项目的选定、准备、评估到贷款协议的正式签订一般需要1年半或2年的时间。

三、世界银行贷款的实施程序

世界银行贷款的发放需要经过项目的选定、项目的准备、项目的评估、项目的谈判、项目的执行和项目的总结评价六个程序。这六个程序也被称为项目周期。

(一) 项目的选定

项目的选定是指由借款国选定一些符合本国经济和社会发展需要并符合世界银行贷款政策的项目，提供给世界银行进行筛选。作为项目周期的第一阶段，项目的选定至关重要，能否从借款国众多的项目中选出可行的项目，直接关系到世界银行贷款业务的成败，因此世界银行对项目的选定工作历来非常重视。世界银行对项目的选定主要采取以下几种方式：①与借款国开展各方面的经济调研工作；②制定贷款原则，明确贷款方向；③与借款国商讨贷款计划；④派出项目鉴定团。借款国选定项目以后，编制"项目的选定简报"，然后将"项目的选定简报"送交世界银行进行筛选。经世界银行筛选后的项目将被列入世界银行的贷款计划，成为拟议中的项目。

(二) 项目的准备

在世界银行与借款国进行项目鉴定并共同选定贷款项目之后，项目进入准备阶段。项目准备工作的主要内容是借款国对经世界银行筛选过的项目进行可行性研究。项目的可行性研究一般由借款国独立完成，世界银行会派出由各方面专家组成的代表团提供资金和技术援助，与借款国一起正式开展对项目利用贷款的准备工作，为下一阶段的可行性分析和评估打下基础。项目准备工作时间的长短取决于项目的性质和借款国有关人员的工作经验和能力，一般需要 1~2 年。

(三) 项目的评估

项目准备完成之后，即进入评估阶段。项目评估基本上由世界银行来完成。世界银行评估项目主要就技术、经济、财务、机构、社会和环境五个方面，对筛选过的项目进行详细审查、分析、论证和决策。它实际上是对项目可行性研究报告的各种论据进行再分析、再评价、再论证，并做出最后决策。如果世界银行认为申请贷款的项目符合世界银行的贷款条件，就提出两份报告书，其中先提出一份项目可行性研究的"绿皮报告书"，随后再提出一份同意为该项目提供贷款的通知书，即"灰皮报告书"。

(四) 项目的谈判

世界银行在经过项目评估并提出上述两份报告之后，一般先由世界银行和借款国双方商定谈判时间，然后再由世界银行邀请借款国派出代表团到华盛顿进行谈判。双方一般就贷款协议和项目协定两个法律文件的条款进行确认，并就有关技术问题展开讨论，主要包括项目的贷款金额、期限、偿还方式以及为保证项目的顺利执行所应采取的具体措施等内容。项目的谈判大约需要 10~14 天。谈判结束后，借款国和项目受益人要对谈判达成的贷款协议和项目协定进行正式确认。之后，借贷双方共同签署贷款协议，再由借款国的财政部代表借款国政府与世界银行签署担保协议。在此基础上，世界银行管理部门根据贷款计划，将所谈项目提交世界银行执行董事会批准。项目获批准后，世界银行和借款国在贷款协议上正式签字。贷款协议经正式签字后，借款国方面就可根据贷款生效所需条件办理有关的法律证明手续，并将生效所需的法律文件送世界银行进行登记注册。如果手续齐备，世界银行宣布贷款协议正式生效，项目即进入执行阶段。

(五) 项目的执行

项目的执行一般由借款国负责，但世界银行要对项目的执行情况进行监督，项目执行必须是在贷款项目完成了法定的批准手续之后进行。项目执行主要包括两方面内容：一方面是配备技术和管理等方面的专家，并制定项目的实施技术和时间表；另一方面是组织项目建设的招标工作，按世界银行的规定，投标者除瑞士之外，必须是国际复兴开发银行和国际开发协会的会员国，如果投标者是来自借款国的企业，还可以给予10%~15%的优惠。

(六) 项目的总结评价

项目的总结评价是世界银行对其提供贷款项目所要达到的目标、效益和存在的问题所进行的全面总结。通过对完工项目执行清款来进行回顾，总结项目前几个周期过程中得出的经验和教训，评价项目预期受益的实现程度。对项目的总结评价一般在世界银行对项目贷款全部发放完毕后1年左右进行。在对项目进行总结评价之前，一般先由项目的银行主管人员准备一份项目的完成报告，然后再由世界银行的业务评议局根据项目的完成报告对项目的成果进行全面的总结评价。

第四节 主要发达国家的对外发展援助

一、美国对外发展援助

美国是世界上最早提供对外援助的国家，也是世界上最大的官方发展援助（ODA）提供国。全球ODA中有1/4由美国提供，接近30%双边援助来自美国。美国提供对外援助的方式和目的对国际发展援助架构的影响远远超过了这些数据本身。作为世界上的超级大国，美国对世界上其他主要援助提供国的决策和援助分配流向都会产生深刻影响。根据美国国际开发署公布的对外援助数据（USAID's Foreign Aid Explorer），美国2016年承诺提供对外援助总额为490亿美元，涵盖13000个项目和217个国家和地区。其中经济援助约为340亿美元；军事援助约为150亿美元，占总援助额的31%。2016年实际支出的130亿美元的军事援助几乎全部为美国国防部执行。早在"二战"初期，美国就曾利用其在"二战"中取得的政治、经济和军事上的优势，谋求通过双边援助来发展同其他国家的政治经济关系。1945年12月，美国与英国签署了财政协定，以英国支持布雷顿森林协定和建立国际货币基金组织为条件，给英国提供37.56亿美元的优惠贷款。1947—1952年期间，美国又通过"马歇尔计划"向西欧各国提供了131.5亿美元的援助。1949年以后，美国通过"第四点计划"将援助的范围扩大到亚洲和非洲的发展中国家。

"二战"结束后，美国一直是世界上头号的援助大国，尤其是20世纪70年代之前，美国每年提供的发展援助数量比发展援助委员会其他成员国提供的援助数量的总和还要多。进入20世纪90年代后，美国对发展中国家的援助大幅度减少。1989年美国提供的官方发展援助额首次居日本之后降为第2位，1990年加上对发展中国家的债务减免才恢复到第1位。1991—1999年，美国多数年份的官方发展援助额处于第2位。但是，美国的对外发展援助数量的增加与其经济实力的增长是极不相称的，尤其是20世纪60年代以来，发展援助与经济实力相比有负增长的趋势。1965年美国提供的官方发展援助净交付额占其国民生产总值的0.58%；到1970年、1975年、1980年、1985年却分别降至0.32%、0.27%、0.24%和0.24%；1989年降至最低点0.15%；1990—1999年一直保持在0.2%~0.25%之间。2002年美国提供的对外发展援助仅占其国内生产总值的0.1%，2003年为0.15%，不但低于联合国规定的0.7%的标准，而且是发展援助委员会成员国中提供官方发展援助净交付额占国民生产总值比例最低的国家。2004年对外发展援助的额度为274亿美元，有了大幅增加，增幅11.6%，但大部分是用到了援助伊拉克重建上。

截至2017年，美国仅将其国民总收入的0.18%用于发展援助，不仅钱的数量不够，而且质量也不够。对各国向受援国提供的数据的机构测量表明，美国在使用效率、透明度、在受援国建立机构以及减轻其政府负担方面的表现低于平均水平。

根据美国国际开发署官方数据库，美国对外援助主要流入以下领域：冲突、和平与安全，艾滋病防治，紧急援助，政府和公民社会，业务费，基本健康，环境保护，农业和基本教育。与军事援助的重要地位一致，冲突、和平与安全一直是美国对外援助支出最大的领域。2016年，450亿美元的实际援助支出中有132亿美元用于该领域，占比高达29%。美国对外援助官方网站公布的数据表述方式与开发署稍有不同，将美国对外援助涵盖领域分为和平与安全，民主、人权和治理，健康，教育和社会服务，经济发展，环境，人道主义援助，项目管理和多部门八部分。该网站最近更新的2019年对外援助预算表明和平与安全仍然为预算最高的领域，占总援助预算的28%；其次为健康和人道主义援助，分别为26%和23%；而经济发展援助仅为7%。

美国2018年的安全援助预算超过170亿美元，预期流向141个国家和地区，共包括22个项目。接受美国军事援助最多的国家为阿富汗，总援助数额超过50亿美元，后面依次为以色列、伊拉克、埃及、叙利亚和约旦。

经济援助与其军事援助流向国家具有高度一致性。美国的经济援助大部分流向了其战略同盟国。2017年，接受美国经济发展援助最多的前10位国家为：阿富汗、约旦、肯尼亚、尼日利亚、坦桑尼亚、埃塞俄比亚、乌干达、巴基斯坦、赞比亚和莫桑比克。如果将安全援助计算进去，排名第一位的是阿富汗，第二位的是以色列，之后是埃及、伊拉克、约旦和巴基斯坦。其中，以色列接受的全部为军事援助，总额为31亿美元。根据美国2018年对外援助预算方案，接受美国对外援助前10位的国家为以色列、埃及、约旦、阿富汗、肯尼亚、坦桑尼亚、乌干达、赞比亚、尼日利亚和伊拉克。根据2019年最新政府援助预算，当年接受美国对外援助预算的前10位国家排名基本没有变化，只有南非代替伊拉克，位列第7名，乌干达、赞比亚、尼日利亚依次后退到第8~10名。根据OECD2017年发展合作报告，2014年和2015年两年的平均数据表明：接受美国ODA（OECD标准计算）的前10位国家为阿富汗、约旦、巴基斯坦、肯尼亚、埃塞俄比亚、南苏丹、叙利亚、刚果金、尼日利亚和坦桑尼亚。2015年，只有33.5%的美国双边援助流向最不发达国家，占其国民总收入的0.06%。

美国的官方发展援助大部分为双边援助。根据OECD2017年发展合作报告，2015年美国ODA的86.4%为双边援助，13.7%为多边援助，低于DAC国家26.2%的平均水平。其中，项目形式干预（Project-type Interventions）占美国双边援助的85%，只有3%为直接预算支持。人道主义和食品援助为双边援助的25%。在2015年，美国48.4%的双边援助用来支持社会基础设施和服务，19.3%用于支持性别平等和妇女赋权（约为52亿美元）；10.4%双边援助用来支持环境（约28亿美元），另外有专门3.5%用于气候变化（约9.4亿美元）。从中可以看出，特朗普时期美国对外援助政策的变化。

二、日本对外发展援助

日本虽然是"二战"中的战败国，从经济起飞到跨入发达国家的行列也只有20多年，但是其国民生产总值在1966年超过法国，1967年超过英国，1968年超过联邦德国。日本的对外发展援助额也随其经济的发展不断增加。日本从20世纪60年代开始对外提供援助，1965年日本的对外发展援助总额仅为2.44亿美元，在美国、法国、英国和联邦德国之后居第5位；1975年为11.48亿美元，超过英国位居第4位；1985年为37.97亿美元，超过联邦德国跃居第3位；1986年为56.34亿美元，进而成为世界第二援助大国；1989年以84.94亿美元首次超过美国成为世界第一援助大国。从此以后，除个别年份外，日本的对外发展援助数量基本上位居世界之首。1991—1999年，日本的对外官方发展援助净交付额虽然都在100亿美元以上，但其占国民生产总值的比例仍然没有达到联合国所规定的0.7%的标准，一直徘徊在0.29%～0.32%之间，低于发展援助委员会成员国的平均水平。自2001年日元对美元贬值以来，日本对外发展援助退居欧盟和美国之后。

日本从事对外发展援助的主要机构是1961年设立的海外经济协力基金，自2003年10月1日起，改名为国际协力机构，直属经济企划厅领导，负责具体实施日本的对外发展援助。该基金的宗旨是：为东南亚和其他发展中国家和地区开发产业和稳定经济提供援助，在其所需要的资金难以从日本输出入银行和普通金融机构借入时，向其提供必要的资金。在实践上，国际协力机构通过接受发展中国家和地区技术人员到日本接受研修、向发展中国家派遣技术人员、提供资金和技术援助等方式，来促进海外经济合作。日本对外发展援助的方向和规模由经济企划厅、外务省、大藏省、通产省等共同协商。国际协力事业团和日本输出入银行也是负责日本对外发展援助的执行机构，前者主要负责技术援助，后者主要负责发放优惠性贷款。

日本对外提供发展援助主要包括赠款、贷款和技术援助等形式。赠款通常只向最不发达的发展中国家提供，用于帮助它们提高农业生产能力；同时也向发展中国家的教育、渔业和救灾等提供。贷款分两类。一类是直接贷款，由日本政府直接向发展中国家政府贷款；另一类是一般性贷款和投资，向日本本国企业提供贷款和投资，以支持日本私人企业在海外从事开发和投资活动。其中直接贷款又分为：用于购买项目所需设备、材料和劳务的项目贷款；开发项目购置设备的设备贷款；通过受援国开发金融机构向受援国某项目提供资金的两步贷款；为项目设计、标书编写、咨询服务提供的工程服务贷款；支持项目当地费用的当地费用贷款；为项目建设的超支部分或维修已建成项目提供补充资金的补充资金贷款。日本提供的技术援助主要包括接受培训受援国的技术人员、派遣专家和技术人员到受援国进行技术指导及科研合作、向受援国提供设备和仪器等。

日本政府贷款的期限一般为15～30年，宽限期为5～10年，贷款的利率一般在2.5%以下，贷款的赠予成分平均在60%左右。日本发放政府贷款的限制性采购部分目前为25%左右，并且在发放政府贷款时要求受援国必须通过国际竞争性招标方式向所有合格货源国的合格供货厂商或承包商购买商品和劳务，对于有些非限制性采购贷款，日本政府要求受援国在经合组织成员国范围内购买商品和劳务。

亚洲是日本主要的援助对象，日本每年大约将2/3以上的援款用于援助亚洲国家，尤其是东南亚国家。日本从1966年开始向非洲国家提供援助，几乎遍布所有非洲国家。近年来，日本增加了对撒哈拉以南非洲的援助。日本的发展援助主要集中在电力、天然气和运输部门，向这三个部门发放的援款大约占其对外援助总额的50%以上；其次是农业和采矿业。日本很少对发展中国家的教育、卫生和计划生育等部门提供援助。

"冷战"时期，应付来自美国的"分担责任"的压力和综合安全保障问题，几乎占据了日本对外发展援助政策政治层面的全部内容，受援国的内政问题一般是不会影响其发展援助政策的。但随着海湾战争的爆发，日本政府认为：在"冷战"后建立新秩序的过程中，所爆发的类似海湾战争这样的地区冲突，是由于发展中国家军事力量过于强大而引起的，这给世界和平带来了威胁。基于此，日本对外发展援助史上第一部具有法律效力的《官方发展援助大纲》被顺利通过。该大纲确定了"冷战"后日本实施官方发展援助的四原则：①兼顾环境与开发；②避免军事上的用途及助长国际争端；③在维持国际和平与稳定的同时，从发展中国家应优先把本国资源用于自身经济建设的观点出发，密切注意发展中国家的军事开支、开发和研制大规模杀伤性武器以及武器输出入等动向；④密切注意发展中国家在促进民主化、引进市场经济以及基本人权保障等方面的动向。从上述内容可以看出，对于如何运用官方发展援助四原则，日本政府"要考虑到受援国所处的安全保障环境、经济、社会背景等具体情况加以综合运用"，同时指出，如果出现了在国际社会看来属于持续过分的"军事支出"、明显的"民主逆行"、重大的"人权侵犯"等情况，则有必要修正对有关国家的援助政策。

2015 年是日本自 1955 年首次实际提供对外援助 60 周年。经过对其过往 ODA 历史的回顾和反思，日本政府于 2015 年提出了新的 ODA 大纲，并命名为《开发合作大纲》，与之前版本的名字《政府开发援助大纲》相比，名字里既少了"政府"二字又将"援助"改为了"合作"，从中也可窥测出新时期日本对外援助的理念。概言之，与之前的两大时期相比，这一时期日本对外援助最大的特点是，旗帜鲜明地提出了自己不同于欧美对外援助价值观的独特理念，展示出一系列新特点。

第一，日本树立了自身对外援助能力和理念的自信，并意图推广自己的理念并发挥领导作用。在新的 ODA 大纲里，日本政府开篇不久即指出"日本多年扎实的（为实现世界和平与繁荣的对外援助的）努力赢得了国际社会的尊重与信心，国际社会也期待日本更进一步发挥与其国家实力相符的更积极主动的作用以促进国际社会的和平、稳定与繁荣"。并强调日本将承担一个"负责任的大国"的责任和义务。可以说，在日本政府自己的认知和阐述里，日本已经基本完成了上一时期的目标并成长为一个政治上有影响力的大国。事实上，日本不仅对自己的政治地位有了足够的自信，也对自己的"软实力"有了更大的自信。日本认为，其自身成长为发达国家的经历及独特的价值观与文化也被国际社会广泛认可，并考虑将包括语言在内的日本"软文化"加入到对外援助的努力中去。此外，日本还提出将推动"日本自身的政策进入国际对外援助的理念与未来发展趋势中去"，甚至进一步"在国际组织和整个国际社会中发挥领导作用并塑造国际规范"。

第二，日本明确肯定对外援助对日本国家利益的作用，并从国家利益的角度规划对外援助。日本政府明确提出，对外援助是保障日本国家利益的重要组成部分。尽管国家利益一直是日本政府考虑对外援助政策的重要标准，但这是日本政府第一次在官方正式文件，尤其是日本政府关于对外援助的纲领性文件上明确提出这一观点。日本政府甚至还提出了 ODA 是"对未来的投资"的说法。

第三，日本打破对外援助的传统惯例，尝试新的实践。首先，日本政府将以政府的 ODA 为杠杆，充分调动受援国地方政府、私营部门和非政府组织等各个层次，以及各个部门的多方资源共同协力服务发展的目标。其次，尽管东南亚地区依然是日本援助的重点，但是在表述上，日本淡化了对东南亚地区的强调，而更加突出对外援助的全球视野。再次，尽管按照国际惯例，一旦受援国发展成"中等收入国家"，国际社会对它们的援助也将终止，然而日本并没有遵守这种惯例。然后，日本强调了对区域发展的重视，打破了援助只针对具体国家的局限。日本提出对外援助将关注那些跨国境的、区域整体的事务。最后，也是最为引人注目的一点，尽管日本仍然声称 ODA 只服务于非军事目的，但在新的 ODA 大纲中，日本也指明，如果受援国的军队是服务于非军事目标，日本政府也可以酌情对军队给予援助。这些对新实践的尝试，一方面暗示了日本对外援助未来的发展方向，另一方面也展示了日本对自身援助理念的充分自信，自信有能力独立主张，不再一味视欧美标准的对外援助为国际惯例。

第四，日本重新重视传统的所谓"日本模式"的重要作用。正如日本将 ODA 大纲中的"援助"重新改为"合作"所暗示的那样，日本将自己从一个援助的单向提供者的角色变成了从援助中获得双赢的一方。事实上，日本在新 ODA 大纲中也提出了与受援国"共同发展"的理念。日本再次提出了融合"援助—投资—贸易"的"日本模式"。通过软硬件基础设施的投资来改善当地的投资环境，进而通过政府与社会资本的合作，大力推动私营部门的发展，实现私营部门领导的经济发展，促进投资与贸易的扩大，从而同时推动受援国与日本经济的共同发展。在日本对外援助开始的初期，"日本模式"大大促进了日本经济的发展，但也在国际社会上引来了对日本援助低质量的广泛批评。而在日本极力提高其政治影响力时，逐渐淡化了对外援助的经济目标，开始更加强调高质量的对外援助。在当前情形下，尤其是经济长期低迷又面临老龄化等问题，日本开始重新重视对外援助的经济目标，也带来了"日本模式"的再次复苏。

三、欧盟对外发展援助

自 1957 年欧共体（欧盟的前身）签署了《罗马条约》后，欧盟的对外发展援助政策也由此开始，其对外发展援助政策不断完善，受援国家也从刚开始的 25 个"海外国家和领地"（即欧洲国家的殖民地）发展到了目前涵盖世界各大洲的 150 多个国家和地区，援助项目不断扩展，援助金额也不断发展到了 2009 年的 490 亿欧元，占到了全球援助总额的一半，欧盟国民收入的 0.42%，而到了 2012 年，根据 2013 年欧盟发展和对外援助政策年度报告，援助金额达到了 552 亿欧元，对外援助总额达到了 138 亿欧元。总之，欧盟已经在国际对外发展援助上占据了非常重要的地位，其作为世界上最大的对外援助方，发展援助主要分为三大方向，即发展合作援助、人道主义援助和入盟候选国援助。

欧盟对外发展援助的发展历程可分为四个阶段，即欧盟对外发展援助的成立阶段（1957 年—20 世纪 70 年代），欧盟对外发展援助的发展阶段（20 世纪 70 年代—"冷战"结束），冷战后的欧盟对外发展援助（"冷战"结束—2008 年），金融危机背景下的欧盟对外援助（2009 年至今）。

1. 欧盟对外发展援助的成立阶段（1957 年—20 世纪 70 年代）

在 1957 年欧盟的前身欧共体签署的《罗马条约》中，条约的第四部分，即"海外国家、领地与共同体的联系"这一部分规定，"各成员国同意与那些与比利时、法国、意大利、荷兰、联合王国和丹麦保持有特殊关系的非欧洲国家及领地与共同体建立联系"。根据这一规定以及随后的附件，将欧共体以及与其有"特殊关系"（即有殖民联系）的非欧洲国家建立了"联系制度"，欧共体成员国根据此制度建立了总额约为 5.8 亿美元的基金（"海外国家和领地发展基金"），以此对联系国进行援助。这就是欧盟对外发展援助的最初形式。

这一时期的援助资金不仅金额小，受援的联系国数量少，而且援助项目也仅仅集中在基础设施的修建这一方面。欧共体最初成立的这一联系制度出于历史的考虑。"联系制度"的受众国主要在非洲，都是法国、比利时等国的殖民地，为了能够在战后更好地控制殖民地，防止二战后风起云涌的民族独立运动对欧洲宗主国的统治造成威胁，这些宗主国家经过协商，出台这项政策以更好地在当地维护自己的统治，保护自己的经济利益和政治利益。

到了 20 世纪 60 年代，随着非洲民族解放运动的蓬勃发展，殖民地的宗主国已难以维系自己的统治，随着广大"联系制度"的殖民地国家独立，"联系制度"已经不适合当时的环境，为此，1963 年 7 月，欧共体成员国与当时 18 个独立的非洲国家签署了《雅温得协定》。该协定规定了原先的"海外国家和领地发展基金"被"欧洲发展基金"取代，此基金一直延续到现在，是欧盟对外援助的一个重要渠道。由于 1963 年的《雅温得协定》期限只有 5 年，因此到了 1969 年，又签署了第二个《雅温得协定》，以此来进行对外发展援助。

但在这一阶段，欧共体的对外发展援助政策目标一直是在非洲，受援国家依然是与其或曾经与其有殖民联系的国家，且援助金额低，范围少。

2. 欧盟对外发展援助的发展阶段（20 世纪 70 年代—冷战结束）

到了 20 世纪 70 年代，通过四个《洛美协定》的签订，欧盟对外发展援助在援助范围和金额上大幅度增加。更重要的是，四个《洛美协定》是当时欧洲国家和发展中国家在平等的原则下建立起来的互惠关系，"是共同体国家和非加太国家集团⊖为克服不合理的国际经济秩序，建立南北间平等合作新关系的有益尝试"。

这四个《洛美协定》分别于 1975 年、1980 年、1985 年和 1990 年签署，期限各为 5 年。在这四个《洛美协定》的签署中，参与国不断增加，援助金额也不断扩大。在第一个《洛美协定》中，欧共体参与国有 9 个，而非加太国家集团的参与国数量是 46 个，援助金额也只有 34.6 亿埃居⊖。到了 1990 年签署第四个《洛美协定》时，欧共体参与国已经增加到了 12 个，而非加太国家集团更是增加到了 69 个，援助金额提高到了 120 多亿埃居，增加了近 4 倍。前后四期欧共体国家总共向非加太国家集团提供了 400 多亿埃居的援助金额。欧盟还在《洛美框架》外与其他发展中国家开展贸易合作并提供各种援助，其中包括地中海国家中东、亚洲、拉丁美洲以及中东欧国家。

《洛美协定》是欧洲发展援助的主要框架，它最主要的特点就是将贸易和援助结合在一起。第一，在贸易合作上，欧共体给予非加太国家单向的最惠国待遇，使得非加太国家集团能够免除 95% 的关税出口商品。第二，欧共体通过欧洲发展基金和欧洲投资银行的信贷来向非加太国家集团进行财政援助。第三，从第一个《洛美协定》开始，欧共体就通过建立稳定出口收入体制这一补偿性措施以援助发展中国家。第四，在第二个《洛美协定》中，设立了矿产品特别基金，以维持发展中国家的采矿业。第五，《洛美协定》设立了联席部长理事会、联席大使委员会以及联合咨询委员会三个机构来监督协定的执行，完善援助机制。

《洛美协定》将原来的"联系国制度"完全取消，平等地与发展中国家合作，不在政治上干预受援国家，开创了欧共体国家新的援助机制——"贸易—援助"机制。随着参与国

⊖ 非洲、加勒比和太平洋地区发展中国家的国际经济组织，简称非加太国家集团。

⊖ 埃居，欧洲货币单位的简称，在欧元诞生之后，埃居自动以 1∶1 的汇价折成欧元。

不断增多，《洛美协定》的重要性也日趋凸显。但是这一时期的欧盟对外发展援助政策对除非加太国家集团的援助仍然很少，但相比之前，欧共体的对外发展援助仍然得到了极大的发展。

3. "冷战"结束后的欧盟对外发展援助（冷战结束—2008年）

20世纪90年代，国际体系发生了巨大的变化，随着苏联的解体、"冷战"的结束，曾经持续数十年的两极格局瓦解，而欧共体也在1993年的《马斯特里赫特条约》生效后正式转变为欧盟。为了适应新的国际环境，欧盟的对外发展援助政策也进行了重大的调整。在援助区域上，欧盟不仅保持原有对非加太国家集团的重视，还不断扩展自己的援助区域，加大了对中东欧、亚洲等地区的关注程度。

中东欧地区是20世纪90年代后期才开始的援助地区，1991年欧共体启动了"法尔计划"，加强了对中东欧地区的援助政策，到了1991年，确立了对独联体国家的"塔希斯计划"，该计划主要包括能源、交通、环保、边界管理和禁毒五大部分，从2007年开始，该计划被"发展与合作政策工具"所替代。两个计划的目的主要是出于支持中东欧地区以及独联体国家的体制转型以及欧盟东扩的考虑，从有利于欧洲地区的安全和稳定出发。

在对亚洲和拉丁美洲的援助上，从20世纪90年代开始，这两个地区逐渐被欧盟所关注。1994年，欧盟委员会提出了"走向亚洲新战略"，指导了欧盟对亚洲的对外援助。在随后的数年中，援助金额不断增加。在对拉丁美洲的援助上，1995年、1999年和2005年欧盟分别发表了三篇通讯录，阐述了发展框架，欧盟在这一时期也成为拉丁美洲最大的援助方。

在对地中海地区的援助中，欧盟1990年提出了"新地中海政策"，1995年发表了《巴塞罗那宣言》，而到了1997年，欧盟开始取消对地中海地区的议定书形式，在欧盟的预算中单独辟出一栏用于对这一地区的发展援助。因为地中海地区与欧盟国家毗邻，在安全和经济方面对欧盟具有重大意义，所以在欧盟对外发展援助的等级中，地中海地区仅次于非加太国家集团，而大大优先于亚洲和拉丁美洲地区。

在对非加太国家集团的援助中，在之前的《洛美协定》后，2000年2月3日，欧盟15个成员国与非加太国家集团77个国家签署了《科托努协定》，取代了《洛美协定》成为欧盟与非加太国家集团发展合作关系的新机制。该协定一个非常重要的方面就是，将逐步取消欧盟单方面的贸易优惠，双方向着自由贸易过渡。总共给出了8年的过渡期，在这期间，欧盟向非加太国家集团提供援助。

在这一时期，欧盟在援助的标准、动机上都发生了改变，"冷战"结束后，欧盟的对外援助则表现出较强的主动性与主导性，援助的动机超越了贸易利益和双边关系，带有浓厚的政治色彩，援助政策从单纯的经济维度扩展到经济、社会、政治等多个领域。这些变化反映了欧盟试图通过援助干预发展中国家的国内政治经济政策，影响发展中国家的发展进程与方向。

4. 金融危机背景下的欧盟对外援助（2009年至今）

2008年美国金融危机，很大程度上使得欧盟的经济形势日趋严峻。众多的欧洲国家的经济陷入了危机，国家财政入不敷出。另外，欧盟的盲目扩大也拖累了其财政，使得其用于对外援助上的资金受到了制约。

在对欧盟国家内部的援助上，2009年召开的欧盟春季首脑峰会上，经过反复的争吵与谈判，欧盟27国领导人才决定把对东欧地区国家的援助资金增加一倍，由目前的250亿欧元提高到 500 亿欧元，以帮助在国际金融危机冲击下信贷出现严重不足的东欧和东南欧地区国家缓解困难。

在对外援助方面，一方面为了减少自己的金融负担，欧盟宣布在 2014 年削减对中国、印度等 14 个新兴经济体的援助金额，欧盟委员会在 2011 年 10 月份表示，欧盟将增设项目，为那些最需要援助以及欧盟能够施加"真正影响力"的国家提供援助，这意味着欧盟将削减对新兴经济体的援助，并导致欧盟与新兴经济体之间的关系发生改变。另一方面，欧盟对外援助项目将对受援国添加更加苛刻的政治条件，但是此方案被认为将大大影响欧盟与发展中国家的关系。

由此可见，在金融危机的冲击下，欧盟不仅在自身经济上受到了严重的影响，而且在对外援助方面，欧盟也受到了严重的制约，在未来的发展中，欧盟将要更多地考虑自身经济的承受能力，对外发展援助势必受到一定的制约。

第五节 我国与国际发展援助

一、我国对外发展援助回顾

我国负责对外援助的主要机构是商务部、外交部、财政部、中国人民银行，各专业部委也分别参与一些相应专业援助的提供和接受的管理和执行工作。我国自中华人民共和国成立之初，就本着国际主义的精神，向友好的邻国和发展中国家提供援助。随着我国经济实力的增强及国际政治和经济环境的变化，我国的对外发展援助事业有了较大的发展。纵观我国多年来对外发展援助的历程，大致可分为以下几个发展阶段。

1. 初始阶段（1950—1963 年）

中华人民共和国成立之初，国内百废待兴，国外资本主义国家对我国实行经济封锁，我国的经济建设困难重重，但为了支持一些国家的民族解放运动并帮助其恢复和发展经济，我国先后向朝鲜、越南、阿尔巴尼亚等社会主义国家和亚洲的一些发展中国家提供了军事援助和经济援助。我国的军事援助是通过物资和现汇援助来进行的，而我国的经济援助则是通过成套设备援助来实施的。

2. 发展阶段（1964—1970 年）

随着我国经济的恢复与发展，我国对外发展援助的规模和范围都有了较大的发展。在这 7 年中，援助支出比初始阶段增加了 1 倍多，项目数量增加了 2 倍多，援助范围从 20 多国扩展到 30 多国，尤其增加了对非洲国家的援助。

3. 急剧增长阶段（1971—1978 年）

随着我国在联合国合法席位的恢复，我国为加强与广大发展中国家的合作，对外发展援助进入空前的大发展时期。这主要表现在两个方面：一是援助范围从 30 多国增加到 66 国，援助地区从亚洲国家扩大到拉美和南太平洋国家。二是援助规模也急剧扩大，1971—1978 年对外发展援助额是 1950—1970 年援助总额的 159%。这一时期我国对外发展援助支出已占我国同期财政收入的 5.88%。

4. 调整改革时期（1979—1994 年）

进入改革开放时期以后，通过对近 40 年对外发展援助工作经验的总结，我国对对外发展援助工作又有了新的认识,并对对外发展援助工作的方针和政策进行了全面和合理的调整,即既要继续加强对发展中国家的援助,又要量力而行;既要提供援助,也应接受援助。因此,对援助的布局、结构、规模、方式和重点领域进行了调整。尤其强调援助投资少、效益好和直接使受援国人民受益的中小型项目。与此同时,还改变了援助项目的管理体制,实施承包责任制,克服了实报实销、"吃大锅饭"的弊端。经过调整,我国的对外发展援助工作走上了健康发展的道路。

5. 发展改革时期（1995年—2001年）

1995年下半年,我国对外发展援助方式进行了改革。我国对外发展援助工作改革的中心内容是实行对外发展援助方式的多样化和对外发展援助资金来源的多元化,推动我国企业和受援国企业直接合作。改革对外发展援助工作的目的在于提高援助效益,以便更有效地帮助受援国发展民族经济,促进我国同其他发展中国家的友好关系和经贸合作。主要方针是帮助受援国发展当地有需要又有资源的中小型生产项目,并与发展双边、多边经贸关系以及互利合作相结合,让有限的对外发展援助资金为受援国发挥更大的效益,促进受援国和我国的共同发展。具体体现在以下几个方面：

（1）提供援款方式多样化。从实际出发,根据不同国别、不同情况、不同需要,并视我国的可能,向受援国提供不同内容、不同性质的援款。允许受援国政府将我国提供的贷款转贷给双方或某一方的企业。

（2）根据受援国需要,尽可能选择那些适合受援国发展经济,既建设又经营的中小型项目,如工农业生产经营项目、加工装配项目、商品分拨中心、保税仓库、百货商店等;鼓励并支持生产经营项目走双方企业合资经营、合作经营的路子;加强各种形式的技术援助。

（3）对外提供物资援助,除救灾外,要为发展外贸市场服务。保证援助物资质量,做好供后服务,既适合受援国需要,又要有利于扩大双方的进出口贸易。

（4）支持对外贸易、海外投资及其互利合作。除政府贷款转贷给企业外,从对外发展援助费用中拨出一定的款项,通过借贷方式支持我国企业到受援国建立合营企业和承包海外工程。也可将援款用于资源考察或项目的勘测设计合作。

（5）继续采取比较灵活、及时的援助方式,向受援国提供小额赠送（物资、技术援助、小型项目等）,帮助它们克服困难。

（6）加强多边合作。将一部分对外发展援助资金与联合国或其他多边发展机构资金项目结合,在发展中国家开展经济技术合作。

（7）对外援助的实施方式和做法既保持我国特色,又与国际通行的规则、做法接轨。项目援助和物资援助的对外合同内容要符合国际惯例,以使不同受援国乐于接受。

（8）允许受援国以多种形式偿还我国贷款。

6. 全新发展时期（2001年至今）

从国际视角看,进入21世纪以来是我国对外援助事业高速发展的黄金时期,我国对外援助额增长呈现前所未有的高增长和高弹性,全球占比不断提高,与美、日等国的相对差距不断缩小,中国已经成为世界第四大对外援助国。

第一,中国对外援助额已经达到世界高增长国家水平。2001—2013年期间,中国对外援助额从7.43亿美元上升至74.62亿美元,年均增长率高达21.20%。从同期国际比较看,中国国际援助增长率相当于世界平均增长率的2倍、美国（9.30%）的2.28倍、日本（5.35%）

的3.96倍、英国（7.17%）的2.96倍、德国（12.32%）的1.72倍。2001—2013年期间，中国对外援助额相当于2001年援助规模的10倍，而同期世界平均增长速度为3.21倍，德国为4.03倍，美国为2.91倍，英国为2.29倍，日本仅为1.86倍。

第二，中国对外援助额与GDP的关系属于高弹性增长。中国对外援助额增长率相当于同期名义GDP增长率（15%）的1.41倍，拥有高增长弹性，即名义GDP增长1个百分点，名义对外援助额相应增长1.41个百分点。这既反映出中国的经济高增长带动了中国在国际援助方面的高增长，也反映出中国对发展中国家的援助不仅具有极强的经济效力，还具有强烈的政治意愿。

第三，中国对外援助额占世界比重不断提高。2001年，中国国际援助仅相当于世界比重的1.25%，而后呈现下降趋势，到2003年降至0.91%，之后呈现迅速上升趋势，到2013年已经达到3.89%，超过了英国，居世界第4位。与此同时，OECD的发展援助占世界比重从2001年的71.3%下降至2013年的58.9%，正是中国等"新加入者"才使得全球发展援助额呈上升趋势。

第四，中国对外援助额与美国、日本、德国的相对差距不断缩小。2001年，中国国际援助仅相当于美国规模（居世界第二）的7.74%，到2013年已上升至26.74%；2001年相当于日本（居世界第一）的6.4%，到2013年已上升至34.3%；2001年相当于德国的21.3%，到2013年已上升至53%。这意味着，中国的国际软实力在明显提高。

第五，我国对外援助遍布世界其他发展中国家。中国对外援助的受援国地理分布涉及亚洲、非洲、拉丁美洲、加勒比、大洋洲和东欧等地区的大部分发展中国家，对其中最不发达国家（占52.1%）和其他低收入国家的援助比重始终保持在2/3左右。我国对外援助领域很广泛，覆盖了最不发达国家和其他低收入国家的经济基础设施、社会公共基础设施、人力资源开发、贸易发展、环境保护、人道主义以及物资等社会经济发展的方方面面，为这些国家减少贫困和改善民生做出了实实在在的贡献。我国注重在区域合作层面加强与受援国的集体磋商，利用中非合作论坛、中国—东盟领导人会议等区域合作机制和平台，多次宣布一揽子援助措施，积极回应各区域的发展需要。

二、我国对外发展援助的指导思想与成就

1963年12月至1964年2月，周恩来总理在访问非洲十国期间，阐述了中国对外发展援助时所遵循的八项原则，其主要内容是：

（1）中国政府一贯根据平等互利的原则对外提供援助，从来不把这种援助看作是单方面的赐予，而认为援助是相互的。

（2）在提供对外援助的时候，严格尊重受援国的主权，绝不附带任何条件，绝不要求任何特权。

（3）以无息或者低息贷款的方式提供经济援助，在需要的时候延长还款期限。以尽量减少受援国的负担。

（4）提供对外援助的目的是帮助受援国逐步走上自力更生、经济上独立发展的道路。

（5）帮助受援国建设的项目，力求投资少，收效快，使受援国政府能够增加收入。

（6）中国政府提供自己所能生产的质量最好的设备和物资，并且根据国际市场的价格议价，如果中国政府所提供的设备和物资不合乎商定的规格和质量，中国政府保证退换。

(7) 中国政府对外提供任何一种技术援助的时候，保证做到使受援国的人员充分掌握这种技术。

(8) 中国政府派到受援国的专家，同受援国自己的专家享受同样的物质待遇，不容许有任何特殊要求和享受。

这八项原则充分体现了中国同广大亚非国家进行经济、文化合作的真诚愿望，阐明了中国对外援助的性质、宗旨，也是中国对外政策在对外发展援助工作中的具体体现。对外发展援助八项原则不但在过去成功地指导了中国的对外援助工作，而且在今天仍具有现实指导意义。

党的十八大以来，习近平同志明确提出全面参与全球治理，公开承诺并支持联合国2030可持续发展议程，也使得中国大力提高对外发展援助名正言顺。中国可以更加从容地走进世界舞台的中心，承担起与我国经济实力、贸易实力、投资实力相一致的国际发展援助责任和能力。

【专栏】

习近平在联合国所宣布的中国对外发展援助
（2015年9月）

中国将设立"南南合作援助基金"，首期提供20亿美元，支持发展中国家落实2015年后发展议程。

继续增加对最不发达国家投资，力争2030年达到120亿美元。

免除对有关最不发达国家、内陆发展中国家、小岛屿发展中国家截至2015年年底到期未还的政府间无息贷款债务。

设立国际发展知识中心，同各国一道研究和交流适合各自国情的发展理论和发展实践。

倡议探讨构建全球能源互联网，推动以清洁和绿色方式满足全球电力需求。

设立为期10年、总额10亿美元的中国—联合国和平与发展基金。

在未来5年内，向非盟提供总额为1亿美元的无偿军事援助，以支持非洲常备军和危机应对快速反应部队建设。

中国对外发展援助计划既是"一带一路"倡议的重要补充、重要抓手，又是增强我国软实力、国际影响力的重要手段、看得见的抓手。该计划有四大目的：其一是政治与外交目的，直接服务于中国外交战略和目标，特别是直接服务于国家元首出访、参加国际重大会议、重大活动、重大倡议等；其二是国际援助与人道主义，直接服务于援外国别中长期发展战略、发展规划、发展政策，与其主动对接，更加注重帮助受援国增强自主发展能力，集中于减少贫困、医疗卫生、防灾减灾、教育培训、技术转让等核心领域，扩大国际奖学金、助学金规模，招收更多的其他发展中国家国际学生来华学习，投资下一代人；其三是生态环境目的，帮助其他发展中国家绿色发展、绿色制造、绿色能源、绿色技术，帮助保护其国家森林公园等；其四是促进文化交流目的，在世界各国建立中国的央视记者站和新闻中心，资助中国文化团体甚至个人"走出去",也资助受援国文化团体走进中国。在此基础上,我国有能力开展更大范围、更高水平、更深层次的区域合作,共同打造开放、包容、均衡、普惠的区域经济合作架构。

近年来,中国通过自愿捐款、股权融资等方式,支持并参与多边机构发展援助行动。2010—2012年,中国向联合国开发计划署、工业发展组织、人口基金会、儿童基金会、粮食计划署、粮食及农业组织、教育科学及文化组织、世界银行、国际货币基金组织、世界卫生组织以及全球抗击艾滋病、结核病和疟疾基金等国际机构累计捐款约17.6亿元人民币,支持其他发展中国家在减贫、粮食安全、贸易发展、危机预防与重建、人口发展、妇幼保健、疾病防控、教育、环境保护等领域的发展。三年中,中国通过联合国粮食及农业组织项目,先后派出235名专家赴蒙古、尼日利亚、乌干达等9个国家,为当地提高农业生产水平提供技术援助。2011—2012年,中国与世界卫生组织密切配合,先后派出15名专家赴纳米比亚、尼日利亚、埃塞俄比亚和巴基斯坦,帮助当地控制脊髓灰质炎传播。2012年,中国在联合国教育科学及文化组织设立援非教育信托基金,帮助参与发展合作国际交流。

中国积极参与全球发展议题研究与讨论。2010—2012年,中国在联合国的千年发展目标高级别会议、可持续发展大会、发展合作论坛、最不发达国家会议、南南合作高级别会议,以及二十国集团峰会、世界贸易组织"促贸援助"全球审议大会、援助有效性高级别论坛等一系列国际会议上,积极阐释中方的原则立场和政策主张。中国以开放的姿态与其他国家和多边发展组织在发展援助领域加强对话沟通,增强互信,相互学习借鉴。中国与英国、澳大利亚、瑞士等国以及经济合作与发展组织举行发展援助研讨或业务交流活动。

当前,发展中国家特别是最不发达国家消除贫困与实现发展的任务依然艰巨。国际社会应动员更多的发展资源,加强南北合作,支持南南合作,推动发展中国家经济社会发展,以最终在全球范围内消除贫困。中国正在全面建设小康社会,致力于实现国家富强、民族振兴、人民幸福的"中国梦"。中国将顺应和平、发展、合作、共赢的时代潮流,坚持正确的义利观,尊重和支持发展中国家探索符合本国国情的发展道路,积极推动南南合作,切实帮助其他发展中国家促进经济社会发展。

今后,中国将继续增加对外援助投入,进一步优化援助结构,突出重点领域,创新援助方式,提高资金使用效率,有效帮助受援国改善民生,增强自主发展能力。中国愿与国际社会一道,共享机遇,共迎挑战,推动实现持久和平、共同繁荣的世界梦,为人类发展事业做出更大贡献。

三、我国对外发展援助的主要方式

(一)优惠贷款方式

优惠贷款是我国政府指定的金融机构对外提供的具有政府援助性质的中长期低息贷款。优惠利率与中国人民银行公布的基准利率之间的利息差额由中国政府进行补贴。

优惠贷款主要用于我国企业和受援国企业合资合作建设、经营当地需要又有经济效益的生产性项目,或提供我国生产的成套设备或机电产品等。推行优惠贷款援助方式有以下好处:

(1)我国政府的对外援助资金和我国金融机构的资金相结合,可以扩大对外援助规模和资金来源。

（2）援助项目与投资合作相结合，双方企业在管理和技术上长期合作，可以将项目效益与企业利益紧密结合起来。

（3）双方企业在投资、设备和技术等方面合作，扩大了项目规模，双方企业也可从中获益，使受援国增加收入和就业机会，还有利于带动我国的技术、设备、原材料的出口。这也是目前国际上通用的一种做法。

我国的对外援助优惠贷款是一种含有赠予成分的低息贷款，其年利率最高不超过5%，贷款期限（含使用期、宽限期和偿还期）一般为8~10年，其中的赠予成分在25%以上。我国与受援国合资企业、受援国企业或经受援国同意的我国企业都可申请使用优惠贷款，但项目必须经过中国进出口银行和受援国借贷机构进行评估认为可行后才能放贷。优惠贷款是具有援助性质的贷款，因而主要向经济困难的发展中国家提供。

中国进出口银行为对外援助政府贴息贷款的承诺银行，商务部为该项贷款业务的政府归口管理部门。我国发放对外援助优惠贷款的程序是：

（1）根据受援国需要和我国的可能，我国政府与受援国政府就贷款额度、期限、利率等主要贷款条件签订框架协议。

（2）受援国政府或两国合资组成的企业向我国政府提出拟用贷款的项目。

（3）根据受援国或我国企业提出使用贷款的项目，经商务部初审后，推荐给中国进出口银行。

（4）中国进出口银行经评估确认项目能产生效益后，与受援国政府指定银行在框架协议范围内签订货款借款协议并组织实施。

在实际运作中，受援国普遍反映我国的政府贷款利率比其他国家的援助性贷款利率高2~3个百分点，而且还款期也短得多，即优惠程度不够，甚至有些受援国视我国的政府贷款为商业性贷款，这也是我国对外援助政策中应解决的问题。

（二）对外援助项目合资合作方式

对外援助项目合资合作是在我国政府与受援国政府原则协议的范围内，双方政府给予政策和资金支持，我国企业同受援国企业以合资或合作经营的方式实施项目。我国政府和受援国政府同意或批准的企业即为对外援助项目合资合作的实施机构。

对外援助项目合资合作分为三种形式：一是我国政府援建项目中已建成的生产性或其他有条件经营的项目，由受援国企业经营转为双方企业合资、合作经营；二是我国政府对外新承担的生产性或其他有条件经营的援助项目，受援国企业以我国援款作为资本，我国企业再按双方企业商定的股份比例投入资金，项目由双方合资建设和经营；三是受援国政府和我国政府签订原则协议，在两国政府予以政策和资金扶持的前提下，双方企业直接合资合作。

对外援助项目合资合作是一种新的援助方式，特点是我国政府和受援国政府在政策和资金上给予扶持，我国企业与受援国企业直接进行合作。其目的是帮助受援国发展经济，培训受援国管理和技术人才，促进我国与受援国的共同发展。其优点是：将政府援外资金与企业资金相结合，可以增加资金来源及扩大项目的规模；两国企业在管理、技术方面长期合作，可以使援助项目的效益与企业的自身利益挂钩，以巩固援助成果，提高援助效益；由于双方企业合资合作项目均是生产性及效益好的中小型项目，因而合资合作不仅可以增加我国企业的收益，还可为受援国增加收入和创造就业机会。

对外援助项目合资合作方式不但培养了受援国的技术人才，增强了受援国的经营管理水平，促进了受援国的经济发展，而且为我国的优秀企业发挥技术优势，选择有资源、有市场、有效益的项目到海外去发展提供了机遇。目前，我国政府的对外援助优惠贷款很大一部分用于合资合作项目。

(三) 无偿援助方式

无偿援助是我国政府在力所能及的范围内向经济困难的友好国家无偿提供的一种援助，主要用于帮助受援国建设中小型社会福利性项目，如医院、学校、低造价住房、打井供水等。此外，无偿援助还用于提供物资援助、人道主义紧急救灾援助及人才培训等，受援国人民可以因此而受益。无偿援助不但灵活、多样、实施快、效果好，而且可以配合我国的外交工作。无偿援助的主要对象是经济比较困难的周边友好国家、最不发达国家和外交上有特殊需要的国家。

(四) 无息贷款方式

这是我国政府对外援助的传统方式，主要用于实施一些民用基础设施项目的实施。我国帮助发展中国家建设了一大批公共民用设施，政治和社会影响重大。今后，为满足受援国的迫切需要，我国政府还将保留适当比例的无息贷款，用于帮助受援国建设民用基础设施。

四、我国利用国外发展援助

1978年8月，我国政府改变原来拒绝国际双边和多边援助的做法，决定采用"有给有取"的方针，从而揭开了我国接受国际发展援助的历史。1979年我国开始接受联合国发展系统的援助，之后又开始接受日本等一些发达国家对我国的发展援助。进入20世纪80年代以后，我国与国际发展援助机构的经济技术合作全面展开。据财政部统计，截至2017年12月31日，我国利用国际金融组织（包括世界银行、亚洲开发银行、国际农业发展基金、欧洲投资银行、新开发银行、欧佩克基金、北欧投资银行）贷款累计承诺额1018.90亿美元，累计提款额794.55亿美元，累计归还贷款本金449.51亿美元，债务余额（已提取未归还贷款额）345.04亿美元。贷款用于支持我国1045个项目，涉及大气污染防治、节能环保、交通、能源、城建、农业、教育、卫生等领域。[1]30多年来，我国利用国际经济组织的援助和外国政府贷款成效显著，对促进我国国民经济发展、提高人民生活水平起到了很好的促进作用。利用外国政府贷款和国际发展援助已经成为我国利用外资的重要组成部分。

我国接受的多双边援助也分为有偿和无偿两部分。这些项目涉及扶贫救灾、工业技术改造、农业、林业、畜牧业、教育、医疗卫生及艾滋病防治、环保、交通、能源、通信、体制改革、司法合作、人力资源开发和提高政府管理能力等众多领域，其中70%的援助资金用于我国西部地区的发展。

多双边无偿援助在加快我国改革开放进程、促进社会经济发展，特别是在实施国家"西部大开发"战略和促进贫困地区发展等方面，起到了积极的作用。利用国际多双边无偿援助，我国建立了大量交通、灌溉、饮水、学校、医院、科研机构等基础设施，引进了大量先进的设备仪器。此外，我国派出了5000多名专业人员到国外学习和进修，聘请了大批外国专家来华服务。通过考察、学习、借鉴和引进国外许多新的观念、先进经验和制度，推进了我国经济体制改革和多项社会保障制度的建立与完善，如国有企业改革、财税体制改革、

---

[1] 引自：财政部网站，www.mof.gov.cn，2018年10月8日。

国家行政制度改革，完善全国教育、卫生、残疾人保护、社会保障制度，有助于树立以人为本的发展观，有助于人口与资源协调发展战略、全面协调和可持续发展观的形成等。

外国政府对我国的有偿援助主要通过政府贷款来进行，我国政府接受的外国政府贷款中既有项目贷款，又有商品贷款；既有有息的，也有无息的；还有与出口信贷相结合的混合贷款。20 世纪 80 年代以来，我国接受的外国政府贷款多为混合贷款。我国接受外国政府贷款的利率一般为 1%～3%，偿还期为 20～30 年，综合计算其赠予成分在 35% 以上。自 1979 年以来，我国已与日本、比利时、丹麦、法国、英国、意大利、德国、西班牙、奥地利、瑞士、瑞典、卢森堡、荷兰、挪威、芬兰、加拿大、澳大利亚、科威特、韩国等国建立了双边贷款关系。根据财政部统计数据，截至 2007 年年底，我国已累计实施各类外国政府贷款项目 2394 个，利用贷款总额 557 亿美元。其中接受日本政府的贷款最多，日本对华日元贷款始于 1979 年，双方商定 2008 年前结束对华日元贷款。2007 年 12 月，两国外长签署日本对华最后一批日元贷款，至此，日本政府累计向中国政府承诺提供日元贷款约 25207.33 亿日元（约合 330 亿美元）。截至 2007 年 9 月，我国实际利用日元贷款约 25207.33 亿日元，用于基础设施、交通、能源、环保、扶贫等领域的 255 个项目建设。日本对华日元贷款占我国利用外国政府贷款的 50% 左右[①]。

外国政府贷款是一种双边发展援助资金，受双边政治关系和受援国经济发展水平影响。随着我国国民经济的持续快速发展，部分外国政府在对华贷款政策方面也发生了一些变化，有关国家政府或议会内部出现了减少甚至取消对华贷款的声音。例如，受两国政治关系的影响，日本政府贷款近年来经历了很多波折，2006 年度贷款曾一度被冻结，在 2008 年以前停止。在 2005 年和 2006 年，加拿大和瑞士政府贷款已停止，韩国政府贷款也基本没有实质性进展。这些都是利用外国政府贷款工作中的不利因素。

但同时经过我方努力，有些方面也取得了积极成果。法国开发署开始与我国建立政府贷款合作，支持能源领域项目；意大利政府贷款的合作领域得到扩大，和中方共同成立了中意发展合作项目管理办公室，加强了机构建设；波兰政府贷款的规模预计将有较大幅度增加；我国政府正在探讨与阿联酋开展政府贷款合作，目前双方正在积极商谈中。此外，一些条件相对优惠的准政府贷款融资也取得了进展，如美国进出口银行贷款已经国务院批准，双方正在商讨实施细节；在传统德国政府贷款的基础上，德国复兴信贷银行开始提供促进贷款。除贷款外，德国政府每年也会提供赠款，规模稳定在 100 万欧元左右。

2016 年，我国共签约接受外国政府贷款 10.1 亿美元（包括：德国复兴信贷银行 6.036 亿美元、美国进出口银行 2.76 亿美元、法国开发署 0.704 亿美元、沙特发展基金 0.6 亿美元）。另外，2016 年我国共获得全球环境基金赠款约 9920 万美元。据了解，以上贷（赠）款资金主要用于支持大气污染防治、节能环保、城建、农业、教育、医疗等领域。

思 考 题

1. 简述国际发展援助的内涵及方式。
2. 简述当代国际发展援助的特点。

[①] 来自：财政部网站，www.mof.gov.cn，2008 年 4 月 22 日。

3. 简述世界银行贷款的特点。
4. 简述欧盟对外发展援助。
5. 简述我国对外发展援助的方式。

【案例分析1】

中非合作的高光时刻：为了 26 亿人的梦想

中非合作论坛，是中华人民共和国和非洲国家之间在南南合作范畴内的集体对话机制，成立于 2000 年。论坛的宗旨是平等互利、平等磋商、增进了解、扩大共识、加强友谊、促进合作。论坛的成员包括中华人民共和国、与中国建交的 53 个非洲国家以及非洲联盟委员会。中非合作论坛部长级会议每 3 年举行一届。部长级会议召开前一年举行一次高官会议，为部长级会议做准备。2018 年第七届中非合作论坛北京峰会于 9 月 3 日至 4 日在北京举行。本次峰会主题为"合作共赢，携手构建更加紧密的中非命运共同体"。

这是中非合作的高光时刻，这是中非团结的历史性盛会。

9 月 3 日下午，习近平主席在 2018 年中非合作论坛北京峰会开幕式上发表主旨讲话，全面阐述中国加强对非关系的新主张，宣布中国对非务实合作的新举措，为构筑更加紧密的中非命运共同体注入新动能。

论坛共同主席国南非总统拉马福萨在致辞中表示，习近平主席宣布的新举措，将对非洲大陆和平稳定与发展产生深远的影响。

1. "四个坚持"诠释中非关系

中非是休戚与共的命运共同体。合作共赢是中非共同心愿。习近平主席在主旨讲话中同世界分享了中非始终是好朋友、好伙伴、好兄弟的奥秘，即中国在合作中坚持真诚友好、平等相待，坚持义利相兼、以义为先，坚持发展为民、务实高效，坚持开放包容、兼收并蓄。

"中国对非合作走在世界前列，向世界证明中非合作大有可为。"非洲联盟轮值主席卢旺达总统卡加梅表示，"中非合作给非洲带来翻天覆地变化，根本性提高了非洲在世界的地位。一个更加发展的非洲和中国是彼此的机遇，而非威胁。"

与会嘉宾尤其赞赏习近平主席所提到的中国对非合作始终坚持做到"五不"，即：不干预非洲国家探索符合国情的发展道路，不干涉非洲内政，不把自己的意志强加于人，不在对非援助中附加任何政治条件，不在对非投资融资中谋取政治私利。

"我们反对'新殖民主义'错误论调，这是那些不希望看到中非合作的人才相信的。中非合作论坛 18 年来的成绩充分表明，中非合作给双方人民带来了实实在在的利益。"拉马福萨表示。

非盟委员会主席法基在开幕式讲话中指出，有些人担忧债务会威胁非洲国家的独立，因此认为非洲应该拒绝包括中国在内的外来帮助，这是错误的。他认为，不应阻挡中非合作，中非人口占世界总人口的 1/3，中非合作是人心所向、大势所趋。

2. "六个携手"传递信心力量

中非命运共同体在推动构建人类命运共同体的历史进程中走在了前列。习近平主席在主旨演讲中提出建设中非命运共同体的具体构想,即携手打造责任共担、合作共赢、幸福共享、文化共兴、安全共筑、和谐共生的中非命运共同体。

"简短的24个字,指明了一条建设中非命运共同体的新路径,具有鲜明的时代特征和丰富的合作内涵。"浙江师范大学非洲经济研究所所长刘青海表示,增进中非人民的民生福祉,既是发展中非关系的出发点,也是发展中非关系的落脚点,相信中非命运共同体的建设必然为推动构建人类命运共同体树立典范。

"向习主席致意,向中非命运共同体致意。"法基认为,本次峰会召开恰逢国际形势出现令人担忧的变化,单边主义有所抬头,给世界和平与安全带来消极影响。此次峰会中,中非重申坚持多边主义,将为推动建设一个真正包容的、与时俱进的全球治理体系打下更坚实的基础。

"习主席是应对全球气候变化领域的领导者。联合国支持中非合作以及更广泛的南南合作。"联合国秘书长古特雷斯认为,中国和非洲分享先进技术,帮助非洲实现绿色增长,这彰显了合作共赢精神,只有合作才能实现我们想要的未来。

3. "八大行动"通往美好未来

共绘面向未来的宏伟蓝图,需要脚踏实地地深耕细作。习近平主席为未来3年和今后一段时间的中非合作提出了"八大行动",即实施产业促进、设施联通、贸易便利、绿色发展、能力建设、健康卫生、人文交流、和平安全行动。这是中国的主张,更是中国的行动。

与会嘉宾认为,这些举措顺应非洲各国人民的普遍愿望和非洲大陆发展的现实需求,必将深化中非合作共赢,助力非洲发展振兴。

"中国是非洲最值得信赖和依靠的合作伙伴。非洲国家感谢中方长期以来提供的支持帮助。"南非外长西苏鲁表示,希望以共建"一带一路"、落实非盟《2063年议程》和联合国2030年可持续发展议程为契机,加强非中各领域合作,加快非洲工业化进程。

"八大行动"中许多措施都着眼青年、培养青年、扶助青年。浪潮集团董事长孙丕恕认为,习主席对中非青年寄予殷切期望,这是中国帮助非洲提升能力建设的重要方面。中非友好,根在人民,源在交流,希望在青年,中非未来的发展离不开青年人的交流与沟通。

攥指成拳,携手并进。为了26亿人的梦想,怀着真诚友好、相互尊重、平等互利、共同发展的不变初心与热情,中非合作已然踏上构建更加紧密的中非命运共同体新征程。
(资料来源:光明网—《光明日报》,2018年09月04日。)

【案例分析2】

泰国洞穴国际救援背后,藏着一出怎样的大戏

2018年6月23日,泰国12名少年足球队员及1名教练,进入一国家公园的洞穴内探险,结果被困洞中。上千人参与这次该国近年来规模最大的搜救行动,包括中国在内的多支国际专业洞穴救援队也驰援泰国。救援队员们为解救被困少年齐心协力奋战甚至牺牲的场面更是令世界动容。这次救援被称为史上最难的一场洞穴救援。

"国际救援队",这个词汇对很多国人来说既熟悉又陌生。虽然自2008年中国因汶川地震首次接受来华国际救援队已经过去十年,但时至今日,中国社会对"国际救援队"的认知依然不多。这个词汇背后,蕴藏的到底是善意,还是"作秀"呢?

1. 差距:德国借此"洗白"形象,日本出力不讨好

国际救援队,顾名思义,即在一国领土上发生事故或灾害后,由他国政府或民间团体派出的救援团队。很多人对这种体制的存在感到疑惑:大灾大害也就罢了,有点小灾也要请全世界来救援,这不是作秀吗?实际上,抛开当下如泰国洞穴救援等高难度的救援行动确实需要国际专家参与不谈,国际救援最初的诞生,的确有那么点"作秀"的成分。

时间回到20世纪50年代初,第二次世界大战给欧洲各国留下了深深的伤痕,尤其是法德这对宿敌之间。在法国民间,"把德国在地图上彻底抹去"等极端言论有着相当的市场,但法国政治精英们却认识到,对于战后的欧洲而言,德国是法国必须团结的盟友而非敌人。基于这一认识,怎样改善德法民众之间的相互印象就成了两国政府的当务之急。在此背景下,由法德牵头,意大利、瑞士、奥地利等多国参与的"阿尔卑斯山联合搜救体系"在1957年应运而生。该组织成立的初衷,是为了应对当时在阿尔卑斯山区多发的山地救援任务,同时期望各国在救援协作中改善对彼此的印象。这一组织在成立后的确起到了立竿见影的效果,尤其是德国,由于长期在救援中充当出人出钱出技术的"顶梁柱",逐渐获得了各国的认可,为改善德国战后形象起到了很好的作用。联邦德国前总理赫尔穆特·科尔在接见阿尔卑斯山的德国搜救队员时,就曾盛赞他们"不仅救援了人的生命,而且挽救了国家的声誉"。

德国先进的山地救援技术,至今仍在帮助该国挣取形象分。

德国通过联合救援行动与欧洲邻居和解、扩展自身影响力的成功经验,让各国找到了打响国际声誉的好路子。自20世纪70年代起,美国、日本、加拿大、澳大利亚等发达国家都开始积极建设并向海外派遣救援队。尤其是日本,由于本国地震多发,加之改善国际形象的需求与德国相似,因此在海外救援尤其是海外地震救援方面十分积极。

2008年5月12日,中国汶川发生特大地震,中国首次接受海外救援队来华救援,日本、俄罗斯、韩国、新加坡、德国等多国救援团队来华相助。日本先后派两批总计60名救援人员来华,救援人员无论是数量还是素质都在各国中名列前茅,当时,中国外交部等多个官方机构以及国家媒体都对日方搜救人员表示了感谢。

但遗憾的是,由于中国民众对国际救援概念和意义的不了解,以及中日两国的历史纠葛,在中国长期流传着对这支救援队的误解。

2. 真相:救援是作秀,但主要是为了外交

在今天这个全球化的时代,国际救援工作的意义早已超越了人道主义,掺杂了越来越多的政治、外交甚至经济因素。这一点在2004年印度洋海啸的国际救援中就得到了充分体现。

发生在2004年12月的印度洋大海啸造成沿岸周边近30万人死亡,上千万人受灾。事件发生后,美国在国际救援方面出人意料地十分卖力,援助金额在短时间内经历了三级跳,由最初的1500万美元追加到3500万美元,直到后来的3.5亿美元,与此同时派出大量军机、战舰前往受灾地区执行救援任务。此外,日本、德国、澳大利亚等国也拿出了不

下于美国的劲头参与救援,甚至出现了几个国家救援队"抢救援"的神奇场面,以至于"海啸外交"成了当时的热门词汇。

各国抢着救援当然是因为各怀心腹事:美国希望通过救援改善因阿富汗、伊拉克战争给国际社会尤其是给伊斯兰世界造成的不良印象,以救援为突破口,拓展和强化其在东南亚和南亚的外交。而日本和澳大利亚则将这场救援视为拉拢印度洋国家、扩展区域影响力的良机。

此外,2004年印度洋海啸救援的经验还说明,灾区重建是一个巨大的商机,哪国率先提供救援,就会给该国企业日后参与当地重建带来先机。所以,自此之后,国际救援在为本国挣形象分之外,又多了一层经济价值。

当然,在灾难面前,如果国家有足够的力量自救,国际救援也并非必需。比如2005年卡特里娜飓风横扫美国南部,在全球各地救援惯了的美国就一口回拒了所有国家的"救援"请求。究其原因,倒不是害怕海外救援队来刺探情报,而是高傲的小布什政府不希望因此欠下墨西哥等"穷邻居"的人情。

不过,时至今日,这种冷面拒绝国际救援的国家已经越来越少。比如本次泰国洞穴救援中,曾经对外国救援持提防态度的泰国政府,就罕见地"小题大做",邀请了中、英、美、日、老、缅、澳等7国的国际救援队前往救援。泰国国王玛哈·哇集拉隆功还派出自己的"皇家食堂"为这支近千人的救援队提供后勤保障,总理巴育也一再亲往视察,数次流泪对国际社会表达感谢。这种态度转变的背后,是2014年通过军事政变上台的巴育,在经过数年稳定国内局势后,急于在国际社会面前洗去"军政府"的形象,而似乎再没有什么活动比在全球协力下救助几个平民孩子更能彰显一个政府的人本主义色彩了。

国际救援,的确是一种"秀",是一种外交,但更是一种善意。在国际社会普遍接受它的当下,你可以说它"动机不纯",但请不要质疑它的动机中包含着的人类最宝贵的东西——善良。

(资料来源:齐鲁晚报,2018-07-10。)

第十一章

国际经济合作组织

根据功能和活动范围不同，国际经济合作组织可分为一般性和专业性两类。一般性国际经济合作组织具有较广泛的职能，在政治、经济、社会各领域都有活动，如联合国；专业性国际经济合作组织则只具有较专门的职能，具体又分为政治性的、经济性的、社会性的等。国际经济合作组织是为特定的经济目的而设立的，致力于管辖各国经济政策、制度和促进执行国际统一遵循的经济活动计划和守则，就经济政策和经济领域的冲突进行协调和处理。

第一节 国际经济合作组织概述

国际经济合作组织的发展经历了一个漫长的过程，它是随着世界经济的发展而发展起来的。最早的国际经济交往是由民间进行的，为推动这种交往并协调交往中产生的矛盾，便出现了民间国际团体。到 19 世纪，国家间开始大量采用国际会议来解决问题，包括经济问题，于是就形成了从民间国际团体到政府间国际会议的一次历史性飞跃。资产阶级革命的胜利带来了生产力的巨大发展，跨国经济活动迅猛增加，依靠临时性的国际会议来解决国际经济领域的问题已不切实际，于是出现了常设性的国际经济合作组织。

现代意义的国际经济合作组织出现在 19 世纪后半期。1865 年建立的国际电报联盟、1874 年建立的国际邮政总联盟、1875 年建立的国际度量衡组织、1883 年建立的国际保护工业产权联盟等是最早的一批现代意义上的国际经济合作组织。这一时期的组织主要是技术性的，缺乏政治色彩，作用也比较有限，国际经济活动主要仍然依靠双边的通商条约和市场自动调节。

"二战"后，出现了大量的国际经济合作组织。现在活跃在世界经济舞台上的国际经济合作组织，如关税与贸易总协定（现为世界贸易组织）、国际货币基金组织、世界银行、欧盟、亚太经合组织等几乎全部是"二战"后建立起来的。

从活动范围看，国际经济合作组织已经从战前主要协调跨国经济活动中的技术标准发展到对国际贸易、金融、投资等各领域的全面协调和管理。从活动内容看，国际经济合作组织制定的法律规范已经不再局限于对国家经济管理的加强和补充，而是开始从国际经济整体立场出发，以促进国际协调、建立国际经济的法律秩序为目标。从活动方式看，国际经济合作组织调节经济活动的手段也从主要采取协商、调解等传统的外交手段发展到利用仲裁、诉讼等法律手段。

随着国际经济合作组织调整的对象扩大，手段增多，效力加强，其对世界经济的影响已是早期国际经济合作组织不可比拟的。早期国际经济合作组织结构一般比较简单，职能分配和议事规则也不够明确合理。新出现的国际经济合作组织则一般有比较完善的结构安排，出现了组织内部权力机构、执行机构、争端解决机构的分工，并发展出具有国际经济合作组织特色的议事规则等组织制度。

目前，衡量国际经济合作组织发展水平的标准不仅包括数量，还包括使国际经济合作组织内外结构更合理，工作更有效率。

一、国际经济合作组织的分类

根据不同的标准，国际经济合作组织可分为不同的类别。

1. 根据国际经济合作组织的参加者类型不同，可分为政府间的和非政府间的

政府间的国际经济合作组织是基于政府间的协议建立和运作的国际经济合作组织，它的参加者是各国政府。这种组织在国际经济事务中发挥着重要作用。国际货币基金组织、世界银行、世界贸易组织等都是典型的政府间的国际经济合作组织。

非政府间的国际经济合作组织不是由政府间协议创建的国际经济合作组织，其参加者不是主权国家的政府而是个人、民间团体、法人等。这种组织在国际经济关系的特定方面往往也有重要的影响力，典型的如国际商会、国际清算银行等。

2. 根据国际经济合作组织主要的活动范围不同，可分为广泛性的和专业性的

广泛性的国际经济合作组织是指在所有或一系列重要的经济领域都进行调节的组织，典型的如经济合作与发展组织（OECD）、欧盟、亚太经合组织（APEC）等，它们的活动都涉及贸易、金融、投资等国际经济活动的多个方面。

专业性的国际经济合作组织是主要在某一具体经济领域活动的组织，根据国际经济活动的构成又分为国际贸易组织、国际金融组织、国际投资组织、国际税收组织等。贸易领域的组织如世界贸易组织，金融领域的组织如国际货币基金组织、世界银行、国际清算银行，投资领域的组织如解决一国与他国国民间投资争端的国际中心等。

3. 根据国际经济合作组织作用的地域范围不同，可分为全球性的和区域性的

全球性的国际经济合作组织是对全球性的经济发展进行调节并产生影响的国际经济合作组织。这种组织一般都属于联合国系统，是联合国的机构或专门机构，如作为联合国主要机构之一的经济及社会理事会，作为联合国专门机构的国际货币基金组织、世界银行等。非政府间的全球性国际经济合作组织往往也和联合国有固定的联系。但也有部分不属于联合国系统，如世界贸易组织建立时，其成员国即力图使它避免受到联合国的影响。

区域性的国际经济合作组织是在一定地域范围内对经济发展进行调节并产生影响的国际经济合作组织，如欧盟、北美自由贸易区等。它接收成员时一般只对特定区域的国家开放，关注的问题主要是本区域内的经济合作与发展。区域性的国际经济合作组织有的涉及本区域的贸易、投资等经济活动的各领域，以促进本地区的全面经济合作为目标，这种组织被称为区域经济一体化组织。也有的区域性国际经济组织只关注经济活动的特定方面，如阿拉伯货币基金组织等各种区域性的货币组织，就只限于促进区域内成员的货币合作，这些组织被称为一般区域性经济组织。

二、国际经济合作组织的作用

1. 国际经济合作组织是国际经济活动的主体就经济问题进行协商和合作的场所

国际经济合作组织是国际经济交往中建立联系的一种纽带，是现代国家以及其他经济活动主体进行经济交流与合作的一种经常形式。国际经济合作组织对经济领域的国际合作的促进主要是收集和传播信息，提供一个合作决策得以做出的场所，同时为执行这种决策、将决策化为行动提供行政机制。

2. 国际经济合作组织是制定调整国际经济活动的法律规范并对经济活动进行管理和监督的机构

经济管理和监督可能是多边的、区域的、双边的和国家的，其中多边的和区域的经济管理往往求助于国际经济合作组织。从各成员的共同利益出发，对经济活动进行监督和管理是国际经济合作组织的重要职能之一，它往往通过制定各成员统一执行的法律规范来执行这种职能。很多国际经济合作组织制定的原则、规则、制度成为它所调整的领域普遍遵守的基本准则。国际经济合作组织一般不会直接规范各国商人的具体商业行为，但它制定的规范为各国对外政策的制定提供了一个样板，使各国政策趋于统一。

3. 国际经济合作组织提供了解决国际经济争端的途径

国际经济交往加深的一个必然后果是与经济交往相关的矛盾和纠纷的增加。这些矛盾和纠纷如果不能妥善解决，必将危害国际经济交往的顺利进行。国际经济合作组织为争端当事方提供了一个交流的渠道，使争端尽可能通过协商来友好解决。它还往往提供一个专门的争端解决机构和设计一整套争端解决程序，以便为争端解决提供一个权威方案，甚至规定惩罚措施，保证争端解决方案得到执行。国际经济合作组织合多方之力，使争端能在合理和有利于大多数国家的基础上解决，从而为国际经济合作组织建立的经济体制提供了机制上的保障。

4. 国际经济合作组织是全球经济一体化的支持机制

国际经济合作组织对全球经济一体化的推动主要体现在为世界经济一体化提供了重要的体制保障和政策架构。全球经济一体化涉及生产、流通各领域，国际经济合作组织在每一领域都有活动并成为支持该领域一体化的重要力量。在过去50多年中，由于国际经济合作组织的积极活动已建立了一个一体化的制度框架，因此为跨境贸易创造了一个更开放的环境。

第二节　国际性会议与政府首脑峰会

国际会议是主权国家的政府代表通过会晤，就相互间经济关系和有关的国际经济问题进行协商，规定各方权利、义务的协商形式。国际会议一般没有固定的议题，与会国主要就当前迫切需要处理的经济问题交换意见，协调各自的政策立场，会议结果可能导致国际协调形式的建立，可能导致采取共同措施达成原则性协调，可能表明进行某方面政策协调的意见或意向。与会国的责任一般随国际经济环境改变而自然解除，或者持续到下一次国际会议举行。因此，国际会议所进行的国际协调的约束力不强，大多数是临时性的，而且很不稳定。国际会议既有双边的，也有多边的；既有定期的，也有不定期的。

现在的国际会议以及政府间磋商的重点已转向经济领域，各国领导人和主要官员为改善双边经贸关系和扩大市场而纷纷出访，充当起本国商品和服务"高级推销员"的角色，经济方面的各种国际性会议也频繁召开，政府磋商出现加强的势头。与各国之间经济交往加深相伴而生的是各种经济矛盾和纠纷的大量出现，特别是"冷战"结束后，国家与国家、集团与集团之间的政治与军事对抗让位于经济与科技竞争。随着竞争的加剧，各方摩擦与纠纷日趋增多,一些全球性的国际问题日趋尖锐化,所有这些都需要借助于有效的政府磋商加以处理和解决。

政府领导人之间的互访与磋商,各种协定与条约的达成,主要功能都在于协调国家间的经济政策和促进经济合作活动的进行。例如,中德政府磋商机制自 2011 年启动以来,对不断充实中德战略伙伴关系的内涵、拓展中德务实合作、从顶层规划两国关系等方面发挥了重要作用。再如,自 1996 年建立的中俄两国总理定期会晤机制,截至 2019 年年初已经举行 24 次会谈,从未间断。定期会晤机制使得中俄双方在经济、军事、人文等合作不断加强,成为统筹规划和指导推动两国务实合作和人文交流的重要平台。尤其是 2018 年以来,在新形势下继续保持中俄全面战略协作伙伴关系高水平发展、扩大双方务实合作和深化人文交流发挥了重要作用。与其他协调形式相比,政府磋商形式的级别更高,权威性更大,效果也更加直接。

一、G7/G8 峰会

G7 峰会即七国集团首脑会议,"七国"是指美国、英国、法国、德国、意大利、加拿大、日本。20 世纪 70 年代初,西方国家经济形势严重恶化,先后发生了"美元冲击""石油冲击"和世界性经济危机。为了共同研究世界经济形势,协调各国政策,重振西方经济,在法国前总统德斯坦的倡议下,法国、美国、联邦德国、日本、英国、意大利等六国领导人于 1975 年 11 月在法国巴黎郊外的朗布依埃举行了首次最高级经济会议。

1976 年 6 月,在波多黎各首府圣胡安举行第二次会议时,增加了加拿大,形成七国集团,也被称为"西方七国首脑会议"。此后,西方七国首脑会议作为一种制度固定了下来,每年一次轮流在各成员国召开。从 1977 年起,欧洲共同体(1994 年后为欧盟)委员会主席也应邀参加会议。

G7 峰会最初以讨论经济问题为宗旨,故也称"七国经济最高级会议"。1975—1979 年的前 5 次会议都是以经济问题为主要议题,讨论了诸如失业、通货膨胀、能源和贸易等问题,协调了成员国的宏观经济政策和成员国之间的经济关系。但从 20 世纪 80 年代初开始,各国间经济矛盾加剧,经济方面的协议常常难以取得有效的结果,加之国际形势的变化和发展,政治问题也逐渐成为会议的重要议题。

从已经举行的几轮 G7 峰会来看,就每一次会议本身来说,其效果和作用并不是很大,没有取得实质性的新的突破。但是,G7 峰会在协调政策、缓解摩擦和解决他们共同面临的问题等方面起到了不可忽视的作用。

首先,从 1975 年起举行的几次 G7 峰会,都讨论和涉及了能源问题,由于七国协同调整能源消费结构和采取节约石油措施,促使了西方国家对石油的需求量相对减少。

其次,G7 峰会在协调货币政策、对付通货膨胀问题上也取得了明显的成效。

再次,七国协同调整汇率,迫使美元汇价下跌,这对缓解与会国家之间的贸易严重失衡起到了一定的作用。

最后,还应看到,1982 年以后西方国家经济所实现的"二战"后最长一次持续增长、高新技术领域的合作、失业问题一定程度的缓解等,都与首脑会议的作用和效果分不开。

1991 年 7 月,苏联总统应邀同七国首脑在会后举行会晤。从此,每年的正式会议后俄罗斯领导人都要参加"7+1"会谈,且参与程度逐步提升,直至 1994 年俄罗斯获准参加政治问题的讨论。1997 年，美国前总统克林顿作为东道主邀请叶利钦以正式与会者的身份参加会议，并首次与七国集团首脑以"八国首脑会议"的名义共同发表公报。从此，G7 峰会演化为 G8 峰会，但在经济问题上依然保持七国体制。

随着全球化进程的不断深入，影响世界经济发展的要素也越来越多元化。发展中国家迅速崛起，特别是在"冷战"后，参与国际经济活动的积极性快速上升，发展中国家正成为国际社会的重要力量。与此同时，向来在世界经济总量中占有绝对优势份额的西方大国正面临后工业化时期的一系列问题，社会购买力下降、劳动力成本过高、新移民问题等，一直在影响西方经济的持续发展能力。发达国家与发展中国家在全球化形势下所面临问题的差异性，构成了南北间对话与合作的前提。

在 2003 年 6 月举行的第 29 次 G8 峰会上，作为东道国的法国邀请了包括中国、印度、南非、墨西哥和巴西等一些发展中国家参加，并在正式会议前举行了发达国家与发展中国家领导人之间的对话（南北领导人对话论坛）。时任中国国家主席胡锦涛应希拉克总统的邀请出席了非正式对话会议，并发表了题为《推动全面合作促进共同发展》的讲话。从此，包括中国领导人在内的发展中国家领导人参与后来的 G8 峰会的非正式活动，成为国际舆论关注的重要看点之一。

2004—2013 年，G8 峰会举办了 10 届。对于世界经济、能源油价问题、伊拉克重建、中东国家改革、非洲安全问题、教育国际合作、投资与社会责任、知识产权保护、发展、气候变化等议题都进行了广泛的讨论，取得了明显的成效。

2013 年年底，乌克兰亲俄派总统亚努科维奇中止和欧盟签署政治和自由贸易协议，欲强化和俄罗斯的关系，导致乌克兰冲突爆发。最终，亚努科维奇逃往俄罗斯，乌克兰重新进行总统选举。在此情形下，一直要求自治的乌克兰南部克里米亚岛通过公投宣布独立，并寻求加入俄罗斯联邦。2014 年 3 月 21 日晚 7 点 30 分，普京在克里姆林宫正式签署了克里米亚入俄条约，其正式产生法律效力。乌克兰冲突及克里米亚并入俄罗斯，引发欧盟与美国对俄罗斯的制裁不断升级。2014 年 3 月 20 日，德国总理默克尔宣布，鉴于当前的乌克兰危机，八国集团（G8）已不复存在。

2018 年 6 月 8 日至 9 日，为期两天的 G7 峰会在加拿大魁北克省落下帷幕。美国总统特朗普当天在社交媒体推特上发文，指责加拿大总理特鲁多"非常不诚实和软弱"，并称自己已指示美国代表不支持峰会结束后发表的联合公报。这是第一次七国集团没有发表联合公报。自特朗普就任美国总统后，美国政府在一系列问题上采取单边主义行动，引发其他盟友强烈反对。特朗普的强硬立场，使得七国集团内部裂痕日益加深，未来前景将愈发黯淡。

二、G20 峰会

G20 峰会是一个国际经济合作论坛，最初于 1999 年 9 月 25 日由八国集团（G8）的财长和央行行长在德国柏林成立。2008 年国际金融危机后，升格为领导人峰会。2009 年 9 月举行的匹兹堡峰会将 G20 确定为国际经济合作主要论坛。20 国集团属于非正式对话的一种机制，由原八国集团以及其余 12 个重要经济体组成。成员包括中国、阿根廷、澳大利亚、巴西、加拿大、法国、德国、印度、印度尼西亚、意大利、日本、韩国、墨西哥、沙特阿拉伯、南非、土耳其、英国、美国、俄罗斯以及欧盟。

20 国集团的宗旨是为推动已工业化的发达国家和新兴市场国家之间就实质性问题进行

开放及有建设性的讨论和研究，以寻求合作并促进国际金融稳定和经济的持续增长。按照以往惯例，国际货币基金组织与世界银行列席该组织的会议。20国集团成员涵盖面广，代表性强，该集团的GDP占全球经济的90%，贸易额占全球的80%，因此已取代G8成为全球经济合作的主要论坛。G20的成立为国际社会齐心协力应对经济危机，推动全球治理机制改革带来了新动力和新契机，全球治理开始从"西方治理"向"西方和非西方共同治理"转变。

2016年9月4日至5日，G20第11次峰会在中国杭州举行，这也是中国首次举办首脑峰会。中国是最大的发展中国家，是新兴市场国家的代表，举办G20峰会中国可以代表发展中国家发声，借助"一带一路"、亚投行等与更多国家良性互动，实现与其他国家的共赢。国际峰会落户杭州将拉动当地基础设施建设，促进当地外向型经济和国际化水平。国家主席习近平在会议上作了主旨演讲，代表中国在峰会上传递出的改革强音吸引了世界聆听，中国正在进行的深水区改革为世界提供借鉴，而中国坚定不移力促结构性改革也将为世界经济注入活力。

2018年G20峰会在阿根廷举行，国家主席习近平出席大会。2019年G20峰会在日本大阪举行。

三、上海合作组织峰会

2001年6月15日，上合组织成员国元首理事会首次会议在中国上海举行。会议签署了《上海合作组织成立宣言》，宣告上合组织正式成立。成员国为中国、俄罗斯、哈萨克斯坦、吉尔吉斯斯坦、塔吉克斯坦、乌兹别克斯坦六国。上海合作组织秘书处设在北京。工作语言为汉语和俄语。

上海合作组织的宗旨和任务主要是：加强成员国的相互信任与睦邻友好；维护和加强地区和平、安全与稳定，共同打击恐怖主义、分裂主义和极端主义、毒品走私、非法贩运武器和其他跨国犯罪；开展经贸、环保、文化、科技、教育、能源、交通、金融等领域的合作，促进地区经济、社会、文化的全面均衡发展，不断提高成员国人民的生活水平；推动建立民主、公正、合理的国际政治经济新秩序。

上海合作组织遵循的主要原则是：恪守《联合国宪章》的宗旨和原则；相互尊重独立、主权和领土完整，互不干涉内政，互不使用或威胁使用武力；所有成员国一律平等；平等互利，通过相互协商解决所有问题；奉行不结盟、不针对其他国家和组织及对外开放原则；上海合作组织的宗旨和原则，集中体现在"上海精神"上，即"互信、互利、平等、协商、尊重多样文明、谋求共同发展"。"上海精神"已写入《上海合作组织成立宣言》。

2004年，塔什干峰会通过《上海合作组织观察员条例》，规定了吸收观察员国的条件、程序、观察员权利等。2004年6月塔什干峰会和2005年7月阿斯塔纳峰会分别给予蒙古和巴基斯坦、伊朗、印度观察员国地位。2004年12月，上海合作组织获得联合国大会观察员地位。2009年6月15日至16日，元首理事会第九次会议在叶卡捷琳堡举行。六国元首签署了《叶卡捷琳堡宣言》和《反恐怖主义公约》等重要文件。会议决定给予斯里兰卡和白俄罗斯对话伙伴地位。

目前上合组织国家包括八个成员国：印度、哈萨克斯坦、中国、吉尔吉斯斯坦、巴基斯坦、俄罗斯、塔吉克斯坦、乌兹别克斯坦。还包括四个观察员国：阿富汗、白俄罗斯、伊朗、蒙古。以及六个对话伙伴：阿塞拜疆、亚美尼亚、柬埔寨、尼泊尔、土耳其和斯里兰卡。

2018年6月9日至10日，上海合作组织峰会在山东青岛举行。这是上海合作组织扩员后的首次峰会。来自12个国家的国家元首或政府首脑、10个国际组织或机构负责人出席峰会，注册外宾超过2000人，参与采访的中外记者超过3000人，成员国领导人签署、见证了23份合作文件。

上海合作组织作为一个年轻的地区性国际组织，经受住了国际风云变幻的考验，逐步走向成熟：通过了《上海合作组织宪章》等几十份文件，启动了秘书处和地区反恐机构，建立了较为完善的组织结构和法律体系；安全、经贸、文化等领域的务实合作蓬勃发展；给予蒙古、印度、巴基斯坦和伊朗观察员国地位；与联合国、东盟、独联体等国际或地区组织建立了密切联系。通过多年的实践，上海合作组织赢得了广泛的国际承认，特别是互信、互利、平等、协商，尊重多样文明，谋求共同发展的"上海精神"已得到国际社会的承认和认可。上海合作组织已经在国际上赢得了举足轻重的地位，正在成为维护地区和平、促进地区发展的积极因素。这些成功的经验，为上海合作组织进一步发展奠定了坚实的基础。

第三节 全球性经济合作组织

全球性经济组织是指活动于经济领域、跨越国界的政府间组织。其成员国为实现共同目标，必须在一定范围内约束自身的行为。全球性经济组织有明确的目标和职能，并有常设机构开展活动，它所进行的国际协调有相对稳定、经常和持续的特征。本节主要介绍几个全球性经济合作组织。

一、联合国

（一）联合国简介

联合国成立于1945年，是一个全球性的国际政治组织。《联合国宪章》中规定的联合国的宗旨是：维护国际和平与安全；发展国际上以尊重各国人民平等权利及自觉原则为基础的友好关系；进行国际合作，以解决国际上经济、社会、文化和人道主义性质的问题，并且促进对于全人类的人权和基本自由的尊重，构成协调各国行动的中心。

《联合国宪章》中规定的联合国及各成员国所应遵循的原则是：

（1）所有会员国主权平等。

（2）会员国忠实履行宪章规定所承担的义务。

（3）和平解决会员国间国际争端。

（4）会员国不得以不符合宪章宗旨的任何方式进行武力威胁或使用武力。

（5）会员国对联合国依照宪章采取的任何行动应给予一切协助，联合国对任何国家采取防止或强制行动时，各会员国对该国不得给予协助。

（6）联合国在确保国际和平与安全的必要范围内，应确保非成员国遵循上述原则。

（7）联合国不得干涉任何国家的国内事务，但不妨碍联合国对威胁、破坏和平行为和侵略行为采取强制行动。

联合国设有大会、安全理事会（简称安理会）、经济及社会理事会（简称经社理事会）、托管理事会、国际法院和秘书处六个主要机构。其中联合国大会是主要的审议机构，由全体会员国组成，每年召开一次例会；联合国安理会是联合国维持和平与安全的主要机构，也是唯一有权采取行动的机构，它由中、法、俄、英、美5个常任理事国和10个非常任理事国组成，强调和平解决国际争端。

联合国成立60多年来，在维持国际和平与安全、实施和平解决国际争端、防止用武力威胁其他国家的主权独立与领土完整、裁军等方面做了大量工作。联合国的影响主要表现在：①促进殖民地人民的独立；②促进社会、文化、教育、卫生和福利方面的国际合作；③提倡国际人权保护；④支持发展中国家争取国际经济新秩序的活动。20世纪80年代中期以来，联合国在缓和地区冲突方面显示出了不可替代的作用。

下面简要介绍联合国中负责国际经济合作事务的主要机构及其职能。

(二) 联合国贸易与发展会议

1964年成立，作为常设政府间机构成立的贸发会议，是联合国大会负责贸易、投资和发展问题的主要机构。贸发会议的主要职能是提供一个政府间的议事论坛，使所有成员国能够就贸易和发展的政策问题自由交换意见并在以下领域开展政策研究和分析、国家各种能力建设活动和技术合作：

(1) 国际贸易。促进发展中国家参加国际贸易，协助它们参加多边贸易谈判；加强发展中国家服务部门的能力；促进贸易、环境和发展的结合；分析竞争法与竞争政策的有关问题；力求通过多样化和风险管理，减少对商品的依赖。

(2) 投资、企业发展和技术。分析外国直接投资的趋势及其对发展的影响；帮助各国促进国际投资，了解国际投资协议中的有关问题；制定中小企业的发展战略；提出政策选择和实施竞争能力建设计划，鼓励使用新技术。

(3) 全球化与发展。研究世界经济的大趋势和前景；对发展中国家的债务问题和外债的管理提出有效的解决办法；研究成功的发展经验；为执行联合国非洲发展新议程做出贡献。

(4) 提高基础设施、运输和贸易效率，加强人力资源开发。通过在贸易支持服务中更好地采用信息技术，促进贸易；在这些领域开展各种能力建设和培训；分析在各种电子商业和电子商务的惯例中，发展中国家可以利用的机会。

(5) 最不发达国家、内陆发展中国家和小岛屿发展中国家。分析重大国际措施对最不发达国家的影响；协助他们弄清多边贸易中的关键问题；在重要的贸易、投资和服务领域，开展支持最不发达国家的各种能力建设。

(三) 联合国开发计划署

联合国开发计划署（United Nations Development Program，UNDP）（开发计划署）是联合国发展系统从事多边经济技术合作的主要协调机构和最大的筹资机构。它是根据1965年1月联合国大会通过的第2029号决议，将技术援助扩大方案和经济发展特别基金合并而成的，其前身是1949年设立的"技术援助扩大方案"和1959年设立的"特别基金"。其总部设在美国的纽约。

开发计划署的宗旨是帮助发展中国家加速经济和社会发展，向它们提供系统的、持续不断的援助。开发计划署本身不负责承办援助项目或具体将其付诸实施，它主要是派出专家进行发展项目的可行性考察，担任技术指导或顾问；对受援国有关人员进行培训；帮助发展中国家建立应用现代科学技术方法的机构；协助发展中国家制定国民经济发展计划及提高它们战胜自然灾害的能力。

开发计划署的领导机构是理事会，理事会由48个国家的代表组成。开发计划署的援助资金主要来源于各会员国政府的自愿捐款，发达国家是主要的捐款国。其援款主要是根据由会员国的捐款总额、受援国的人口总数和受援国人均国民生产总值所确定的指数（Indicative Planning Figure）进行分配。1972年以后，开发计划署开始实行发展周期制度，即每5年为一周期，进行一次援款分配。前2个周期将援款的2/3分配给了人均国民生产总值不足300美元的国家，从第3个周期开始将援款的80%在人均国民生产总值低于500美元的国家之间进行分配，其中人均国民生产总值低于250美元的国家还得到了特别照顾。开发计划署提供援助的方式主要是无偿技术援助。其无偿技术援助活动的范围主要包括：发展战略、政策和计划的研究与开发，自然资源、农业、林业、渔业、工业、运输、通信、贸易和金融等方面的考察与开发，人口、住房、卫生、就业、文化和科技等方面的培训与现代技术的应用等。

（四）联合国工业发展组织

联合国工业发展组织（工发组织）帮助发展中国家和经济转型期国家在当今全球化的世界与边缘化做斗争。它调动知识、技能、信息和技术，促进生产性就业、竞争经济和健全的环境。

作为全球论坛，工发组织生成并传播与工业事项有关的知识，并为各种活动参与者、公共和私营部门决策人、民间社会组织和一般性制定政策的团体提供了论坛，从而可以促进合作、建立对话和为迎接挑战发展伙伴关系。作为技术合作机构，工发组织拟定并实施种种旨在支持其客户的工业发展努力的方案，并为方案开发提供有具体针对性的专门资助。这两种核心职能相辅相成，一方面，工发组织技术合作工作中取得的经验可与决策者共享；另一方面，该组织的分析工作又可通过帮助界定优先活动而表明技术合作在哪些方面能够发挥最大的影响力。

二、WTO

世界贸易组织（World Trade Organization，WTO）成立于1995年1月1日，其前身是关税和贸易总协定（GATT）。截至2019年1月，WTO共有成员164个。其总部在瑞士日内瓦，是世界上最大的多边贸易组织。世贸组织成员分四类：发达成员、发展中成员、转轨经济体成员和最不发达成员，成员的贸易量占世界贸易的95%以上。WTO与世界银行、国际货币基金组织被并称为当今世界经济体制的"三大支柱"。其前身GATT共主持了八轮多边贸易谈判，持续时间最长的"乌拉圭回合"多边贸易谈判，从1986年开始，前后长达7年半之久，其重要成果之一就是创立了WTO。

WTO是具有法人地位的国际组织，与其前身GATT相比，WTO在调解成员间争端方面具有更高的权威性和有效性。WTO的基本职能是：制定和规范国际多边贸易规则；组织多边贸易谈判以及解决成员之间的贸易争端。

WTO的宗旨是：提高生活水平，保证充分就业，大幅度和稳定地增加实际收入和有效需求，扩大货物和服务的生产与贸易，按照可持续发展的目的，最优运用世界资源，保护环境，并以不同经济发展水平下各自需要的方式，加强采取各种相应的措施；积极努力，确保发展中国家，尤其是最不发达国家在国际贸易增长中获得与其经济发展需要相称的份额。

WTO 的具体目标是建立一个完整的、更具活力和永久性的多边贸易体制，以巩固原来的 GATT 为贸易自由化所做的努力，和"乌拉圭回合"多边贸易谈判的所有成果。为实现这些目标，各成员应通过互惠互利的安排，切实降低关税和其他贸易壁垒，在国际贸易中消除歧视性待遇。

WTO 的最高决策权力机构是部长大会，至少每两年召开一次会议，可对多边贸易协议的所有事务做出决定。部长大会下设总理事会和秘书处，负责 WTO 日常会议和工作。总理事会设有货物贸易、服务贸易、知识产权三个理事会和贸易与发展、国际收支、行政预算三个委员会。秘书处设总干事一人。

WTO 与原来的 GATT 相比，在很多方面都取得了进步。在组织功能上，世界贸易组织从根本上改变了 GATT 不是正规国际组织的局面，确立了自身国际法的主体资格。它有一整套规范化的国际组织机构，为它行使自身的职能奠定了基础。在调整手段上，WTO 具有一套严格的具有国际法基础的争端解决机制，规定了协商、斡旋、调停和调解、专家小组、上诉复审、交叉报复和仲裁等具体的争议解决办法，加强了 WTO 条约实施的强制性，改变了 GATT 协议约束力过弱的缺陷。在调整范围上，WTO 突破 GATT 原有的货物贸易的旧框架，将服务贸易、有关的知识产权和投资措施以及农产品等当代国际贸易的新领域一并纳入其中。

世界贸易组织作为一个多边贸易谈判的场所和论坛组织，为所有成员提供了多边合作和参与的机会。对发展中国家来说，通过这一组织，它们可以提出自己的要求和建议；通过谈判达成协议，使其在履行义务与承诺的同时，享受相应的权利和优惠。由于每个成员不分大小均享有一票投票权，从理论上讲，发展中国家和最不发达国家可以充分行使自己的否决权来影响世界贸易组织的发展方向及重大问题的决策，维护发展中国家和最不发达国家的共同利益。世界贸易组织争端解决机制的强化和权威性的确立，也为发展中国家提供了保护自己切身利益的重要手段。

另外，世界贸易组织在许多协定、协议中均考虑到发展中国家的利益要求，允许其有更多的时间来适应世界贸易组织相关条款的规定，并给予人均国民生产总值在 765 美元以下的最不发达国家（1995 年世界银行标准）特殊优惠，这些国家几乎不承担任何义务，却可享受世界贸易组织成员的一切权利。人均国民生产总值在 1000 美元以下的发展中国家可以在较低水平的义务、给予较长的过渡期安排、发达国家尽最大努力对发展中国家成员开放其货物和服务市场、技术援助和培训人力资源等方面享受优惠安排。

自 1986 年 7 月 10 日我国正式向 WTO 的前身——关贸总协定（GATT）递交复关申请起，经过 15 年的艰苦谈判，我国于 2001 年 12 月 11 日起正式成为 WTO 成员。

自 1995 年成立以来，WTO 改革始终是各成员讨论的中心话题，但一直未能取得重大进展。2019 年，WTO 改革之声再起，原因在于 WTO 体系正面临生死存亡的危机，这既有来自美国的单边主义、贸易保护主义的冲击，也有 WTO 自身亟待改革创新的内在动因。

第一，WTO 规则体系已远落后于世界经济贸易发展现实。WTO 建立 20 余年来，全球科技革命蓬勃发展，数字经济迅速扩展，全球产业链布局深刻变化，新兴经济体群体崛起。但 WTO 规则供给不足，在制定新规则、完善现有规则上被削弱和边缘化，导致全球多边贸易治理严重滞后于世界经济现实。

第二，WTO 谈判功能和决策效率低下日渐凸显。进行多边规则谈判是 WTO 的一项重要职能，但 WTO 建立以来只在有限程度上取得进展，在一些关键领域没有取得令人满意的结果，迄今未能完成一轮完整的多边谈判。

第三，WTO 争端解决机制恐将陷入瘫痪。作为 WTO 中负责裁决贸易争端的"最高法院"，WTO 争端解决机制（DSB）被誉为"WTO 皇冠上的明珠"，它保障了 WTO 原则及规则的有效落实和执行。但在美国特朗普政府的阻挠下，DSB 面临因上诉机构成员不能及时纳新而"熄火"的风险。一旦出现这种情形，就相当于全球贸易治理倒退 20 年。如何打破上诉机构成员遴选僵局，是 WTO 面临的最迫切挑战。

第四，日益增长的贸易紧张局势对 WTO 造成前所未有的冲击。美国特朗普政府公开质疑多边规则和多边机制的合理性，批评 WTO "对美国不公"，要求 WTO 全面改革，口头上多次威胁"退出 WTO"，行动上更是不断绕开 WTO 原则和规则，依据国内法对其他贸易伙伴实施贸易摩擦和制裁。WTO 非但无法制止贸易冲突加剧的态势，反而正在被其摧毁。

第五，WTO 改革与中美贸易摩擦缠绕在一起。美国借 WTO 改革之机，联手欧日遏制中国的意图非常明显。美欧日提出的改革建议及观点中，大量涉及中美经贸摩擦中的争议问题，虽未点名中国，但矛头所指世人皆知。

中国政府支持对世贸组织的必要改革。中国政府认为，以 WTO 为核心的多边贸易体制是当代国际贸易的基石，是全球贸易健康有序发展的支柱。加入 WTO 以来，中国始终坚定维护以规则为基础的多边贸易体制，广泛参与 WTO 各项事务，全面参与多边框架下的各项谈判和对话磋商，推动 WTO 更加重视发展中成员的关切，全力支持发展中国家融入多边贸易体制，中国是多边贸易体制的积极参与者、坚定维护者和重要贡献者。

2018 年 11 月 18 日，习近平主席在亚太经合组织第二十六次领导人非正式会议上发言时指出："我们应坚定维护以规则为基础的多边贸易体制，旗帜鲜明抵制保护主义。世界贸易组织正在探讨新一轮改革，改革的目的应该是让其更好发挥作用，坚持多边贸易体制的核心价值和基本原则，而不是推倒重来。我们应该引导经济全球化朝着更加开放、包容、普惠、平衡、共赢的方向发展。"

2018 年 11 月 23 日，商务部发布了中国关于世贸组织改革的立场文件，提出中国对 WTO 改革的三个基本原则和五点主张，支持对 WTO 进行必要的改革，以增强其有效性和权威性。三个基本原则：WTO 改革应维护多边贸易体制的核心价值，应保障发展中成员的发展利益，应遵循协商一致的决策机制。五点主张包括：WTO 改革应维护多边贸易体制的主渠道地位，应优先处理危及世贸组织生存的关键问题，应解决贸易规则的公平问题并回应时代需要，应保证发展中成员的特殊与差别待遇，应尊重成员各自的发展模式。

WTO 改革既给中国带来了新压力，也提供了新机遇。中国要主动把握国际贸易环境的新变化，与各方一道携手推动 WTO 改革，寻求建立和完善多边贸易规则，推进多边贸易体制更好地造福全人类。

三、国际货币基金组织

国际货币基金组织（the International Monetary Fund，IMF）是政府间的国际金融组织。

它是根据1944年7月在美国新罕布什尔州布雷顿森林召开联合国和联盟国家的国际货币金融会议上通过的《国际货币基金协定》而建立起来的。该组织于1945年12月27日正式成立，1947年3月1日开始办理业务。同年11月15日，成为联合国的一个专门机构，但在经营上有其独立性。

国际货币基金组织设5个地区部门（非洲、亚洲、欧洲、中东、西半球）和12个职能部门（行政管理、中央银行业务、汇兑和贸易关系、对外关系、财政事务、国际货币基金学院、法律事务、研究、秘书、司库、统计、语言服务局）。其宗旨是：作为一个常设机构在国际金融问题上进行协商与协作，促进国际货币合作；促进国际贸易的扩大和平衡发展；促进和保持成员的就业、生产资源的发展和实际收入的高水平；促进国际汇兑的稳定，在成员之间保持有秩序的汇价安排，防止竞争性的货币贬值；协助成员在经常项目交易中建立多边支付制定，为成员临时提供普通资金，使其纠正国际收支的失调，而不采取危害本国或国际繁荣的措施，缩短成员国际收支不平衡的时间，减轻不平衡的程度。

国际货币基金组织的主要业务活动有：向成员提供贷款，在货币问题上促进国际合作，研究国际货币制度改革的有关问题，研究扩大基金组织的作用，提供技术援助和加强同其他国际机构的联系。

近年来，我国与国际货币基金组织间的技术援助合作迅速发展。自1990年以来，IMF以代表团访问、研讨班、专家访问的形式对我国提供了技术援助。技术援助侧重的宏观经济领域包括：财政政策和税收征管；商业和中央银行立法；货币工具和同业市场的建立；对外经常项目可兑换和统一的外汇市场；经济和金融统计。

国际货币基金组织为我国官员提供的培训项目包括：金融分析与规划、国际收支、公共财政、政府财政、货币与银行、对外资本项目可兑换以及金融统计的编制方法。此外，我国官员还参加了国际货币基金组织在奥地利的维也纳联合学院举办的培训课程和研讨班。中国人民银行与国际货币基金组织建立了中国—基金组织联合培训项目。

2008年IMF改革之后，中国份额增至80.901亿特别提款权（SDR），所占份额仅次于美、日、德、英、法五大股东国，投票权上升到3.65%。2015年10月1日，中国首次开始向国际货币基金组织申报其外汇储备，这是中国向外界披露一项重要经济数据的里程碑式事件。2015年11月30日，国际货币基金组织（IMF）执董会批准人民币加入特别提款权（SDR）货币篮子，新的货币篮子于2016年10月1日正式生效。

2016年1月27日，国际货币基金组织（IMF）宣布IMF2010年份额和治理改革方案已正式生效，这意味着中国正式成为IMF第三大股东。IMF的《董事会改革修正案》是IMF推进份额和治理改革的一部分。根据方案，约6%的份额将向有活力的新兴市场和发展中国家转移，中国份额占比从3.996%升至6.394%，排名从第六位跃居第三，仅次于美国和日本。中国、巴西、印度和俄罗斯等4个新兴经济体跻身IMF股东行列前十名。

四、世界银行

国际复兴开发银行（the International Bank for Reconstruction and Development，IBRD）简称为世界银行（the World Bank），它是联合国下属的一个专门机构，负责长期贷款。世界银行是根据1944年会议上通过的《国际复兴开发银行协定》成立的。其宗旨是：通过对生产事业的投资，资助成员国的复兴和开发工作；通过对贷款的保证或参与贷款及其他投资方式促进外国私人投资，当成员国不能在合理的条件下获得私人资本时，则在适当条件下以银行本身资金或筹集的资金及其他资金给予成员国直接贷款，来补充私人投资的不足；通过鼓励国际投资，开发成员国的生产资源，提供技术咨询和提高生产能力，以促进成员国国际贸易的均衡增长及国际收支状况的改善。

根据世界银行的宗旨，其主要业务活动是：对发展中成员国提供长期贷款，对成员国政府或经政府担保的私人企业提供贷款和技术援助，资助其兴建某些建设周期长、利润率偏低但又为该国经济和社会发展所必需的建设项目。

世界银行与国际开发协会（International Development Association，IDA）、国际金融公司（International Finance Corporation，IFC）、多边投资担保机构（Multilateral Investment Guarantee Agency，MIGA）、国际投资争端解决中心（International Centre for Settlement of Investment Disputes，ICSID）共同组成了世界银行集团（World Bank Group）。

世界银行主要通过三种方式实施援助计划：投资贷款、技术援助贷款和赠款（赠款往往由多边合作机构提供，由世界银行管理），并提供分析报告、政策咨询、研讨会和培训等非金融服务，根据需要以一种或多种方式相结合来实现具体的目标。

中国于 1980 年 5 月重返世界银行，1981 年开始贷款。截至 2008 年 6 月 30 日，世界银行对中国的贷款总承诺累计近 437 亿美元，共支持了 288 个项目，其中约 70 个项目仍在实施中。我国是迄今为止世界银行贷款项目最多的国家。2006—2010 年世界银行对中国贷款每年约为 10 亿~15 亿美元。世界银行贷款项目涉及国民经济的各个部门，遍及我国的大多数省、市、自治区，其中基础设施项目（交通、能源、工业、城市建设等）占贷款总额的一半以上，其余资金投向农业、社会部门（教育、卫生、社会保障等）、环保以及供水和环境卫生等项目。所有这些项目对于减少贫困都发挥着直接或间接的作用。我国也是执行世界银行贷款项目最好的国家之一。

世界银行一段时期以来一直在寻求增资，但必须经过该机构的大股东美国同意才行。每当世界银行和国际货币基金组织提出要增资，这种议题都会寸步难行，尤其是特朗普提出"美国优先"口号以后更是如此。根据世界银行的规则，任何重要的决议必须由 85% 以上的表决权决定，多年来，美国的投票权虽然有所下降，但仍超过 15%，保有一票否决权。美国提出的条件之一，就是削减世界银行对中国提供的贷款。为了争取美国财政部同意增资，各方达成协议，世界银行承诺将重点放在向"中低收入国家"放贷上，而把中国列为"中高收入国家"。又因为世界银行投票权反映成员国对世界银行运营的影响力，其份额是根据经济规模和各国对世行的贡献度等因素决定的。世界银行解释，改革将是"渐进式"的，对中国的贷款并不会"戛然而止"，这可能是每一方都能够接受的结果。而英国和美国的其他盟友，也一直呼吁对世界银行增资，他们表示，如果世界银行不能满足对发展中国家提供贷款的需求，那么显而易见，中国主导的亚投行会抢占市场。

2018 年 4 月 21 日，世界银行宣布，130 亿美元的增资计划已获股东压倒性支持通过。此次增资之后，中国在世界银行的投票权较之前上升了 1.26 个百分点，份额达到 5.71%，位次上升至第三位，仅次于美国和日本。美国和日本的份额则均略有下降，分别降至 15.87% 和 6.83%，但仍然占据着第一和第二的位置。

第四节 区域性经济合作组织

一、欧洲联盟

欧洲联盟（European Union，EU）是由欧洲共同体（European Communities）发展而来，简称欧盟，是一个集政治实体和经济实体于一身、在世界上具有重要影响的区域一体化组织。1991年12月，欧洲共同体马斯特里赫特首脑会议通过《欧洲联盟条约》，通称《马斯特里赫特条约》（简称《马约》）。1993年11月1日，《马约》正式生效，欧盟正式诞生，总部设在布鲁塞尔。

欧洲联盟的宗旨是："通过建立无内部边界的空间，加强经济、社会的协调发展和建立最终实行统一货币的经济货币联盟，促进成员国经济和社会的均衡发展"，"通过实行共同外交和安全政策，在国际舞台上弘扬联盟的个性"。

截至2019年1月，欧盟共有28个成员国，法国、德国、意大利、荷兰、比利时、卢森堡为创始成员国，于1951年结盟。此后，丹麦、爱尔兰、英国（包括直布罗陀）（1973年），希腊（1981年），西班牙和葡萄牙（1986年），奥地利、芬兰、瑞典（1995年）先后成为欧盟成员国。2004年5月1日，欧盟实现了有史以来规模最大的扩盟，波兰、捷克、匈牙利、斯洛伐克、斯洛文尼亚、塞浦路斯、马耳他、拉脱维亚、立陶宛和爱沙尼亚共10个国家同时加入欧盟。2007年1月1日，保加利亚和罗马尼亚加入欧盟。2013年7月1日，克罗地亚入盟。

2016年6月23日，英国举行全民公投，以决定是否留在欧盟。最终的计票结果显示，支持脱欧选民票数17176006票，占总投票数52%。支持留欧选民票数15952444票，占总数48%。2017年3月16日，英国女王伊丽莎白二世批准"脱欧"法案，授权英国首相特雷莎·梅正式启动脱欧程序。2019年1月15日，英国议会针对特雷莎·梅的脱欧协议进行投票，结果投票以432∶202压倒性地否决了这项协议。据称这次议会投票是英国政府史上最惨的一次失败，之前的记录是1924年以166票失败。"脱欧"协议被否决显示出英国政府仍未能解决如何"脱欧"的难题，这背后是英国政界在英欧关系、英国与世界关系问题上的深度分裂。同时，英国脱欧也是对欧盟领导力的一次重大挑战。

欧盟与中国的关系以务实、稳定为主要特色。2003年，欧盟与中国根据双边关系发展新态势，各自发表政策文件，进一步提升欧中关系的战略地位。两份政策文件对规划此后欧中全面战略伙伴关系发展方向发挥了重要作用。全面战略伙伴关系的基本定位获得同年第6次会晤的欧盟与中国领导人的积极肯定。近年来，欧中之间致力于打造和平、增长、改革、文明的伙伴关系，赋予欧中全面战略伙伴关系新的内涵，双方妥善管控分歧的意愿和能力增强。欧中关系已超越双边关系范畴，越来越具有全球性的意义。

欧盟希望通过一系列全方位的、富有活力的合作项目全力以赴地支持我国改革开放进程。这些项目都在欧盟优先考虑的政策领域内，并同我国政府达成共识。这些项目也体现了欧盟的总体对华政策。这些政策包括：帮助我国进一步融入世界经济和贸易体系；帮助我国向以法治和尊重人权为基础的开放型社会过渡。除此之外，欧盟也希望加强欧盟对外援助和欧盟成员国对华合作项目之间的协调，以便更好地利用欧盟用于对外援助的资源，同时提高欧盟在我国政府和公众中的形象。

欧盟和我国的合作正逐渐超出传统的发展援助的范畴，而进入诸如司法援助、社会改革、教育、环境和经济发展等领域。即便如此，根据欧盟的全球扶贫政策，欧洲委员会在根据欧盟的全球扶贫政策拟定新的项目时，仍然会考虑到我国有约11%的人口还生活在绝对贫困线之下（即收入低于世界银行确定的每日1美元基准的人群）的事实。

二、亚太经济合作组织

亚太经济合作组织（Asia-Pacific Economic Cooperation，APEC）简称亚太经合组织，成立之初是一个区域性经济论坛和磋商机构，目前已逐渐演变为亚太地区重要的经济合作论坛，在推动区域贸易投资自由化、加强成员间经济技术合作等方面发挥了不可替代的作用。

20世纪80年代，国际形势因"冷战"结束而趋向缓和，世界经济全球化、贸易投资自由化和区域集团化的趋势渐成潮流。在欧洲经济一体化进程加快、北美自由贸易区已显雏形和亚洲地区在世界经济中的比重明显上升等背景下，澳大利亚前总理霍克于1989年1月提出召开亚太国家部长级会议，讨论加强相互间经济合作的倡议。这一倡议得到美国、加拿大、日本和东盟诸国的积极响应。

1989年11月5—7日，亚太经合组织首届部长级会议在澳大利亚首都堪培拉举行，这标志着亚太经合组织的成立。1991年11月，亚太经合组织第三届部长级会议在韩国首都汉城（现为首尔）通过了《汉城宣言》，正式确立该组织的宗旨与目标是：相互依存，共同利益，坚持开放的多边贸易体制和减少区域贸易壁垒。

亚太经合组织的性质为官方论坛，秘书处对其活动起辅助作用。其议事采取协商一致的做法，合作集中于贸易投资自由化和经济技术合作等经济领域。这一组织在全球经济活动中具有举足轻重的地位。

1991年11月，我国以主权国家身份，中国台北和香港（1997年7月1日起改为"中国香港"）以地区经济名义正式加入亚太经合组织。到目前为止，亚太经合组织共有21个成员：澳大利亚、文莱、加拿大、智利、中国、中国香港、印度尼西亚、日本、韩国、马来西亚、墨西哥、新西兰、巴布亚新几内亚、秘鲁、菲律宾、俄罗斯、新加坡、中国台北、泰国、美国和越南。其中，澳大利亚、文莱、加拿大、印度尼西亚、日本、韩国、马来西亚、新西兰、菲律宾、新加坡、泰国、美国等12个成员于1989年11月APEC成立时加入；1991年11月，中国、中国台北和中国香港加入；1993年11月，墨西哥、巴布亚新几内亚加入；1994年智利加入；1998年11月，秘鲁、俄罗斯、越南加入。东盟秘书处、太平洋经济合作理事会和太平洋岛国论坛为该组织观察员，可参加亚太经合组织部长级及其以下各层次的会议和活动。APEC接纳新成员需全部成员的协商一致。

2014年APEC会议，是继2001年上海举办后时隔13年再一次在中国举办，于2014年11月中旬在北京召开，包含领导人非正式会议、部长级会议、高官会等系列会议。其中，领导人峰会于2014年11月10日至11日在北京怀柔雁栖湖举行，中国国家主席习近平主持峰会。本次APEC领导人会议的主题是"共建面向未来的亚太伙伴关系"。在这个主题下有三个重要的议题：推动区域经济一体化，促进经济创新发展、改革与增长，加强全方位互联互通和基础设施建设。

2018年11月18日,APEC峰会在巴布亚新几内亚莫尔兹比港举行,国家主席习近平参加峰会并作重要讲话。

三、北美自由贸易区

北美自由贸易区(Freedom Trade Region of the North America)由美国、加拿大和墨西哥组成,是在美加自由贸易区的基础上的扩大和延伸,美、加、墨三国于1992年8月12日就《北美自由贸易协定》达成一致意见,并于同年12月17日由三国领导人分别在各自国家正式签署。1994年1月1日,《北美自由贸易协定》正式生效,北美自由贸易区宣布成立。《北美自由贸易协定》的宗旨是:取消贸易壁垒;创造公平的条件,增加投资机会;保护知识产权;建立执行协定和解决贸易争端的有效机制,促进三边和多边合作。它是世界上第一个由发达国家和发展中国家组成的经济集团,具有重大意义。根据《北美自由贸易协定》当时的规定,贸易区将用15年时间,分三个阶段取消关税及其他贸易壁垒,实现商品、劳务、资本等的自由流通。

1980年,时任美国总统里根就提出建立北美自由贸易区的设想。20世纪80年代中期以后,美国在国际经济中的优势地位逐渐丧失,而日本的实力在急剧增强,欧洲统一大市场在迅速发展。美国和加拿大为了加强北美地区的竞争能力和各自经济发展的需要,从1986年开始谈判签订"自由贸易协定",作为建立北美自由贸易区的第一步。经过漫长的谈判历程,1988年1月2日,美、加两国正式签订《美加自由贸易协定》,建立美加自由贸易区,1989年1月1日起正式生效。按照《美加自由贸易协定》所述,两国将在10年内分三次取消一切关税,大幅度降低非关税壁垒。美国还同墨西哥签署了《自由贸易协议大纲》,并就两国贸易自由化的细节问题进行谈判。此外,美国还以加勒比海诸国不采取损害美国利益的措施为条件单方面对它们提供地区性特惠待遇,这在美国历史上还是第一次。1993年8月13日,美国、加拿大和墨西哥同时宣布,三国已就北美自由贸易协议的劳务和环境附加条约达成协议,从而为三国通向北美自由贸易道路扫清了障碍。北美自由贸易区的建立,有利于形成一个包括贸易、投资、金融和劳动力流动的一体化共同市场,从而把北美地区的经济合作推向一个新的发展阶段。

2017年1月,特朗普就任美国总统后,几度扬言要废除《北美自由贸易协定》,最终,经过两年的谈判,美国、墨西哥与加拿大领导人于2018年12月签署了新贸易协议——《美国—墨西哥—加拿大协定》(The United States-Mexico-Canada Agreement,USMCA)。新协议达成后,美墨加三个北美国家基本可以自成制造业体系,形成一个贸易圈,墨西哥有丰富的劳动力人口、美国有发达的金融资本市场和高科技支撑,加拿大则有丰富的自然资源和广袤土地。由这三国组成的贸易市场,经济结构比较好,总量也比较大,基本可以完成产业链的自给自足。

新协议尽管保留了价值1.2万亿美元的三向贸易区和原有自贸区框架的大部分内容,但是,在劳工权益保护、汽车待遇、纠纷解决机制、环境保护、知识产权保护等方面,仍有很多新的突破性条款。在特朗普总统主持达成的新协议中,美加两国在乳制品和汽车关税方面,双方各自做出妥协让步。不过,加拿大让步稍微多一点。加拿大总理特鲁多在渥太华表示,达成新协议消除了不确定性,不过他承认加拿大为此做出了一些艰难的让步。加拿大乳品行业批评他对美国商品开放了更大市场。

新协议对墨西哥影响最大,但墨西哥却是最早跟美国签署协议的国家。如果从协议内容来看,墨西哥应该是损失最大的国家,为了降低美国国内厂家将生产转往低成本的墨西哥,现在规定了墨西哥工人的最低工资不得低于时薪 16 美元。这对墨西哥工人无疑是天大的福音,从不到 4 美金跨越到 16 美金,几乎拉平了美墨工人的工资差距,不过这无疑会对墨西哥经济产生冲击,在这种工资几乎没有差异的条件下,也许美国公司将工厂搬到墨西哥就没有必要了。

思 考 题

1. 简述国际性会议和政府首脑峰会在国际经济合作中的重要地位。
2. 举例说明全球性经济合作组织在国际经济合作中所起的重要作用。
3. 简述几个重要的区域性经济合作组织。

【案例分析1】

未来 G20 的作用会超过联合国吗?

当今世界以及 G20 面临着一系列亟待解决的问题:全球化 vs 保护主义,多边主义 vs 单边主义,合作共赢 vs 民族优先,新型秩序 vs 冷战意识等。面对这些棘手问题,G20、G7 和联合国这类国际组织该如何更有效地彼此补充和相互作用,是一个值得探讨的问题。

1. 从 UN、G7 到 G20:全球治理的应时模式

回顾历史,我们发现,但凡有效的全球治理模式,无不例外均与人类当时面临的危机有关。联合国可以说是从战争这个人类最大危机催生而来,因此,战争与和平,一直是联合国工作的首要任务。自 1945 年 10 月 24 日成立至今,它在这方面所取得的卓著功勋有目共睹。在它的"和平使命"以及其他计划和行动框架内,第二次世界大战以来的世界与以往相比变得更加和平和安全。在过去的几十年里,军事冲突的数量虽然有所反复,但总体来说是在减少,规模也在减弱。战争造成的死亡人数也大量降低。

不仅如此,联合国还支持传播并促进那些有利于全人类的理念:在人权方面,它制订了一系列的协议,如《世界人权宣言》《公民及政治权利国际公约》《经济、社会及文化权利国际公约》等。这些文件虽然在各国得到的重视程度不同,但随着时间的推移,它们的实际影响力正在逐步增加。在经济和社会发展方面,联合国参与制定承认贫穷有多个范畴的"人类发展计划"(UNDP)以及点名呼吁相关国家在 2015 年前铲除贫困的千年发展目标(MDGs)。

虽然恐怖主义越来越猖獗,内战和自然灾害造成大量人员伤亡和背井离乡,但世界广大地区的人民正在变得越来越健康和长寿;供应、教育、信息、网络和安全均得到不同程度的改善,超过历史上的任何时期。为了促进公平,国际法院多年来做出了不少开先河的判决和表态,包括国际刑事法院和特设法庭在内的刑法体系日趋成熟。联合国还通过了 45 个环保协议、13 个反恐条约和 500 多个多边协议,为处理国与国之间的许多领域制定了一系列法律准则和机构。

尽管如此，70 多岁的联合国难免也会有僵化和不合时宜的现象出现和存在，内部分歧和利益冲突也比较严重，如穷国和富国之间、理事会和全会成员国之间、拥核国与非核国之间、温室气体排放国和气候变化受害国之间、俄罗斯和美国之间、中美之间、印度和巴基斯坦之间、朝鲜与邻国之间等。但联合国一直在努力改进自己，以尽可能地适应新的挑战和要求。

联合国目前拥有 193 个成员，是最具合法性和代表性的国际机构，因而也是当之无愧的国际事务处理中心（Das Zentrale Operative System der Welt），并聚集了一大批专家人才。在《联合国宪章》框架内，全会可以探讨所有问题。也就是说，联合国给其成员提供了一个稳定的议事机制。

但世界不是一成不变的，全球治理的模式也在不断地经受着各种考验。

1973 年，世界经济在经历了 20 年的繁荣期后首次出现大的震荡：布雷斯顿森林体系的先天不足导致汇率危机；第一次石油危机爆发；G7 正式问世。

20 世纪末，亚洲金融危机爆发，造成该地区许多国家经济严重受挫，社会和政局出现动荡，一些国家甚至因此陷入长期混乱，最后连俄罗斯和拉丁美洲都受到波及。一波未息，一波又起。2008 年，美国的次贷危机引发全球性的金融风暴，世界经济濒临崩溃。G7 发现自己已难以单独主宰世界经济的起伏，希望中国、印度或巴西等最重要的新兴国家也能来参与全球治理。在加拿大和美国财长的倡议和德方的积极配合下，G20 的代表于 1999 年 12 月在柏林首次开会。一个新的独立于联合国的全球治理模式正式登上国际舞台。

随着新兴市场的不断崛起，世界人口、政治和经济的重心进一步发生变化，无论在金融领域还是在发展合作方面，南南合作都非常活跃。因此，有效的国际治理无法再回避这个变化事实。

当今世界，新的挑战更是层出不穷。金融和经济危机、气候变暖、生物多样性受到威胁、移民潮、大规模流行病和国际恐怖主义等。这些新挑战不会止步于某个国界之外，任何国家都无法独善其身。在这样的背景下，全球治理的核心问题就不应只局限在"必须做什么"上，而是也应包括"如何做"以及"谁来做"。

联合国虽然具有广泛的代表性，五大常任理事国在"冷战"时期也的确达成了某种平衡，但同时也可以让任何决议化作泡影，特别是在危机时刻，更显得效率不足。

G7 虽然一度被视为"世界政府"，但其所代表的旧体系日渐式微，世界急需一个新的没有一票否决权、但同时又有一定代表性和相当影响力的国际架构来应对危机和迎接挑战。G20 就是在这样的背景下变得越来越重要。

如上所述，UN、G7 和 G20 均为危机产物，但联合国与 G7 和 G20 这两个非正式组织之间既彼此补充，又互为竞争。之所以说"相互补充"，是因为它们在全球治理过程中有着某种不同的分工和侧重点：UN 主要关注战争与和平问题；G7 和 G20 更倾力于经济和金融领域。同时，三者又是互为竞争的关系：随着非正式组织的出现，联合国的确有被边缘化的危险。

2009 年 9 月 24 日至 25 日，G20 在美国匹兹堡举行峰会讨论激活经济的措施时，联合国正在 370km 之外的纽约举行全会，议题之一也是如何应对全球金融危机的后果。这说明，联合国全会已不足以解决当务之急，反倒是 G20 匹兹堡峰会被舆论视为"全球治理最重要的论坛"。

G7 和 G20 之间的关系也很微妙：G20 并基本完成了反客为主的逆转，成为经济和金融领域最重要的全球治理平台。

我们可以从以下数字看出全球权力重心的转移：G20 问世之前的 1998 年，发达国家和新兴经济体在世界经济中所占的比例分别为 44.4% 和 17.9%；18 年后的 2016 年，两者之间的差距发生逆转，分别为 31.09% 和 31.24%。

在 2014 年的 G20 布里斯班峰会上，东道主澳大利亚本计划联手其他国家开除俄罗斯，由于金砖国家集团（BRICS）的反对而未获通过。世界力量对比中孰消孰长，由此可见一斑。

如今，G7 已从原先的"世界政府"弱化为协调传统西方国家利益和立场的机构，而金砖国家集团（BRICS）则成为新兴经济体的代言人和对抗 G7 的"制衡器"。作为世界第二大经济体，中国在金砖国家集团中的地位举足轻重。

2. G20 的优势和短板

G20 合理性和合法性基于三个因素：

首先，它应对危机的效率高，这点在 2008 年金融危机过程中得到了充分的印证，拯救了处于崩溃边缘的世界经济。

其次，联合国虽然拥有更多的成员，但 G20 代表了世界人口的 2/3、世界贸易的 75% 和全球 GDP 的 85%。也就是说，如果 G20 内部就某一问题达成共识，也就意味着该问题的一大部分可以得到解决。

最后，G20 一年一度的峰会越来越成为一个重要的双边和多边外交平台，与会国新老元首可以借此平台直面接触，有利于彼此增进了解，培养友谊。同时，这个平台还提供了一个横向的广角，这是发现问题之根源以及确保政策之关联性的一个重要前提。

但是，G20 的上述优势和强项并不能掩盖其瓶颈和短板：由于这个平台的非正式性，所以在此产生的任何文件对成员国不具有约束力，是否执行完全看每个国家的"善意"和"自觉"，不存在监督执行的机制，对集团外的国家更是如此。因此，G20 的"最后声明"中多含诸如"与会者达成共识""各方达成谅解""致力于"等委婉性的表述。这是该机制最大的先天不足。

此外，该组织内缺乏最不发达国家和中小国家的代表，在解决全球问题时是否能做到真正接地气是个很大的问号。

还有，G20 的成员国也是联合国的主要成员国（特别是五大常任理事国），它们在联合国如果不能有效配合，又有什么理由会在这里通力合作呢？这个不确定性也是许多人质疑这个平台的原因之一。

与联合国一样，G20 成员国之间同样存在不少分歧和争端，譬如，金融和银行领域的管理改革、税务和货币政策协调、贸易不平衡等方面。这就要求大家秉持"合作优于自决、速效优于微效、合理优于合情"的态度来协调自身利益与共同利益之间的关系。

所有这些，做起来比说起来难得多，特别是当集体利益尚未受到威胁的时候，各方很难同心协力，拧成一股绳。因此，在有些人眼里，G20 仅是应急机制，可以共赴危难，却无法在常态下担当长久治理的重任。

尽管如此，G20并非是有些媒体讥讽的"纸老虎"，它毕竟为稳定金融市场和促进经济方面做出过不小的贡献，避免了世界经济的大幅度滑坡和全球性危机。

它致力于建立新的金融体系，以确保货币的正常流通，防范危机重演。因此也有人将其称作"后备世界政府"（Weltregierung in Reserve），它的作用似乎与危机大小成正比：危机越大，作用越大。

例如，2008年金融危机期间，G20商定的一系列措施在各国内（特别是欧盟和美国）得以贯彻：美国政府批准了《多德—弗兰克华尔街改革和个人消费者保护法案》（Dodd-Frank Wall Street Reform and Consumer Protection Act），改造了金融监督体制，加强了对冲基金的管理和监控，明确哪些是"大到不能倒"（Too Big to Fail）的银行，对证券和评级机构做出严格规定。

在G20的建议下，国际货币基金组织增加了资金；"金融稳定论坛"（Financial Stability Forum）被升级为"金融稳定委员会"（Financial Stability Board）；G20在2010年首尔峰会上提出的增加本金储备额建议最后也得到落实，诞生了"巴塞尔金融协议Ⅲ"。

此外，它还提出许多本来属于各国主权范围的课题（如货币政策、兑换汇率和债务水平），以此为宏观经济的长远性管理创造条件。只是在国际贸易以及预算平衡等方面，G20还没有找到更好的解决办法。原因是这些问题深深扎根于各国不同的经济和政治理念中，一旦涉及，很容易被这些国家解读为对主权的干涉。

在过去数年中，G20还拓展财金领域之外的全球性问题（如全球气候、能源政策、国际贸易、劳务市场政策、食品安全或发展合作等），但在政治和军事方面还没有形成自己的立场。未来是否继续如此，目前还不得而知。

3. 结语

G20之所以有相当的凝聚力，并成为联合国之外的一个行之有效和被普遍认可的平台，主要有以下几个原因：第一，它和联合国的功能和侧重点不同，二者具有互补性。第二，G20的文件没有约束力，与会者不必担心被决议套牢，因此反而更容易畅所欲言、从容磋商。第三，除联合国五大常任理事国之外，G20的其他与会者在UN中均不拥有一票否决权，所以更愿意在另外一个能体现自己实力的平台商议国际大事。第四，G20已具备某种品牌效应，能加入是一种地位和实力的象征。

从规模上看，G20与G7相比，扩大了差不多3倍，更加多元，这无疑是一个进步；较之联合国，它却依然是一个很小的俱乐部，但效益似乎更好。

我们当然不能指望G20能包治百病，却也不应该轻易放弃它在可能的条件下会让世界变得相对公平的希望。

客观地说，在全球治理过程中，G20即是解决问题的一把利器，同时它的成员国来历和背景相当复杂；本身又是问题的一部分。

不管你是否喜欢和承认G20，其形成和发展足以反映世界力量正在发生着翻天覆地的重组。

未来哪一天，G20也许会变成G25或G30，但它演变成价值共同体的可能性微乎其微，因为决定成员资格的是其经济总量，而非国家政体。

无论是UN，还是G7和G20，既然都是全球治理的工具，那它们首先指对的应该是治理的对象：问题。

不敢肯定 G20 会有一个什么样的未来，但能肯定的是：人类今后遇到的问题只会更多不会更少。

那么，既然问题在变，解决问题的工具又岂有不变之理？

（资料来源：观察者网，百家号 2018-12-02。【文/ 观察者网专栏作者 扬之】，有改动。）

【案例分析2】

英国脱欧对欧洲及世界经济合作格局的影响

英国脱欧无疑是 21 世纪以来欧洲政治发展中的重要历史事件，无论是对欧洲区域一体化还是对全球化与全球治理进程，都堪称一次重大挫折。它犹如一柄"双刃剑"，一方面预示着英国直接民主的胜利，在短期内有利于缓解和转移英国的经济社会矛盾；另一方面也反映了英国国内新的社会分化和政治竞争，加重了欧洲一体化深化的困境，并将在一定程度上推动世界格局与全球治理体系的变革。

1. 英国发展前景忧喜难测

"脱欧公投"给英国政治经济、内政外交的影响深刻而久远，必将载入第二次世界大战后英国甚至欧洲发展的史册。在经济上，虽然脱欧能为英国节省约占 GDP 0.3%～0.4%的年预算摊派费，摆脱欧盟劳动者自由流动制度的限制，减少外来移民给英国社会福利制度和劳动力市场造成的冲击，进而促进本国就业，但是，英国同时也面临市场避险行为诱发金融市场动荡、英镑地位和伦敦作为世界金融中心地位受到冲击的风险。增长预期的不确定性和贸易投资规模的下降也将减少劳动力市场需求和普通民众的消费福利，从而抑制经济发展。从欧盟统一大市场退回国家之间的贸易，自由贸易受到限制，投资吸引力与贸易规模下降，英国与欧盟之间的贸易和投资关系倒退，最终可能伤及根本利益。

在政治上，脱欧直接导致了卡梅伦政府下台，使英国政治由此进入内耗不断、纷争加剧的新阶段。围绕是否脱欧的争议，英国国内政党之间的竞争和政治碎片化加剧，直接民主和代议制民主遭遇困境。政党"右强左弱"的态势进一步加强，苏格兰民族党、英国独立党趁势而上，极右翼政党受益得势。苏格兰首席部长曾表示将确保苏格兰的欧盟成员身份，并举行第二次独立公投；爱尔兰提出让希望留欧的北爱尔兰人选择举行是否与爱尔兰共和国统一的公投。英国的脱欧行动为此提供了分离英国的新理由，英国国内的地区冲突激化，国家分裂的风险骤然显现。

在社会领域，脱欧凸显了英国的社会阶层矛盾和代际冲突，政治精英与社会草根之间久已存在的社会裂痕更加难以弥合。欧洲一体化和全球化导致的发展失衡与分配不公冲击着英国内部的社会结构，在其失利阶层，特别是中下阶层和农村边缘地区，催生反一体化、民粹主义和保护主义浪潮。面对反一体化的负面效应，一些阶层和人士出现对国家发展前景的悲观情绪，将国内经济衰退和社会矛盾激化归咎于一体化，国内的内顾保守化倾向加重，疑欧情绪和单边主义、保护主义抬头，甚至回归狭隘的国家主义立场，国际合作意愿减弱。

2. 欧洲一体化遭遇严重挫折

回顾英欧关系的发展，由于地理和历史原因，英国一直对欧洲大陆事务奉行不干涉的"光荣孤立"政策，对欧洲一体化也始终摇摆不定，患得患失。先是不屑一顾、拒绝入欧，后为形势所迫无奈加入后，又常常与欧盟龃龉不断，被指为"难以合作"的伙伴、"半心半意"的成员。即使后来加入一体化进程，英国仍然若即若离，游离于欧元区之外，不肯完全融入，足见英国与欧盟之间挥之不去的距离。英国的历史文化传统经由数世纪的沉淀，表现为保守务实、坚守主权、均势思想、帝国情结、疑欧主义和岛国思维等形态，并深深地影响着多数英国人，尤其是政治家的思考和决策。可以说，脱欧是英国外交政策和传统观念文化的结果，也是新时期英欧关系和欧洲民粹主义、国家主义、右翼势力抬头的反映。也许从英国多次申请被否后才得以入盟的开头，就预兆了当下脱欧的结局。

英国脱欧使欧盟失去了一个重要伙伴，欧洲一体化"三驾马车"解体，对依然困于低潮甚至停滞状态的欧洲一体化合作无疑是雪上加霜。它极大地打击了欧盟深化一体化的士气和凝聚力，动摇着后入盟国家和弱势边缘国家的信心，也挫伤了候选国加入欧盟的期盼和积极性。在经济上，英国脱欧可能延缓欧盟自由贸易和单一市场的推进，给英国和欧洲的劳动力市场管理、对外贸易、金融监管和国际资本流动机制等带来更多不确定性。在欧债危机影响未尽、经济复苏依然低迷的形势下，这些不确定性将使欧盟经济发展更加缺乏稳定，削弱欧盟的经济实力。脱欧的"负面示范"效应也必将不断发酵外溢，使原本并不稳固的成员国关系面临更加严峻的挑战，刺激更多成员国效仿考虑脱欧的可能性，欧盟经济一体化面临停滞乃至倒退的风险。

脱欧也可能加剧欧盟内部的力量失衡。英国的疑欧立场屡屡成为欧洲一体化前进的阻碍和离心因素。英国脱欧可以减少欧洲一体化深化的部分内外阻力，但英国作为欧盟第二大经济体，其脱欧也意味着欧盟将减少1/6的GDP，在世界经济格局中地位下降，而其长期形成的内部力量平衡格局也将被打破。因为欧盟失去英国这个重要的平衡砝码，缺少英国制约的德法主导力量得到进一步加强，法国经济上的保护主义倾向和德国的国际影响力将进一步提升，成员国对德国主导欧洲的担忧越发明显。

3. 全球治理面临巨大考验

欧盟作为区域一体化相对成功的示范，曾经以自身合作不断扩大和深化的成就促进了世界区域一体化的进程，谱写了全球双边与多边合作治理的历史篇章。但是，英国脱欧开了国家退出区域合作联盟的先例，它所折射的欧洲社会反一体化和保护主义、民粹主义、国家主义抬头，不仅使全球多边合作治理面临巨大考验，也会削弱欧盟的国际地位和全球影响力，对欧洲地区和世界政治格局产生复杂影响。

一是欧俄关系将迎来缓和改善的新机遇。英国是欧盟最坚定的大西洋主义国家，在贸易自由与安全政策领域，推动欧盟与美国接近。乌克兰冲突使得欧俄关系陷入僵局，英国对俄立场强硬，主张欧美联手加大对俄制裁。英国脱欧后，英欧的相互制约松解，欧盟内部对俄温和力量上升，欧俄关系改善的可能性增加，俄罗斯在欧洲大陆的影响力和全球地位将逐渐恢复，亚欧大陆的政治版图也许会因此发生变化。

二是助长反一体化、反全球化思潮的兴起。英国脱欧不只是经济和政治利益博弈的结果，也是对区域治理价值导向和欧洲一体化前途命运的抉择。在一定意义上，脱欧是对以合作和开放为价值基础的区域一体化进程的否定。英国脱欧在很大程度上昭示着底层民众对社会现状的不满，对由西方精英阶层主导的欧洲一体化和全球化的抗拒。英国完成脱欧后，这股反一体化、反全球化思潮可能表现得更为明显，威胁着一体化和全球化发展的进程。

三是世界政治格局和全球治理变革复杂化。作为世界多极化格局中的重要一极，欧盟主张多边主义和合作主义，积极推进区域共治和全球治理，特别是在多边贸易、气候变化、发展援助等领域发挥重要的作用。一个团结、强大、稳定的欧盟无疑是当今全球治理体系变革不可忽视的力量，但英国脱欧使欧盟的整体实力、外交资源及其治理能力受到损减，其全球作用的发挥也将增加许多制约，甚至给新时期的全球化进程与全球治理增加新的阻力和不确定性。同时，作为老牌资本主义国家和世界经济政治大国，英国失去欧盟成员国资格，不能依托欧盟在欧洲和世界事务中发挥作用，其国际地位和影响也将失去昔日的显赫和光芒。国际力量对比和世界政治格局或将由此发生变化。

（吴志成，系天津市中国特色社会主义理论体系研究中心南开大学基地教授、南开大学全球问题研究所所长）

（资料来源：2019年01月17日，光明日报，作者：吴志成。）

第十二章

国际经济协调

国际经济协调（International Economic Coordination）是指各国政府通过国际经济组织、国际会议以及建立区域经济组织等方式进行对话磋商，对国际经济关系进行联合调节。国际分工是国际经济协调的客观基础；解决彼此间在经济利益中的矛盾和冲突，维护并促进世界经济稳定和正常发展是国际经济协调的目标；各国政府是国际经济协调的主体；通过一定方式，联合对国际经济运行进程进行干预或调节是国际经济协调的主要手段。国际经济协调是当代国际经济发展过程中的重要现象，是经济全球化的突出表现。

国际经济协调作为一种经济现象并不是近几年才出现的，严格来讲，在经济国际化和统一的世界市场开始出现时，它就存在了。当前，世界经济正处于一个变化和发展的时期，各种各样的矛盾和问题不断涌现，迫切需要国际经济协调发挥作用。由于各国在协调中代表着各自的经济利益，在许多问题上难以达成共识，因此国际社会迫切需要一种经济协调机制。协调是国际经济合作顺利发展的重要保证，国际经济协调的领域包括所有经济活动，具体来说主要包括贸易、金融、投资、科技、经济发展、南北关系以及各国国内政策与国际政策调节的协调。

第一节 国际贸易协调

一、世界贸易组织与国际贸易协调

在国际贸易领域的协调主要是指对关税和非关税贸易政策与措施以及调整各国贸易关系方面的协调，包括两个层次：一是在世界范围内进行；二是在区域经济组织成员内部进行。目前，协调范围最广、影响最大的当数世界贸易组织，在贸易以及与贸易有关的许多领域都取得了成果。在关税方面，世界普遍关税税率大大降低了，其中发达国家的关税税率从"二战"后的35%降到现在的4%，发展中国家平均税率降到了13%~15%的水平。对于其他非关税壁垒措施也制定了相关的规则。此外，在与贸易有关的投资、知识产权和服务贸易方面也达成了一些协议。可以说，通过贸易领域的国际协调，世界贸易的自由化进程显著加快了。世界贸易组织在国际贸易中的协调作用主要有：

（1）建立全球多边贸易谈判的协调机制，主要是定期组织全球多边贸易谈判，为成员提供处理各协定、协议有关事务的场所。并为世贸组织发动多边贸易谈判做准备和提供框架草案。谈判的议题已由货物贸易逐渐扩展到与贸易有关的投资服务贸易、知识产权等领域。

（2）制定统一的多边贸易规则，主要包括：非歧视原则（最惠国待遇原则/国民待遇原则）、互惠互利原则和透明度原则。

（3）协调各成员的贸易政策和措施。通过贸易政策审议机制，定期审议各成员的贸易政策法规是否与世界贸易组织相关的协议条款所规定的权利义务相一致。

（4）主持解决各成员之间的贸易纠纷。世界贸易组织总理事会作为争端解决机构，处理就"乌拉圭回合"多边贸易谈判最后文件所包括的任何协定或协议而产生的争端。根据世界贸易组织成员的承诺，在发生贸易争端时，当事各方不应采取单边行动对抗，而应通过争端解决机制寻求协调并遵守其规则及所做出的裁决。

由于世界贸易组织是由国际上很多国家（地区）共同参加组成的一个国际经济组织，享有独立的法律资格，可以为保证世界贸易的正常进行而行使其各项职能，因此，在国际经济协调中，世界贸易组织起到了十分重要的作用。对于一般性的世界贸易问题，世界贸易组织是根据其法律体系中的《建立世界贸易组织协定》、多边贸易协定、双边贸易协定等规范性文件中的几项基本原则来进行协调解决的；而对于比较有争议的各国之间的贸易问题，世界贸易组织一般是根据其争端解决机制来加以协调和处理的。

"乌拉圭回合"多边贸易谈判所取得的重大成果之一是建立争端解决机制（Dispute Settlement Body，简称DSB），因其能确保更公正地执行裁决，故被描述为"乌拉圭回合"谈判协定的支柱之一。发展中国家比从前任何时候都更期待能在世界贸易组织框架下更好地维护和促进自身利益，因而对新机制的期望使它们广泛认为争端解决机制是一个可资利用的有效工具。

然而，就像任何事物都无法完美无缺一样，WTO争端解决机制也不例外。通过多年的实践，也发现《关于争端解决规则与程序的谅解》（DSU）本身以及DSB的实践存在一系列需要考虑改进的问题。例如，是否应设立常设专家组；国际法的一般基本原则是否可以适用于WTO案件的解决；如何增强案件审理的透明度，即是否可以公开审理案件；是否可以允许案件之外的独立机构或专业人士（第三人）向专家组提供事实或法律方面独立意见（法庭之友）以帮助审理和裁决；如何扩大第三方的权利；上诉机构是否可以将案件发回专家组重审；如何改进目前案件审理期限过长；执行的合理时间以及报复水平是否必须通过仲裁程序；运用21.5执行专家组的程序次数是否应受到限制；如何解决DSU程序上执行专家组程序与报复程序的冲突问题；如何能促进败诉方及时有效地执行裁决；授予弱小成员的报复权利究竟有何意义，如何改变弱小成员胜诉不胜"利"的状况，如何改进专家组和上诉机构报告过长、过于臃肿的情况；如何为发展中国家参与争端解决机制提供便利等。

二、自由贸易区、关税同盟与国际贸易协调

在国际贸易领域的协调主要是对关税和非关税的贸易政策与措施以及调整各国贸易关系方面的协调。在区域经济组织成员内部，主要是通过消除关税和非关税壁垒，协调各成员国的经济贸易政策和立场等方面的措施来实现。

自由贸易区和关税同盟是区域经济组织的两种主要形式。自由贸易区是指以贸易为主发挥工商业多种功能的自由经济区。在贸易区内取消了各成员国之间的关税壁垒，但各成员国对区外第三国仍保持各自的关税制度。关税同盟是指除了对内取消关税壁垒外，还对外统一关税。关税同盟是在自由贸易区的基础上进一步协调成员国的贸易政策。

关税同盟是比自由贸易区更高一级形式的经济一体化组织，不同程度的经济一体化组织需要协调的目标不同，协调的效果也不同。在对外经济贸易政策上，只有关税同盟有统一的对外贸易政策和措施；在各成员国之间的经济政策协调上，它们都涉及不同程度的经济政策

和措施的协调。

在世界经济组织的全球经济协调能力下降，或者是在世界经济组织在全球经济一体化的领域中还留有协调空间的情况下，区域性协调组织的数量在不断增加，其影响力也日益增强。其中，发展最为成熟的是欧洲经济一体化形式。从它的发展逻辑来看，其主要特征在于协调的领域越来越宽，出现了成员国政府主权让渡的现象。除欧洲外，北美也建立了北美自由贸易区，亚洲也在积极探索经济、贸易和货币领域的合作。区域性的国际协调会影响世界经济协调组织的协调效应和结果。区域性协调除了具有弥补世界经济组织协调功能的缺陷之外，更重要的是能帮助其成员增加在世界贸易组织中的议事权力，通过区域性协调形式，各民族国家能在世界经济组织中争取更多的利益。所以，在当今世界经济的条件下，任何国家参与经济全球化时的对外一体化政策选择也应该是多元的，如果把加入世界经济组织作为一国参与一体化形式的唯一选择，那么在区域性国际协调蓬勃发展的国际环境中，该国在世界经济组织中也会面临被边缘化的危险，这无疑违背了民族国家参与经济全球化的初衷。

三、国际公约、协定与国际贸易协调

国际公约和协定是两个或两个以上主权国家为确定它们在经济方面的权利和义务而缔结的书面协议。国际公约和协定以国际法形式规范、管理、协调国际经济交往，使世界经济运行受到法律秩序的规范和约束。同时，国际公约和协定也可以通过有效期结束、达成新协议、废除旧约定等方式解除签约国的国际协调责任，所以它不同于具有永久性的国际经济组织及区域经济集团的协调形式，具有时效性。

国际规则在国际政治经济生活中的地位大幅度提升，这种提升表现在许多方面。第一，国际规则或惯例为越来越多的国家或政治实体所接纳。无论是世界贸易组织这样的全球机构，还是欧盟这样的地区性组织，囊括的国家或经济体日益增多。第二，越来越多的问题或领域都被纳入国际规则的约束范围之内。新增的多边国际规则，包括原有规则涉及领域的丰富与拓展越来越多。第三，世界各国和各地区之间的交往和纠纷的解决越来越倚重双边或多边国际规则。处理贸易争端如此，打击跨国犯罪亦如此。第四，对某些国家，尤其是对那些能够影响国际规则制定和实施的国家而言，各类国际规则已成为它们维护和增进国家利益的基本手段。第五，一个国家或国家集团在世界结构中的地位，主要取决于它们在制定和实施国际规则过程中的综合实力，或一国的综合实力之大小。大国或国家集团间的竞争，也主要围绕国际规则的制定与实施展开。

第二节　国际金融协调

1973年布雷顿森林体系崩溃后，西方各国普遍开始实行浮动汇率制。在浮动汇率制下，汇率由外汇市场的供求决定，市场汇率的波动对国际收支平衡起着一定的自动平衡作用。因为汇率的变动会引起国内外商品价格的相对变动，当一国货币贬值时，该国出口商品的外币价格降低，使原来用于国外商品的支出转移为国内商品的需求。这种转变，不仅能够刺激国内需求的增加，引起国民收入提高，同时还能扩大出口，减少进口，扭转国际收支，实现经济的外部均衡。因此，当一国出现贸易赤字时，往往会采取本币贬值的汇率调节手段。但是，一国金融政策往往具有"溢出效应"，对他国产生负面影响。金融政策的"溢出效应"，

是指一国国内的货币政策在作用于国内经济变量的同时，也对相关国家的经济变量产生影响；反过来，国际的货币政策会波及国内，使国内金融政策的效果产生扭曲，难以达到预期的政策效果。各国政府从各自利益出发加大对汇率的干预程度，对世界经济的平衡发展构成了威胁。再加上浮动汇率的多边性导致了国际金融市场更大的不稳定性和投机性，给国际贸易和国际投资带来了风险。因此各国需要相互协调，减少单边行动，实行有管理的浮动汇率。实际上，自浮动汇率实行以来，国际金融领域协调就一直没有停止过，主要是通过国际金融组织，建立世界稳定的发展机制；通过各国之间的金融政策协调，特别是影响汇率形成机制的主要国际货币美元、欧元和日元中央银行的政策来进行协调。

对国际收支和汇率进行国际协调成为各国的必然选择，也成为各国金融发展内外协调的主要内容。它一般体现为：

（1）汇率协调。一种是多边协调，主要是对主要工业国家国际收支和汇率政策的相互作用进行协调，并估价这些政策对世界经济的影响。多边协调是以 IMF 执行董事会和理事会临时委员会每半年一度的《世界经济展望》为依据，主要协调有关国家对内和对外调整的中期方法。另一种是个别协调，主要是检查会员国的汇率政策，要求会员国迅速将本国汇率安排通知 IMF。不过，由于会员国不愿交出国内政策的自主权，因此 IMF 的汇率协调活动还缺乏实际效果。

（2）为金融发展开展磋商与协调的国际金融组织，主要是国际货币金融组织（IMF）、世界银行（WB）和国际清算银行（BIS）。IMF 通过磋商来履行监督会员国汇率政策的责任，了解会员国的经济发展和政策措施，迅速处理会员国的贷款申请。原则上，除 IMF 召开的会议外，IMF 还应每年同各会员国进行一次磋商。

（3）利用外资及短期信贷进行协调。这些外部协调主要体现在利用外资的形式上，以及与国内资金的联系、利用宏观经济效益及 IMF 等组织的信贷措施等。例如，会员国发生国际收支暂时不平衡时可以卖给其外汇，这样可以向其提供短期信贷，帮助其缓和国际收支危机；同时，通过附加贷款条件要求其采取一定的经济调整政策，使其国际收支能在价格合理、汇率稳定、经济增长持久、实行多边自由支付体系的状态下，尽快恢复到一个可以支撑的水平。

（4）重新安排国际债务。这些外部协调表现在：为官方和私人债务安排提供技术、资金和心理支持；通过贷款计划促使债务国进行经济调整；参与债务重议谈判、确定债务重议的条件；协调债务重新安排协定的实施，包括经常向债权者提供有关信息，对不按协定提供"非自愿贷款"的债权银行施加压力或实施纪律，对不执行稳定或调整计划的债务国实行惩罚等。

第三节 国际投资协调

国际投资协调的主要目标是排除投资障碍，减少投资摩擦，调整资金流向和投资利益分配。其主要表现为：

（1）政府投资和经济援助的内外协调。这主要包括：对各国政策进行指导性国际协调；通过建立多边国际金融机构，集中管理政府援助资金和贯彻统一援助政策；进行政府间的联合投资等。在发展中国家，尤其是在经济一体化组织内部，进行政府间的联合投资方式的开展较为普遍。

（2）投资管理的内外协调。这些外部协调主要表现在：限制投资竞争（如发达国家实行的出口信贷君子协定)、平衡竞争条件(如统一国际银行的资本标准);对跨国银行进行国际监督、管理和协调(如《巴塞尔协议》规定银行母国与东道国对跨国银行共同承担监督责任,双方并就此进行相互合作);制定国际投资行为规范等。

(3) 外资政策的内外协调。由于在接受外国投资方面,各国经济政策及管理体制存在极大差异,造成了各国外资政策的摩擦和投资障碍,需要通过国际投资条约和协定,即外部的协调来规范相互间的私人投资关系,加强对海外投资和外国投资的保护,维护健康的投资环境。"二战"后,各国签订了 300 多个双边投资保护协定,在外国投资者的待遇标准、投资项目和内容、政治风险、代位权和投资争议等方面做了具体的规定,这类协定已经成为当今国际投资外部协调的主要形式。

(4) 国家之间税收分配关系的国际协调。这类外部协调的主要形式有:缔结多边税收协定;在经济一体化组织范围内进行税收合作;非区域性多边合作。另外,国际税收合作在减轻跨国投资经营的税负、促进国际投资及其他国际交易活动的发展方面也起到了一定的作用。

(5) 国际债务调整。这些外部协调主要采取债务重新安排(债务重议)、内债与外债的协调等措施。

一、当前对外直接投资国际协调的特点

1. 双边层次的 FDI 协定成倍增加,并已成为各国投资环境的重要标志之一

双边投资协定(BITs)是指为了调整国家间的私人投资关系,保护外国投资者的合法权益,维护健康的投资环境,由母国和东道国签订的一种促进和保护投资的双边条约。BITs 的具体内容因签约国的具体国别而有所不同,但一般均涉及外资的待遇(如国民待遇、最惠国待遇)、涵盖的范围(典型的包括非股权投资和各种类型的股权投资,以及投资周期各阶段的主要问题)、政治风险保障及争端解决(对资金转移、征收和国有化、签约方和投资者与东道国争议解决等具体投资保护标准做出明确规定)等问题。

自 20 世纪 60 年代以来,BITs 的扩展速度令人瞩目[1]:20 世纪 60 年代,75 项(其中 2 项有发展中国家参与,下同);20 世纪 70 年代,167 项(14 项);20 世纪 80 年代,386 项(64 项)。截至 2016 年年底,世界各国签订的 BITs 达到了 2696 项,其中大部分是在发展中国家间签订的。可见,双边投资保护协定网络已非常广泛且仍在持续扩大,特别是发展中国家的参与和作用正与日俱增。各国政府积极参与签订的双边层次的国际直接投资协定,已成为推动 FDI 迅猛发展的主导力量,并进而加速了经济全球化的进程。

2. 区域层次的 FDI 政策协调呈现多样化趋势,其协调范围不断扩大且约束力日益增强

现行的区域层次上投资政策协调主要有三类:

(1) 区域经济集团内的协调。它一般是在地区经济一体化协议中包含投资问题的条款,如:欧盟成员国间资本自由流动的协议;东盟国家投资协定;南锥体共同市场[2]投资议定

---

[1] 引自:http://www.finance.sina.com.cn/financecomment。

[2] Southern Cone Common Market:南锥体共同市场(南方市场);1991 年 3 月 26 日,阿根廷、巴西、巴拉圭和乌拉圭 4 国总统在巴拉圭首都签署《亚松森条约》,宣布建立南方共同市场(也称南锥体共同市场),简称南共市。该条约于当年 11 月 29 日正式生效。1995 年 1 月 1 日,南共市正式运行,关税联盟开始生效。其宗旨是通过有效利用资源、保护环境、协调宏观经济政策、加强经济互补,促进成员国科技进步和实现经济现代化,进而改善人民生活条件并推动拉美地区经济一体化进程的发展。

书；亚太经济合作无约束性投资原则；北美自由贸易协定等。

（2）专项能源和原材料输出国组织内的协调。它主要通过分配销售份额、避免成员国内部削价竞争来防止跨国公司操纵国际市场价格，如欧佩克、天然橡胶生产国协会、铜出口政府联合委员会等。

（3）不同类型国家所组成的综合性组织内的协调。它主要涉及投资问题或独立的投资协议。

3. 多边层次的 FDI 协调日益受到重视并取得较大进展，为最终建立一个统一的 FDI 政策框架奠定了基础

在多边层次的 FDI 协调方面，世界银行与世界贸易组织均有重要建树。由世界银行达成了多项多边投资协定，如《关于解决国家和它国国民间投资争端公约》等。由乌拉圭回合最终协议达成并于 1994 年由世界贸易组织通过的三个涉及投资问题的协议，标志着多边层次的国际直接投资安排取得重大进展。《与贸易有关的投资措施协议》（《TRIMs 协议》）对国际直接投资的业绩要求做了具体规定，该协议明确禁止对外国投资项目提出当地成分、贸易平衡和出口限制等业绩要求，由此通过逐步取消对外国投资者的障碍而极大地促进国际直接投资的发展。《服务贸易总协定》（GATs）规定了适用于所有服务部门的普遍义务和规范，因而服务行业的 FDI 要受 GATs 的协调。《与贸易有关的知识产权协议》（TRIPs）是多边层次贸易和投资中知识产权保护最为综合的协调机制，该协议虽然没有直接涉及投资问题，但由于知识产权有可能成为 FDI 的一个组成部分，且对知识产权保护与否直接影响跨国公司做出 FDI 的决策，因而 TRIPs 自然成为国际直接投资政策协调中，知识产权保护的重要机制之一。

二、对外直接投资国际协调的发展前景

1. 各种层次的 FDI 国际协调机制无论是在广度还是在深度方面均将进一步发展

这主要是因为：

（1）在国际直接投资领域加强国际合作与协调正日益形成广泛共识，而现有的双边、区域乃至多边层次上的国际协调机制已经或正在取得进展，这无疑有利于国际协调机制的发展和深化。

（2）跨国公司对外直接投资已成为当代国际生产组织的重要形式，全球化发展的压力和公司战略的变化必将促进未来国际规范的发展，加快国际规范形成和实施的进程。

（3）现有国际协调机制主要涉及国际直接投资领域一些共同关注的问题（如一般待遇、与准入和开业经营相关的条件、保护标准、争端解决、企业行为及其他投资促进等），随着国家层次的对外直接投资政策进一步自由化和趋同，目前相对不太受重视的问题会逐渐由国家层次上升到国际层次，因此，在日益自由化和急剧全球化的世界经济中，进入国际实质性讨论和协调的投资会越来越广泛，最终可能会涵盖所有与生产要素国际流动相关的诸多问题。

2. 国际协调机制的近期发展方向可能会在重在积极改进、深化和扩展的同时，将现有的国际安排与协调制度化

这主要是因为，虽然现有国际协调机制在推动国际直接投资增长，进而促进全球各国经济增长和发展方面发挥了积极作用，但由于许多政策协调措施只是近年来才出现的，尚处于

自由化发展进程之中，其实际效果还未充分显现。因此，协调机制的标准化实施与强化对其有效性的发挥至关重要。而现有国际安排允许所有国家或国家集团参与洽商有约束力并符合它们各自利益的协议，这为国际安排的制度化提供了可能性。

3. 国际协调机制的长期发展方向可能是立足于建立一个综合性的多边国际直接投资政策框架体系

这主要是基于两方面的考虑。一方面，近年来投资和贸易间的相互关系日益体现在同一的政策框架体系之中，尤其是区域层次和多边层次的国际协调均出现了将贸易和投资结合起来考虑的发展趋势。另一方面，从长期看，商业活动的全球化、对外直接投资额的增长和重要性的提高、投资和贸易的密不可分和全球一体化国际生产体系的逐步形成等，势必需要一个全球性政策框架体系，以期营造一个稳定、可预见和透明的对外直接投资环境。

4. 国际协调机制的进一步发展和深化应将发展目标放在核心的地位

由于跨国公司行为会对所有国家的发展前景产生广泛而深刻的影响，因此，跨国公司对外直接投资国际协调机制强调的发展目标将是永恒的。这就要求未来国际协调机制的发展和深化必须考虑不同发展水平国家的利益，在各类利益冲突中加以权衡，实现互利。特别是涉及广大发展中国家和经济转型国家的国际安排，尤其应注意特殊的发展政策与目标的重要性。

第四节 国际税收协调

一、国际税收协调的主要方式

国际税收协调是相关国家采取措施来处理国际税收关系问题，从狭义上理解是两个或两个以上主权国家对跨国纳税人行使各自税收管辖权所产生的冲突进行协调的行为；而从广义上理解，即各国间在税种、税制要素、相关税收政策的全方位协调，包括各国税收制度在国际范围内的趋同乃至某种形式的一体化。

由于税收协调的范围、程度不同，国际税收协调可以划分为四个层次：一是主权国家为适应经济全球化的发展，主动改革本国的税收制度或税收政策，使税收制度或税收政策接近国际惯例；二是两个特定主权国家通过磋商，在意见一致的基础上签订税收协定，协调两国之间的税收双边关系；三是在区域经济一体化的基础上，为了共同的目的，区域经济一体化成员国采取一致的税收政策；四是在国际组织协调下，各成员国采取一致的税收行动，以取得共同利益。当前世界经济合作与发展中的国际税收协调是税收国际化的一个相当重要的环节。

国际税收协调的主要形式为税制改革、税收宣言、国际税收协定、区域协调和国际组织协调。

（1）税制改革。特定主权国家通过改革本国税制，使国内税制适应税收的国际潮流，促进国际经贸的发展。20世纪80年代以来，以降低税率、扩大税基为主要特征、席卷全球的税制改革，就是各国适应税制变化潮流的一种主动性税收国际协调。其特点是单方面行为，自主性税收协调，不直接涉及具体对应的国家税收关系。

2016年特朗普在竞选期间多次提及的大规模税改计划，是其经济政策的核心之一。

2017年特朗普当选总统后,立刻开始了其税改计划,涉及在美国的所有企业和个人,减税规模高达4.4万亿美元,是自里根时代以来最大规模的税改。

同时,中国税收制度改革在2018年伊始就已经开始迈出脚步:一脚坚定地踏向减税,另一脚则是优化税制结构,推动地方税体系构建。一方面,通过增加综合扣除方法和扩大抵免层级,来增加企业境外所得税的可抵免税额,从而降低企业境外所得总体税收负担。针对中国企业税费负担较重的状况,我国推出了包括营业税改增值税(营改增)在内的庞大减税降费举措,仅营改增累计减税已近2万亿元。另一方面,个人所得税起征点提高,首次增加子女教育支出、继续教育支出、大病医疗支出、住房贷款利息和住房租金等专项附加扣除;优化调整税率结构,扩大较低档税率级距。

(2)税收宣言。几个国家联合宣布一项税收政策。例如,亚太经济合作部长会议2001年在上海召开了第9次各国领导人会议,宣称"在APEC区域内对电子交易暂不征收关税"。其特点是简单、明了地表明有关国家的原则、立场。2017年APEC会议,依次通过了包括《APEC跨境电子商务便利化框架》《APEC互联网和数字经济路线图》《APEC供应链互联互通行动计划监督框架》等一系列围绕跨境电商便捷化、自由化的框架协定。

(3)国际税收协定。国与国之间签订分配税收管辖权及进行税收合作的规范。通过签订国际税收协定协调税收国际关系是当前世界各国处理税收关系的普遍做法,其特点是尊重缔约国双方的税收管辖权,尊重缔约国各自的税制现状。

(4)区域协调。特定经济区域内的成员国采取统一的税收行动。例如,欧盟已经在区域内取消关税,对外采取统一关税,成员国的国内税制也大体相同。其特点是区域内的多边、区域外的一致。

(5)国际组织协调。通过权威性的国际组织,指导、规范和协调各国税收关系,将来还可能存在国际组织的税款征收。其特点是国际性和成员国部分国家税收管辖权的丧失。

上述五种主要形式表现了税收国际协调从低级向高级发展的历史过程。

二、所得税管辖权的国际协调

从目前世界各国现行的所得税制度来看,所得税管辖权的实施至少有以下四种情况:

(1)同时实行地域管辖权和居民管辖权,即一国对本国居民的境内所得、境外所得,以及外国居民的境内所得都行使征税权。其中,对本国居民境外所得征税所依据的是居民管辖权,对外国居民在本国境内所得征税所依据的是地域管辖权。目前,世界上大多数国家都采取这种地域管辖权和居民管辖权并行的办法。

(2)同时实行地域管辖权和公民管辖权,即一国对本国公民的境内所得、境外所得,以及外国公民的境内所得这三类所得都行使征税权。例如罗马尼亚和菲律宾。

(3)仅实行地域管辖权,即一国只对来源于本国境内的所得行使征税权,其中包括本国居民的境内所得和外国居民的境内所得,但对本国居民的境外所得不行使征税权。例如巴西、阿根廷等国家和中国香港。

(4)同时实行地域管辖权、居民管辖权和公民管辖权。这种情况主要发生在个别十分强调本国征税范围的国家,其个人所得税除了实行地域管辖权和居民管辖权之外,还坚持公民管辖权。例如美国和墨西哥等。

1. 所得税管辖权国际协调的原则

国家之间所得税管辖权的冲突主要是由有关国家同时并行两种或两种以上税收管辖权造成的，为了消除矛盾，国际社会有必要对各国的税收管辖权进行协调。这就必须首先解决一个问题，就是对跨国投资所得应按什么标准征税。跨国投资所得涉及所得的来源国和投资者的居住国，如果不协调两国的税收管辖权，跨国投资所得就很容易被重复征税。但协调两国的征税权并不是不对跨国所得征税，而是要对其合理征税，这就有一个按哪国的税负水平进行协调的问题。这个问题实际上是所得税管辖权国际协调工作必须明确的一个原则问题。按照所得来源国的税负水平进行协调，使跨国投资所得与来源国当地的投资所得税负相同，这种协调原则称为来源地原则；按照投资者居住国的税负水平进行协调，使跨国投资所得的最终税负水平与居住国当地的投资所得相同，这种协调原则称为明确了税收管辖权的协调原则，有关国家就可以采取相应的措施进行协调。

例如，为了贯彻来源地原则，各国在税收管辖权相互冲突的情况下可采取对国外所得免税的办法，这样相互之间的跨国投资所得就只负担来源国的税收。又如，为了贯彻居住地原则，各国在税收管辖权相互重叠的情况下，可采用外国税收抵免法。这时，来源国首先对跨国投资所得征税，居住国则在对本国居民的国外所得征税时，允许其用国外已纳税款冲抵在本国应缴纳的税收，从而使跨国投资所得最终按居住国的税负水平负税。

不难看出，在各国并行两种税收管辖权的情况下，用上述任何一种税收管辖权的协调原则进行协调，实际上都可以起到统一各国税收管辖权的客观效果，但协调的原则不同，统一的方向也就不同。例如，假定两个国家同时实行地域管辖权和居民管辖权，这时如果用来源地原则协调两国的税收管辖权，则两国就都要通过免税法放弃对本国居民国外所得的征税权，这实际上相当于两国只实行单一的地域管辖权。而如果用居住地原则协调两国的税收管辖权，并假定两国同时采用外国税收抵免法来贯彻居住地原则，这时，虽然两国仍要对外国居民在本国的所得征税，但这部分税款可以被外国居民用于冲抵其应缴纳的国外税款，这样，两国实际上可被认为都只对本国居民的国内和国外所得征税，它相当于两国都在实行单一的居民管辖权。

税收管辖权的协调可以起到统一各国税收管辖权的实际作用，这无疑有利于避免对跨国投资所得的重复征税以及促进资本市场的均衡发展。然而，在各国的税收管辖权相互冲突的情况下，国际社会应按来源地原则还是按居住地原则进行税收管辖权的国际协调，是国际税收领域中一个重要的理论问题，也是一个存有争议的问题。从国家的税收利益角度看，不同的协调原则可能给每个国家带来的影响不尽相同。采用来源地原则进行协调，可能会使一些经济发达的净资本输出国丧失一部分税收利益；而采用居住地原则进行协调，则可以适当兼顾资本输出国和资本输入国的税收利益。

2. 所得税管辖权国际协调的主要方式

所得税的国际协调是有关国家为了避免所得税管辖权的相互冲突，或者使各自的所得课税制度尽量保持一致而采取的各种税收调整措施，它属于国家之间政府行为的一种协调，既可以用在税收管辖权方面，也可以用在税收制度方面。

税收管辖权的国际协调措施主要包括在国家之间统一居民身份和所得来源地的判定标准、约束各国对跨国所得的征税权等，其目的是解决国家之间税基的合理划分问题。税收的国际协调有合作性协调和非合作性协调之分。所得税的国际协调也包括这两种类型。从目前的情况看，国家之间通过签订国际税收协定来约束各自对跨国所得征税行为的合作性协调，是所得税国际协调的最主要方式。而且这种所得税的合作性国际协调，目前以两个国家通过缔结避免双重征税协定而进行的双边协调最为普遍，两个以上国家进行的多边所得税协调还为数不多。

3. 国际税收领域中所得课税面临的主要问题及相关国际惯例

随着世界经济一体化的迅速发展，国际经济交往范围不断扩大，国际税收分配关系也日趋复杂。具体到所得课税，需要研究和解决的主要问题是，如何规范各国税收管辖权的行使范围，避免和防止对跨国纳税人的双重征税，防范国际避税和避免国际偷漏税，加强国家间的税收协作，共同做好所得课税的国际协调等。

在选择税收管辖权方面，如今大多数国家基本上是同时选择地域管辖权和居民管辖权，少数国家和地区只实行单一种类的税收管辖权。特别值得注意的是，作为资本、技术输出国的发达国家多倾向于实行居民管辖权，而作为资本、技术输入国的发展中国家多倾向于实行地域管辖权。不过，具体到各国税收管辖权的行使范围，一般都会在双边税收协定中做出约束性规定。

世界各国在课征所得税时，必须判定纳税人的居民身份。国际上通行判定自然人居民身份的标准有四个：住所标准、时间标准、意愿标准和国籍标准。判定法人居民身份的标准有五个：登记注册标准、总机构标准、管理中心标准、控制中心标准和主要经济活动标准。与此相关的一项国际惯例是，世界各国大多把对外国人（自然人和法人）和从境外取得所得的本国人课征的所得税都纳入涉外所得税体系。

三、国际税收协调的发展趋势

1. 以税制改革为手段的国际税收协调

以税制改革为手段的国际税收协调是指，相关国家通过改革本国税制，缩小与其有经济往来的国家之间的税制差异，进而促进相关国家之间的贸易往来。税制改革是国际税收协调的基础与出发点，也是国际税收协调最基本的形式之一。

一个国家若想参加国际税收协调，必须以积极主动的姿态去迎合世界经济发展与国际和税收制度的变化，在自身税制、税率、税基和相关税收政策方面做好前期工作，否则就会在国际税收协调中陷入被动地位，也不利于解决税收纠纷和矛盾。因此，从这种意义上说，一国在保证税收权利不受侵犯的基础上，进行适当的税制改革是国际税收协调的基础，属于国际税收协调的范畴，是一种主动性的协调活动。

2. 以签订国际税收协定为手段的国际税收协调

国际税收协定的目的是，协调国家间的税收分配关系，在遵守对等原则的基础上，两个或两个以上的主权国家或地区就税收方面通过一系列谈判所达成的书面协议。国际税收协定的签订为资金、商品、劳动力、技术等要素的自由流动提供了相应保障，有助于减少税收管辖权的交叉重叠、避免国际重复征税，还有利于消除贸易壁垒，从而促进缔约国经济的共同发展。

当前世界各国所签订的国际税收协定可以大体上分为两类。一类是《关于对所得和资本避税双重征税的协定范本》（简称 OECD 范本），此范本是 OECD 在 1963 年发表的。该范本从 OECD 成员国的经济利益出发，结合各国的税收征管经验，经过了半个多世纪的补充完善，已经被广大经济发达的 OECD 国家所认可。另一类是联合国于1979年颁布的《关于发达国家与发展中国家间避免双重征税的协定范本》（简称 UN 协定范本）。UN 协定范本在发展中国家得到了较为广泛的推崇。这两类范本为各国税收协定的签订提供了重要参考，对国际税收协定的签署起到了引导作用。其中，OECD 范本代表发达国家的经济利益，更加强调居民税收管辖权；UN 协定范本代表广大发展中国家的经济利益，因此更加注重收入来源国税收管辖权。两个范本的出现，标志着国际税收协调进入了正规化的发展阶段。

从缔约国数量的角度考虑，国际税收协定可以划分为多边税收协定和双边税收协定两种。虽然在国际税收协定发展的初始阶段，是以双边国际税收协定为主的，但是随着国际形势的改变，从20世纪80年代开始，经济区域化、区域税收一体化的形成极大地加快了多边税收协定的发展。在区域经济发展的过程中，多边国际税收协定在促进地区经济发展、减少经济矛盾、维护区域经济稳定等方面发挥了重要的约束协调作用。当今世界经济全球化的趋势正在不断加强，各国之间的经济事务也变得更加复杂化。在处理各方具体税收事务上，多边税收协定比双边税收协定有更多的优势。

3. 以通过国际组织协调为手段的国际税收协调

国际组织是主权国家之间为了实现共同的经济和政治目的，通过签订条约的方式组建起来的国际法主体。从20世纪初期开始，国际组织的数量一直在不断增长，并且在国际事务的方方面面影响着世界的发展与稳定。在形式上，国际组织包括政治组织、经济组织、军事同盟组织等，其中对税收事务的协调主要是通过国际经济组织来实现。世界性国际组织协调和区域性国际组织协调是国际经济组织税收事务协调的主要内容。

（1）区域性国际组织的国际税收协调——以欧盟为例。

随着区域经济一体化的发展趋势加强，在世界范围内形成了多个重要的区域性经济组织，如 APEC（亚太经合组织）、CAFTA（东盟自由贸易区）、EU（欧洲联盟）、NAFTA（北美自由贸易区）等，这些组织为促进地区间的经济交流合作、推动地区经济发展、解决地区经济纠纷发挥了重要作用，而这其中又以欧盟对国际税收协调的贡献最为突出。

从组织性质的角度考虑，欧盟并非纯粹的经济组织，而是在世界范围内极具影响力的、集经济、政治、军事等功能于一身的组织实体。欧洲共同体是欧盟发展的前身。欧盟成立之后对内部成员国间的税收协调起到了积极的推动作用。欧共体在维护成员国的税收制度差异的基础上，通过会议的形式组织成员国协商谈判，采纳成员国的协商意见，后以指令的形式建议成员国实施，用以规范成员国之间的税收政策、税种、税率、计税依据和方法，使之逐步趋同，逐步消除影响区域经济发展的税收障碍，建立起区域经济组织内部特有的税收制度。这种税制不是单独为某一国家设置，而是需要组织内部成员国共同遵守。税制形成之后，生产要素在成员国内部流动壁垒消除，各国优势资源的配置更加有效，这对成员国经济与欧盟经济的发展都产生了积极的影响。

自20世纪50年代开始，欧共体就开始协调成员国之间，成员国对外的关税问题。20世纪70年代初，欧共体内部建立了关税同盟，对内消除了影响成员国之间生产要素流动的关税障碍，对外实行一致的关税政策。同时，欧共体也在推进增值税的协调工作，首先在成员国之间引入增值税，之后对增值税的征收方法做出统一，最后规范成员国之间增值税的税率、征收原则等。1967—1986年近20年的时间内，欧共体连续发布21条指令，用以协调各成员国之间的增值税税制，其中包括统一各国增值税的征收原则，减少成员国之间增值税差异，确定统一课税对象、课税方法、税率，以及在实践过程中对具体实施方法和特例做出明确的规定。

在直接税协调方面，欧共体于1990年颁布了其相关的《合并指令》《母、子公司指令》《税收仲裁公约》，对内部成员国之间的公司实行统一的会计、税务处理方式。1997年，欧共体发布了《税收一揽子计划》的报告，该报告提出的目的，一是通过协调直接税进而阻止成员国内部侵蚀税基的现象继续发生；二是通过减少双重征税的方法消除内部成员国之间的税收障碍。在这之后，欧共体又提出了统一公司所得税税率的建议。一系列的行为使欧共体内部税收改革进程加快，一体化程度逐步提高。

在内部税收一体化不断发展之际，欧盟对外也在积极寻找税收合作空间。2002年，欧盟与地中海沿岸国家筹划建立"欧盟——地中海自由贸易区"，实现双方互免关税。与此同时，欧盟同南美洲多个国家逐步实现战略合作伙伴关系，如与智利、巴西等国约定相互逐步减免关税，最终实现全面的自由贸易。2012年，欧盟委员会主席巴罗佐在参加"俄—欧峰会"时表示，支持双方共同建立横跨亚欧的自由贸易区。欧盟在世界舞台上活跃的税收协调活动，为其推行跨地区的经济合作发挥了重要的作用，促进了世界经济的发展。

(2) 世界性国际组织的国际税收协调——以WTO为例。

从世界性经济组织的角度看，WTO在国际税收协调中发挥了重要作用。协调处理世界各国的贸易关系从而推动国际贸易的良性循环发展是WTO成立的主要目的。因此说，WTO并不是主要针对解决国际税收问题而设立的。但WTO的前身——关税与贸易总协定，是以全球范围内的关税协调为最终目标组建形成的。所以，WTO对世界各国的税收制度或多或少产生了影响，这也是经济全球化趋势下对各国的必然要求。为了促进各国贸易的自由化发展，WTO规定成员之间要尽最大努力消除关税壁垒，保证成员内部的生产要素与商品能够实现自由流通，而且彼此间应该享受到平等的税负和相关的优惠政策。例如，WTO贸易自由化原则要求成员之间降低关税、税负公平、最惠国待遇、反倾销、反补贴在实施过程中起到了国际税收协调能起到的作用，因此可以变相地认为，WTO的一些经济政策对成员的要求是一种税收协调，协调成员国之间的经济利益关系。同时在争端解决时，WTO也发挥了协调成员之间经济利益的作用。

以上介绍的税收协调方式，前提和基础是各国自身的税制改革，签订国际税收协定，减少与其他国家的税制差异。区域性税收一体化可以为国际税收协调奠定坚实基础，有利于资源在世界范围的高效配置，进而促进世界经济的发展，例如，其可以在诸如WTO等世界性经济组织的引导下进一步消除贸易壁垒，从而促进经济贸易的自由化发展。

思 考 题

1. 国际经济协调的主要形式包括哪些？
2. 试述世界贸易组织协调国际经济的功能和作用。
3. 简述国际税收协调的主要方式。
4. 当前对外直接投资国际协调的主要特点有哪些？

【案例分析1】

IMF 拉加德：美国若不配合改革 总部就搬到中国北京

自 1944 年布雷顿森林体系诞生以来，国际货币基金组织（IMF）和姊妹机构世界银行（WB），就一直是国际金融秩序的核心机构。自然，它们也完全在美国掌控下，两大机构的总部几乎与白宫比邻，距离不过几百米。但或许不用太多年，这两大国际金融机构就可能与华盛顿说再见了。IMF 总裁拉加德日前就说，如果中国经济持续增长，10 年后有可能将 IMF 总部移至北京。

在当时华盛顿的一个经济研讨会上，谈到 IMF 的份额改革，担任过法国财长的拉加德颇有感慨地说，有必要配合中国等新兴经济体的规模，调整 IMF 的表决权比例，在此基础上，"10 年后或在北京总部进行这样的讨论"。

下面自然是哄堂大笑。机构搬家，不比个人搬家，更何况是世界金融秩序中心角色的 IMF 搬家。美国会同意吗？或许是澄清下面的大笑，拉加德又郑重其事地补充说，IMF 总部应该"设在经济规模最大的国家"，因此，确实"存在（迁往北京）的可能性"。

一个法国籍总裁，提议一家国际金融机构的总部，从华盛顿迁往北京。这是过去半个多世纪里，最大胆的预言家可能都无法想象的。但这未必真是一种空想。

拉加德的建议，本质是对 IMF 未来角色的一种焦虑。IMF 的份额改革，被认为是构建国际金融新秩序的核心。但改革必然触动利益，也必然遭到既得利益者的强烈反对。在 2008 年国际金融危机中，本应发挥重要作用的 IMF 被边缘化，最大问题就是缺乏公信力，发达国家掌握过大权力，新兴经济体代表性严重不足。

在很多国家，IMF 成了一个负面词汇。马来西亚首相马哈蒂尔曾指责 IMF 趁火打劫，对发展中国家实行"经济殖民主义"。IMF 前首席经济学家迈克尔·穆萨反思说，在亚洲金融危机后，"一个普遍的感觉就是，IMF 一些贷款的先决条件太具破坏性"。时任 IMF 总裁的卡恩曾对记者说，在 2008 年国际金融危机爆发前，对于 IMF 提出的建议，美国置之不理。

IMF 必须改革。2010 年，IMF 终于达成新的份额和治理改革方案，发达国家向新兴市场和发展中国家让渡 6% 的份额；欧洲国家还让出两个执董席位。作为受益者，中国的份额从区区 3.72% 提高到 6.394%，仅次于美国和日本。

尽管这一份额转让，让渡的更多是欧洲的份额，而且这一改革仍具有相当的局限性，中国经济规模已超越日本成为世界第二大经济体，但在 IMF 的发言权却低于日本，更低于美国。但改革过程仍是步履维艰。首先，改革方案遭到欧洲当事国家的反对，但基于国际经济格局的变化，以及金融危机带来的改革迫切性，改革方案在 IMF 获得通过。

就在该方案陆续得到大多数国家通过的时候，当初方案动议者之一的美国却成了"拦路虎"。在美国一些国会议员看来，方案削弱了美国在 IMF 的份额，更助长了中国等新兴经济体的影响力，进而会影响美元在世界的霸权地位。

一些议员以所谓 IMF 资金使用不够明晰为由，拒不批准该方案。2010 年的改革方案，整整拖了5年才在美国国会获得通过。当时的美国财长雅各布·卢也承认,这种行为损害了美国的国际信誉,也就是说,这已是关系到美国"国家和经济安全的一个核心问题"。

对于美国政客的杯葛举动,中国多次表示不满。事实上,在很多西方媒体看来,中国之所以倡议成立亚投行,一个重要原因,就在于现有的 IMF、世行、亚开行等国际金融机构,都被西方把持,不能反映中国等新兴经济体的合理代表性。既然西方不能接手新的力量,那么中国就另起炉灶了。美国前财长萨默斯就坦言,正是由于美国的阻挠,才导致亚投行大受欢迎。换言之,没有美国议员们的"帮忙",亚投行不会这么顺利横空出世。

中国不玩了,带来的一个严重后果,就是 IMF 和世行的边缘化。一个其他主要经济体不屑一顾的国际金融机构,美国即使牢牢掌握在手里,又有何用?这正是拉加德屡次督促美国通过 IMF 改革的原因。

但随着国际格局的变化,IMF 下一步的改革,必然涉及美国份额的重大调整。按照 IMF 章程,重大事项需要 85% 以上的投票权支持才能通过,而无论改革前还是改革后,美国都在 IMF 拥有 15% 以上的投票权,是 IMF 事实上的唯一拥有否决权的国家。但随着中国经济体量超过美国,中国份额不到美国一半,显然也是不合理的;但增加中印等国的份额,就意味着美国失去了唯一的否决权。

拉加德其实也是在将美国的军。如果美国继续维护美元霸权,不愿在 IMF 改革中做出让步,那对不起,IMF 真要迁移总部了。届时,真可能在北京讨论这些机构的改革问题了。
(资料来源:2017-08-05,中国证券报。)

【案例分析2】

特朗普税改下国际税收竞争思考

2017 年 4 月 27 日,特朗普当选美国总统,正式启动税改进程,发布税改方案。途经波折,经过 8 个月国会参议院的辩论以及参议院与众议院的辩论,最终于同年 12 月 23 日签署法案成为法律文件,这是 30 年来美国变动最大的一次税制改革。

比较中间几次特朗普的税改方案,可以明显地看出,在多方协调后,美国税改的效果不及预期。企业所得税从原定的 15% 增加到最终方案的 21%;个人所得税的最高税率从原定的 35% 提高至 37%,且税级由三档回归七档。我们都知道此次特朗普税改的目的是让制造业回归,实现美国的"再工业化"进程,所以当税改的力度无法达到预期时,特朗普就开始辅以关税和贸易战,一方面拉动资本回流,降低失业率,缓解财政赤字;另一方面打击中国的"2025 制造",遏制中国的产业升级。当然这中间存在着复杂的大国博弈关系,如此简单分析有失偏颇;但是,我们需要警惕贸易战和税改背后国际格局的新变化。

一、对美国减税的经济分析

(一)经济原理

此次特朗普税改下调了企业所得税和小企业税,同时降低企业海外利润汇回税,在个税上简化税级，加大儿童保育税收的扣除，这些都直指"减税"。这与美国共和党信奉的经济哲学——"供给学派"密不可分。供给学派认为，现代经济学中"供给"创造"需求"，因此只有改善供给才能促进增长和就业，其政策主张中，大力倡导减税和放松政府管制，"拉弗曲线"成为他们主要的理论依据。

从"拉弗曲线"中不难看出，税收与税率的关系并不一直是正比增长，当税率高过一定程度后，税收总额不仅不会增加，反而还会下降。降低税率可以刺激企业投资和居民消费，促进经济的增长，同时扩大税基，抵消减税带来的财政赤字，维护国家税收总收入的稳定。

(二) 背景

20世纪七八十年代，美国的高新技术产业迅猛发展，美国开始了"高、精、尖"方向的升级，许多第二产业纷纷外迁，为信息业的发展留出空间和资源，但是失去了本土制造业的支撑，美国需要大量进口一些工业品，出现了贸易逆差和就业人口外流的问题。美国的制造业逐渐衰败，产业结构出现"空心化"的现象，美国经济发展呈现出不平衡的状态。所以，美国急需稳定第二产业的发展，来平衡整个国家的经济运行，实现"产业软化"的目标，保持世界领跑的地位。因此，特朗普提出了减税方案。

(三) 影响

特朗普的减税政策能否实现"中性减税"尚不可知，但是这一轮大幅度的减税会对美国经济发展和跨境资本流入带来一定的刺激作用：

(1) 税收有可能刺激资本流入和经济增长，从而缓解失业压力。据有关机构预测，特朗普税改可能会给美国创造530万左右的就业机会。当然，这一作用局限于短期，从长期角度分析，资本的流入会推动需求的上涨，从而引发需求推动型通货膨胀，进而带来利率市场的波动，一般来说，美国利率很可能抬升，这必然会削弱对私人企业的吸引力，最终相互抵消，消退利好并产生负面影响。

(2) 减税会带来美国部分海外利润的回流。美国有很多跨国企业，如苹果、谷歌，为逃避美国高额的所得税而逃离美国本土设立海外公司。此次税改无疑是这些公司的福音，一些企业可能会回归美国，带来资本的回流。但这也只局限于一些流动性较高的资本，对于仍然具有劳动力成本优势的新兴经济体并不会造成巨大的威胁，也许更多的是冲击欧洲、日本等发达地区。

(3) 减税对不同税率行业有不同的效果。美国过去税率较高的行业无疑会在这次税改方案中获得较大收益，如电信、交通等一些民生基础行业，但是对于那些原本税率就低于21%的行业则不会有较大反应，比如一些科技、医疗行业，这些行业是美国大力鼓励支持发展的，原本就享有较大的税收优惠。

当然，减税方案存在争议，也有一定的负面效应，即加剧贫富分化。取消"遗产税"和"替代性最低限额税"等措施只涉及高收入人群税收减免，低收入人群最低税率反而上浮两个百分点，长期来看会侵蚀经济增长的基础。

以上分析可以看出，特朗普的税改旨在防治美国产业"空心化"的趋势，重振美国制造业，抢夺流动资本。但是，在如今全球一体化的环境下，减税不仅仅只对美国产生影响，更会产生巨大的外溢效应，引发国际税收竞争。

二、全球减税竞争

(一) 现状

为了应对美国减税,各国已经采取或正在酝酿应对方案,以此巩固自身经济竞争力。据日本媒体报道,日本政府计划跟进美国税改的脚步,正在积极规划减税方案,初步讨论将积极吸纳劳动力和投资发展企业的企业所得税降低到25%。根据日本现行的企业所得税制情况,其企业所得税负较重,有进一步扩大减税力度的空间基础;德国于2017年1月开始进行减税改革,据德国有关部门统计,预计每年减轻150亿欧元的税负;英国紧随其后,于2017年4月实施减税方案,致力于降低英国的企业所得税;另外,法国也对外宣布税改计划,其中涉及居住税的取消、对特定公司的税率优惠;除了欧洲地区,亚洲一些新兴国家也开始行动,如印度开始计划全国税制的整改,大范围地统一商品和服务税。透过这些国家的税收政策不难看出,全球减税竞争已经显出苗头,虽然中国还未正式采取大幅度的减税措施,但类似的趋势可能在未来发生。

(二) 影响

国际税收竞争的影响取决于各国税收竞争的程度。在一定限度内,适度的税收竞争有利于降低世界整体税负,刺激全球的投资和消费,扩大税基,促进世界经济增长,但是当全球税收竞争超过一定限度,就会加大各国的财政负担,同时给企业逃避税以可乘之机,造成税收体系的混乱。就目前来看,世界减税程度仍然在可控范围内。

(1) 目前国家的减税实为"税收优化"。此次减税反响巨大且迅速的主要是欧洲国家。我们知道,西方国家目前都是以直接税为主要财政收入的税制结构,为了保证高水平的福利政策,欧洲国家的企业所得税和个人所得税普遍偏高,所以他们有较大的减税空间。此次特朗普税改激化了欧美国家间的资本竞争,让欧洲国家意识到了所得税的问题并积极行动起来。所以,这次的美国减税,与其说是诱发国际税收竞争,不如说是倒逼欧洲地区进行税收改革。

(2) 美国结构性减税的影响范围不大、时间不长。美国税改并非一味减税,同时取消了一些扣除项目,有增有减,而且重点针对的是海外留存利润。而这些海外留存利润绝大部分都集中在几家知名的跨国企业手中,如苹果、微软、谷歌等。所以,将来是否会出现大规模的资金回流美国,主要取决于这几家巨头公司的决策。但是,企业的分设是一个需要慎重考虑的问题,它不仅取决于企业所得税,还会受到多方因素的影响,如企业的发展规划、劳动力的成本与效益、不同国家之间的政策制度以及经济环境、环境因素、市场因素等。资本投资者是精明的,他们不会仅仅因为某个国家的减税方案就疯狂地失去理智。而且,像苹果、微软这种市场遍布全球的大型跨国企业,更会谨慎行事。可能短期内会有资金的较大流动,但是长期来看,减税造成的资本抢夺战不会持久,由此引发的减税热潮也会渐渐消退。

(3) 名义税率与实际税率之差。在名义税率上,美国税改对企业所得税进行调整,最终从35%的累进税率变为21%的单一税率,再加上州和地方税,其实际税率与中国基本持平。其他国家也有这种倾向。所以各国税率下调并没有名义税率上反应的那么激烈,目前的减税趋势也不足以称之为"恶性竞争"。

综上,国际税收竞争也有一定的正面效应,目前的减税趋势还没有达到税收恶性竞争的程度。所以，中国的应对之策不在于是否跟进"减税"，而在于如何联合其他国家控制"减税"，把减税程度控制在合理的阈值内。

三、中国的应对——合作博弈

要想实现对减税趋势的控制和正确预判，国际税务合作必不可少。中国目前有两条已有途径：一是积极参与 BEPS 行动计划，与 OECD 共同推进全球的税务信息交换，"要推动国际税务合作的升级，打造 BEPS2.0 即 Base Election and Profit Sharing 税基共建与利润共享"，这是全球减税良性竞争后的最终目标；二是积极建设"一带一路"，不断完善沿线国家税收协定，与沿线国家共创税收的自由新天地。考虑到政治因素，"一带一路"应该是中国推进税务合作的首选。

不难看出，这场国际税收竞争就是一种非合作博弈，中国需要将这种非合作博弈向合作博弈转化和推进，在这个过程中就必然需要一种强有力的国际机制。但是，税收作为一个涉及主权利益的敏感话题，各国很难就此达成一致，国际税务合作化的道路必然漫长而艰辛。是选择现有的两个有力候补，还是在今后的发展中另寻良机，这就要看世界经济形势的变化了。

（资料来源：2018-06-08 何禹希，合作经济与科技 2018 年 14 期。）

第十三章

我国对外经济合作

第一节 我国对外经济合作概况

一、我国对外经济合作发展的特点

我国对外经济合作持续快速发展，境外投资取得较大成绩，对外承包工程、对外劳务合作等各种形式的经济合作显著增长。

(一) 发展速度快，初步形成规模

改革开放以来，我国对外经济合作迅速发展，现已初具规模。

1. 外商对华投资

积极有效利用外商对华投资是我国对外开放基本国策的重要内容。改革开放40多年来，我国不断提高开放水平，促进投资便利化，改善投资环境，利用外资质量效益不断提升，成为全球跨国投资主要目的地之一。

改革开放初期，我国利用外资规模小，方式以对外借款为主。1983年，我国实际利用外资22.6亿美元，其中，对外借款10.7亿美元，外商直接投资9.2亿美元。20世纪90年代以来，随着利用外资方式的优化，外商直接投资成为利用外资的主体。改革开放以来，我国累计使用外商直接投资超过2万亿美元。2013—2017年，我国实际使用外商直接投资6580亿美元。2017年，我国实际使用外资1363亿美元，规模是1983年的60倍，年均增长12.8%。截至2017年年底，实有注册的外商投资企业近54万家。2017年，中国是全球第二大外资流入国，自1993年起，利用外资规模稳居发展中国家首位。2018年中国吸收外资额达1349.7亿美元，再创历史新高。

我国改革开放40多年来，利用外资屡创新高，2018年在国际贸易摩擦不断、贸易保护主义日益抬头、国际投资增长势头脆弱的情况下，中国利用外资仍能保持增长实属不易。这主要得益于中国政府采取了四方面措施。

一是推动利用外资平台、制度创新，包括赋予自贸试验区改革创新自主权，提高贸易投资便利化和自由化水平，加速外资产业集聚等。

二是大力优化提升营商环境。据世界银行2018年报告，中国改善营商环境实施的改革数量创下年度纪录，营商环境全球排名升至第46位，较上年提升32位。因营商环境改善，2018年来华新设外商投资企业数超过6万家，比上年增长近70%。

三是产业扩大开放。通过大大压缩外商投资负面清单，扩大了外商投资行业领域，降低了外商投资门槛。

四是加强对知识产权和外资在华合法权益的保护。

在数量扩张的同时，中国吸收外资质量也在提升。从行业看，2018年制造业吸收外资额比重超过30%，较2017年提高近5个百分点；高技术制造业同比增长35.1%。从吸收外资来源来看，发达经济体对华投资增长较快。2018年欧盟28国对华投资额增长超过20%，英国、德国对华投资额同比分别增长150.1%和79.3%。外商投资对中国的产业结构升级，助力"中国制造"向"中国智造""中国创造"发挥重要作用。高技术制造业吸收外资增长迅速，意味着外资高技术企业及在华研发机构对中国从全球价值链的中低端向中高端攀升将发挥积极作用。

2. 我国对外投资

改革开放以来，我国对外直接投资从无到有，跻身资本输出大国行列。对外投资和经济合作经历了由小到大、由弱到强、由区域到全球的发展过程。2017年，我国对外直接投资额1246亿美元，是2002年的46倍，成为全球第三大对外投资国。2017年年末，我国对外直接投资存量1.48万亿美元，境外企业资产总额超过5万亿美元。据联合国贸发会议统计，1982—2000年，我国累计实现对外直接投资278亿美元，年均投资额仅14.6亿美元。2000年，我国提出"走出去"战略，对外直接投资进入快速发展时期。2002—2017年，我国累计实现对外直接投资1.11万亿美元。

中国装备制造在"走出去"的过程中涌现出了中国高铁、中国核电等亮丽的国家名片。2015—2017年，我国流向装备制造业的对外投资351亿美元，占制造业对外投资的51.6%。我国对外直接投资行业分布从初期主要集中在采矿业、制造业，到目前已覆盖全部国民经济行业门类，投资结构由资源获取型向技术引领和构建全球价值链转变。2016年年末，我国对外直接投资分布在全球190个国家（地区）。

3. 我国对外承包工程⊖

经过40多年改革开放，我国对外经济合作事业从无到有、从弱到强，经历了初创起步、稳步积累、高速发展和转型升级四个阶段。40多年来，中国企业把握国际市场发展机遇、响应国家"走出去"战略和"一带一路"倡议，积极参与国际经济合作，取得了令人瞩目的成绩。40多年来，经过几代人的百折不挠，艰苦创业，对外承包工程已经发展成为我国对外投资和经济合作的支柱业务之一。

中国从1978年改革开放以来开始从事对外承包工程项目。2002—2017年，中国对外承包工程累计签订合同额1.98万亿美元，完成营业额1.34万亿美元，年均增速均超过20%。对外承包工程企业的国际竞争力大幅提升。2018年1—9月，中国对外承包工程业务完成营业额7105.7亿元，同比增长2%（折合1089.9亿美元，同比增长6.4%）。

随着"一带一路"倡议的推进实施，中国对外承包工程领域迎来了历史性的发展机遇。5年来，对外承包工程累计总量达到5179亿美元，年均增长率为7%。中国为"一带一路"沿线国家带来越来越多的重大项目，有力地促进了当地社会经济的发展，增加了就业，改善了民生。

在对外承包工程规模逐年增大、占全球业务份额不断提升的同时，中国企业也在各专业领域大显身手。目前，中国企业在全球190个国家开展对外承包业务。在全球最大的250家国际工程承包商中，中国企业有65家；全球每五个重大基础设施建设项目中就有一个是中

⊖ 资料来源：《2018年中国对外直接投资统计公报》。

国企业承包的，在国际市场上打响了"中国品牌"。

当前，我国对外承包工程业务呈现以下五大特点：一是对外承包工程规模不断扩大，国际影响力显著提升；二是业务遍及全球，近半数分布在"一带一路"沿线国家；三是承包工程聚焦的行业领域十分明显；四是海外工程项目展示了中国装备、中国技术、中国标准、中国质量和中国服务；五是对外承包工程企业深入开展经营、履行社会责任、共享发展红利。

4. 我国对外劳务合作

改革开放40多年来，中国对外劳务宏观体制不断健全，制度建设不断完善；经营主体不断扩大，管理能力和水平不断提升。截至2017年年底，中国累计派出各类劳务人员突破900万人次，劳务合作遍及全球180多个国家和地区。

在1979—1982年的起步阶段，中国改革开放拉开了一场深刻的社会经济变革，直接推动了中国对外劳务合作的起步。随即，中央与地方"窗口"企业相继成立，政府放开对外贸易经营权，开启了对外劳务合作良好的开端。当时，全球最大的国际工程承包劳务市场——中东地区富油国家是中国对外劳务输出重要目的地。在这一阶段，中国开展对外劳务合作业务的企业数量快速增长，企业的业务规模稳步扩大。1979年，对外劳务合作规模比较小，自1980年以来，对外劳务合作合同额开始明显上升，1981年对外劳务合同额达到了2.28亿美元。

在1983—1989年的稳步发展阶段，以建立社会主义市场经济体制、完善和优化企业制度为核心的宏观经济政策为对外劳务合作的政策制定指明了方向，为对外劳务合作管理框架雏形的形成奠定了基础。其间，除1984年、1986年和1987年对外劳务合作完成营业额出现下滑外，其余年份均稳中有升，业务规模不断扩大。此外，对外劳务合作市场从中东和北非向亚洲转移。由于中东经济衰退，东亚和东南亚一些国家大力引进外资、寻求发展，中国企业凭借地缘优势，在亚洲地区承揽了大量的对外劳务合作项目。

在1990—2000年的快速发展阶段，宏观管理体制更加健全，审批管理更加严格，部门之间协调关系更加明确，制度化管理更加全面，外派劳务规模明显扩大，区域分布多元化，重点市场带动作用增强。本阶段，中国对外劳务合作快速发展，合同额、营业额、当年派出人数以及期末在外人数等各项指标均呈不断攀升态势。从地区分布来看，中国对外劳务合作广泛分布于世界五大洲，但亚洲仍然是中国对外劳务合作最主要的地区，继亚洲之后是非洲和欧洲，向美洲和大洋洲的外派劳务整体占比不高。

在2001—2011年的调整提高阶段，一方面，政府不断简政放权，放开所有制限制，充分调动对外劳务合作领域市场活力，同时政府不断规范备用金管理制度，对外劳务合作领域备用金制度规范化、常态化，统计制度不断健全规范，政府部门逐渐建立起完善的宏观管理框架；另一方面，市场主体积极参与到对外劳务合作领域中来，外派劳务的发展态势呈形式多样等特点。

在2012年至今的规范发展阶段，中国对外劳务合作的业务规模和重点市场都比较稳定，外派劳务人员的权益保障问题得到重视，劳务扶贫进一步发挥了积极作用。本阶段，当年派出人数、年末在外人数，以及对外承包工程项下的年末在外人数和对外劳务合作项下的年末在外人数均保持相对稳定。从国别地区市场分布来看，亚洲、非洲地区仍然占据中国劳务合作项下、工程项下外派劳务人员规模的主导地位。

面对国内供给结构和国际需求结构的双重变化，对外劳务合作企业需积极探索转变发展方式的途径和措施，在巩固建筑业和制造业等传统对外劳务合作业务的基础上深耕细作，在调整对外劳务合作结构上多措并举，探索和尝试拓展适合于中国对外劳务合作业务特点的差异化发展之路。

中高端劳务资源将成为新的竞争优势。随着企业外派劳务结构的不断调整，具有中国特色的厨师、护理、海乘、海员等工种正在逐渐形成新的市场竞争优势。虽然总体发展规模有限，不敌制造业和建筑业两大传统行业，但其增长势头不减，整体上正在由劳动密集型人力输出向技能型、知识型中高端劳务输出转型发展。

随着改革开放的不断深入和企业国际化进程的加快，中国企业开展对外劳务合作的业务形态不断发展和演变，呈现出传统对外劳务合作、境外就业服务、第三国劳务等形态并存的多样性特点。

（二）全方位、宽领域、多元化的格局逐渐形成

对外投资、承包工程、劳务合作等国际经济合作业务遍及全世界近200个国家和地区，基本形成了"亚洲为主，发展非洲，拓展欧美、拉美和南太"的多元化市场格局。对外经济合作拓展到以工业制造、建筑、石油化工、资源开发、交通运输、水利电力、电子通信、商业服务、农业等行业为主，并广泛涉及国民经济其他诸多领域，如环境保护、航空航天以及医疗卫生、旅游餐饮、咨询服务等。

目前，亚洲是我国企业对外经济合作的最大市场。我国对外经济合作业务中，对外直接投资的66%、对外承包工程的42%和对外劳务合作的54%集中在亚洲。对北美、大洋洲、非洲和亚洲的直接投资增幅在80%以上，对非洲和拉美的承包工程与劳务合作业务增幅在60%以上。

我国境外投资业务已扩展到160多个国家和地区，涉及贸易、生产加工、资源开发、交通运输、承包工程、农业及农产品综合开发、医疗卫生、旅游餐饮及咨询服务等多个领域，投资重点逐渐从我国港澳地区及北美地区，转移到亚太、非洲、拉美等广大发展中国家，多元化发展趋势日益显著；对外承包工程业务分布在180多个国家和地区，涉及建筑、石油化工、电力、交通、通信、水利、冶金、铁路、煤炭、林业及航空航天、和平利用原子能和高科技等国民经济的各个领域；对外劳务合作业务由开始时以派出建筑工程劳务为主逐渐向多领域扩展，外派劳务人员既有普通工人、技工和农民，又有工程师、医生、护士、会计师等各类专业技术人员，还有飞机修理、计算机软件设计与应用、工程设计与咨询、项目监理和经营管理领域的人才。

（三）方式日趋多样，水平逐步提高

在业务开展初期，我国企业境外投资项目规模较小，承揽的工程也大多为中小型项目。近年来，随着我国对外经济合作业务的快速发展，大项目不断增多，技术含量不断提高。2018年1~9月，对外承包工程新签合同额在5000万美元以上的项目有517个，合计1315.3亿美元，占新签合同总额的85.1%。对外承包工程带动货物出口129亿美元，同比增长17.5%。

对外直接投资由单一的"绿地投资"向跨国并购等多种方式扩展，2018年1~9月，我国企业共实施完成跨境并购项目265起，分布在新加坡、法国、德国等49个国家和地区，涉及制造业、交通运输/仓储和邮政业、采矿业等17个行业大类，实际交易总额达433亿美元,其中直接投资 191.7 亿美元,境外融资 241.3 亿美元。

2018 年 1~9 月,我国境内投资者共对全球 155 个国家和地区的 4597 家境外企业进行了非金融类直接投资,累计实现投资 820.2 亿美元,同比增长 5.1%。对外承包工程新签合同额 1545.1 亿美元,完成营业额 1089.9 亿美元,同比增长 6.4%。对外劳务合作派出各类劳务人员 35.5 万人,9 月末在外各类劳务人员 99.6 万人,较去年同期增加 3.5 万人。

同时,高科技企业境外投资初露锋芒,一批以通信网络、应用软件等高科技产品开发为主的内地高科技企业,通过在我国香港、美国等地设立公司,加快了建立国际营销网络的步伐。

对外投资结构持续优化,非理性投资得到有效遏制。1~9 月,对外投资主要流向租赁和商务服务业、制造业、采矿业、批发和零售业,占比分别为 32.8%、16.7%、9.7% 和 9.2%。房地产业、体育和娱乐业对外投资没有新增项目。

境外经贸合作区建设成效显著。截至 2018 年 9 月,我国企业在 46 个国家在建初具规模的境外经贸合作区 113 家,累计投资 366.3 亿美元,入区企业 4663 家,总产值 1117.1 亿美元,上缴东道国税费 30.8 亿美元。

(四) 经营主体进一步优化,竞争力不断增强

经过 40 多年的发展,我国境外投资主体逐步从贸易公司为主向大中型生产企业为主转变,生产企业境外投资所占比重不断增大,境外贸易公司所占比重逐渐减少。特别是一批骨干企业积极开展跨国经营并取得较好成效,已成为我国境外投资的主力军。国有大型企业继续发挥主导作用,非公有制企业逐步成为"走出去"的生力军,积极拓展国际市场,逐步成为我国境外投资的重要力量。部分优势企业正在发展成为集境内外研发、生产、销售、服务于一体的跨国企业,已开始实施海外投资战略,并初步形成了全球的生产销售网络,初具跨国公司的雏形。

(五) 各级政府部门出台了一系列鼓励的政策措施

同时,为实施"走出去"战略,推动对外经济合作,商务部牵头与有关部门在财税、信贷、保险、外汇、国别导向等方面制定了一系列鼓励政策措施并组织实施,同时深化管理体制改革,推进"走出去"便利化,并初步建立起对外经济合作的促进、服务、保障和监管体系。一些省市也结合实际制定了支持当地企业"走出去"的具体措施。实施"走出去"战略的政策推动效应日益明显。

开展各种形式的对外经济合作,不仅有力地促进了我国国民经济和外经贸事业的发展,取得了显著的经济和社会效益,还加强了我国与世界各国和地区的经贸合作关系,为有关国家,特别是广大发展中国家的经济发展做出了贡献,有利于实现优势互补,促进共同发展。

二、我国开展对外经济合作面临的形势

当前,世界经济增速放缓,全球贸易和投资总量下降,金融市场跌宕起伏,政治经济风险和不确定性增多,发展中国家经济受到严峻挑战。与此同时,世界范围内正在进行着经济结构调整,科技进步突飞猛进,跨国公司的影响力日益增大,这些都对各国经济的发展带来了深刻影响。但也应看到,世界经济低迷中往往蕴藏着诸多机遇,与世界主要国家经济增长缓慢相比,我国经济保持了持续、稳定增长,为我国企业抓住机遇、积极稳妥地开拓国际市场提供了机会。今后一段时间,我国开展对外经济合作将面临一系列有利因素和不利因素,

机遇与挑战并存。

今后我国发展对外经济合作的有利因素有：

（1）我国经济保持了良好发展态势，宏观经济环境不断改善，企业面临的国内环境更加宽松，为更多企业实现"走出去"开展对外经济合作提供了充分保障。

（2）我国对外经济合作已初具规模并积累了一定的经验，为下一步的发展打下了坚实基础。经过多年来对先进技术的引进、消化、吸收和创新，我国工业整体水平有了明显提高，许多行业拥有成熟的工业化技术和先进技术，建筑、石油化工、电力、交通、冶金、铁路、水利、通信等行业的实用技术、成套设备技术在国际市场上具有竞争优势，已经具备了进一步开展对外经济合作的实力。此外，为主动应对 WTO 带来的挑战，实现经营资源在国内外的合理配置，提高国际竞争力，企业"走出去"的要求日益强烈和迫切。

（3）加入 WTO 给我国发展对外经济合作带来了新的机遇。"入世"后，国内市场国际化、国际市场国内化进程进一步加快，我国享受 WTO 各成员贸易投资自由化的便利。特别是在市场准入方面，我国企业在进入各成员市场时，享受各成员在 WTO 承诺的待遇或与所在国（地区）企业相同的待遇，从而为我国企业"走出去"创造了更为广阔的发展空间。

今后我国发展对外经济合作的不利因素有：

（1）我国对外经济合作的促进和保障政策尚不配套，特别是有关金融和保险服务体系需进一步完善。

（2）在世界经济增长前景不确定的背景下，多数资金处于观望状态，新的投资流向不定。部分游资将进入经济发展良好、投资环境好的市场，从而造成这部分市场的竞争加剧。同时，一些国家由于经济困难造成资金紧张，压缩公共建设投资，取消或推迟项目发展计划，给我国开展对外经济合作业务带来一定困难。

（3）在世界贸易和投资的困难时期，各国的对外经济政策一般趋于保守，保护主义倾向越发明显，各种贸易壁垒增多，特别是发达国家市场，虽称完全开放，但实际上在技术、环保、卫生、人员进入等方面的壁垒仍十分坚固。

（4）企业自身还存在一些问题，如竞争能力不够强、资金和人才缺乏等，已成为制约企业开展对外经济合作业务的主要障碍。

三、大力发展对外经济合作的主要措施

大力发展对外经济合作的主要措施有以下几方面：

（1）大力发展对外直接投资。要坚持"以市场为导向、以贸易为先导、以效益为中心"的原则，以优势产业为重点，加快制造业"走出去"，开展境外加工贸易，促进产品原产地多元化。鼓励和引导我国轻工、纺织、服装、家电、电力、通信等行业的企业到有条件的国家和地区投资建厂。积极稳妥地扩大境外资源开发合作。

（2）提高对外承包工程水平。要进一步优化经营主体结构，培育一批大型承包工程企业。拓展对外承包工程方式和领域，鼓励有条件的企业以 EPC、PMC、BOT、PPP 等国际通行方式开展对外承包工程。以设计咨询为龙头，推动设计咨询公司、项目管理公司、监理公司"走出去"，带动对外承包工程的发展。进一步拓宽融资渠道，充分利用出口信贷、项目融资等扩大对外承包工程。强化对外承包工程的风险管理。

（3）稳步发展对外劳务合作。要立足我国国情，继续坚持有组织、有管理的劳务输出

方式。加快外派劳务基地建设，加强专业技能培训，提高劳务人员素质和竞争力。深度开发传统市场，大力开拓欧美等发达国家市场。优化外派劳务人员结构，提高海员、医护、IT等高素质人员的比例。规范对外劳务合作市场经营秩序，完善应急处理机制和劳务人员救助机制，保护外派劳务人员的正当权益。

（4）推动服务业"走出去"。支持企业到境外从事贸易分销、物流航运业务，形成全球网络和服务体系。引导银行、保险、证券等金融机构和电信、传媒、文化和旅游等服务企业设立境外分支机构。引导财务、法律、咨询等中介机构贴近中资企业，拓展境外业务。支持有实力的企业在境外设立研发中心和研发型投资企业，获得国际知名品牌、先进技术、智力资源，提高企业的技术水平和创新能力。

（5）加快培育跨国公司。要支持有条件的企业通过跨国并购、参股、股权置换、境外上市、重组、联合等多种方式扩张，逐步培育和形成一批知名跨国公司。鼓励企业在"走出去"的过程中实施品牌发展战略，提高企业自主创新能力，形成自主知识产权。引导和鼓励中小企业与大企业开展多种形式的合作，共同"走出去"。

（6）完善"走出去"服务体系。加强政府网站等信息体系建设，信息共享。继续会同有关部门完善《境外投资国别产业导向目录》和《境外加工贸易指导目录》，定期发布《国别投资障碍报告》。建立健全对外经济合作促进机构，支持举办投资贸易促进活动。充分发挥驻外经商机构和有关商（协）会的作用。积极发展社会中介组织，为企业提供法律、财务、咨询、知识产权和认证等服务。加快"走出去"人才培养，提高跨国经营管理能力。

（7）加大政策支持力度。充分发挥财政资金、政策性金融及保险机构的作用，支持更多的企业"走出去"。改革和完善现有资金扶持政策，扩大支持范围和力度。扩大利用出口信贷等支持有条件的企业承揽境外工程、开展境外投资。合理改革外汇管理制度，积极研究鼓励和支持"走出去"的税收政策。鼓励银企协作，扩大企业融资渠道。

（8）强化监管和保障。加快立法步伐，构建对外经济合作的法律法规体系。研究制定境外企业监管办法，完善对外投资统计和联合年检制度。加强对境外中资企业和国有资产的监管，建立健全境外投资风险评估和预防机制。进一步完善对外经济合作业务管理体制，简化审批，规范程序。维护良好的对外经济合作经营秩序，依法惩处各类欺诈行为。

第二节　中美经济合作

中国是世界上最大的发展中国家，美国是世界上最大的发达国家。中美经贸关系既对两国意义重大，也对全球经济稳定和发展有着举足轻重的影响。

中美两国建交以来，双边经贸关系持续发展，利益交汇点不断增多，形成了紧密合作关系，不仅使两国共同获益，而且惠及全球。特别是进入21世纪以来，在经济全球化快速发展过程中，中美两国遵循双边协定和世界贸易组织等多边规则，拓展深化经贸合作，基于比较优势和市场选择形成了结构高度互补、利益深度交融的互利共赢关系。双方通过优势互补、互通有无，有力促进了各自经济发展和产业结构的优化升级，同时提升了全球价值链效率与效益，降低了生产成本，丰富了商品种类，极大促进了两国企业和消费者利益。

一、中美经济合作的四个发展阶段

中美两国自从 1972 年恢复正常关系以来，双边经济合作关系的发展可以分为四个阶段：

第一阶段，1972 年中美关系正常化至 1978 年年底。这一时期两国经济交往十分有限。经济合作关系只是中美政治和战略关系的一个补充，中美"双方把双边贸易看作是另一个可以带来互利的领域，并一致认为平等互利的经济关系是符合两国人民利益的"。

第二阶段，1979 年中美正式建交至 1989 年。这一阶段，中美双方于 1979 年 7 月签署了《中美贸易关系协定》，双方决定相互给予对方最惠国待遇，中美贸易合作开始快速发展。1979 年中美贸易总额达到了 24.51 亿美元，由于这一时期中美两国仍然将遏制苏联作为战略关系的基础和最高目标，中美贸易也一直受到美国国会 1974 年通过的《杰克逊—瓦尼克修正案》的约束，所以中美经济合作关系的发展起伏不定。

第三阶段，1990—2016 年。这一时期，中美加速发展经济合作关系的条件逐渐具备，双边贸易额获得跃进式增长。自 1990 年开始，中美之间的贸易平衡发生重大逆转，由 20 世纪 80 年代的中方逆差转变为美方逆差。2001 年 12 月 11 日，我国成为世贸组织成员，美对华永久正常贸易关系问题得到解决，为我国外经贸发展争取了较为稳定的环境。中国加入世贸组织一年多来，中美经贸关系继续扩大和深化。

2002 年、2003 年中美之间经贸高级官员之间的访问，加强了双方之间的沟通与交流，妥善处理了加入 WTO 后中美经贸关系中出现的新问题，为两国企业开展经贸合作创造了良好条件。2003—2016 年间，中美两国政府本着平等、理性、相向而行的原则，先后建立了中美商贸联委会、战略经济对话、战略与经济对话、全面经济对话等沟通协调机制，双方为此付出了不懈努力，保障了中美经贸关系在近 40 年时间里克服各种障碍，不断向前发展，成为中美关系的"压舱石"和"推进器"。

第四阶段，2017 年至今。2017 年新一届美国政府上任以来，在"美国优先"的口号下，抛弃相互尊重、平等协商等国际交往的基本准则，实行单边主义、保护主义和经济霸权主义，对许多国家和地区特别是中国做出一系列不实指责，利用不断加征关税等手段进行经济恫吓，试图采取极限施压方法将自身利益诉求强加于中国。面对这种局面，中国从维护两国共同利益和世界贸易秩序大局出发，坚持通过对话协商解决争议的基本原则，以最大的耐心和诚意回应美国关切，以求同存异的态度妥善处理分歧，克服各种困难，同美国开展多轮对话磋商，提出务实解决方案，为稳定双边经贸关系做出了艰苦努力。然而，美国出尔反尔、不断发难，导致中美经贸摩擦在短时间内持续升级，使两国政府和人民多年努力培养起来的中美经贸关系受到极大损害，也使多边贸易体制和自由贸易原则遭遇严重威胁。

（一）双边贸易

双边货物贸易快速增长。根据中国海关统计数据，2017 年中美双边货物贸易额达 5837 亿美元，是 1979 年建交时的 233 倍，是 2001 年中国加入世界贸易组织时的 7 倍多。目前，美国是中国第一大货物出口市场和第六大进口来源地，2017 年中国对美国出口、从美国进口分别占中国出口和进口的 19% 和 8%；中国是美国增长最快的出口市场和第一大进口来源地，2017 年美国对华出口占美国出口的 8%。

美国对华出口增速明显快于其对全球出口。中国加入世界贸易组织以来，美国对华出口快速增长，中国成为美国重要的出口市场。根据联合国统计，2017 年美国对华货物出口

1298.9亿美元，较2001年的191.8亿美元增长577%，远远高于同期美国对全球112%的出口增幅。

2018年，中国对美国进出口4.18万亿元人民币，按年增长5.7%。其中，对美出口3.16万亿元人民币，增长8.6%；自美进口1.02万亿元人民币，下降2.3%；贸易顺差2.14万亿元人民币，扩大14.7%。以美元计价，2018年中美双边贸易进出口总值为6335.2亿美元，按年增长8.5%。其中，出口4784.2亿美元，增长11.3%；进口1551亿美元，增长0.7%；贸易顺差3233.2亿美元，按年扩大17.2%。

中国是美国飞机、农产品、汽车、集成电路的重要出口市场。中国是美国飞机和大豆的第一大出口市场，汽车、集成电路、棉花的第二大出口市场。2017年美国出口中57%的大豆、25%的波音飞机、20%的汽车、14%的集成电路、17%的棉花都销往中国。

中美双边贸易互补性强。美国居于全球价值链的中高端，对华出口多为资本品和中间品，中国居于中低端，对美出口多为消费品和最终产品，两国发挥各自比较优势，双边贸易呈互补关系。2017年，中国向美国出口前三大类商品为电机电气设备及其零附件、机械器具及零件、家具寝具灯具等，合计占比为53.5%。中国从美国进口前三大类商品为电机电气设备及其零附件、机械器具及零件、车辆及其零附件，合计占比为31.8%。机电产品在中美双边贸易中占重要比重，产业内贸易特征较为明显。中国对美出口的"高技术产品"，大多只是在华完成劳动密集型加工环节，包含大量关键零部件和中间产品的进口与国际转移价值。

(二) 双向投资

美国是中国重要外资来源地。根据中国商务部统计，截至2017年，美国累计在华立外商投资企业约6.8万家，实际投资超过830亿美元。中国企业对美国直接投资快速增长，美国成为中国重要的投资目的地。随着中国对外投资的发展，中国企业对美国直接投资从2003年的0.65亿美元增长至2016年的169.8亿美元。根据中国商务部统计，截至2017年，中国对美直接投资存量约670亿美元。与此同时，中国还对美国进行了大量金融投资。根据美国财政部统计，截至2018年5月底，中国持有美国国债1.18万亿美元。

二、中美经济合作均明显获益，实现了互利共赢

中美经济合作促进了中国经济发展和民生改善。在经济全球化背景下，中国与美国等国加强经济合作，相互开放市场，有利于中国企业融入全球产业链价值链，为中国经济增长带来了可观的外部市场。经过改革开放以来40年的发展，2017年中国货物贸易进出口总额4.1万亿美元，居世界首位；服务贸易进出口总额6956.8亿美元，居世界第二位；吸引外商投资1363亿美元，居世界第二位。美国在华企业在技术创新、市场管理、制度创新等方面对中国企业起到了示范作用，促进了市场竞争，提升了行业效率，带动了中国企业提高技术和管理水平。中国从美国进口大量机电产品和农产品，弥补了自身供给能力的不足，满足了各领域需求，特别是高端需求，丰富了消费者选择。

与此同时，美国获得了跨境投资、进入中国市场等大量商业机会，对美国经济增长、消费者福利、经济结构升级都发挥了重要作用。

经经合作促进了美国经济增长，降低了美国通胀水平。据美中贸易全国委员会和牛津研究院联合研究估算，2015年美国自华进口提振了美国国内生产总值0.8个百分点；美国对

华出口和中美双向投资为美国国内生产总值贡献了2160亿美元,提升美国经济增长率1.2个百分点;来自中国物美价廉的商品降低了美国消费者的物价水平,如2015年降低其消费物价水平1~1.5个百分点。低通货膨胀环境为美国实施扩张性宏观经济政策提供了较大空间。

为美国创造了大量就业机会。据美中贸易全国委员会估算,2015年美国对华出口和中美双向投资支持了美国国内260万个就业岗位。其中,中国对美投资遍布美国46个州,为美国国内创造就业岗位超过14万个,而且大部分为制造业岗位。

给美国消费者带来了实实在在的好处。双边贸易丰富了消费者选择,降低了生活成本,提高了美国民众特别是中低收入群体的实际购买力。美中贸易全国委员会研究显示,2015年,中美贸易平均每年为每个美国家庭节省850美元成本,相当于美国家庭收入的1.5%。

为美国企业创造了大量商机和利润。中国是一个巨大而快速增长的市场,中美经贸合作为美国企业提供了大量商业机会。从贸易来看,根据美中贸易全国委员会发布的《2017年度美各州对华出口报告》,2017年中国是美国46个州的前五大货物出口市场之一,2017年中国是美国所有50个州的前五大服务出口市场之一;2017年每个美国农民平均向中国出口农产品1万美元以上。

从投资来看,根据中国商务部统计,2015年美国企业实现在华销售收入约5170亿美元,利润超过360亿美元;2016年美国企业实现在华销售收入约6068亿美元,利润超过390亿美元。美国三大汽车制造商2015年在华合资企业利润合计达74.4亿美元。2017年美系乘用车在华销量达到304万辆,占中国乘用车销售总量的12.3%,仅通用汽车公司在华就有10家合资企业,在华产量占到其全球产量的40%。美国高通公司在华芯片销售和专利许可费收入占其总营收的57%,英特尔公司在中国(包括中国香港地区)营收占其总营收的23.6%。2017年,苹果公司大中华地区营收占其总营收的19.5%。

截至2017年1月,13家美国银行在华设有分支机构,10家美资保险机构在华设有保险公司。高盛、运通、美国银行、美国大都会人寿等美国金融机构作为中国金融机构的战略投资者,均取得了不菲的投资收益。根据中国证监会统计,中国境内公司到境外首发上市和再融资,总筹资额的70%由美资投资银行担任主承销商或联席主承销商。美国律师事务所共设立驻华代表处约120家。

促进了美国产业升级。在与中国经济合作中,美国跨国公司通过整合两国要素优势,提升了其国际竞争力。苹果公司在美国设计研发手机,在中国组装生产,在全球市场销售。根据高盛公司2018年的研究报告,如果苹果公司将生产与组装全部移到美国,其生产成本将提高37%。从技术合作领域看,美国企业在中国销售和投资,使这些企业能够享受中国在云计算和人工智能等方面的应用成果,使其产品更好地适应不断变化的全球市场。中国承接了美国企业的生产环节,使得美国能够将更多资金等要素资源投入创新和管理环节,集中力量发展高端制造业和现代服务业,带动产业向更高附加值、高技术含量领域升级,降低了美国国内能源资源消耗和环境保护的压力,提升了国家整体竞争力。

总体来看,中美经贸合作是一种双赢关系,绝非零和博弈,

第三节 中日经济合作

中日经济交往历史源远流长。两国经济发展水平、资源禀赋的差异,使两国经济具有很

大的互补性。两国在关系正常化以后，经济合作成绩斐然：双方贸易额持续上升，彼此成为重要的贸易伙伴；投资在波动中上升；贸易水平不断提高，从垂直分工向混合分工发展；日方提供的经济援助在一定程度上促进了中国经济的发展；人员往来日益频繁。现在，两国经济形成了"你中有我，我中有你"的"楔形"关系，相互依存加深。

一、日本经济发展概况

日本是世界第二经济大国。虽然经历泡沫经济冲击，但日本经济基础条件仍相当好，泡沫经济并没有从根本上损害日本经济元气。日本国民教育发达，人口素质居世界前列。科技实力雄厚，竞争力排名世界第一。民间资本充裕，个人金融资产达12万亿美元。这些都是推动日本经济增长的长期要素，其发展潜力仍不可估量。

当然日本经济确实存在一些结构性困难，如企业破产、失业率高、需求不足、银行呆坏账等。20世纪90年代以来，日本政府一直高调改革，但10届内阁都没有将日本经济带上快速增长的道路。

从20世纪90年代初泡沫经济崩溃后，10多年来日本经济一直处于停滞不前的状态，从2002年起才开始复苏，2003年增长速度达到2.4%，其中，日本向中国等东亚地区出口的增加，在经济恢复初期发挥了很大的作用。

二、中日经济合作简介

中日经贸关系在我国整个对外经贸关系中占有重要地位。迄今为止，中国作为日本最大货物贸易伙伴国已经持续11年之久，而且与日本第二大贸易伙伴国——美国的差距在不断加大。日本是我国吸收外资、技术引进的主要来源国之一。

（一）中日贸易

据日本海关统计，2018年1~9月日本与中国双边货物进出口额为2321.1亿美元，增长8.3%。其中，日本对中国出口1061.9亿美元，增长11.5%；自中国进口1259.2亿美元，增长5.8%。日本与中国贸易逆差达197.3亿美元。

日本对中国出口的主要产品是机电产品、化工产品和运输设备，2018年1~9月出口额分别为465.2亿美元、118.7亿美元和100.2亿美元，分别增长16.5%、18.8%和13.4%，占日本对中国出口总额的43.8%、11.2%和9.4%。

日本自中国进口的主要商品为机电产品、纺织品及原料和家具玩具，2018年1~9月进口额分别为566.6亿美元、161.4亿美元和75.6亿美元，分别增长6.0%、1.9%和0.8%，占日本自中国进口总额的45.0%、12.8%和6.0%。在日本市场上，中国的劳动密集型产品占有较大优势，如纺织品及原料、鞋靴伞和箱包等轻工产品，在日本进口市场的占有率均在60%左右，在这些产品上，中国大陆的主要竞争对手来自亚洲国家（如越南、泰国）、中国台湾省以及意大利、美国等国家。

（二）日本企业对华投资

2016年，日本在华新设企业576家，同比下降10.4%，实际到位金额31.0亿美元，同比下降3.1%，占中国吸引外资总额的2.5%。除中国香港及自由港以外，国别排名第三位，仅次于新加坡、韩国。

2017年1~7月，日本在华新设企业329家，同比下降2.1%，实际使用金额18.4亿美元,同比下降3.2%,占中国吸引外资总额的2.5%。截至2017年7月,日本累计在华投资设立企业50745家,实际使用金额1067.6亿美元,占中国吸引外资总额的5.8%,在中国利用外资国别中排名第一。

(三) 对日投资合作情况

其一,对日投资。截至2017年7月,中国对日本直接投资存量为36.9亿美元。2017年1~7月,中国对日本直接投资额为18357万美元,同比增长15.9%,主要涉及制造业、进出口贸易和能源矿产等领域。

其二,对日承包工程。截至2017年7月,中国企业在日本承包工程新签合同额累计为39.1亿美元,完成营业额39.8亿美元。2017年1~7月,新签合同额19230万美元,完成营业额13931万美元。

其三,对日技能实习生合作。日本是中国最大的海外劳务市场。截至2017年7月,中国在日技能实习生总数14.2万人,占中国在外劳务人员总数的28.0%,主要分布在日本的中小企业,涉及制造业、农林牧渔和建筑业等。2017年1~7月,中国向日本新派出技能实习生19860人,同比增长6.8%。

(四) 政府资金合作情况

中国从1979年开始使用日元贷款。截至2016年年底,我国利用日元贷款协议金额30499亿日元,累计提款26909亿日元,累计还本14113亿日元,累计付息7849亿日元,债务余额12795亿日元。截至2011年年底,中国累计接受日本无偿援助1423.45亿日元,用于148个项目建设,涉及环保、教育、扶贫、医疗等领域。

根据2005年中日双方达成的协议,日本对华提供日元贷款和大规模无偿援助已于2008年基本结束。自2012年起,唯一保留的人才培养奖学金项目也已不再使用政府无偿援助资金。

2011年3月11日,日本发生大地震后,中国政府分三批向日本政府提供价值3000万元人民币的紧急人道主义救援物资以及2万吨燃油(约值1.5亿元)的无偿援助。

三、中日经济合作的发展趋向

随着中日两国经济实力对比的变化,在一些领域的竞争不断加剧,但由于两国经济上仍具有较强的互补性,特别是在当前地缘政治风险上升、美国贸易保护趋势增强、金融市场波动频繁以及"一带一路"建设稳步前行、中国和日本都致力于国内产业结构升级和创新商业模式的形势之下,促进中日关系良性发展、加强两国经贸合作的必要性增强。可以预见,合作仍将是未来中日经济关系的主流,中日经济合作发展前景十分广阔。

(一) 日本对华投资和贸易结构调整转型

在经济信息化、自动化、服务化快速发展以及环保意识不断增强的趋势下,包括日本和中国在内的国家都在积极推动产业结构转型,注重"绿色"发展,日企对华投资和贸易结构亦出现调整和变化,一些领域将成为合作的关注点。

第一,有关自动化、智能化、医疗设备等高端制造业。中国正在实施"中国制造2025"战略,日本在努力促进机器人等相关产品出口、振兴IT相关产业、发展高端医疗器械,两国都致力于创造新的经济增长点,提高制造业的国际竞争力,双方存在利益契合点。譬如,伴随人口老龄化、劳动力成本上升问题的出现,中国对机器人、医疗设备等需求不断扩大,而国内相关技术与日本等发达国家仍存差距，尤其是一些核心零部件，仍主要依赖进口，如果日本企业在这些领域扩大对华投资和贸易，既可带动本国相关产品及零部件出口，也可满足中国巨大市场的需求。

第二，"绿色"制品。中国经济进入新常态，从以往重视经济增长速度，逐步转向重视增长质量，并尽量减少和避免经济发展给环境造成负荷，由此对生态环保技术及相关产品的需求增大，而这一领域正是日本的强项，双方合作的潜力巨大。据日产汽车公司2018年2月发布的中期经营计划，将在中国投资600亿元人民币，用于加强电动汽车（EV）开发、生产和销售业务等，争取到2022年，使在华汽车年销量达到260万台，相当于2017年的1.7倍。可见，日企对华投资越来越注重网络建设、当地销售等。

第三，农业机械。"三农"问题始终是关系中国经济社会发展的一个焦点。十九大报告首次提出实施"乡村振兴战略"，强调"坚持农业农村优先发展，加快推进农业农村现代化"。在这种形势下，中国对现代化的农业机械，尤其大型农机的需求将会进一步增加。近几年，日本企业已开始关注中国的农机市场，如：日本井关农机公司在华生产新型拖拉机，试图将产能提高数倍；石川岛播磨重工（IHI）在华成立生产和销售农机的合资公司，已启动玉米收割机和拖拉机生产；久保田公司在苏州投资约60亿日元建立新工厂，计划使拖拉机生产能力倍增。今后中国有可能超过欧洲，成为全球最大规模的农机市场。

第四，农产品及食品。随着中国居民生活水平的提高、供给侧结构性改革及日本农业改革的推进，日企对华农产品及食品相关产业的投资和贸易将进一步增长。日本好侍食品公司于2018年投资1亿美元，扩大在华咖喱产能；日清食品公司于2017年5月启动约3.5亿元人民币投资的浙江建厂项目，尝试以高端方便面为中心扩大在华业务。到2017年，在华日本料理店已达4万家左右，大约相当于4年前的4倍。借助"日本料理热"，日本开始大力推广本国农产品。日本全国农协联合会与中国电商龙头企业阿里巴巴集团已达成协议，阿里巴巴在网上销售日本产越光大米。

第五，服务业。服务业已成为拉动中国经济增长的主要动能。在中国经济转型、城镇化率不断提高、服务业市场日益开放的趋势下，日本对华金融、零售、健康医疗、娱乐教育等服务领域的投资面临更多机遇。2018年伊始，日本无印良品酒店在深圳推出全球首家店铺，之后将在北京开店；伊藤洋华堂计划到2020年将其在中国内陆的店铺数增加到20家，相当于目前的三倍。尤为引人注目的是，随着"一带一路"建设的进展，日本便利店加速进入中国内陆地区。到2017年11月底，日本全家便利店在中国的门店数为2177家，同比增长约20%，并计划将成都的门店数增加到85家。罗森便利店拟于2018年春季在安徽合肥开设分店，这也将是安徽省出现的首家日本便利店，罗森还计划在重庆建立一个集食品生产、销售和运输为一体的网络。7-11便利店近期新设的门店大多集中在中部地区，在成都的店铺数增加较多。

（二）中国对日直接投资进一步扩大

为促进地方经济增长，给经济发展注入活力，日本计划到2020年，使外国对日直接投资余额倍增至35万亿日元。为此，安倍政府逐步减少市场干预，降低企业法人税，在国家战略特区内实行更为优惠的政策，以改善营商环境，这也为中国企业赴日投资提供了良好条件。

中国企业对日直接投资规模远低于日本对华直接投资，尚存在较大的发展潜力。据报道，日本富士通公司决定将 PC 业务子公司出售给中国联想集团，双方就组建计算机合资公司已达成协议；日本东芝公司宣布退出电视机业务，将之出售给中国海信集团旗下的海信电器公司，海信电器将享有东芝电视品牌、运营服务等业务，其在日本电视机市场的份额将仅次于夏普和松下品牌。中国手机制造商 OPPO 在 2018 年春季进军日本市场。随着越来越多的企业进入日本，中国对日投资规模将会继续扩大，在日影响力也将逐步提升。

（三）财金领域合作逐步深化

在政策协调、防范金融风险方面，中日加强合作的必要性上升。近期，特朗普的贸易保护行为引发中美贸易摩擦，也给日本等贸易逆差来源国施加压力；欧洲经济虽然复苏，但仍存隐忧，被视为安全资产的日元汇率起伏不稳；中国等新兴市场面临经济下行压力，这些因素给相关国家对外贸易及经济发展带来了风险和不确定性。中日两国有必要及时加强宏观经济政策沟通与协调，携手应对潜在风险，为企业发展和企业间合作营造稳定、良好的金融环境。

在互购国债方面，中日加强合作，有利于促进外汇资产配置多元化，分散外汇投资风险。中国十分关注日本国债市场的动向，在美国大选前景不确定、英国公投决定脱欧、中东局势动荡、汇率波动的情况下，2016 年中国增持了日本国债，到年底持有额为 14.7 万亿日元，在外国持有者中占 10.3%，比上一年增加 3.2 个百分点。对日本政府而言，中国增持其国债，有利于多元筹资和化解国债风险。

随着中日关系的改善，两国有关部门开始继续推动民间财金领域合作。2017 年年底，中日两国就日本机构在中国发行以人民币计价的"熊猫债"达成框架协议。次年 1 月，三菱东京日联银行成为首家在中国资本市场发行"熊猫债"的日本机构，发行金额为 10 亿元人民币，期限 3 年，票面年利率为 5.3%。此次在中国成功发行"熊猫债"，一方面有利于日本企业丰富融资渠道，扩大与中国企业间的业务；另一方面也有利于推动人民币国际化，加快中国债券市场的对外开放。

（四）能源环保领域合作需求扩大

日本拥有世界一流的节能环保技术及相关经验，在新能源、可再生能源、清洁能源等方面，中日之间存在合作的必要性和巨大空间。

例如，机动车尾气排放是中国城市雾霾天气的来源之一，日本生产节能小排量汽车方面的技术具有一定优势，引进相关技术和产品，有助于中国缓解和治理大气污染问题。

再如，在 2011 年日本大地震及其引发的福岛核泄事故发生之前，日本曾运营 50 多座核电站，已形成一套相对成熟的核电站运行体系，而中国在核电技术及建设方面也在不断积累经验，中日两国企业可在核电运营、核废料处理及回收利用等方面加强合作，即使是福岛核泄事故，也可成为交流与合作的内容，其所造成的严重后果使各国共同面对一个重大课题和挑战：提高安全标准、确保核电安全。

（五）养老、社保、电子商务等有望成为合作新亮点

20 世纪 70 年代，日本率先进入老龄社会，目前 65 岁以上的老年人口在总人口中占比超过 1/4。在老年人用品、养老设施、医疗护理、社会保障等方面，日本积累了丰富经验。中国"未富先老"，老龄化速度呈加快之势，对养老相关用品、设施、服务等需求日渐增

大。近几年，日本贸易振兴机构多次组织"中日老龄产业交流会"，旨在促进中日企业之间在养老服务、老年人用品等方面进行资源对接与合作。

中日两国有关部门已重启一度中断的社会保障协定谈判，双方协商取得了显著进展。按照以往规定，日本企业派往中国的员工不仅需要向中方相关部门缴纳一定数额的养老保险、医疗保险等社保金，也需要向日方缴纳部分保险金，中国企业派往日本的员工同样遵循这一规定。新协定将减轻两国政府的社保金负担，保障互派员工在对方国家的利益，尤其惠及在华工作的数万名日企驻外员工。

在经济网络化、信息化、全球化迅猛发展的当今时代，适应形势发展，中日两国需要进一步加强电子商务、共享经济等方面的合作。据日本经济产业省估算，日本面向中国的跨境电商市场规模已超过1万亿日元，预计到2020年将增长八成以上。

第四节　中欧经济合作

中欧经济合作是中欧关系的"压舱石"。长期以来，欧盟是中国第一大贸易伙伴、第一大技术来源地和重要外资来源地，中国是欧盟第二大贸易伙伴。

20世纪70年代，中国向世界敞开大门，1975年中国和欧盟（欧共体）正式建立外交关系。在双方的共同努力下，中欧在经贸、科技、文化、教育等诸多领域开展了交流与合作。欧共体（EC）于1978年4月3日与中国在布鲁塞尔签订了首个双边贸易协定。1984年，双方推出一个旨在为中国官员提高经济管理和农村发展技能的合作培训项目，拉开了随后众多中欧合作项目的序幕。1985年5月，欧共体与中国在布鲁塞尔签订《贸易和经济合作协定》，该协定至今仍是中欧关系的坚实基础。此后不久，欧洲委员会于1987年开始在中国合作开发项目。1988年10月，欧共体（EC）在北京设立代表团，中欧合作框架就此形成。

2018年是我国改革开放40周年，与欧洲国家的经贸和技术合作伴随我国改革开放的全过程，促进了我国经济社会的发展。同时，欧洲国家因为较早抓住我国开放机遇和进入中国市场，受益颇多。2008年国际金融危机和2010年欧债危机爆发，中国靠自身强大实力成为抵御危机的中坚力量，通过购买欧债、扩大经贸合作等方式支持和帮助欧洲国家走出危机困境，中欧经济合作更加紧密。国际金融危机发生以来，中国对欧盟出口年均增长1.8%，欧盟对华出口年均增长5.8%，双方企业和人民都从中获得实实在在的好处。

一、中欧经济合作简介

改革开放40年，欧洲是中国改革开放的积极参与者，同时也从中国的改革开放中获得了实实在在的利益。自2013年以来，欧盟对华经贸诉求主要在于扩大市场准入，包括货物与服务贸易的进一步开放，政府采购市场的开放，减少市场准入限制性措施等。这些诉求集中体现在2014年开始的中欧双边投资协定谈判中，也体现在2016年第2份欧盟对华战略文件的调整之中。

对于欧方诉求，中国根据自身发展实际，予以了积极回应。2018年4月，习近平主席在博鳌亚洲论坛年会上宣布了中国扩大开放的一系列重大举措，涵盖大幅度放宽市场准入、创造更有吸引力的投资环境、加强知识产权保护、主动扩大进口等四个方面,并要求将相关举措尽快落地。目前,中国政府已宣布了一系列具体的行动,如取消新能源汽车、银行与金融资产管理方面外资股比限制,大幅度降低汽车及零配件、日用消费品进口关税等举措等。6月15日,中国国务院发布《关于积极有效利用外资推动经济高质量发展若干措施》,对有关扩大开放措施进行了进一步细化,列出了时间表。

这些举措不仅是中国加快改革开放进程、反对贸易保护主义、支持经济全球化的实际行动,而且其中很多内容都是欧方的关注点。同时,这些举措出台后,欧洲企业扩大在华经营,以及包括农产品在内的欧洲优质特色商品进入中国市场都面临广阔前景,为中欧加强经贸合作带来了新的空间。可以说,面对单边主义、贸易保护主义和民粹主义抬头的国际形势,随着中国进一步扩大开放,中欧加强经贸合作面临全新机遇,重新定位彼此经贸关系恰逢其时。

1. 中欧贸易

在贸易关系方面,2017年,中欧双边贸易额达到6169亿美元,同比增长12.7%,创历史新高。其中,中国对欧盟出口3720.4亿美元,从欧盟进口2448.7亿美元,分别同比增长9.7%和17.7%。中国对欧盟贸易顺差从2008年的占贸易总额的近四成减少至占贸易总额的20%。欧盟连续14年保持中国最大贸易伙伴,连续7年是中国最大进口来源地,连续6年居中国第二大出口市场。

2. 中欧投资

在投资关系上,2010年欧债危机后,欧盟成员国对域外资金需求上升,中国企业加快走向海外,中国对欧盟直接投资在2009年之后迎来了迅速增长。截至2016年年底,中国对欧盟直接投资累计698.3亿美元,较2008年翻了21番,与欧盟国家对华投资累计1103.36亿美元的之比不到1∶2,但是较2008年两项之比1∶19.2有了显著提升。

二、中欧经济合作面临的问题与挑战

近年来,全球经济复苏缓慢、世界贸易增长较为低迷,中美、美欧经贸关系均存在诸多不确定因素。我们应在重视欧方关切的同时,抓住各种契机,就市场开放问题、中欧贸易不平衡问题、技术竞争与合作问题等,积极主动做欧方工作,继续发挥经贸在推动中欧关系中行稳致远的作用。

首先,全球经济大环境不容乐观。2018年是国际金融危机10周年。金融危机造成的冲击余波仍在,其产生危机的隐患远未完全根除,国际货币基金组织呼吁的结构性改革和加快创新没有到位,世界贸易连续6年低迷后仍难以恢复到危机前的较快增长势头。虽然世界经济进入整体复苏阶段,但不稳定、不确定因素仍然很多,中欧贸易增长有可能受到影响。

其次,世界政治经济格局发生深刻演变。美国政府奉行"美国优先"政策,给既有的大国关系、国际秩序及全球治理体系带来巨大冲击,美欧盟友关系遭遇波折,一些地区热点和地缘政治冲突可能加剧,经济全球化进程和国际多边贸易体制受到挑战,欧洲国家不安全感上升。

再次,欧洲面临严峻复杂的内外挑战。近年来,欧洲受到英国脱欧、难民和移民问题、恐怖主义、民粹主义及独立势力抬头等多重挑战,各国政府内外政策都面临巨大压力。法国和德国对推进欧洲一体化和加强欧盟建设达成共识，但囿于各种因素进展缓慢。欧洲难以形成统一声音和强大力量对外发挥影响。

最后，中欧之间发展水平对比发生变化。2008年国际金融危机对双方关系而言是分水岭。从中欧关系格局看，危机之前，欧洲占主导和优势地位；现在，中国与欧洲差距明显缩小，逐步呈平起平坐态势。从经贸合作看，危机之前，欧洲在产业链中总体处于领先态势，中国处在中低端；现在，中国追赶很快，在一些领域接近欧洲先进技术水平，中国的后发优势、市场优势明显，部分欧洲国家对未来中欧竞争产生焦虑感。

中欧合作是优势互补的必然结果，来自欧洲的资金、技术和管理经验为中国实现高质量发展和建立现代化经济体系提供助力，同时中国日益增长的对欧投资、性价比高的装备、成熟的工程建设经验以及需求和消费加快升级的庞大市场，也必将给欧洲国家带来持久发展机遇。

中国始终欢迎欧洲企业来华投资，但因中欧经济发展水平不同，产业结构各异，对外开放的重点和节奏会有不同，这是符合经济发展规律的，不能简单追求一对一的对等开放。2018年上半年以来，中国政府出台改善外资营商环境、强化知识产权保护、扩大出口等具体措施，还大幅降低汽车及零部件、部分民生消费品的进口关税。

在中欧贸易不平衡的问题上，贸易顺差和逆差不是绝对的。中欧贸易不平衡是由各自发展阶段、比较优势和贸易结构等多种因素决定的。贸易顺差和逆差不是绝对的，也不都是坏事。中国对欧盟整体有顺差，对德国、瑞士、奥地利等国则是逆差；中国对欧盟货物贸易是顺差，但服务贸易则是逆差。而且，从全球供应链和价值链视角看，单纯以原产地原则统计贸易数据，并不能真实反映中欧贸易关系的状况。例如，中国很多出口是加工贸易，利润主要是跨国公司拿大头，而中国企业只赚取一些工本费。

从技术竞争与合作层面来看，中欧合作面远大于竞争面。近几年，不少欧洲企业担心，中国从它们那里学到先进技术而成为它们的强劲竞争对手。合作与竞争就像一个硬币的两面，有时候适度竞争反而能更好地激发创造创新潜力。尽管中国在技术研发和新产业发展上追赶很快，但总体上仍将长期处于产业链的中端，中欧互补性仍将长期存在，中国还有很多方面要向欧洲学习。

在全球化和信息化日新月异的今天，技术进步不是闭门造车的产物，而是集思广益、取长补短的结果。中欧加强科技合作不是你失我得的"零和游戏"，而是智慧碰撞、成果共享的有效途径。中国将严格保护知识产权，绝不搞强制性技术转让，这也是中国自身发展的需要。中国正在加快实施创新驱动发展战略，培育新产业和新动能，开展"大众创业、万众创新"活动，致力于打造支持创新创业的良好氛围和制度环境。

当前，面对新一轮科技革命浪潮，中欧双方应放宽心态，抓住机遇，携手合作，共同打造有利于双方发展和引领世界潮流的新的合作增长点。一是加强创新领域合作，如人工智能、智能制造、新能源、生态环保、智慧城市等；二是充分发挥各自优势，在非洲、中东欧及拉美等地区开展三方或多方合作，实现多赢共赢；三是要求欧方放宽对华高科技产品出口，提升高技术产品在双边贸易中的比重。

三、中欧经济合作发展的对策

中欧应进一步扩大双向开放。中国为欧洲企业来华投资提供了各种有利条件和环境，欢迎欧洲企业继续把中国市场作为投资首选地，挖掘高端制造业、服务业潜力。同时，也要求欧盟及成员国在安全审查、金融监管等方面公平对待，为中国企业赴欧投资兴业创造开放和稳定的政策环境。中方愿与欧方一道努力，以"一带一路"建设与欧洲投资计划对接为契机，带动沿线地区国家在经贸、投资、科教、人文等领域开展合作。

作为最大的发达经济体，欧盟如果能抓住中国这一轮改革开放的机遇，无疑会是最大的受惠经济体。双方应以中国进一步扩大开放为契机，打造更加紧密的经贸关系。对欧盟而言，调整其在制度层面有损中方利益的打压与强势做法势在必行。

一是加强各层级全方位沟通和交流。包括发展战略和对外经济政策方面的沟通和交流，消除误解，增进互信，明确中欧经贸关系在彼此对外战略中的定位，深入研究并制定切入中国新一轮扩大开放的路径，使欧盟企业切实享受到中国扩大开放的红利。

二是推进"一带一路"国际合作。中国始终将欧盟视为"一带一路"国际合作的重要伙伴。共建"一带一路"倡议源于中国，但机会和成果属于世界，秉持共商共建共享原则，既不涉及地缘博弈，也不是封闭的小圈子，是一个广泛的国际合作平台。

三是完善中欧经贸制度建设，为深化中欧利益融合提供保障。双方应加快推进中欧投资协定谈判，适时启动中欧自贸区联合可行性研究。欧洲政策研究中心和中国商务部研究院各自进行的前期研究显示，中欧建立自贸区可带来互利共赢的结果。

四是加强国际经贸政策协调，维护以规则为基础的多边贸易体制，共同应对单边主义和贸易保护主义，推动贸易投资自由化、便利化。中国和欧盟的发展都离不开自由开放的多边贸易体制，在这一轮单边主义和贸易保护主义浪潮中，都不可能独善其身。

第五节　中俄经济合作

中俄两国经济互补性强，合作潜力巨大。近年来，随着两国战略协作伙伴关系的平稳推进和两国高层互访的积极推动，双边经贸关系也取得了稳步健康的发展。

一、中俄双边关系发展的阶段

中俄关系发展经历了两大时期4个阶段。叶利钦时期含3个阶段：1992—1993年为第一阶段，实现了苏中关系向俄中关系的平稳过渡，并发展到相互视为友好国家；1994—1995年，从面向21世纪的战略高度出发，着手构建新型的建设性伙伴关系；1996—1999年年底为第三阶段，发展平等与信任和面向21世纪的战略协作伙伴关系，为双边关系发展创立了总体框架的发展方向。在此框架内，两国建立起元首每年互访、总理定期会晤、外长经常磋商等机制，高层领导人互访不断，加深了相互间的了解与信任，扩大了双方的共识，促进了双边合作。1999年年底俄罗斯总统更替，标志俄中关系从叶利钦时期进入了普京时期。2000年7月18日，普京总统访华，标志俄中实现了由叶利钦时代向普京时代的平稳过渡。

2012年，普京在阐述其总统竞选纲领时曾说过："俄罗斯需要一个繁荣稳定的中国，中国也需要一个强大成功的俄罗斯。"普京还多次在其国情咨文中阐述中俄关系的重要性，并称赞中俄关系为国际关系的典范。2018年普京再次当选总统后，仍然把中俄关系作为优先发展的方向，对于中国在经济领域取得的成就，他表示赞赏并持有尊重。在接受中国媒体采访时讲到，"俄罗斯梦与中国梦一样，让人民获得更好的生活是唯一的目标。"2017年7月4日，普京在克里姆林宫向习近平主席授予俄罗斯国家最高勋章"圣徒—安德烈"勋章，以感谢习近平主席为加强中俄两国人民友谊做出的杰出贡献，这同时也说明了普京对于中俄关系的高度重视。

二、中俄经贸合作简介

1. 中俄贸易

根据中方的统计，2018年1~11月，中俄双边的贸易额达到972.4亿美元，同比增长27.8%，贸易增速在中国主要贸易伙伴中位列第一，中国继续保持俄罗斯第一大贸易伙伴国的地位，俄罗斯是中国第十大贸易伙伴。根据初步的统计，截至12月中旬，中俄贸易额已经突破了1000亿美元，创历史新高。同时，双边贸易结构持续优化，2018年前11个月，中俄机电和高新技术产品贸易同比分别增长了15%和29%，农产品贸易增长了31%，双方还积极打造电子商务、服务贸易等新的贸易增长点。

中俄双边贸易结构不断优化，近几年来亮点纷呈。在能源产品保持稳定的基础上，中俄机电和高新技术产品贸易保持两位数的快速增长。与此同时，农产品贸易稳步攀升，特别是食品贸易已经成为中俄双边贸易的新增长点。2017年全年，中国从俄罗斯进口的食品贸易额已超过30亿美元，占俄食品出口额的11%，成为俄食品第一大进口国。

跨境电商持续发展，成为中俄双边贸易快速崛起的新方式。2016年，中俄电商贸易额约23亿美元，占俄跨境电商贸易总额的54%。同期，俄罗斯网民线上购买的中国商品订单量同比增长5倍。2013—2016年，在俄罗斯的入境包裹数中，来自中国网店的占比从60%上升至90%以上。据俄罗斯最大电子支付服务供应商Yandex的统计数据显示，2016年俄罗斯网民从中国订购的商品数量较2015年高出78%，在中国网店的消费总额增加了1.8倍，并且俄罗斯的中国网店顾客数量增加了38%。

同时，中俄之间持续推进制度对接。2018年，双方正式签署《中华人民共和国与欧亚经济联盟经贸合作协定》，顺利完成《欧亚经济伙伴关系协定》联合调研，为今后在欧亚地区建立高水平的经贸安排奠定了重要基础。此外，双方在世贸组织、金砖国家、上合组织、G20等多边框架内保持着密切的沟通协调，支持和维护多边贸易体制，推动构建开放型的世界经济。

2. 双向投资

中国对俄投资显著增长。2017年，中国对俄直接投资22.2亿美元，同比增长72%，在俄新签工程承包合同额同比增长191.4%，增速在"一带一路"相关国家中位居前列。研究显示，2017年外国投资者在俄罗斯共投资了238个项目，其中，中国投资者投资的项目数量迅速扩大，从2016年的9个扩大到2017年的32个，首次位居外国直接投资项目数量之首。特别是在俄罗斯的远东地区，中国投资企业众多，仅滨海边疆区就有600多家中资企业，中国已成为俄远东地区第一大投资来源国。

另外，中俄两国在融资、保险、证券、支付、银行卡等金融领域合作深入推进，银行间合作日益密切。目前，中国工商银行、中国农业银行、中国银行、中国建设银行、国家开发银行、中国进出口银行等6家中资银行均已在俄设立分支机构，中国五大国有商业银行与俄同业银行共建立了300多对代理行关系。金融领域的深入合作有效促进了中俄双边贸易与投资的便利往来。

各个战略性大型项目稳步推进并实施，促使中俄经贸各领域合作水平不断深化。2017年7月，中俄两国元首就加快能源、核能、高铁、航空航天、基础设施等领域的战略性大项目合作达成了重要共识，指明了双方务实合作发展的方向。目前，中俄东线天然气管道、亚马尔LNG等能源项目顺利实施，其中亚马尔LNG项目第一期的液化天然气已经投产并运抵中国；中俄远程宽体客机已正式命名为CR929，项目研制进入实质阶段；位于中国黑龙江省同江市与俄罗斯哈巴罗夫斯克之间的铁路桥、黑龙江省黑河市与俄罗斯布拉戈维申斯克之间的公路桥项目工程建设按计划推进；中国参与的俄远东滨海1号、滨海2号国际交通走廊项目都已在建设实施中；以"北方航道"为标志的中俄"冰上丝绸之路"合作也已取得积极进展，借由北冰洋航道的贸易通道将逐渐建立起来。

双方以"2018中俄地方合作交流年"为契机，签署了《中俄在俄罗斯远东地区合作发展规划（2018—2024年）》和《中国东北和俄罗斯远东及贝加尔地区农业发展规划》，在远东地区的合作进一步深化；通过中国国际进口博览会、俄罗斯东方经济论坛等展会平台，推动两国地方和企业深度对接。同时，中俄地区合作发展投资基金正式成立，为双边合作项目提供融资支持。

俄罗斯近年来进一步加大了推进"向东看"战略的力度，并且希望积极融入亚太地区的经济发展，"东方经济论坛"的创办即是重要标志之一。为了更好地实现"向东看"的战略目标，同时也为了更切实地解决俄罗斯远东地区长期的"开发不足"问题，在这一地区推进与中国的贸易、投资以及基础设施合作成为俄罗斯的一个优先考虑方向。与此同时，中国也面临着经济结构优化的任务，特别是东北地区等老工业基地的复苏与振兴需要调动各方面的资源加以推进。因此，加强与俄罗斯远东地区的务实合作也成为中国经济转型升级的一个重要选项。以此次"东方经济论坛"为契机，俄罗斯远东地区与中国东北地区在贸易、投资、交通、人才等各领域的合作将得到进一步的深化与拓展。同时，中国"东北振兴"与俄罗斯"远东开发"的战略契合将成为中俄全方位经贸合作的重要基础。

3. 能源合作

俄罗斯是一个能源大国，对全球能源安全具有举足轻重的作用。俄罗斯国土面积相当于世界疆域面积的13%，人口不到全球总人数的3%，但拥有全球34%的天然气和13%的石油探明储量。俄罗斯还是世界第二大石油和石化产品出口国。俄罗斯得天独厚的能源资源是一种巨大的优势。中国是世界上经济发展最快的国家，对能源的需求增长将是长期的。

目前，中国已成为仅次于美国的世界第二大石油消费国，但中国的常规能源并不丰富，特别是石油。近年来，中国经济对石油需求的年增长速度已达到16%左右，远远超过世界6%~7%的平均水平。在2004年世界石油需求的增幅中，中国占大约30%，日均石油消费增加90万桶，且74.1%的石油进口来自中东和非洲，对中东地区的石油依赖程度远远超过了国际公认的安全警戒线。因此，俄罗斯新的能源出口战略既有利于俄罗斯实现能源出口多元化，也有助于中国实现能源进口多元化战略。

4. 科技合作

自 1992 年中俄双方签订《中华人民共和国政府和俄罗斯联邦政府科学技术合作协定》以来，双边科技交流与合作保持了顺利发展的势头。1996 年，中俄两国建立了面向 21 世纪的战略协作伙伴关系，2001 年两国签署了"中俄睦邻友好合作条约"，为中俄科技合作取得更大进展奠定了坚实的基础。

2018 年 6 月 8 日，在习近平主席和俄罗斯总统普京的见证下，中俄双方在北京签署核能领域一揽子 7 个合作文件，确定两国将在示范快堆、田湾核电站两台机组、徐大堡核电站两台机组以及同位素热源供货等重大项目上开展合作。这是两国核能领域迄今为止最大的合作大单，合同总金额超 200 亿元人民币，项目总造价超千亿元人民币，成为中俄全面战略协作伙伴关系深入发展的又一标志性重大成果。

高科技领域数十年来一直是中俄关系和务实合作的重点方向，对俄合作在中国"863 计划"对外科技合作项目中占据相当大的比重，在核能、航空航天、高技术等领域都有涉及。如在核能领域，自 20 世纪 90 年代中期起，中俄合作建成实验快堆、田湾核电站 1、2、3 号机组，田湾 4 号机组将于 2019 年建成。在航空航天领域，双方在卫星技术、卫星应用、空间科学、深空探测等方面签署上百份合作文件，正在推动载人航天、"北斗"与"格洛纳斯"卫星导航系统等全面合作。俄罗斯的米－26 重型直升机在 2008 年我国汶川地震抢险救灾中表现抢眼，成为这场抗震救灾行动中的无言英雄，帮助运送了大量大型救灾装备，也为中俄双方决定共同研制针对中国市场的民用重型直升机奠定了基础。两国在生物、纳米、新材料、通信等高技术领域和前沿学科开展全面合作，多个对俄科技合作基地在我国相关省份建立，促进了一大批俄罗斯先进科研成果在中国市场实现产业化。

思 考 题

1. 目前我国对外经济合作发展的主要特点是什么？
2. 今后我国发展对外经济合作的有利条件和不利条件有哪些？
3. 中美经济合作的前景如何？
4. 中日经济合作还面临哪些问题？
5. 为什么说中欧经济合作的潜力巨大？
6. 中国与俄罗斯主要应在哪些领域开展经济合作？

【案例分析 1】

安倍访华：中日关系从竞争走向合作

2018 年 10 月 25 日，一阵大风让北京再现秋高气爽，相隔 7 年，在天安门广场的华灯柱上，中日两国国旗悬挂了起来。25 日至 27 日，日本首相安倍晋三正式访问中国。迈出这一步，日本用了 7 年时间。

日本媒体在过去 7 年时间里，特别是 2012 年 12 月安倍晋三成为日本首相以后，所描述的其对华外交，使用最多的一个词便是"牵制中国"。不论安倍走到哪个国家，也不论安倍是否说了和中国有关的话,日本媒体一概解释为安倍首相的用意在于牵制中国。

有一个结果是人们能够看得很清楚的。韩国的经济规模相当于日本的1/3,但韩国与中国的贸易额为每年2800亿美元,而日本与中国的贸易额勉强维持在3000亿美元的程度。过去7年应该是中国经济发展不断提升并走向成熟的7年,而日本却一味地牵制中国,非但没有阻碍中国的发展,反而让日本经济没有顺畅地搭上中国经济发展的快车。

安倍来到中国后,向中国方面表达的第一个意愿是,让两国关系"从竞争走向协调"。这是日方要彻底改变中日关系的重要信号。有了从竞争转向协调的意愿,人们看到了中日经济交往在今后走向正常的希望。

安倍访华期间,中日企业在发电站的建设、下一代汽车的开发、氢气及液化天然气等能源方面签署了一系列的备忘录,协调的范围非常宽广。其中,野村证券持股公司与中国投资基金共建的基金,其规模在1000亿日元(约10亿美元)以上,不仅中日之间有较多的投资项目,还有在第三国展开的合作,如中日在泰国共同开发智慧城市等。

在人工智能方面,中日创新领域的交流开始正式进入讨论范围,中日决定设立"中日技术革新合作对话"。中日在货币交换方面,也相隔5年重新进行了探讨,规模应该比2013年中断时高出10倍以上,从那时的3000万美元,增加到3亿~4亿美元。

人们注意到,过去德国总理默克尔来华,往往能够和中国签订100亿美元左右的项目备忘录,安倍此次访华,从26日的备忘录情况看,金额在180亿美元上下,比德国高出了将近1倍,比较符合日本的经济规模。默克尔在过去7年到8年的时间里,几乎每年都来中国,每年都会和中国签订规模巨大的合作项目。日本在过去7年里,过分强调牵制中国,失去了大量的商业合作机会。安倍是否会在今后每年来中国正式访问,真正实现他表述的让日中关系从竞争走向协调,还有待观察。

一方面,中日两国都坚持自由贸易原则,与特朗普强调"美国优先"有着巨大的不同。中日在"一带一路"沿线上,有众多的合作机会。中国有投资的资本及技术,有大量人力资源;日本有项目管理的经验,有与当地合作的成功模式。中日在"一带一路",换句话说,在第三方国家有合作的巨大机会。中日两国共同面临着老龄化等问题,中日走向协调应是必由之路。

另一方面,日本近年来在东海、南海及台湾问题上牵制中国的动作频繁,通过印太战略包围中国,这也是日本媒体反复报道的内容。

竞争与协调,中日之间到底是竞争(牵制中国)为主,还是协调(在中日之间,第三方国家实现全面合作)为重,我们拭目以待。
(资料来源:2018-10-30,人民中国。)

【案例分析2】

国际地缘环境变化中的中俄能源合作

能源从来就不是普通的经济资源,它具有战略属性。能源合作已成为中俄关系中最为核心的内容之一,促进中俄能源合作的不仅有市场因素,还有许多地缘政治因素。中俄能源合作的长足发展，是国际政治、经济格局的一个缩影。而真正驱动中俄能源合作深度发展的还是合作共赢的精神。

2018年是中俄能源合作的关键之年。7月19日，"冰上丝绸之路"上首船——来自北极圈亚马尔项目的液化天然气（LNG）船，通过东北航道顺利到达中国石油江苏如东LNG接收站。这标志着中国与俄罗斯的国际天然气合作结出了重要硕果。9月11~12日，在符拉迪沃斯托克举行的俄罗斯第四届东方经济论坛上，中国石油与俄罗斯国家石油公司签署了上游合作协议，与俄罗斯天然气工业石油股份公司签署了技术合作协议。中俄能源合作的长足发展，是国际政治、经济格局的一个缩影。

1. 中国加强中俄能源合作的资源需求考虑

进入21世纪，国际政治和经济格局开始出现较大的变化，一方面，以中国为代表的新兴经济体国家在国际经济中的影响力逐渐上升，世界经济格局逐渐多元化。另一方面，冷战后的单极世界格局逐渐瓦解，乌克兰冲突导致俄罗斯与西方关系破裂，双方在东欧地区重新进入军事对峙。美国在中东的战略收缩，导致中东格局呈现碎片化趋势，叙利亚战争和美国退出伊核协议直接导致全球能源安全压力剧升。可以说，全球地缘政治环境的恶化正在由量变向质变过渡，这必将对世界能源合作产生影响。

在全球地缘政治环境的背景下，中俄能源迅速升温，双方的能源贸易规模不断扩大。2009年中俄签署建设石油运输管线合同，约定从2011年开始每年向中国出口1500万t石油。2013年3月，中俄在莫斯科签署扩大原油贸易合作协议，计划从2018年1月起，通过中俄原油管道二线向中国每年出口原油规模提高到3000万t。2014年5月，中俄签署天然气管线合约，通过天然气管道向中方每年供应380亿m^3天然气。同样，还是在2014年开采领域取得突破，中国石油入股俄罗斯亚马尔天然气项目。未来10年内，中俄天然气贸易量将超过700亿m^3。届时，俄罗斯继成为中国原油进口第一大供应国之后，又将成为中国天然气进口最大供应国。能源合作已成为中俄关系中最为核心的内容之一，促进中俄能源合作的不仅有市场因素，还有许多地缘政治因素。

能源从来就不是普通的经济资源，它具有战略属性。美国前国务卿基辛格曾说过："谁控制了石油，谁就控制了所有国家。"中俄能源合作从来就不由单纯的市场因素来主导，国际政治因素在其中扮演着十分重要的角色。中俄能源贸易始于20世纪90年代末，但是真正进入快速发展阶段却是在进入21世纪后。这里不仅得益于双方供给和需求对接的市场因素，地缘政治因素也发挥着巨大的作用。

2. 驱动中俄能源合作的中国地缘安全考虑

进入21世纪以来，中国的地缘政治环境出现了一些新变化。这里包括两方面的问题，一方面是中美关系的变化导致中国的周边安全环境开始多样化；另一方面，中国传统的能源进口来源地——中东地区的安全形势复杂化。

首先，中美关系备受世人关注。从奥巴马政府时期的"重返亚太战略"和"亚太再平衡战略"，到特朗普政府的"印太构想"，中国被看作其经济、安全等方面的竞争对手。同时，美国作为全球政治经济和安全的大国，中国的崛起也被其视为经济竞争对手。从奥巴马入主白宫开始，美国相继出台了"重返亚太"和"亚太再平衡"政策，从而维护美国在国际关系中的主导地位。东亚地区的朝核问题等历史问题被一些美国人扩大化，为维持美国的主导性存在提供了最重要的借口。这一政策不仅影响了东亚的一体化进程，而且也使中国认识到自身能源安全的重要性。

近年，亚太地区的地缘安全更为人瞩目。2017年11月，美国提出了"印太构想"，成为美国新的亚太—印太战略的核心，无论是在地缘经济上还是在地缘政治上，都对中国提出了考验。在2017年《美国国家安全战略报告》中，美国将中俄视为新的地缘政治背景下考验其世界影响力的三大挑战力量之一。2018年5月开始，中国停止进口美国能源。9月底，美国每年对2000亿美元中国进口商品征收10%关税的新举措生效。中国也对600亿美元美国进口商品征收5%至10%的关税。虽不涉及石油，但中国企业暂停购买美国石油。中国对美国石油的进口仅次于加拿大，排名第二，约占美国石油出口总量的20%。此外，中国宣布将对美国液化天然气（LNG）加征25%的进口税。路透数据显示，2016年2月至2018年4月期间，中国对美国液化天然气（LNG）的购买量占到了美国液化天然气（LNG）总出口量的14%。

其次，中东地区安全形势的复杂化。"冷战"之后，美国持续关注中东地区安全，几届政府都将中东安全和反恐重心放在海湾地区，下大力气协调"巴以矛盾"。美国及其盟友在中东地区打响了伊拉克战争和海湾战争。反观俄罗斯，在"冷战"之后，快速收缩了在中东地区的投入，仅在叙利亚维持有限的军事存在。奥巴马执政时期，美国开始将战略重心转向亚太地区，中东地区的部族矛盾、恐怖主义重新抬头，其中ISIS组织在中东很快做大，叙利亚危机的爆发也使得中东地区安全形势越发复杂。恐怖主义、难民危机不断向周边地区扩散。近几年，美国在"巴以矛盾"的立场发生明显变化。进入2018年，美国政府宣布退出伊核协议。国际油价在地缘安全压力下开始一路攀升，作为全球最大能源进口国的中国也不能忽视这些风险。

2017年，中国石油对外依存度已经超过68%，天然气则为38%，而且80%的进口能源都通过马六甲海峡运输。因此，中国迫切需要能源进口多元化。在2012年发布的《中国的能源政策》白皮书明确指出："近年来能源对外依存度上升较快，石油海上运输安全风险加大，跨境油气管道安全运行问题不容忽视。为了减少能源资源问题带来的纷争和不平等，需要国际社会树立互利合作、多元发展、协同保障的新能源安全观。"中国深刻地认识到，为了确保能源安全，必须坚持能源进口的多元化原则。以石油进口为例，中国有计划地逐渐降低从中东进口原油的比重，加快与俄罗斯、中亚的能源合作步伐。自2008年开始，中俄在能源领域的合作呈现出全方位、多层次、宽领域的良好格局，覆盖能源政策、石油、天然气等领域。2018年9月，国务院印发的《关于促进天然气协调稳定发展的若干意见》中提出，要健全天然气多元化海外供应体系。加快推进进口国别（地区）、运输方式、进口通道、合同模式以及参与主体多元化。

3. 中俄能源合作的俄罗斯地缘安全考虑

相较于中国面临的诸多地缘政治压力，俄罗斯在与中国能源合作时考虑的地缘政治因素同样复杂。

首先，俄罗斯在周边外交中重视运用能源手段。"冷战"结束以来，俄罗斯一直奉行东西方平衡外交政策，能源在其外交中更多地体现在周边外交上。在处理后苏联空间国家的关系中，俄罗斯将能源供给和价格作为制衡这些原加盟共和国伙伴的主要手段。苏联解体后，许多原来的加盟共和国虽然获得了主权的独立，但是在能源领域仍然需要依赖于莫斯科。俄罗斯根据这些独联体国家政治关系的远近亲疏，制定了不同的能源价格。白俄罗斯由于与俄罗斯的特殊伙伴关系，长期享受着远低于国际市场价格的内部价格，价格补贴的年规模达20亿美元。而另外一些想要"去俄罗斯化"，在外交上热衷于"欧洲一体化"的国家则受到俄罗斯能源价格市场化的影响。格鲁吉亚和乌克兰新领导人在外交上亲西方，甚至威胁要退出独联体组织。于是，俄罗斯有针对性地进行了能源价格的国际市场化改革，把原来的"盟友价"改为"欧盟价"。对另外一些能源储量丰富的中亚和高加索地区国家，俄罗斯凭借在运输管线的重要地位，影响其能源出口量。

其次，世界格局的巨变促使俄罗斯转向东方能源外交。进入21世纪以后，经济快速复苏后的俄罗斯外交重新活跃起来。2012年开始，普京重新启动独联体经济一体化进程——欧亚经济联盟，尝试重新将后苏联空间打造成为类似于欧盟的国家共同体。但是，后苏联空间经济一体化与西方向后苏联空间渗透的"东方伙伴关系计划"迎头相撞。二者都将乌克兰视为潜在的目标，这两种不同的地区一体化政策矛盾导致乌克兰在2014年爆发严重的政治危机。

2014年的乌克兰冲突导致俄罗斯与西方关系复杂化，此举也导致俄罗斯西部地缘安全环境复杂化。北约不仅在俄罗斯西部部署重兵，而且还将其挤出"八国集团"，对其实行多轮经济制裁。除导致俄罗斯与美国和欧盟国家的外交关系恶化外，也引发了在东欧地区新一轮的俄罗斯与北约的军事对峙。近年来，北约应对俄罗斯的军事部署也在逐步升级。在2014年的北约威尔士峰会上，北约成立了一支多国组成的旅级规模的联合特遣部队。而在2016年的北约华沙峰会上，北约再次增加应对俄罗斯的兵力部署，由美、英、德等北约成员国组成的4支战斗群已经派驻在波兰和波罗的海沿岸地区。近年来，以美国为首的北约还加快了在东欧地区的反导体系部署，相继启动在波兰、捷克、罗马尼亚的反导系统部署。

俄罗斯与西方关系全面复杂化，使得其西方地缘安全压力持续上升。对于崇尚做东西方"平衡外交"的俄罗斯来说，必然会选择加大东方外交的力度。近年来，俄罗斯有计划地加强了与中国的战略伙伴关系。通过强化政治互信、安全合作和经济合作，加强了中俄两国关系。能源合作是提升中俄关系的重要内容，扩大对华能源出口有助于稳定制裁下的俄罗斯经济，而且还能回应中国在能源安全方面的迫切需求。

中俄能源合作的发展首先是经济全球化的必然趋势，也是资源与市场互动过程中的自然选择。国际格局的变化只是一个客观现实，真正驱动中俄能源合作深度发展的还是合作共赢的精神。这不仅是两国人民的历史选择，也是建设持久和平、共同繁荣、开放包容世界的现实需要。

（资料来源：中国石油新闻中心，2018-10-16。）

第十四章

"一带一路"与我国对外经济合作

党的十一届三中全会明确了对外开放为我国的基本国策,对外经济合作成为我国加快社会主义现代化建设进程的重要内容,各项国际经济合作业务迅速发展。邓小平同志发表"南方谈话"以后,我国对外经济合作又有了进一步的发展,引进外资金额和质量都有了实质性的增长,促进了我国社会经济的发展。20世纪90年代末,中央提出了"走出去"战略,全面参与国际经济合作,在全球新一轮的生产要素与资源重新配置中,展现了中国积极主动地通过资本运动配置要素与资源的新局面。党的十八大以后,面对国内经济新常态和国际政治经济形势变化,以习近平同志为核心的党中央提出了"丝绸之路经济带"和"海上丝绸之路"的构想,并在总结以往国际经济合作经验的基础上,筹划中国对外经济合作的愿景,形成了中国完整的"一带一路"倡议蓝图。"一带一路"倡议遵循国际经济合作发展规律,是"走出去"战略的延伸与扩展,将引领我国在新时期全面参与国际经济合作,在参与完善全球经济治理体系的进程中获得更有力的话语权。

第一节 "一带一路"的主要内容与时代特征

"一带一路"是以习近平为核心的党中央领导集体提出的一次重大国际合作倡议,蕴含着以经济合作为基础,以人文交流为支撑,以互利共赢为宗旨的深刻内涵。"一带一路"的提出有利于进一步推动各国间的合作,形成政治互信、经济融合、文化包容的利益共同体、责任共同体和命运共同体。

一、主要内容

"一带一路"倡议具有极为丰富的内涵,其中心是和平合作、开放包容、互学互鉴、互利共赢,重点是政策沟通、设施联通、贸易畅通、资金融通、民心相通。

1. 政策沟通

只有在政策上进行充分交流才能促进经济稳步发展,这是进行经济发展的基础。在经济往来过程中,各国应秉承着互利共赢的发展理念进行合作,积极采取相应办法,以求同存异的方式解决经济发展过程中出现的问题。

中国政府对"一带一路"的设计高度关注,中央领导小组会议以及经济工作会议等多次强调,"一带一路"的建设工作必须要扎实。自正式公开《推动共建丝绸之路经济带和21世纪海上丝绸之路的愿景与行动》(以下简称《愿景与行动》)后,政府各部门积极制定与《愿景与行动》配套的政策,并且快速落实。为了使经济贸易变得更加便利和自由,国家税务总局以执行、改善、规划三个方面对"一带一路"的建设做出10项税收措施,交通运输总局也审议通过了《交通运输部落实"一带一路"战略规划实施方案》,国土资源部编制完成《"一带一路"能源和其他重要矿产资源图集》，推进"一带一路"建设工作领导小组办公室发布《标准联通"一带一路"行动计划（2015—2017）》。各级政府都在进行积极准备工作，力求为"一带一路"建设配套方案做出贡献，使整个战略计划能够顺利进行。各地方政府也积极与国家规划对接，基本完成参与建设"一带一路"实施方案的编制、相关政策及配套方案的制定，为"一带一路"建设事项的顺利实施提供了强有力的支撑与保障。

2. 设施联通

对于设施联通，其内容包括基础设施互联互通、产能合作等方面，在尊重国家领土完整前提下，进一步加强基础设施建设，并进行国家间能源技术等方面的联通，以联通为基础进行合作，并逐步建成以"一带一路"为中心的联通网络。"一带一路"的建设若想在实际过程中取得成就，就必须坚持基础设施建设，对产能合作等方面进行基础夯实。在建设基础设施过程中，要着重注意互联互通的各个方面。比如，铁路、公路、港口、管道等这些基础设施项目。印尼雅万高铁、中老铁路已开工建设，中泰铁路等项目现阶段都取得了一定进展，而中塔公路二期、巴基中亚天然气管道等项目都在加快推进并成功接近尾声。

在"一带一路"建设过程中，对于产能互联互通方面，中国现阶段已经同20多个国家进行了产能方面的合作，设计金额高达1000亿美元。此外，中国也与法国、德国、英国等国家关于"一带一路"第三方市场的开展达成一定共识，并与俄罗斯、伊朗等国展开了核电事业方面的合作，这项举措进一步推动我国核事业发展，同时也将我国自主研发的三代核电技术"华龙一号"推出国门。随着一批批项目的成功收尾，"一带一路"建设所起到的作用也逐渐地显现出来。

3. 贸易畅通

进行国家间的贸易合作是进行"一带一路"建设的主要目的。在"一带一路"建设地域内，所涉及总人口超过40亿，具有巨大的市场潜力。但是，进行贸易过程中所存在的壁垒较多，投资成本也比较高，这些因素从根本上阻碍了区域的开发和发展。所以，政府应该积极采取政策消除壁垒，只有这样才能有效降低投资成本，从而尽快实现贸易畅通。

在进行"一带一路"建设过程中，所采取的经贸合作互联互通方式，使"六大经济走廊"在整个过程中各有收获。如，中巴经济走廊的建设已经取得了初步成效，而中蒙俄也已经达成共识，并着手建设经济走廊，中国—中亚—西亚三区域的经济走廊也已经开始进行建设，中国—中南半岛经济走廊加快建设，新亚欧大陆桥经济走廊、孟中印缅经济走廊也都正在紧锣密鼓地筹建。"一带一路"的战略方针，尤其是在中国印尼综合产业园区、阿曼杜库姆经济特区中国产业园等建设取得积极进展的情况下，正在以它独特的魅力吸引越来越多的国家参与进来。

4. 资金融通

资金对于"一带一路"的建设起着至关重要的作用，在"一带一路"的沿线国家之间，实行深入金融合作，切实将亚洲基础设施投资银行与丝路基金作为基础，进行资金融通，并要尽最大可能进行银行体系和货币体系的建设，需要进一步完善相应的投资体系和信用体系等，建立有效的风险抵御系统，进一步增加"一带一路"建设在国际经济竞争中的生存能力。为了更好地发展"一带一路"的资金融通，发挥丝路基金的作用，中国政府非常重视新平台建设，并进一步推动亚投行的发展及促进金砖国家进行新的银行开发。我国在世界银行设立了5000万美元的中国—世行伙伴基金，并以此与世界银行贷款以及新能源开发等领域进行合作,目的在于更好地支持"一带一路"建设,使沿线国家能够真正实现互利共赢。

中国对于"一带一路"的平台建设非常重视,在建设过程中,积极借助周边合作机制进行区域合作,目的是为了让更多国家能够认可,从而使其他国家积极参与到"一带一路"建设中来。中国在进行经济发展的过程中,一方面进行签署合作规划,进行双边贸易的往来。一方面进行多边联合,利用上海合作组织与东盟进行自由贸易,与亚太经合组织(APEC)、博鳌亚洲论坛等进行合作。此外,还包括中国—东盟博览会、中国—阿拉伯国家合作论坛、中国—亚欧博览会等战略性对话,这些对话与合作涉及的都是"一带一路"建设沿线国家,也是实现互利共赢的国家。

5. 民心相通

只有以人民为社会根基,民心相通才能真正实现。此外,"一带一路"建设还需要国家相应政策和部门的辅助,积极颁布政策法规,与社会各界推进各样活动的开展,通过文化交流和志愿服务等拉近与人民的距离,使社会群众对"一带一路"建设更加认同,为区域合作奠定良好的群众基础。

民心相通中的"民"所指的并不只是社会中的普通人民,其中也包括各界的顶尖人才以及政府官员专家。社会精英在民心相通中所占据的地位非常重要,既起主导作用,又是社会群众的后盾。对于"一带一路"建设的传播而言,因其策划者和执行者是社会精英群体,此项战略建设首先被他们所熟知。而对于民心相通而言,它所包含的是自上而下的相通,首先是在社会精英的层面上形成相通,接下来再进行逐渐传播,最后到达普通民众。当社会中的普通民众得到了实惠时就会形成一种积极效应,这种效应又会从民众开始逐级地向社会精英层面发展,继而实现"一带一路"建设。

对民心相通中的"通"而言,其包含三个层面,第一个层面是增进彼此的了解。在经济发展过程中,我国要积极地与国际社会接轨,要切实掌握各国经济发展状况,并且要让世界认识、了解中国。第二个层面是建立友谊,深化互信。因为信任是发展的基础。第三个层面是争取创新全球治理模式,我国在这方面所倡导的是合作共赢理念,在发展中谋求人类的共同事业。对于民心相通而言,它不仅仅是一个概念,更多的是体现为一种行为,一种思想。

二、时代特征

习近平提出的"一带一路"倡议具有共商共建共享、互利共赢、开放包容等重要特征,积极推动中国及沿线国家和谐发展,为全球治理提供了新思路与新方向。

1. 共商共建共享

在实行"一带一路"建设过程中,"共商、共建、共享"是其特征核心。所谓共商,实际上指的是"一带一路"在建设过程中要采取集思广益、群策群力的方式,在制定方案的过程中共同商定之后再进行办理,这就能使"一带一路"在建设过程中的各国和地区对自身利益有一定重视。对于共建而言,在进行"一带一路"建设过程中,需要世界各国进行合作发展,各地区要结合自己独特的优势发挥其应有作用。并且,在"一带一路"建设实施过程中,必须要做到持之以恒。对于共享而言,它所指的是在实行"一带一路"建设过程中,所取得的成果要与世界各国人民进行共享,所获得成果不单是依靠一个国家或一个地区,而是属于世界人民的共同利益。

首先，中国倡导"共商"，即在整个"一带一路"建设当中充分尊重沿线国家对各自参与的合作事项的发言权，妥善处理各国利益关系。沿线各国无论大小、强弱、贫富，都是"一带一路"的平等参与者，都可以积极建言献策，都可以就本国需要对多边合作议程产生影响，但是都不能对别国所选择的发展路径指手画脚。通过双边或者多边沟通和磋商，各国方可找到经济优势的互补，实现发展战略的对接。

其次，中国倡导"共建"。"商讨"毕竟只是各方实质性参与"一带一路"建设的第一步，接下来要进一步做好"走出去"的服务工作，同时鼓励沿线国家在引入资金、技术后培养相关人才，增强自主发展能力。只有做到了前面两点，才能保证"一带一路"建设的成果能够被沿线国家和人民所共享。

在建设"一带一路"过程中，我国秉承的理念是"共商、共建、共享"，这代表中国在向世界宣布，改革开放是面向世界任何国家的，只要是愿意参加进来的国家，无论大小，经济实力强弱，中国都会一视同仁。习近平在"一带一路"国际合作高峰论坛上强调，我国要大力开展和创造有利于推动国家发展和贸易体系完善的结构环境。对于全球化而言，其核心是每一个国家的切身利益，"一带一路"建设不是以某一个国家和某一个企业作为基础，而是调动国际上所有相关国家的积极性，充分发挥每一个国家的独特优势，从而在根本上彻底解决现阶段全球性的治理问题。就"一带一路"建设而言，它依托中国，涉及面积辽阔，并且具备海陆条件，在提出"一带一路"建设之后，各国开始进行港口等基础设施建设，现阶段已经基本能够实现欧亚非三大陆的互联互通，实现了将三块大陆紧密相连的局面。

在一带一路高峰论坛上，习近平还表示，中国将对"一带一路"的建设发展再添一份力量，要向丝路基金再增资金1000亿元人民币，以此来促进金融机构开展人民币海外基金业务，并且预计基金业务的规模为3000亿元人民币。同时，我国的国家开发银行以及进出口银行等将会提供2500亿元和1300亿元等值人民币的专项贷款。通过"一带一路"的全面建设，十数个沿线国家在海域、铁道、公路、航空、互联网等方面的互通得到了不同程度的完善，在很大程度上帮助沿线国家建设基础设施。"一带一路"建设将欧亚非三洲的发展中国家带入到世界经济分工中来，并利用世界经济全球化的发展趋势带动这些国家的经济发展，从而极大地缩小南北地区的经济差距。对于"共商、共建、共享"这一特征而言，它随着社会时代的进步而产生，同时也是新兴市场国家和发展中国家崛起的治理思想，符合当下的经济模式。

2. 互利共赢

对于互利共赢而言，它是"一带一路"倡议的中心，其实质是指在进行经济发展过程中，要找到让各国都能得到相应回报的平衡点并将其最大化。同时，能够最大程度表达出各国发展的特征和创意，发挥其独特优势，并进行基础设施建设和体制机制创新，为各方经济发展提供条件，以此来增强各自的经济实力。

"一带一路"建设是通过合作方式推动经济共同发展，并进一步实现利益、命运及责任的共同体。中国在进行外交的过程中，一直秉承和平共处五项原则，并依照它进行"一带一路"建设，还要与各国进行友好合作。此外，在进行"一带一路"过程中所取得的所有成就，中国愿意与参与国进行共同分享。在进行"一带一路"建设过程中，中国一直以"互利共赢"为最终目的，这是一种以大国为引导，并对于参与国家实行利益共享的全新机制，这种模式超越了现有治理思想，是一种双向积极发展的新模式。

现阶段，我国正着手于新规则的建立，建立健全相应的部门机构，进行新框架的建设。从现阶段的发展趋势来看，亚洲地区的主体框架和基础设施基本已经完成。G20、亚太经合组织、中国—海合会等进行了战略对话后，新的框架理念已经发挥了其应有的作用。亚投行的建设不仅能带动亚洲地区的发展，也能在很大程度上促进世界经济发展。在 G20 杭州峰会上，习近平主席还表示，在这个崭新的起点上，我国要坚持改革开放，并且要加大力度进行改革开放，同时，我国必须秉承着互利共赢的思想，不断进行深入的、多元化的对外开放，因为这是我国的战略选择。就"互利共赢"而言，它是现阶段新型的全球治理的新框架，也是新的指导思想，在经济发展过程中，它将逐步地取代旧框架，将成为全球治理的利益分配指导原则。

3. 开放包容

就开放包容而言，它所指的是在进行"一带一路"建设过程中，必须要对各国的文化历史、制度法规等方面予以尊重。在进行各国文化交流的过程中，要倡导不同文化间的互相尊重，在尊重基础上才能谋求共同发展。"国之交在于民相亲"，在建设"一带一路"过程中，我国尊重各国的历史文化和传统模式，在制度的选择和制定上，我国也尊重各国不同的思想理念。在进行文化对话和发展对话的过程中，我国所倡导的是求同存异的思想以及和平共处的原则。

习近平在"一带一路"国际合作高峰论坛上表示，我国要对不同文明、宗教、种族进行尊重，以开放包容的形式谋求共同发展。对于不同的文明与文化要包容互鉴，在互相学习中进步。习近平在和平共处五项原则 60 周年纪念大会上表示，在进行国际交流过程中，我国要不断进行交流和借鉴，要吸取不同国家的文化和优秀的文明，取长补短，这样才能共同谱写美好的人类文明。

在进行经济建设过程中，各国要立足于本国本地区发展情况进行地区式治理。在实现区域稳定情况下积极参与到全球治理中，因为不同国度有着不同的思想文化，所以在面对同样问题时会产生不同的方式，继而能够为全球性问题的解决提供更多的可参考方案。在进行全球共同问题的解决上，各国间存在的差异和文化的不同，我国要秉承着"开放包容"的态度去接纳所有想要参与进来的国家和地区。要坚持"一带一路"建设的"开放包容"基本特征，只有它才能让世界经济问题得到最为合理的解决。于"开放包容"而言，需要不断地进行人文间的合作才能逐渐建立起来。而在进行"一带一路"的建设过程中，这种文明的交流可以是国与国之间的，同时，也可以是政府与政府之间的。政府可以通过成立相应的委员会，定期通过文化交流、留学生交换等模式进行民间文化互通，这些都是促进文化交流和相互了解的手段。

第二节 "一带一路"与我国对外经济合作的新发展

中国的对外经济合作事业，随着改革开放的步伐走过了 40 年的新历程。从中共十一届三中全会开启改革开放新历史时期至今，中国参与国际经济合作在指导思想上经历了四个重要里程碑，其中，"一带一路"倡议的提出，标志着中国参与国际经济合作进入了一个全新阶段。

一、改革开放后国际经济合作指导思想发展的四个里程碑

第一个里程碑，是十一届三中全会明确了改革开放的基本国策和对外经济合作战略。

三中全会明确了对外开放的基本国策，此后，中央明确指出，积极发展对外经济技术合作，吸收利用国外资金和先进技术，发展生产力，加速社会主义现代化建设进程是对外开放的基本宗旨；社会主义现代化建设，要利用国内外两种资源打开两个市场，学会两种本领组织国内建设和发展对外经济关系，通过多种途径从发达国家引进资金和技术，与发展中国家开展合资经营，根据不同情况开展多种形式的经济合作。自此以后，在继续对外提供援助的同时，中国开始运用多种方式吸收利用外资，开展对外承包工程与劳务合作，举办海外合营企业或独资企业，与联合国发展系统及其他国际组织开展多边合作，接受国际经济技术援助，这些形式互相影响，互为补充，对外经济合作事业由单纯对外提供援助，开始向"有进有出、有给有取"多种形式的互利合作方向迅速发展。

第二个里程碑，是邓小平同志提出深化改革、扩大对外经济合作战略思想。

邓小平同志始终关注和支持中国对外经济合作事业发展，改革开放初期，邓小平同志指出"发展中国家之间的相互合作多起来，积累起来，就会发生质的变化，也就是全球范围的南南合作（1984）"；1992 年，邓小平同志在"南方谈话"中指出：改革开放胆子要大一些，要敢于试验；看准了的，就大胆地试，大胆地闯；没有一点闯的精神，没有一点"冒"的精神，就干不出新的事业；多搞点"三资"企业，只要我们头脑清醒就不怕，"三资"企业是社会主义经济的有益补充，归根到底是有利于社会主义的。

第三个里程碑，是"走出去"战略制定，促进中国对外经济合作事业取得显著成就。20 世纪 90 年代中期后，国内外形势都发生了较大变化，一方面，国内经过 20 年的改革开放，经济发展进入了一个新阶段，随着"入世"谈判不断深入，开放程度不断提高；另一方面，跨国公司的迅速发展，使得经济全球化进程加速，各国政府不得不重新估量自己在新的世界格局中的地位，以及如何在一个更加开放、更加相互依存、更加市场化的世界中生存发展。国家及时意识到这一问题的重要性，十四大提出了中国企业跨国经营的要求，外经贸部适时制定了包括对外投资、承包工程和劳务合作在内的对外经济合作与贸易一体化的"大经贸"战略。

20 世纪 90 年代末，国家关于将对外开放由单纯的"引进来"扩大到"走出去"的战略思想日益明确和成熟。"走出去"战略是党中央集体领导智慧的成果，其实质是全面参与国际经济合作，即参与生产要素与资源在全球新一轮的重新配置，特别是适应生产要素与资源配置越来越集中于资本运动的特征，通过资本运动配置要素与资源的新局面。实施"走出去"战略不仅是中国对外开放的重要内容和举措，而且成为建设中国特色社会主义的一项重大国策与方针。

第四个里程碑，是"一带一路"倡议提出，标志着中国参与国际经济合作进入了一个全新阶段。

进入 21 世纪后，全球价值链分工体系形成，区域经济一体化推动下的经济全球化进展较快，这一期间，中国一方面借助"入世"契机，高度融入世界，国际竞争力明显增强，另一方面，国内经济开始进入新时期的常态发展，即新常态。十八大后，面对国内经济新常态和国际政治经济形势的变化，以习近平同志为核心的党中央着眼于"十三五"乃至中国

的长期发展，提出了"丝绸之路经济带"和"海上丝绸之路"构想。习近平同志指出，"我们将实行更加积极主动的开放战略，完善互利共赢、多元平衡、安全高效的开放型经济体系，促进沿海内陆沿边开放优势互补，形成引领国际经济合作和竞争的开放区域，培育带动区域发展的开放高地"。

2015年3月，国家发改委、外交部、商务部联合发布了《推动共建丝绸之路经济带和21世纪海上丝绸之路的愿景与行动》，从此形成中国完整的"一带一路"倡议蓝图。习近平同志多次在国际场合提到"一带一路"倡议，指出要首先秉承共商、共享、共建原则，"中国愿在和平共处五项原则基础上，发展同所有一带一路建设参与国的友好合作"，与中国在国际关系中一贯坚持的基本原则一脉相承；其次，"欢迎大家搭乘中国发展的列车，搭快车也好，搭便车也好，我们都欢迎"，既传承千年优秀中华文化传统又体现大国情怀；再次，尊重各国发展道路和模式的选择，兼顾各方利益和关切，寻求利益契合点和合作最大公约数；最后，坚持市场运作，遵循市场规律和国际通行规则，充分发挥市场在资源配置中的决定性作用和各类企业的主体作用，同时发挥好政府的作用。"一带一路"倡议的提出，标志着中国参与国际经济合作进入了一个全新的阶段，不仅构建了中国参与国际经济合作的新思路，更为中国参与国际经济合作建立了又一个里程碑。

二、改革开放40年中国参与国际经济合作取得的成就

中国的改革开放是在与世隔绝的状态下艰难起步的，改革开放40年来，中国始终以积极的姿态全面参与国际经济合作，不仅有效推动了国内改革开放，带动对外贸易快速发展，促进技术引进技术创新，而且加快了中国经济转型升级和融入经济全球化的步伐。

中国自1986年申请重返关贸总协定以来，为复关和加入世界贸易组织已进行了长达15年的努力。2001年12月11日，中国正式加入世界贸易组织，成为其第143个成员。这是中国参与国际经济合作的一件大事。"入世"后，中国抓住经济全球化的深入发展机遇，充分利用国际国内两个市场、两种资源，在经济全球化加速发展背景下全面提高对外开放水平，全方位、多领域、高层次地参与到全球生产要素运动中，国际经济合作事业取得了前所未有的成就。

中国通过全面参与国际经济合作，实现了多方面的成就。第一，国民经济持续快速增长，2010年，中国成为世界第二大经济体，对世界经济增长贡献率至今稳居第一位；第二，成为世界第一大出口国和第二大进口国，是世界经济稳定发展的重要力量；第三，全面融入国际资本运动和全要素合作，"十二五"末（2015），非金融类领域吸收外商投资连续24年位居发展中国家首位，对外投资存量突破万亿美元大关，排名世界第8位，2015年境外投资实现历史性突破，流量首次位列世界第二位，对外承包工程完成营业额10892亿美元；累计派出各类劳务人员802万人。积极参与国际发展与合作，成为中国在世界上谋求应有位置的重要支撑。21世纪，中国进入到一个开始尝试性把握世界、积极谋求在世界经济中的应有位置、逐步确立自己在国际社会话语权的新历史时期。

三、"一带一路"倡议对于我国对外经济合作发展的深远意义

1. "一带一路"倡议遵循国际经济合作发展规律，是"走出去"战略的延伸与扩展

"走出去"战略的实质是全面参与国际经济合作，而"一带一路"倡议是实现各国间战

略对接、优势互补的桥梁，"一带一路"倡议在构筑中国参与国际合作新平台的同时，为中国企业"走出去"参与全球经济合作带来了更多的新机遇和契机，有力地推动了中国经济社会的可持续发展，所以，"一带一路"倡议是"走出去"战略的延伸与扩展。

20世纪90年代后，国际经济协调目标与合作水平不断提高，世界贸易组织（WTO）成立，与国际货币基金组织（IMF）、世界银行（WB）作为世界经济三大支柱，在推动第二代全球化合作机制形成过程中起到了重要作用，更多的国际经济协调改变了传统的宏观、微观国际经济合作方式，在全世界拉开了一个全方位国际经济合作的新局面。2008年国际金融危机中，G20的实践与成果为当代国际经济合作提供了新的模式，同时再次证明在全球化和相互依存日益加深的背景下，国际经济竞争引发的协调已朝着全方位方向发展。

2008年国际金融危机后，全球合作治理出现历史性跨越，出现了人们普遍认为的一个全球化时代，但好景不长，2017年出现了几件"黑天鹅"事件，人们开始认为全球化到了转折阶段，或者是所谓的逆全球化浪潮。逆全球化是指在主导行为上或者是主体意识上反感全球化的行为，如美国现任总统特朗普提出美国主义而非全球主义口号，英国脱欧，多个国家的极端党派抬头，地缘政治冲突加剧，贸易、投资保护主义抬头，TTP、TTIP等排他性区域化出现，导致全球化重新面临着更多的不确定性。实际上，世界经济发展，从第二次世界大战后的布雷顿森林体系建立到21世纪的全球化，再到逆全球化，从本质上看都是经济利益再分配和市场竞争的结果，既符合经济发展不平衡的周期规律，也符合国际经济合作的基本规律。

"一带一路"倡议提出后，即获得了联合国承认，目前已有100多个国家与国际组织参与，这就在很大程度上说明了：第一，"一带一路"依据新的国际经济竞争与矛盾特征，构建了更为均衡和包容的协调合作载体，在顺应沿线国家实现共同发展良好诉求的同时，也顺应了发展中国家要求变革全球治理体系的合理诉求，是中国与沿线国家和地区携手发展的新起点，中国在推动"一带一路"建设的同时，通过亚投行和RCEP⊖正在构筑第三代全球化机制；第二，发展是人类社会永恒的主题，"一带一路"是和平发展理念的新诠释，开创了人类发展理念的新境界，是完善全球经济治理体系的新尝试；第三，"一带一路"构建的新型全球化合作平台，既符合国际经济发展规律，更是顺应国际经济合作规律的客观选择。

2. "一带一路"倡议的实施是生产要素跨国移动的更高层次优化配置

依据经济学理论，生产要素通过运动（流动）以交易方式实现配置；生产要素禀赋差异推动生产要素国际运动；在生产诸要素运动中，活跃程度最高、作用和规模最大的是资本运动；促进经济增长的核心动力是劳动生产率提高，资本和技术"是过去200年间生产率超乎寻常增长的主要源泉"。当前主流经济学理论中，经济增长的源泉有三个，第一个是实物资本，取决于投资和储蓄；第二个是人力资本，即人本身积累的技能和知识，是经济增长的最基本源泉；第三，实物资本和人力资本积累对经济增长做出了巨大贡献，但技术进步——新技术和新产品的发现与应用做出的贡献更大。当经济稳态增长时，起决定作用的是技术，决定技术发展的是资本。在以资本运动为引领的生产要素全方位运动和全要素合作中，国际资本运动极大地促进了生产要素跨国界优化组合，使生产要素在更高水平上得以优化配置，在新的国际竞争中，技术、资本作用更加突出，全方位国际经济合作中出现了以资本运动为

⊖ 区域全面经济伙伴关系（Regional Comprehensive Economic Partnership，RCEP）。

引领和以技术为核心的突出特征。

中国经济进入新常态后，传统增长模式难以为继，需要寻找新的生产要素国际运动方式推动新一轮发展。从地域范围看，"一带一路"贯穿欧亚非大陆，人口近45亿，约占全球的2/3；从经济发展看，"一带一路"覆盖全球经济增长最活跃的多个国家和地区，且90%以上是发展中国家，经济总量约占全球的29%，货物出口占全球36.8%，进口占33.2%（WTO 2013），吸引外资和对外直接投资增速较快；从合作角度看，"一带"覆盖中亚五国，能源资源相对富集，人力与技术相对短缺，基础设施建设囿于资金困难举步维艰，通过"一带"可以西进欧洲经济圈，在联通欧亚经济基础上开拓了更大的合作范围，"一路"覆盖东南亚地区，连接亚太经济圈，这一区域具有人力成本较低、就业岗位不足和资金技术相对紧缺的特点，整体看，"一带一路"涵盖区域资源禀赋各异，经济互补性强，合作潜力和空间巨大。

通过"一带一路"建设，不仅可以发挥中国在资本、技术等方面的比较优势，也有助于推动市场、产业和项目实现彼此深度融合，形成各取所需、优势互补、互惠互利、共享共赢的良好局面，"一带一路"在成为扭转中国区域发展失衡新契机的同时，顺应了中国生产要素跨国运动实现更高层次优化配置和产业转移的需要。目前，中国已出资400亿美元成立丝路基金，出资1000亿美元建立了亚洲基础设施投资银行（AIIB），得到77个国家响应（截至2017年5月），通过两项相互补充的投资，在邻近各国开展基础设施建设，不仅可以化解国内产能过剩，而且为巨额外汇储备开拓了更多有效的多元化投资途径，说明中国已走向以资本运动为引领的全要素国际经济合作"快车道"，并积极参与到国际资本循环中。

3. "一带一路"倡议的最高境界是重构国际规则和标准

规则是运行规律遵循的法则，具体表现为一些制度、章程、协议或协定，由参与的群体/国家共同制定并共同遵守，规则一经制定，首先具有约束力和制约性特征；其次具有可改变性，随着经济社会发展需要，通过不断协调加以完善。标准是以科学、技术和实践经验为基础，对重复性事物和概念所做的统一规定，并经有关方面协商一致，由主管机构批准以特定的形式发布，作为共同遵守的准则和依据。规则和标准包括国内和国际两大类型，规则与标准结合在一起，形成宏观规则标准和微观技术标准。

全球治理需要规则，从理论上看，国际规则是世界各国在国际事务互动中制定并共同遵循的行为规范，同时也是世界各国政治、经济、外交综合能力博弈的结果，因为它既限定了各国行为策略的范围，又影响着国家之间比较优势的发挥和收益分配，从"4C"规律角度看，国际经济在竞争（Competition）中发生矛盾（Contradiction），通过协调（Coordination）与合作（Cooperation）形成国际经济规则。

现行全球经济治理规则体系是以二战后逐步形成的国际经贸规则与制度安排为核心的，以美国为首的发达国家在规则制定与实施中长期占据绝对主导地位。以WTO成立为标志，在主要发达国家的操控下，一个"市场经济地位（Market Economy Status，MES）"成了不可逾越的国际经贸规则标准，如同一把"达摩克利斯之剑"横在世界经济大家庭门口。最为典型的，一是根据中国"入世"协定，2016年5月后将自动成为市场经济国家，但美国却认为"向中国赋予市场经济地位的时机仍不成熟"，欧洲议会通过决议拒绝承认中国市场经济地位，日本政府确定维持不承认中国"市场经济国"地位的方针；二是一个本来由四个小国（新西兰、新加坡、智利、文莱）发起，旨在促进亚太地区贸易自由化的TPP，自

2008 年美国宣布加入后，采用了"中国除外（Anyone But China）"原则（尽管特朗普上台后暂时停止了 TPP），关键原因还是这个"市场经济地位"的规则标准。

从技术角度看，标准是具体和可操作的，但国际标准的制定却体现了国家在相关领域内的影响力和话语权。WTO 在推行自由贸易体制过程中，解决了很多传统的贸易壁垒，但同时构建了 TBT 和 GBT。TBT（Technical Barriers to Trade）为技术性贸易壁垒，是指一国或区域组织以维护其基本安全、保障人类及动植物的生命及健康和安全、保护环境、防止欺诈行为、保证产品质量等为由而采取的一些强制性或自愿性的技术性措施。GBT（Green Barriers to Trade）是绿色贸易壁垒，是指一种以保护有限资源、环境和人民健康为宗旨，通过制定一系列环保标准，对来自国外的产品或服务加以限制，属于一种新的非关税壁垒形式。

对于这些标准，我们无可厚非，人类社会经济的不断进步，需要在国际贸易中不断提高技术和绿色环保要求，中国在走向新时代的国际贸易发展中应当不断去适应和提高这些标准要求，但如果将这些标准用作阻挡发展中国家贸易发展的"达摩克利斯之剑"则另当别论了。

市场经济原本只是一种经济运行形式，市场经济地位是以市场作为资源配置基本手段的一种经济制度，WTO 并没有关于"市场经济地位"的概念和判定标准，这一概念始于"冷战"时期并存在于美欧等个别成员的国内法中，将此作为一项规则标准，反映了那个时代东西方贸易中强烈的政治色彩。1991 年，经合组织（OECD）在《向市场经济转型》的研究报告中提出，市场经济模式大致有三种，即美国的自由主义市场经济模式、德国和北欧一些国家的社会市场经济模式、以及法国、日本的行政管理导向型市场经济模式。这说明尽管全世界绝大多数国家都走上了市场经济道路，但作为一种具有效率和活力的经济运行载体，具体运行模式各具特点，具有多样性和差异性，一国走什么样的市场经济道路，谈不上需要其他国家来承认。

经过 40 多年的改革开放，特别是自中共十四大（1992）确立了建设"社会主义市场经济体制"以来，尽管在建立完善的市场经济体制中还存在这样那样的问题，但坚持走社会主义市场经济道路和不断完善市场经济体制的决心和方向没有改变。"一带一路"倡议提出至今，从热议到实施，已初见成效，人们都明白这是一个宏大战略和一出大戏，但对其真实内在含义的理解却甚为鲜见，因此，"一带一路"倡议的最高境界是重构国际规则和标准。

第一，从全球化到所谓"逆全球化"，核心是国际经济规则的重构，实质是改变不同国家的比较优势，习近平同志明确指出，中国积极参与国际规则制定和全球经济治理，不是要推翻现行的国际政治经济秩序，而是要推动国际秩序和国际体系朝着公正合理的方向发展，"一带一路"倡议也不是另起炉灶，而是完善全球经济治理体系的新尝试，是对现有国际规则和标准的有益补充和完善，推动构建公正、合理、透明的国际经贸投资规则体系，降低了少数国家对全球经济规则从制定到实施的垄断；随着"一带一路"的推进，在降低少数国家对全球经济规则从制定到实施垄断的同时，也使世界重新认识中国的新比较优势。

第二，国际经济规则构建中的大量新理念正在发生变化，一些新的国际经济规则环境正在孕育形成，"一带一路"使中国在不断扩大参与国际经济合作事务的过程中，从国际规则和标准的被动接受者、国际公共产品的使用者成为国际规则的制定者和提供者，不断提升中国的新比较优势。

第三，通过"一带一路"建设，输出中国规则主导下的"中国标准"，作为制造业大国，中国一般加工制造业产能过剩，"一带一路"推动产业转移，表面上看是通过对外直接投资，寻求国际产业转移机会，整合国内外资源，促进产业升级，但其真正意义在于通过"硬互通"，即修路架桥的互联互通基础建设（公路、铁路、航空、港口、核电、互联网、通信基础设施等）构建中国的世界标准，在高新技术制造业方面，中国已进入到可以说"不"的阶段。例如，中国用10年时间攻克高铁世界难题，目前自主研发的"复兴号"大量采用了中国国家标准和中国铁路总公司企业标准等技术标准，在动车组的254项重要标准中，中国标准占了84%，国外制造标准已无法满足中国高铁的发展。

中国企业现在已经参与了大量国际标准制定，有的还成了国际标准制定的牵头单位。"一带一路"为航运、高新装备制造等产业转移和"中国标准"输出提供了契机，目前中老铁路、中泰铁路等项目相继开工，不仅标志着中国高铁技术在国际社会得到应用，更重要的是标志着中国标准正一步步走向世界。

第三节 "一带一路"与我国对外经济合作的新挑战

我国提出"一带一路"倡议，是在新形势下扩大全方位开放的重要举措，也是致力于使更多国家共享发展机遇和成果。"一带一路"既是实现中华民族伟大复兴"中国梦"的重大决策，也是为促进世界经济繁荣与平衡发展而提出的重大倡议。"一带一路"倡议既是中国全方位对外开放的崭新布局，也是我国新时期开展对外合作的宏大战略，必将深刻影响世界经济格局。"一带一路"国际经济合作以政策沟通、设施联通、贸易畅通、资金融通、民心相通"五通"为主要内容。目前，我国同很多国家建立了沟通协调机制，一批双边或多边合作项目正稳步推进，亚洲基础设施投资银行、丝路基金等平台正积极发挥重要作用。

一、"一带一路"引领中国融入全球经济合作新阶段

回顾改革开放中国对外经济合作40年的成就，展望"一带一路"倡议引领的国际经济合作事业，以下几点值得注意：

1. "一带一路"引领中国主动融入国际经济新格局

第一，进一步加深对生产要素流动是市场经济发展必然趋势的认识，在全球经济合作新阶段中发挥中国经济与产业发展的新比较优势。

第二，一国在国际分工中的地位取决于该国的比较优势，通过新比较优势发挥，不仅可以拉动中国经济新常态下的新增长，而且可以调整重构中国在全球价值链分工体系中的地位。

第三，通过全要素合作形成合理产业转移机制，不仅要输出物美价廉的一般商品，更重要的是通过基础设施建设合作输出中国技术和标准，为从中国制造到中国创造、再到中国标准独辟蹊径。

第四，"一带一路"涉及中国新常态下产能过剩、资源获取、战略纵深、国家安全等新经济增长道路的几个重要战略问题，在实现"五通"（政策沟通、设施联通、贸易畅通、资金融通、民心相通）过程中，需要创新更多的以资本为引领的全要素合作方式。

第五，中国的油气资源、矿产资源对国外依存度较高，这些资源过去主要通过海路进入中国，路远且危险性大，"一带一路"新增了一条有效的陆路资源进入通道（瓜达尔港建

设），对于资源获取的战略意义十分重要。

2. "一带一路"是强国之路的必然选择

强国地位有三种标志：力量、以及基于力量的服务能力和保护能力。综合看这三种标志的关系是，没有力量一切无从谈起，有力量只提供服务而不提供保护，可能会变成逃避责任的经典现实主义者，最终导致自己提供的服务无人问津；有力量只提供保护而不提供服务，则只会变成到处索取保护费的恶邻居。中国正呈现强国的三大标志，即力量、基于力量的服务能力和保护能力，实际也就是从获得力量到合作性运用力量再到引领性运用力量。

从历史发展看，强国之路的共同途径一，是全面开放并主动与世界融合，二是积极参与资本运作，三是获得世界话语权。中华人民共和国建立，中国站了起来，改革开放，中国富了起来，当前，中国正在向强国道路迈进，"一带一路"是强国之路的必然选择。

第一，全面开放并主动与世界融合是中国坚定不移的国策，但以开放促改革还存在一些艰难的选择，不能掉以轻心。

第二，积极参与资本运动已是进一步扩大开放的不二选择，但在相互依存的世界中，中国的强盛不可避免地会影响世界政治经济均衡，也会引起一些国家抵触情绪的增加（尤其是周边国家），在对外投资中除应更为审慎考虑政治经济风险外，还要根据世界发展大势和与各国优势互补的具体可能性，制定切实可行和趋利避害的长期投资方式，以保障自身的经济利益。

第三，获得世界话语权最为重要，中国参与国际经济规则制定大致可分为三个阶段，改革开放初期处于学习、熟悉与被动执行规则阶段；20世纪90年代后，随着改革深入和开放扩大，中国与很多国家签订了双边经贸条约协议，同时启动GATT谈判加入多边规则，进入运用规则保护自身利益阶段；21世纪，以"入世"为标志向世界表明了愿意遵守国际规则的态度，据统计，目前中国对外签署且依然有效的涉及投资和自由贸易区的条约共114个，签订双边条约2.4万件，多边条约400余件，还有大量友好合作、引渡、司法协助、划界勘界、环境保护等多双边条约，这都说明，中国已成为国际经济规则的积极参与者和执行者，进入了积极主动参与国际经济规则研究和制定的历史阶段。但国际经济规则从来都不是与生俱来的良法善治，长期以来，中国在承受着现行国际经济规则不公平的待遇下，还要面临一些国家利用规则实行所谓"道义"上的挤压，通过"一带一路"积极参与国际经济规则制定是中国化解规则压力的有效选择，在规则制定的博弈过程中，要凭借实力争取权利，绝不能期待其他人在制定规则时考虑中国情况，更不能只谈学习规则、遵守规则，而不谈修正规则、制定规则。

第四，作为国际经济规则体系的后来者，国际经济规则对中国经济的约束程度与中国影响国际经济规则的能力之间仍存在较大的不对称性。由于特殊历史原因影响，中国目前一是缺乏对国际经济规则的熟悉与把控的专门人才，二是缺少统一组织参与国际规则制定、国际法建设、条约缔结工作的部门。参与国际经济规则制定，需要在观念认识、战略设计、人才培养与使用、重大国际问题研究等方面下功夫，"一带一路"作为完善全球经济治理体系的新尝试，仍需要进一步深入研究。

二、"一带一路"我国经济合作主要影响因素

"一带一路"涵盖亚欧非诸多区域，涉及不同的国家地区、民族宗教、文化传统及国际

关系，沿线国家的领土主权争端、民族宗教矛盾、大国地缘政治博弈、各国相互猜忌防范等问题交织叠加，增加了区域合作的复杂性、艰巨性。当前和未来一段时期，影响"一带一路"我国经济合作的障碍性因素，主要体现在以下几个方面：

1. 各国国家利益及内在诉求上的差异

经济全球化、区域经济一体化是社会历史变迁的过程，其本质是世界范围内各国之间产生一种内在的、整体性及日益加强的相互联系，其结果是加速全球产业价值链分工，各国经济及产业互补性增强，并深刻嵌入到全球价值链体系之中。全球化潮流把世界各个国家、地区紧密地联结在一起。

但事实上，受世界经济低迷及外部冲击影响，有些国家相互依存的需求和愿望上升，以合作共赢取代传统上的零和博弈；有些国家没有认清时代潮流和发展大势，举起贸易保护主义旗帜；有些国家政局动荡，政府更迭频繁，重大决策受国内政党团体、利益集团左右，导致国家政策多变，对"一带一路"我国经济的合作摇摆不定；有些国家受国内不稳定因素困扰，不关注区域合作事务；有些国家对互联互通、经济贸易、区域合作仍然存在顾虑。这些将会降低"一带一路"国际经济的合作意愿，增加区域合作成本。国家之间的合作具有差异性和即时性，合作发展路径受资源禀赋优劣、自身条件长短、利益目标多寡的影响，各国国家利益及内在诉求上的差异，将对"一带一路"国际经济合作产生深刻影响。

2. 各国文化价值及观念认同上的差异

基于历史、传统及地理共性特征，"一带一路"沿线各国具有文化及价值认同的一面。同时，各国之间的关系日趋多元和复杂，对立中有合作，合作中有矛盾，彼此之间合作信任存在差异。"一带一路"国际经济区域合作机制稳定与否，关键在于各国之间能否形成较为一致的共享文化及价值认同。

从历史上看，古代丝绸之路之所以呈现千年盛况，不是因为商品经济的发达和东西方之间的经济依赖，而是因为沿线各国秉承了"开放包容、互学互鉴、互利共赢"的价值认同。尽管沿线各国具有不同的经济发展水平、历史文化传统和政治社会制度，但只要形成价值共识，坚持互惠互利，共享共赢，就可以实现求同存异、聚同化异。因此，沿线各国在价值认同上的差异将是影响"一带一路"国际经济合作的主要挑战。

3. 大国干预及各国间的矛盾冲突和力量博弈

基于资源、能源、领土争议、历史积怨问题及意识形态差异，各国之间存在矛盾冲突与力量博弈，一些国家因资源、能源、领土等问题及特殊历史原因产生冲突，宿怨深重，甚至发生激烈争夺，再加上某些大国长期对地区问题插手，加剧了国家之间的猜忌和防范，使地缘政治更为复杂。

4. 非传统安全风险因素的挑战

随着"一带一路"建设的深入推进，我国与周边国家互联互通不断加强，各国彼此的经贸往来、人员流动、社会交流及科教文化合作将日益增多。但与此同时，一些非传统安全和风险因素也会增加，经济安全、生态安全、文化安全、信息安全、杀伤性武器扩散、恐怖主义、公共卫生、移民、跨国犯罪、环境保护、气候变化等非传统安全风险增大，不同的社会碰撞、不同宗教信仰群体的摩擦和冲突等问题也难以避免。

"冷战"思维的存在，各种摩擦不断，区域发展不平衡，贫困问题、宗教问题、种族问题突出，资源环境瓶颈制约明显，气候变化、疾病传播、恐怖主义威胁等。这些因素对

"一带一路"国际经济合作的推进带来了挑战,也给我国特别是边疆稳定带来一定程度的风险和压力。在推进"一带一路"国际经济合作的同时,各国之间处置风险、应对危机和协同治理的能力日益受到考验。

5. 区域经济合作体系与规制建设不健全

区域经济合作使地区经济依赖和分工协作更加紧密。在此背景下,加快区域市场一体化,促进产品生产要素自由流动和经济政策的统一,从而促进各国及区域经济发展的重要性已日益凸显。一个公平、自由的区域市场环境,需要商品与服务贸易自由化、投资与资本自由化以及广泛的经济、技术、文化、教育的国际合作。由于各国历史与现实差异、国家利益不同及战略目标多元性,不同国家对"一带一路"国际合作的立场不同,能否消除一些国家的疑虑,从而扩大各国合作的公约数,在很大程度上取决于是否具有成熟可靠的区域合作体系与规制。例如,通过区域合作体系与规制,消除商品、生产要素在国际不合理的流动障碍,从而促进区域经济一体化发展。

第四节 "一带一路"与我国对外经济合作的新模式

在"一带一路"框架下的国际经济合作过程中,各国政府及民间等不同主体之间基于共同目标,共同遵循的程序规制、运作方式,形成了合作的新模式。概括地讲,包括1个基本理念,即"和平、合作、发展、共赢";5个合作重点,即"政策沟通、设施联通、贸易畅通、资金融通、民心相通";3个共同体,即"利益共同体、命运共同体、责任共同体"。

推进"一带一路"国际经济合作,需要把握其基本内涵,在统筹协调各国关系的基础上,以"求同存异、聚同化异"的创新思维,有效整合各方资源,积极探索并形成"对话共商、合作共建、共管共治、互惠共享、共融共生"的国际经济合作新模式。

一、完善对话共商机制,畅通国际经济合作沟通渠道

对话共商是体现"一带一路"开放性的重要机制。开放性是相对于封闭性而言的,开放是体现活力的源泉,是发展的基本动力。开放应是尊重差异的平等、维护差异的开放、实现差异的和谐共存,既对不同的事物、发展模式和规制互相容忍,又能够尊重差异之间的交流互动和发展变化。开放的前提条件是尊重不同主体、不同领域、不同合作形式体现出的多元化、多样性特征,而这种多元化、多样性又是以事物的差异性为前提。从这个意义上讲,对话共商就是一种承认差异、尊重差异、寻求共识的重要机制。通过完善对话共商机制,畅通"一带一路"国际经济合作的沟通渠道,不仅使沿线国家之间相互开放与合作,而且向沿线之外的其他国家、地区和民族之间相互开放与合作。

健全"一带一路"国际经济合作常态化沟通机制,利用双边、多边外交平台畅通对话,积极传播"合作共赢"正能量,使各国加深对"一带一路"倡议基本原则、目标思路、动态进展、对沿线各国带来机遇和价值等方面的认识,以释疑增信,减少猜忌,避免战略博弈,增强合作意愿,也使普通民众加深对"一带一路"倡议的了解和认同。积极发挥国际智库的研究和交流作用,提升与国际智库的合作水平,对重点问题开展联合研究,增进相互理解,通过举办国际论坛、峰会、研讨会、博览会、示范项目咨询等活动,深化知识交流和发展经验分享,助力政策沟通及各方发展战略对接,凝聚各方目标共识。

遵循国际惯例与包容性理念，密切与沿线各国的战略沟通，寻求利益共同点，共商"一带一路"国际经济合作的内容和方式，共同规划重大合作项目，共同制定时间表、路线图，对接沿线国家发展和区域合作规划，增强各国对"一带一路"倡议的信服力。同时，对于国际经济合作中出现的各类焦点问题，设定相应议题，通过对话沟通来寻求各国共同解决之道。此外，积极扩大民间参与"一带一路"国际经济合作，借助市场经济规律，形成市场强大力量，形成推动国际经济合作的市场机制，解决"一带一路"沿线国家区域合作中的市场难题，进而弥补国际经济合作中政府机制的缺陷。

二、创新合作共建方式，打造国际经济合作公共平台

合作共建是展现"一带一路"协同性的基本方式，是双方或多方沟通协调、一体化合作、全方位开放的合作载体，是各国政府权力机制、市场机制与社会机制共同发挥作用的平台。协同性是相对于单一性而言的，协同就是发挥1+1>2的整体效应。这种协同性与整体效应需要合作，以共建的方式实现。

在全球化时代，不同国家、不同文明、不同地域其实是连在一起的，任何国家的发展都离不开其他国家的参与和协同，一国借助多国，"你中有我、我中有你"，大国利益小国，小国依赖大国，国家需要区域及国际组织，国际组织依靠一国或多国，已成为国际合作发展必需的依靠。通过创新合作共建方式，打造国际经济合作公共平台，使"一带一路"成为吸引各方广泛参与、发挥各方优势潜力的重要载体和纽带，协调各方各施所长、各尽其能，以实现各方共同发展、共同繁荣的目标。

"一带一路"沿线国家经济及产业互补程度较高，沿线国家基础设施、资源能源、经贸产业及金融合作空间巨大，共建国际经济合作公共平台以促进共同发展，成为"一带一路"国际经济合作的重要推动力。寻找到"一带一路"国际经济合作的最大公约数，共同打造沿线各国互联互通、跨国经济走廊、自由贸易区等国际合作平台。

推进国际交通基础设施建设，建立现代国际物流运输体系，提高国际经济合作内通外连能力，为贸易畅通奠定硬件保障。建设一批国际经贸合作中心，加强产业、贸易、投资合作，探索设立跨境自由贸易区，逐步构筑起立足周边、辐射"一带一路"、面向全球的自由贸易区网络，进一步发挥产业聚集和辐射功能，使我国与沿线国家合作更加紧密、往来更加便利、利益更加融合。打造国际经济合作样板，深化国际经济合作内容，如，建设"中蒙俄""新欧亚大陆桥""中国—中亚—西亚""中国—中南半岛""中巴""孟中印缅"等经济走廊，形成具有紧密经济合作关系的区域经济，促进东亚经济圈与欧洲经济圈的紧密融合。

推进金融创新，探索"利益共享、风险分担"的投融资合作模式，深化金融领域国际合作，建设好亚投行、丝路基金、金砖国家新开发银行等融资平台，探索国际银团、绿色金融等市场化方式，打造多层次金融互惠平台和投融资服务体系，满足多层次融资需求，为"一带一路"国际合作提供稳定、可持续、风险可控的融资保障。

三、构建共管共治规则，协调国际经济合作利益关系

共管共治是确保"一带一路"包容性的必要规制。事物之间、国家之间、地区之间、民族之间的差别性广泛存在，应该相互包容、和而不同，实现差异之间的共生共存，尊重差

异的个性不同以相辅相成。

包容不排除规制。通过构建"一带一路"共管共治规则，着眼于解决各国发展面临的共同性利益问题，更好地兼顾各方利益，使各国相互尊重不同文化、不同社会制度、不同发展道路、不同发展模式，以实现相互借鉴、取长补短、兼容并蓄、共同发展。

新形势下推进"一带一路"国际经济合作，需要采取增量变革的路径，建立完善有效的国际合作机制和具有一定普遍约束力的国际规制，以增强规范性和可操作性。"一带一路"国际经济合作需要建立成熟的利益协调与共享发展机制，有效调解各种矛盾冲突，求同存异，确保区域合作稳定持久。

完善国际经济合作关系协调机制，探索形成"一带一路"国际经济合作共管共治制度，健全国际治理体系与合作规制，对国际经济合作中的利益关系、摩擦冲突能够进行有效的协调、管制。在实践中，改革创新不合理的传统国际制度与规则，促进和平发展、和谐发展、合作发展，兼顾各方利益诉求，探索建立国际经济合作利益共享机制和利益补偿机制，深化互惠互利、合作共赢的发展格局。

四、探索互惠共享模式，激发国际经济合作发展动力

互惠共享是激发"一带一路"国际经济合作发展的内在动力。"共享"体现出中国优秀传统文化中的"和善""大同"等思想，以及"首善其身""兼济天下"的君子之道与共赢理念。共享性是相对于独占性而言的。互惠共享可以增加同各国利益的汇合点，有效整合各方资源、各方力量，形成共同目标和一致步调。人类文明发展具有共同性，在不同的主体参与和不同的文明交互中呈现和展示，既是个人的，也是人类的；既是本土的，也是世界的。

应该摒弃零和博弈、你输我赢的旧思维，树立双赢共赢、互惠共享的新理念。探索"一带一路"互惠共享模式，兼顾各方利益，寻求利益契合点和合作最大公约数，让共建成果惠及更广泛的地区，让经验智慧、发展要素、文明成果得以交流和分享，使各方互学互鉴、互利共赢，实现共同发展。

顺应时代潮流，探索互利共赢、互惠共享的发展模式，坚持正确义利观，构建"一带一路"国际经济合作新型伙伴关系，打造政治互信、经济融合、文化包容的利益共同体、责任共同体和命运共同体，有效协调各国形成共建合力，实现各方优势互补、密切合作、互惠共赢，共享国际合作发展成果。坚持市场运作，激发市场力量，吸引各方主体主动参与"一带一路"国际经济合作，建设利益共享的全球价值链。以合作求发展，以协同求共赢，以共同利益的扩大，增进各国政治互信和战略互信，进一步推进国际经济合作，促进各国在世界经济发展大潮中赢得优势地位。此外，中俄等国需发挥区域大国的积极作用，以更加主动的姿态主导区域合作，在创设、导引国际经济合作方面带头，有效协调各国，形成发展合力。

五、形成共融共生系统，营造国际经济合作良好生态

共融共生是保障"一带一路"系统性的必然要求。系统内部要素之间相互影响、相互作用、相互依赖，要素之间的联系具有空间排列或时间运行上的特定秩序，形成一种共融共生的结构和运行方式。"一带一路"国际经济合作是由多国或地区、国际合作平台、共商共建共享的原则理念、和谐包容的文化精神、对话共商和共管共治的运行机制等不同要素构成

的大系统,要素之间相互作用、相互促进,形成共融共生的良好生态。"一带一路"不是封闭的体系,也不是一个排他性的平台,没有绝对的边界,而是具有多重空间内涵和跨尺度的概念,是开放、包容、互惠、共赢的国际经济合作网络。

推进"一带一路"国际经济合作,一方面,应传承和弘扬古丝绸之路精神,树立"亲、诚、惠、容"的理念,倡导"和而不同、求同存异、弘义融利、讲信修睦"的文化价值,尊重文明的多样性、开放性、依存性和包容性,将不同文明凝结成共识文明;另一方面,应站在科技革命和经济全球化的高地,遵循"一带一路"国际经济合作"共商、共建、共享"原则,促进不同国家、地区、民族、种族之间形成"相互尊重、与人为善、合作互助"的普遍价值,为"一带一路"国际经济合作营造良好生态,促进各国共同参与,不断扩大"一带一路"国际经济合作的"朋友圈",不断探索多种多样的国际合作形式,构建强劲、活力、亲和、共赢的合作格局,实现各国共同繁荣和良性互动。

当前,国际经济政治秩序处于重构之中,国际经济合作的内容和形式不断发生变化,美国挑起的中美贸易摩擦正影响到我国经济、科技、金融等多个领域。在此背景下,我国应高举经济全球化大旗,保持战略定力,积极主动扩大对外开放,营造互利共赢的国际环境,深入推进"一带一路"国际经济合作,以深度融入全球经济,推进高质量发展,培育国际竞争新优势。事实已经证明,发挥"一带一路"在经济全球化潮流中的战略引领和中流砥柱作用,符合我国的根本利益和世界各国的共同利益。

思 考 题

1. 试述"一带一路"的主要内容。
2. 试论"一带一路"对我国对外经济合作的深远意义。
3. 分析"一带一路"沿线国家经济合作的风险挑战。
4. 试述"一带一路"对外经济合作的新模式。

【案例分析1】

阿根廷应抓住"一带一路"机遇

西班牙皇家埃尔卡诺研究所网站2019年1月22日发表阿根廷国立罗萨里奥大学教授爱德华多·丹尼尔·奥维耶多的文章称,"一带一路"倡议已从区域性倡议转变为全球性倡议,向拉美和加勒比地区敞开了怀抱。阿根廷应当抓住机遇与中国展开贸易,为本国经济注入活力。

2013年,中国提出了"一带一路"倡议。中国领导人强调,拉美是"21世纪海上丝绸之路"的自然延伸,因而拉美和加勒比地区也加入了"一带一路"倡议。文章认为,作为拉美和加勒比地区国家,"一带一路"倡议也给阿根廷带来了机遇、挑战和利益。"一带一路"倡议涵盖了地缘政治和经济等诸多方面的内容。自拉美和加勒比地区国家加入以来,它就从区域性倡议演变成了全球性倡议。

文章指出,严格意义上来说,"21世纪海上丝绸之路"并没有真正将中国的港口与美洲相连接。因此，中国通过"21世纪海上丝绸之路"与亚洲、非洲和欧洲的联系并不同于中国与拉美和加勒比地区之间的联系。

过去，中国通过葡萄牙和西班牙的航船途经菲律宾与美洲展开间接联系，阿根廷受到的影响并不大。但这标志着中国外交政策的一个转变。美国退出跨太平洋伙伴关系协定（TPP）之后，中国抓住时机，将"一带一路"倡议从区域性倡议转变为全球性倡议，向拉美和加勒比地区敞开了怀抱。中国希望邀请所有志同道合的国家和地区参与到"一带一路"倡议中来。

文章指出，虽然马克里总统曾在2017年出席了"一带一路"国际合作高峰论坛，但阿根廷尚未真正参与到"一带一路"项目建设中。阿根廷没有与中国签署共建"一带一路"的谅解备忘录。美国退出TPP削弱了阿根廷对该协定的兴趣。而日本和印度提出的"亚非增长走廊"则将重点放在了亚洲和非洲上。

文章认为，在这个大背景下，"一带一路"倡议在诸多领域给阿根廷带来了机遇。该倡议有助于加强阿根廷与中国的双边关系。阿根廷的金融市场或将获得更多融资机会。致力于南美地区经济开发的南美地区基础建设一体化倡议也将因此获得更多资金，而该倡议与阿根廷的发展息息相关。阿根廷还将获得扩大出口和促进出口市场多元化的大好良机。越来越多的华人社团也将在该倡议中起到桥梁和纽带的作用。

文章称，最近10年，阿根廷未能抓住与中国展开贸易的机会，因此，现在应当重新抓住机遇以弥补过去的损失。巴西和智利等南美国家都从对华贸易中获益，而身陷经济困境的阿根廷也应抓住机遇，重振经济和金融市场。无论如何，与中国展开贸易将在阿根廷开启一个良性循环，为阿根廷经济注入活力。

（资料来源：2019-01-24 17：02：25，来源：参考消息网。）

【案例分析2】

中欧班列的发展现状、问题与应对

2011年3月19日，从中国重庆到德国杜伊斯堡的"渝新欧"集装箱货运班列发车，标志着中国和欧洲之间的铁路货运新模式——"中欧班列"正式开通。截至2019年，中欧班列已开行近8年，并于期间统一了品牌。概括地看，中欧班列的发展呈现出下列特点：

（一）开行规模快速增长

2011年，中欧班列全年开行量仅17列，截至2018年8月底，班列开行总量已达10000列。2014年之前，中欧班列全部为从中国发车的去程班列，2017年回程班列已达到1274列，占班列开行总量的34.7%。

（二）运输覆盖范围不断扩大

一方面，中国境内不同省份陆续探索班列新线路；另一方面，班列早期线路在维持主线运营的基础上，通过开行支线打造"1+N"线路布局，促使中欧班列联通的国内外地区更加广阔。目前，中欧班列已经开通65条线路，连接包括俄罗斯在内的14个国家的42个城市，初步形成了相对稳定的运营格局。

（三）货品种类持续增多

随着开行规模、覆盖范围的不断增加，中欧班列逐渐分化为与当地经济特点相结合的两种类型：一种类型的线路强调当地生产的商品在所运货品中的特殊地位，另一种类型的线路重视发挥交通枢纽等区位优势，集结其他地区货物统一运输。在这个过程中，中欧班列所运货物品类扩大到电子产品、机械制品、化工产品、木制品、纺织品、小商品、食品等众多品类。

（四）运营模式相对清晰

以国内货物通过中欧班列运往国外为例，其流程一般是：境内货运委托人与地方线路平台公司签订货物运输协议，线路平台公司再与境内外铁路运输承运方签署协议，由它们分别负责境内段和境外段的实际运输业务，并最终将货物交付给境外收货方。经过7年的探索，中欧班列向货运市场提供四种类型的班列，即主要服务于大型出口企业的"定制班列"、常态化开行的"公共班列"、货物随到随走的"散发班列"以及为小微企业服务的拼箱业务。

（五）基本格局相对稳定

中欧班列已形成以"三大通道、四大口岸、五个方向、六大线路"为特点的基本格局。"三大通道"分别是指中欧班列经新疆出境的西通道和经内蒙古出境的中、东通道。"四大口岸"分别是处在三大通道上的阿拉山口、满洲里、二连浩特、霍尔果斯，它们是中欧班列出入境的主要口岸。"五个方向"是中欧班列主要终点所在的地区，主要包括欧盟、俄罗斯及部分中东欧、中亚、中东、东南亚国家等。"六大线路"是指成都、重庆、郑州、武汉、西安、苏州等地开行的线路在规模、货源组织以及运营稳定性等方面的表现较为突出。

中欧集装箱货运直达班列比传统的海运省时间，比空运省运费，将这种潜在优势转变为现实政策有赖于整体环境的塑造和相关主体的努力。

进入新时代，中央和地方政府试图通过构建开放型经济新体制，为经济和社会的全面发展创造条件。在此背景下，中欧班列成为中国地方政府深化改革、扩大开放、提升国内外经济联系的重要抓手。"一带一路"倡议提出之前，地方政府为中欧班列开通和运营创造有利条件的目标主要是降低中欧班列的货运成本、提高中欧班列准点率、增强中欧班列的安全性，从而使中欧班列能够在克服地方发展障碍方面发挥积极作用，培育地方省市新的经济增长点。不少地方政府将开通中欧班列视为深化改革、扩大开放、促进地方经济发展的新路径。

"一带一路"倡议提出之后，中欧班列被逐步纳入到"一带一路"框架当中。中国与沿线国家围绕共建"一带一路"在政策沟通、贸易畅通、设施联通等领域取得的不同进展，都可为中欧班列提供不同程度的支持。反过来，中欧班列的发展本身也是"一带一路"建设的重要成果。中国与沿线国家围绕推动贸易便利化、构建良好营商环境等方面开展的磋商、采取的新技术、实施的新标准、达成的新协议等，对中欧班列扩大货源、便利过境、提升运速等具有积极影响。

协调机制的建立和完善是中欧班列能够实现快速发展的重要基础。中铁牵头的整合重点是在市场层面建立协调机制,协商和颁布班列管理办法等。中国政府从国家层面引导中欧班列优化升级的工作主要包括:召开专题会议和开展调研以研究部署相关工作,出台专门文件和法规以引导规范相关业务,创设机制和平台以加强日常运营管理的协调。在国际上,根据2017年4月沿线七国签署的《关于深化中欧班列合作协议》,成立了"中欧班列联合工作组"以及"专家工作组",及时协调解决班列运输过程中遇到的问题。正是得益于上述努力所构建的管理协调机制,中欧班列才能有效应对和克服遇到的部分障碍和困难,从而实现快速发展。

中欧班列在过去的8年取得了引人瞩目的成绩,但也面临着不少阻碍发展的问题。

首先,中欧班列绝大多数线路在过去8年多的发展过程中并未根据商品成本、时间、规模等因素来确定细分目标市场,反而为了维持或增加车次不加选择地运输所有在技术上可行的货物,降低了中欧班列的运营质量,制约了中欧班列可持续发展的能力,导致部分线路主要依靠低价来争抢货源,形成了中欧班列开行量大幅增长的虚假繁荣"泡沫"。此外,部分地方政府从狭隘地方利益出发看待班列开通和运营的做法,导致相关班列线路的主要定位脱离了其基本运输功能,从而成为制约中欧班列长期可持续发展的根本性障碍之一,也是阻碍中欧班列更好地服务于地方经济的关键因素之一。

其次,尽管现有协调机制在推动中欧班列发展过程中已发挥了重要作用,但它具有的缺陷同样制约着班列发展。在实际业务中,中央与地方政府、线路平台公司、境内承运公司等国内主体之间的突出矛盾是制约中欧班列提升发展质量的主要因素之一。现有协调机制更多依靠倡议性的引导而非执行性的规范来发挥影响,很难在解决相关地方利益与行业利益、政治利益和经济利益之间的冲突过程中发挥显著作用。

最后,中欧班列沿线国家不同程度地存在运输基础设施落后的情况,这些国家或者是由于铁路老化、失修等原因使得班列运行速度低,或者是由于列车车辆不足、换装设备少、线路铺画少等原因导致班列运力难以跟上中国不断增长的需求。无论基础设施不完善的问题出现在班列运行线路的哪一段,都会对中欧班列造成不利影响,其后果不仅仅是带来班列线路拥堵、开行数量受限等问题,更重要的是,这将损害中欧班列的运行效率和稳定性,进而拉高班列成本,降低班列运行质量,不利于班列形成真正的市场竞争力。

从长远看,推动中欧班列发展应将重心放在培育、形成和巩固市场核心竞争力方面,通过发挥国家和政府的引导、协调作用,完善班列管理机制建设,重点克服制约发展的基础设施瓶颈,从而营造有助于班列健康发展的环境。

随着中欧班列高速扩张,我国对班列所做的顶层设计与班列运营遇到的现实问题都预示着政府逻辑无法长期主导班列发展进程。在政府逻辑和市场逻辑之间建立良性互动关系将成为班列可持续发展赖以实现的基础。从趋势上看,真正具备竞争力的中欧班列应遵循"政府引导,市场主导"的原则运行。尽管目前中欧班列建设仍需积极发挥政治主动力的支撑作用,但做好经济长动力的培育工作、为稳定发展奠定基础同样是当前必须启动的工作。

在机制结构完善方面,需要将建立和完善日常办公机制作为重点,以"一带一路"建设推进办公室框架内的专题协调机制为引领,补充和建立跨国、国内以及行业等层次协调机制的具体工作制度以及规范;同时,要建立应对突发问题的应急机制,为更好地协调和解决中欧班列运行的障碍提供基础。在机制作用发挥方面,工作重点应在协调地方政府之间、地方政府与中央之间、地方平台公司与中铁之间在中欧班列问题上的矛盾,引导地方政府将关注焦点放在中欧班列的基础功能——运输上,推动地方平台公司依据各地实际条件明确所服务的细分目标市场,促使中铁从整体发展而不仅仅是从利润角度考虑班列运输。同时,协调过程中,还应强调中欧班列需放弃单纯追求规模扩张的发展道路,转向主要根据成本、时间、体量等要素挑选出适合铁路运输的货物,并安全、高效地完成运输。

在中欧班列覆盖国内绝大多数省份的情况下,依据线路开行质量优化其结构和布局是中欧班列发展的当务之急。合理的中欧班列布局应是围绕中西部地区的交通枢纽打造中欧班列的货物集结中心,形成"东中部出口基地+中西部集结中心"的模式;对于存在恶性竞争的部分相邻线路,可考虑进行合并。在国外,可以考虑多元化通道布局来提升班列运营质量,形成北、中、南三线布局,降低对波兰线路的过度依赖;根据当地交通运输体系状况建设和发展境外集结中心,优化中欧班列线路布局。此外,国际国内线路布局还应考虑跨国多式联运,以利用和发挥海运、公路、铁路运输的各自优势,形成有利于经济要素流动的国际运输通道。

服务互惠互利的地区合作,使沿线国家能从跨境运输中获益也是中欧班列实现长远发展的基础。具体来看,把中欧班列与中国同"一带一路"沿线国家,以及沿线国家相互之间的合作相结合,主要服务于沿线国家的贸易、投资合作和改善沿线国家的基础设施联通。当前,中国需要把推动俄罗斯、哈萨克斯坦、白俄罗斯、乌克兰、波兰、斯洛伐克等沿线国家边境口岸基础设施建设当作促进中欧班列发展的优先举措,特别是换装设备的更新和增补、仓储堆场的新修和扩建以及境外分拨中心的建设等都能有效缓解当前中欧班列面临的境内外堵车问题,提升班列运行效率。

总之,中欧班列经过近8年的发展已经形成相对稳定的格局,当前已进入到以优化升级为主的深入整合阶段,其关键目标是明晰发展模式,解决迫切问题,推动中欧班列走上可持续发展道路。相较于从技术层面克服具体问题,理顺中欧班列发展逻辑具有更深远的影响。未来,中欧班列的进一步发展主要取决于能否对沿线国家的经济发展发挥充分的带动作用。

(资料来源:国际问题研究,2019-01-26 10:54:20,作者:马斌。)

参 考 文 献

[1] 叶京生. 新编国际经济合作教程［M］. 上海：立信会计出版社，2001.
[2] 卢进勇，杜奇华. 国际经济合作［M］. 北京：对外经济贸易大学出版社，2000.
[3] 陈建. 国际经济合作教程［M］. 北京：中国人民大学出版社，1998.
[4] 孙建中，等. 国际经济合作导论［M］. 北京：经济科学出版社，1999.
[5] 李虹. 国际经济合作［M］. 大连：东北财经大学出版社，2002.
[6] 于安. 外商投资特许权项目协议（BOT）与行政合同法［M］. 北京：法律出版社，1998.
[7] 储祥银，章昌裕. 国际经济合作实务［M］. 北京：中国对外经济贸易出版社，2001.
[8] 曹雨平，杨文奇. 国际经济合作［M］. 西安：西安交通大学出版社，2002.
[9] 马淑琴，孙建中. 国际经济合作研究［M］. 北京：中国财政经济出版社，2003.
[10] 俞剑平. 全球化经济合作学［M］. 杭州：浙江大学出版社，2001.
[11] 武海峰，陆晓阳，等. 国际直接投资发展研究［M］. 北京：中国财政经济出版社，2002.
[12] 田贵明. 跨国公司对外直接投资与东道国激励政策竞争［M］. 北京：中国经济出版社，2003.
[13] 李东阳. 国际直接投资与经济发展［M］. 北京：经济科学出版社，2002.
[14] 崔新健. 国际直接投资理论与政策［M］. 北京：中国财政经济出版社，2002.
[15] 崔新健. 外商对华直接投资的决定因素［M］. 北京：中国发展出版社，2001.
[16] 张汉亚，张长春. 投资环境研究［M］. 北京：中国计划出版社，2005.
[17] 程惠芳，等. 民营企业投融资与风险管理［M］. 北京：中国社会科学出版社，2004.
[18] 丛树海. 证券投资分析［M］. 上海：上海财经大学出版社，2004.
[19] 鼓龙，应惟伟. 证券投资学［M］. 北京：经济科学出版社，2003.
[20] 裴权中. 创业板市场必备的十大要素［M］. 深圳：海天出版社，2002.
[21] 高夫. 离岸金融业务指南［M］. 焦津强，译. 北京：经济科学出版社，2000.
[22] 房汉廷，王伟光. 创业投资产业发展的国际比较及其启示［M］. 北京：经济管理出版社，2004.
[23] 陈德棉，蔡莉. 风险投资——国际比较与经验借鉴［M］. 北京：经济科学出版社，2003.
[24] 鼓龙. 投资的革命：关于国际风险资本与风险投资的报告［M］. 北京：石油工业出版社，2000.
[25] 希尔，鲍尔. 风险投资揭秘：风险资本·创业计划·合同谈判［M］. 徐冰，楚宇泰，译. 上海：上海交通大学出版社，2003.
[26] 吴文军. 创业板上市公司研究［M］. 北京：中国财政经济出版社，2002.
[27] 杨华初. 创业投资理论与应用［M］. 北京：科学出版社，2003.
[28] 刘省平. BOT 项目融资理论与实务［M］. 西安：西安交通大学出版社，2002.
[29] 乐后圣. 借船出海：与政府官员、企业法人代表谈 BOT 融资［M］. 北京：改革出版社，1999.
[30] Clifford Chance 法律公司. 项目融资［M］. 龚辉宏，译. 北京：华夏出版社，1997.
[31] 戴大双. 项目融资［M］. 北京：机械工业出版社，2005.
[32] 张极井. 项目融资［M］. 北京：中信出版社，2003.
[33] 李春好，曲久龙. 项目融资［M］. 北京：科学出版社，2004.
[34] 刘舒年. 国际信贷［M］. 成都：西南财经大学出版社，2003.
[35] 邹小燕. 国际银团贷款［M］. 北京：中信出版社，2002.
[36] 吕森全，韦卓信. 世界银行贷款项目管理实务［M］. 北京：中国电力出版社，2003.
[37] 饶友玲. 国际技术贸易［M］. 2 版. 天津：南开大学出版社，2003.
[38] 陈忠培，齐景升，等. 国际技术贸易实务教程［M］. 北京：中国海关出版社，2003.

[39] 苏敬勤，等．世界知识产权保护与国际技术贸易［M］．大连：大连理工大学出版社，2000．
[40] 李志军．如何应对贸易技术壁垒［M］．北京：民主与建设出版社，2001．
[41] 叶京生．技术引进实务［M］．上海：上海交通大学出版社，1999．
[42] 张世和，张国玉，等．国际工程承包知识与实务［M］．北京：中国对外经济贸易出版社，1987．
[43] 许焕兴．国际工程承包［M］．大连：东北财经大学出版社，2002．
[44] 马连俊．走向国际工程承包市场［M］．北京：中国石化出版社，2003．
[45] 姜爱丽．我国外派劳务关系法律调整理论与实务［M］．北京：北京大学出版社，2004．
[46] 邵望予．国际服务贸易：租赁［M］．上海：上海交通大学出版社，1998．
[47] 叶文振．国际租赁学［M］．太原：山西经济出版社，1999．
[48] 杨斐．WTO 服务贸易法［M］．北京：中国对外经济贸易出版社，2002．
[49] 饶友玲．国际服务贸易——理论、产业特征与贸易政策［M］．北京：对外经济贸易大学出版社，2005．
[50] 张汉林，等．国际服务贸易［M］．北京：中国对外经济贸易出版社，2002．
[51] 郑志海．入世与服务业市场开放［M］．北京：中国对外经济贸易出版社，2000．
[52] 杨明刚．国际知名品牌中国市场全攻略［M］．上海：华东理工大学出版社，2003．
[53] 吴文武．跨国公司新论［M］．北京：北京大学出版社，2000．
[54] 林康．跨国公司与跨国经营［M］．北京：对外经济贸易大学出版社，2000．
[55] 华俊．现代国际经济合作与组织［M］．上海：立信会计出版社，2002．
[56] 周斌．国际直接投资教程［M］．北京：中国对外经济贸易出版社，2003．
[57] 崔日明，徐春祥．跨国公司经营与管理［M］．北京：机械工业出版社，2005．
[58] 崔日明．步入新世纪的跨国公司［M］．沈阳：辽宁大学出版社，2001．
[59] 张燕生．中国改革对世界的五大影响［J］．理论学习，2014（10）：38-39．
[60] 人民出版社．中共中央关于全面深化改革若干重大问题的决定［M］．北京：人民出版社，2013．
[61] 李国辉．我国与"一带一路"沿线国家经贸合作步伐不断加快［N］．金融时报，2016，10，15（5）．
[62] 陈江生，田苗．"一带一路"战略的形成、实施与影响［J］．中共党史研究，2017（2）：5-13．
[63] 帕金．宏观经济学［M］．张军，等译．8 版．北京：人民邮电出版社，2008．
[64] 章昌裕．中国对外经济合作战略演进与"一带一路"倡议现实意义研究［J］．国际经济合作，2018（11）．
[65] 孙彦明．"一带一路"国际合作发展的挑战、范式及对策［J］．宏观经济管理，2018（11）．

参考文献

[39] 王晓锋. 基于系统仿真的钢铁生产物流优化方法[M]. 天津: 天津大学出版社, 2009.
[40] 李荣钧. 模糊多准则决策理论与方法[M]. 北京: 科学出版社, 2001.
[41] 许树柏. 实用决策方法[M]. 天津: 天津大学出版社, 1999.
[42] 萧宇佳, 池本. 模糊数学及其应用[M]. 北京: 中国科学文献出版社, 1984.
[43] 马云东. 现代工业工程[M]. 天津: 天津大学出版社, 2007.
[44] 齐二石. 现代工业工程[M]. 北京: 清华大学出版社, 2009.
[45] 汪应洛. 系统工程理论方法与应用[M]. 北京: 高等教育出版社, 2002.
[46] 樊治平. 模糊多属性决策的理论与方法[M]. 上海: 上海科学技术出版社, 1999.
[47] 孙东川. 系统工程引论[M]. 广州: 华南理工出版社, 1990.
[48] 曾珍香. WTO博弈与决策[M]. 北京: 中国财政经济出版社, 2002.
[49] 王世伟. 面向产品生产一体化企业信息系统研究[D]. 北京: 北京工商大学硕士学位论文, 2005.
[50] 郭伟玲, 刘晓冰. 运筹学教程[M]. 北京: 机械工业出版社, 2002.
[51] 姚冠新. 大型复杂系统决策[M]. 北京: 中国科学技术出版社, 2000.
[52] 郭耀煌. 运筹学原理与现代管理方法[M]. 上海: 中国铁道出版社, 2002.
[53] 吴今之. 管理的心理学原理[M]. 北京: 清华大学出版社, 2000.
[54] 肖人彬. 智能信息处理[M]. 北京: 科学技术文献出版社, 2000.
[55] 邵华. 2008年北京奥运会环境保护[D]. 天津: 天津大学出版社, 2002.
[56] 韩洪军. 国际工程投资风险[M]. 北京: 中国计量出版社, 2002.
[57] 冯玉刚, 姚孝金. 期货投资学教程[M]. 北京: 经济科学出版社, 2005.
[58] 苗宗庆. 证券交易的理论与应用[M]. 上海: 复旦大学出版社, 2001.
[59] 宋建洋. 中国工业企业风险投资[J]. 现代管理, 2014 (10): 36-37.
[60] 人民日报社. 中国梦—科学发展之路[M]. 成都: 人民日报出版社, 2013.
[61] 陈晓磊, 秦云龙, 李博. 综合管廊发展过程中存在的问题[J]. 科技创新, 2016, 10: 15 (下).
[62] 陈卫东. 一带一路战略实施与发展[J]. 现代经济管理, 2012 (2): 343.
[63] 田昕. 国家战略新兴产业[M]. 西安: 中央经济, 人民出版社, 2008.
[64] 郑宇涛. 以发展新型城镇化为契机—建设我国现代文化城市[D]. 北京: 国家行政学院, 2014.
[65] 冯志方. "一带一路"战略与制度创新[J]. 中国文化建设, 2015 (11).